10시간 컷
토익 기초영문법
필수입문서

시원스쿨 LAB

10시간 컷
토익 기초영문법

초판 1쇄 발행 2025년 11월 21일

지은이 소피아, 시원스쿨어학연구소
펴낸곳 (주)에스제이더블유인터내셔널
펴낸이 양홍걸 이시원

홈페이지 www.siwonschool.com
주소 서울시 영등포구 영신로 166 시원스쿨
교재 구입 문의 02)2014-8151
고객센터 02)6409-0878

ISBN 979-11-7550-034-1 13740
Number 1-110110-18189900-09

이 책은 저작권법에 따라 보호받는 저작물이므로 무단복제와 무단전재를 금합니다. 이 책 내용의 전부 또는 일부를 이용하려면 반드시 저작권자와 ㈜에스제이더블유인터내셔널의 서면 동의를 받아야 합니다.

머리말

토익 기초문법
쉽고 빠르게, 확실히 끝내기

안녕하세요, 시원스쿨랩 토익 입문 대표강사 소피아입니다.

저는 다년간 현장에서 수많은 수강생을 지도하며, 기초 문법 학습이 토익 점수 향상의 핵심 토대임을 확신하게 되었습니다. 문법의 기초가 단단히 잡혀 있을 때, 문항 해결력 뿐 아니라 문장 분석력과 독해력이 함께 향상됩니다.

그러한 경험을 바탕으로, **토익에 꼭 필요한 문법 핵심만을 엄선해 이 교재에 담았습니다.** 출제되지 않는 불필요한 이론은 과감히 덜어내고, 실제 시험에 자주 등장하는 문장과 어휘를 중심으로 구성해 학습 효율을 높였습니다. 또한 기초 학습자도 쉽게 이해할 수 있도록 명확하고 간결한 설명을 더했습니다.

각 UNIT은 [문법 개념 → PRACTICE → 실전 TEST → 구문분석 및 어휘 QUIZ]의 4단계로 구성되어 있습니다. 이 과정을 통해 개념을 익히고 문제에 적용해보는 연습을 반복하면서 토익 문법을 자연스럽게 완성할 수 있습니다.

효율적인 학습을 위해 다음과 같은 방법을 권장드립니다.

❶ 왼쪽 페이지에서 문법 핵심 이론을 정확히 이해하며 학습하세요.
❷ 오른쪽 페이지의 [PRACTICE] 문제로 이해도를 점검하고,
   틀린 문제가 있다면 개념을 복습하세요.
❸ [실전 TEST]를 풀면서 토익 출제 유형에 익숙해지세요.
❹ [구문 분석 및 어휘 QUIZ]를 통해 각 UNIT에서 학습한 문장과 어휘를 복습하세요.
❺ [REVIEW TEST]로 학습 내용을 주기적으로 점검하며 실전 감각을 유지하세요.

이 책은 단기간에 토익 문법의 기초를 정확하고 체계적으로 다질 수 있도록 설계된 교재입니다.
본격적으로 토익 공부를 하기 전에 문법 기초를 빠르게 세우고자 하는 분, 문법과 독해력을 함께 향상시키고자 하는 분께 큰 도움이 될 것입니다. 이 책이 여러분의 토익 학습 여정에 든든한 토대가 되길 바랍니다.

소피아 드림

목차

- 왜 「10시간 컷 토익 기초영문법」인가? ... 6
- 이 책의 구성과 특징 ... 8
- TOEIC 접수부터 성적 발표까지 ... 10
- 초단기 완성 학습 플랜 ... 12

기초특강

01	영어의 품사	14
02	문장 성분과 수식어	20
03	토익 필수 문법 용어	24

품사

UNIT 01	명사	26
UNIT 02	대명사	34
UNIT 03	형용사	42
UNIT 04	부사	50

REVIEW TEST 1 ... 58

동사

UNIT 05	동사의 형태와 종류	60
UNIT 06	동사의 수 일치	70
UNIT 07	동사의 시제	78
UNIT 08	동사의 태	86

REVIEW TEST 2 ... 94

준동사

UNIT 09	to부정사	96
UNIT 10	동명사	104
UNIT 11	분사	112
REVIEW TEST 3		120

전치사와 접속사

UNIT 12	전치사	122
UNIT 13	등위접속사, 명사절 접속사	132
UNIT 14	부사절 접속사	140
UNIT 15	형용사절 접속사 (관계사)	148
REVIEW TEST 4		156

FINAL TEST

Part 5, 6 실전 모의고사 1회 — 160

- **부록**　불규칙 동사 3단 변화 — 168
  　　　명사와 동사로 모두 쓰이는 단어

- **별책**　정답 및 해설

온라인 lab.siwonschool.com

- 토익 기초영문법 15 요약집 (PDF)
- 오답노트 (PDF)

왜 「10시간 컷 토익 기초영문법」인가?

1 토익 필수 기초 문법 15개 완벽 마스터

▶ 토익에 꾸준히 출제되는 핵심 문법 사항 15개를 엄선하였습니다.

▶ [좌 페이지 이론학습 - 우 페이지 집중연습] 구조로 구성되어, 배운 내용을 바로 확인하고 문제에 적용하는 연습을 철저히 합니다.

2 영어 왕초보도 이해할 수 있는 쉬운 토익 기초문법

▶ 주어-동사-목적어의 구분부터 구와 절의 개념까지, 가장 기본적인 문법을 쉽고 친절하게 알려줍니다.

▶ 문법 용어 사용을 최소화해 이해하기 쉽게 설명하고, 외우기 쉽게 정리해 줍니다.

3 10시간 벼락치기로 빠르게 완성하는 기초문법

▶ 기초문법 이론 강의를 몰아보면 10시간에 끝낼 수 있습니다.

▶ 기초문법을 빠르게 정리하고, 본격 토익 공부를 자신 있게 시작할 수 있습니다.

4 정교하게 설계된 반복학습으로 N회독 없이도 학습 내용 완벽 소화

▶ [이론 학습] → [PRACTICE] → [실전 TEST] → [구문 분석 연습] → [어휘 QUIZ]로 이어지는 체계적인 학습 단계 속에서 중요한 내용을 자연스럽게 반복하여, 진도를 나가면서도 저절로 복습이 이루어집니다.

5 스타강사 소피아 선생님의 초밀착 집중 관리

▶ 시원스쿨랩의 입문 대표강사 소피아 선생님이 학습 내용을 문제에 적용하는 연습을 확실하게 시켜주고, 복습까지 책임집니다.

▶ 카톡 스터디를 통해 선생님으로부터 실시간 질문-답변 코칭을 받을 수 있습니다.

6 토익 구문 분석 훈련으로 Part 6, 7 자신감도 UP

▶ 유닛 학습이 끝나면 해당 유닛의 주요 문장에 대한 구문 분석 훈련을 집중적으로 합니다.

▶ 구문 분석 훈련을 통해 토익 문장을 한눈에 파악하는 안목이 길러져, Part 5는 물론, Part 6, 7 독해가 쉬워지는 효과도 볼 수 있습니다.

7 입문자 눈높이의 상세한 해설

▶ 혼자 공부할 때도 불편함이 없도록, 정답뿐 아니라 오답의 이유까지 자세히 설명했습니다.

▶ 헷갈리기 쉬운 포인트를 짚어주어 토익의 오답 함정에 빠지지 않게 해줍니다.

8 100% 기출 변형 예문과 문제 수록

▶ 모든 예문과 문제를 100% 기출 변형으로 구성해, 토익 문장에 대한 감각을 최대로 끌어올릴 수 있습니다.

▶ 최신 토익 시험과 난이도 및 유형 면에서 거의 유사한 Part 5, 6 기출 변형 실전 모의고사 1회분을 수록하였습니다.

이 책의 구성과 특징

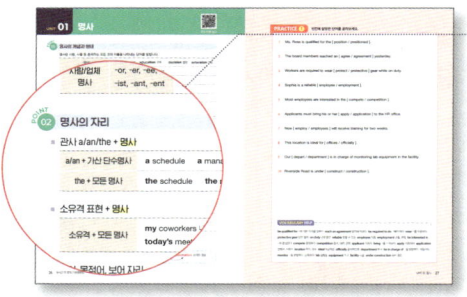

토익에 꼭 나오는 필수 기초문법

입문-기초 레벨에서 꼭 알아야 할 기초 문법 사항을 알기 쉽게 정리하였습니다.

배운 즉시 연습

왼쪽 페이지에서 배운 내용을 오른쪽 페이지에서 즉시 연습하는 구조로 문법 포인트를 완벽히 소화하고 넘어가도록 합니다.

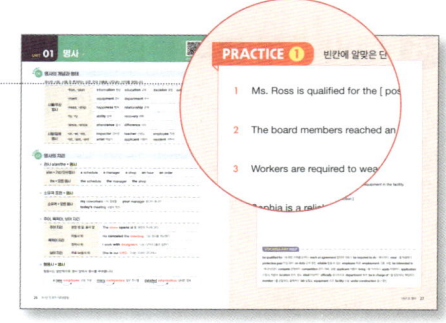

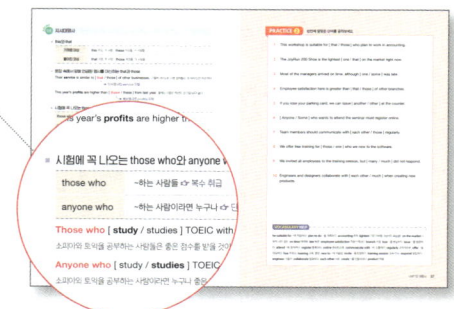

소피아쌤의 문법 부스터

기본적인 학습 내용에서 더 나아가, 알고 있을 경우 문제 대처 능력이 높아지는 추가 학습 내용을 정리한 코너입니다.

문제형 예문

눈으로 보고 지나가는 일방적 제시 예문이 아닌, 문법 포인트를 떠올려 헷갈리는 오답과 비교해 정답을 골라내야 하는 문제형 예문입니다. 전부 기출변형으로 이루어져 있어, 제시된 문법 포인트를 완벽하게 내 것으로 만들 수 있습니다.

실전 TEST

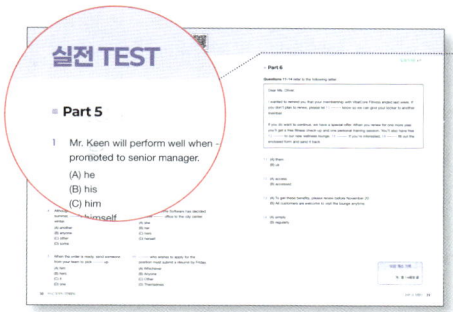

해당 UNIT의 학습이 끝나면 실제 토익과 비슷하게 출제된 기출변형 문제들을 풀면서 학습이 잘 되었는지 점검합니다. Part 6도 한 세트씩 풀면서 실전 적응력을 높입니다.

오늘의 필수 구문 분석

해당 UNIT에서 토익에 자주 등장하는 문장들을 발췌하여 연습합니다. 소피아쌤의 강의를 들으며 토익 문장을 보는 안목을 높여보세요. Part 5 뿐만 아니라 Part 6, 7도 쉬워집니다.

오늘의 필수 어휘 QUIZ

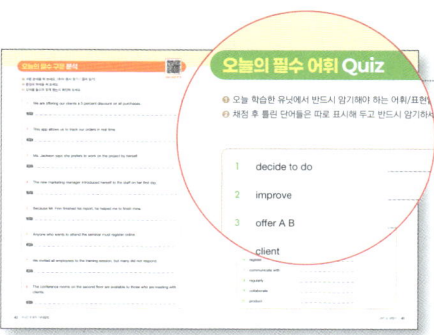

각 UNIT에서 반드시 외워야 할 필수 어휘들을 엄선하여 퀴즈를 통해 확인합니다.

오답 해설

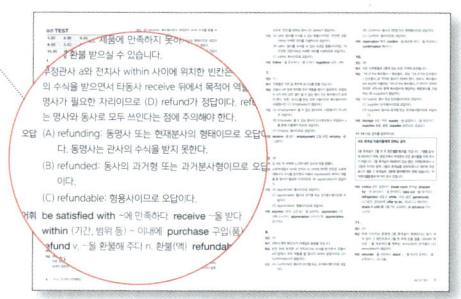

정답이 되는 이유뿐만 아니라, 각 선택지가 왜 오답인지까지 설명해 줌으로써 출제자가 의도한 함정에 빠지지 않는 센스를 길러줍니다.

TOEIC 접수부터 성적 확인까지

토익은 어떤 시험이에요?

TOEIC은 ETS(Educational Testing Service)가 출제하는 국제 커뮤니케이션 영어 능력 평가 시험(Test Of English for International Communication)입니다. 즉, 토익은 영어로 업무적인 소통을 할 수 있는 능력을 평가하는 시험으로서, 다음과 같은 주제를 다룹니다.

기업 일반	계약, 협상, 홍보, 영업, 비즈니스 계획, 회의, 행사, 장소 예약, 사무용 기기
제조 및 개발	공장 관리, 조립 라인, 품질 관리, 연구, 제품 개발
금융과 예산	은행, 투자, 세금, 회계, 청구
인사	입사 지원, 채용, 승진, 급여, 퇴직
부동산	건축, 설계서, 부동산 매매 및 임대, 전기/가스/수도 설비
여가	교통 수단, 티켓팅, 여행 일정, 역/공항, 자동차/호텔 예약 및 연기와 취소, 영화, 공연, 전시

토익은 총 몇 문제인가요?

구성	파트	내용	문항 수	및 문항 번호	시간	배점
Listening Test	Part 1	사진 묘사	6	1-6	45분	495점
	Part 2	질의 응답	25	7-31		
	Part 3	짧은 대화	39 (13지문)	32-70		
	Part 4	짧은 담화	30 (10지문)	71-100		
Reading Test	Part 5	단문 빈칸 채우기 (문법, 어휘)	30	101-130	75분	495점
	Part 6	장문 빈칸 채우기 (문법, 문맥에 맞는 어휘/문장)	16 (4지문)	131-146		
	Part 7	독해 - 단일 지문	29 (10지문)	147-175		
		독해 - 이중 지문	10 (2지문)	176-185		
		독해 - 삼중 지문	15 (3지문)	186-200		
합계			200 문제		120분	990점

토익 시험을 보려고 해요. 어떻게 접수하나요?

▶ 한국 TOEIC 위원회 인터넷 사이트(www.toeic.co.kr)에서 접수 일정을 확인하고 접수합니다.
▶ 접수 시 최근 6개월 이내에 촬영한 jpg 형식의 사진이 필요하므로 미리 준비합니다.
▶ 토익 응시료는 (2025년 11월 기준) 정기 접수 시 52,500원입니다.

시험 당일엔 뭘 챙겨야 하나요?

▶ 아침을 적당히 챙겨 먹습니다. 빈속은 집중력 저하의 주범이고 과식은 졸음을 유발합니다.
▶ 시험 준비물을 챙깁니다.
 - 신분증 (주민등록증, 운전면허증, 기간 만료 전 여권, 공무원증만 인정. 학생증 안됨. 단, 중고등학생은 국내 학생증 인정)
 - 연필과 깨끗하게 잘 지워지는 지우개 (볼펜이나 사인펜은 안됨. 연필은 뭉툭하게 깎아서 여러 자루 준비)
 - 아날로그 시계 (전자시계는 안됨)
 - 수험표 (필수 준비물은 아님. 수험 번호는 시험장에서 감독관이 답안지에 부착해주는 라벨을 보고 적으면 됨)
▶ 고사장을 반드시 확인합니다.

시험은 몇 시에 끝나나요?

오전 시험	오후 시험	내용
9:30 - 9:45	2:30 - 2:45	답안지 작성 오리엔테이션
9:45 - 9:50	2:45 - 2:50	수험자 휴식 시간
9:50 - 10:10	2:50 - 3:10	신분증 확인, 문제지 배부
10:10 - 10:55	3:10 - 3:55	리스닝 시험
10:55 - 12:10	3:55 - 5:10	리딩 시험

▶ 최소 30분 전에 입실을 마치고(오전 시험은 오전 9:20까지, 오후 시험은 오후 2:20까지) 지시에 따라 답안지에 기본 정보를 기입합니다.
▶ 안내 방송이 끝나고 시험 시작 전 5분의 휴식 시간이 주어지는데, 이때 화장실에 꼭 다녀옵니다.

시험 보고 나면 성적은 바로 나오나요?

▶ 시험일로부터 9일 후 낮 12시에 한국 TOEIC 위원회 사이트(www.toeic.co.kr)에서 성적이 발표됩니다.

초단기 완성 학습 플랜

- 아래의 학습 진도를 참조하여 매일 학습합니다.
- 해당일의 학습을 하지 못했더라도 이전으로 돌아가지 말고 오늘에 해당하는 학습을 하세요. 그래야 끝까지 완주할 수 있습니다.
- 교재를 끝까지 한 번 보고 나면 2회독에 도전합니다. 두 번째 볼 때는 훨씬 빠르게 끝낼 수 있어요.
  토익은 천천히 1회 보는 것보다 빠르게 2회, 3회 보는 것이 훨씬 효과가 좋습니다.

10일 완성 학습 플랜

DAY	학습내용	공부한 날짜	학습 완료 체크
1	기초특강 01, 02, 03	월 일	☐
2	UNIT 01, UNIT 02	월 일	☐
3	UNIT 03, UNIT 04, REVIEW TEST 1	월 일	☐
4	UNIT 05, UNIT 06	월 일	☐
5	UNIT 07, UNIT 08, REVIEW TEST 2	월 일	☐
6	UNIT 09, UNIT 10	월 일	☐
7	UNIT 11, REVIEW TEST 3	월 일	☐
8	UNIT 12, UNIT 13	월 일	☐
9	UNIT 14, UNIT 15, REVIEW TEST 4	월 일	☐
10	FINAL TEST	월 일	☐

15일 완성 학습 플랜

DAY	학습내용	공부한 날짜	학습 완료 체크
1	기초특강 01, 02, 03	월 일	☐
2	UNIT 01, UNIT 02	월 일	☐
3	UNIT 03, UNIT 04	월 일	☐
4	UNIT 01~04 복습, REVIEW TEST 1	월 일	☐
5	UNIT 05, UNIT 06	월 일	☐
6	UNIT 07, UNIT 08	월 일	☐
7	UNIT 05~08 복습, REVIEW TEST 2	월 일	☐
8	UNIT 09, UNIT 10, UNIT 11	월 일	☐
9	UNIT 09~11 복습, REVIEW TEST 3	월 일	☐
10	UNIT 12, UNIT 13	월 일	☐
11	UNIT 14, UNIT 15	월 일	☐
12	UNIT 12~15 복습, REVIEW TEST 4	월 일	☐
13	UNIT 01~08 복습	월 일	☐
14	UNIT 09~15 복습	월 일	☐
15	FINAL TEST	월 일	☐

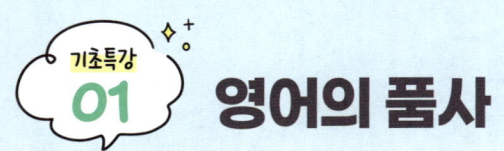

영어의 품사

강의 바로 보기

영어 문장은 여러 낱말이 모여 이루어지는데, 낱말마다 문장에서 맡은 역할이 있습니다.
이 역할에 따라 8가지로 나눈 것을 영어의 8품사라고 합니다.

❶ 명사 (Noun)

- 사람, 장소, 사물, 개념 등의 이름을 나타내는 단어를 명사라고 합니다.
- 눈에 보이는 사람이나 사물은 물론, '질서', '만족', '정보'처럼 추상적인 것에 대한 명칭도 명사입니다.

Two **women** are sitting on a **bench**.
　　　여자들　　　　　　　　　　벤치
두 명의 여자들이 벤치에 앉아 있다.

■ 토익 빈출 명사

토익 빈출 명사들은 -tion, -sion, -ment, -ty, -se, -ture, -th, -ship, -er 등으로 끝나는 경우가 많습니다. 이를 참고로 알아 두면 단어 뜻을 몰라도 명사 여부를 구별할 수 있고, 빈칸이 명사 자리일 때 정답을 더 쉽게 찾을 수 있습니다. 다만 절대적 기준은 아니므로 문맥과 함께 판단해야 합니다.

-tion, -sion	informa**tion** 정보 innova**tion** 혁신	decora**tion** 장식 applica**tion** 지원	revi**sion** 수정 deci**sion** 결정	discus**sion** 토론 expan**sion** 확장
-ment	manage**ment** 경영	depart**ment** 부서	employ**ment** 고용	agree**ment** 합의
-ty, -cy	abili**ty** 능력	securi**ty** 보안	accura**cy** 정확성	agen**cy** 대행사
-se, -ce	expen**se** 비용	respon**se** 응답	residen**ce** 거주지	attendan**ce** 출석
-ture, -sure, -dure	fea**ture** 특징	depar**ture** 출발	plea**sure** 기쁨	proce**dure** 절차
-th, -ness	grow**th** 성장, 증가	leng**th** 길이	happi**ness** 행복	weak**ness** 약점
-ship, -i(a)sm	relation**ship** 관계	leader**ship** 리더십	enthusi**asm** 열정	critic**ism** 비평
-er, -ee, -or, -ist, -ian, -ant, -ent	employ**er** 고용주 manufactur**er** 제조업체	supervi**sor** 관리자 technic**ian** 기술자	applic**ant** 지원자 employ**ee** 직원	econom**ist** 경제학자 resid**ent** 주민

▶ 주로 사람이나 업체를 가리키는 명사

vicinity? 무슨 뜻이지?
단어는 모르지만 -ty로 끝나는 것을 보니 어쩐지
명사일 것 같군.

❷ 대명사 (Pronoun)

- 명사를 대신하는 말을 대명사라고 합니다.
- 앞서 언급되거나 이미 무엇인지 알고 있는 단어를 반복하지 않고 간단하게 표현하기 위해 쓰이며, 또한 불특정한 명사를 지칭할 때 쓰입니다.

I saw **Melanie** in the library. <u>**She**</u> was looking for a book.
　　　　　　　　　　　　　　　　그녀는
도서관에서 멜라니를 봤어. 그녀는 책을 찾고 있었어.

■ 인칭 대명사를 쓰는 규칙

- 3인칭 여자 한 명은 she: Sophia → she
- 3인칭 여러 사람은 they: Sophia and James → they
- 3인칭 남자 한 명은 he: James → he
- 3인칭 사물 하나는 it: the book → it

■ 토익 빈출 대명사

| one 하나, 한 사람 | someone 누군가 | anyone 누구나 |
| all 모든 사람, 모든 것 | everyone 모든 사람 | |

❸ 동사 (Verb)

- 동작이나 상태를 나타내는 말을 동사라고 하며, 문장에서 가장 중요한 역할을 합니다.
- 주어의 수, 시제에 따라 모양이 달라집니다. 주어가 3인칭 단수이고 현재시제일 때 동사원형에 -(e)s를 붙여 씁니다.

We <u>**discuss**</u> many issues in the meeting.
　　　논의하다
우리는 회의에서 많은 안건들을 논의한다.

■ 토익 빈출 동사

-ize, -yze, -ise	organ**ize** 조직하다 final**ize** 마무리하다	anal**yze** 분석하다 recogn**ize** 인정하다	maxim**ize** 최대화하다 superv**ise** 감독하다	advert**ise** 광고하다 adv**ise** 조언하다
-fy	satis**fy** 만족시키다 justi**fy** 정당화하다	modi**fy** 수정하다 simpli**fy** 간소화하다	speci**fy** 명시하다 clari**fy** 명확히 하다	quali**fy** 자격을 주다 noti**fy** 알리다
-en, en-	length**en** 길게 하다 short**en** 줄이다	broad**en** 넓히다 strength**en** 강화하다	**en**courage 권장하다 **en**sure 보장하다	**en**able 가능하게 하다 **en**close 동봉하다
-ate	cre**ate** 만들다 negoti**ate** 협상하다	don**ate** 기부하다 appreci**ate** 감사하다	decor**ate** 장식하다 investig**ate** 조사하다	reloc**ate** 이전하다 oper**ate** 작동시키다

④ 형용사 (Adjective)

- 명사의 앞에 쓰여 명사를 꾸며주거나, 동사 뒤에 쓰여 명사의 상태나 성질을 설명하는 말을 형용사라고 합니다.

Two women are moving a **heavy** box. 두 여자가 무거운 상자를 옮기고 있다.
　　　　　　　　　　　　　무거운

The box is **heavy**. 그 상자는 무겁다.
　　　　　무거운

■ 토익 빈출 형용사

명사 + -(l)y	lovely 사랑스러운	friendly 친근한	lengthy 긴, 장문의	lucky 운이 좋은
-ous	cautious 조심스러운	various 다양한	numerous 많은	serious 심각한
-al	technical 기술적인	ideal 이상적인	personal 개인적인	local 지역의
-ic	basic 기본적인	specific 구체적인	economic 경제의	public 공공의, 대중의
-ive	attractive 매력적인	expensive 비싼	impressive 인상적인	creative 창의적인
-ent	excellent 뛰어난	different 다른	proficient 능숙한	patient 참을성 있는
-able, -ible	available 이용 가능한	comfortable 편안한	possible 가능한	responsible 책임 있는
-ful	helpful 도움이 되는	useful 유용한	successful 성공적인	careful 신중한
-ory, -ary	satisfactory 만족스러운	mandatory 의무적인	temporary 임시의	necessary 필요한

⑤ 부사 (Adverb)

- 동사나 형용사, 다른 부사를 꾸며서 문장의 의미를 더욱 구체적이고 풍부하게 주는 말을 부사라고 합니다.
- 부사가 없어도 문장은 완벽하게 성립합니다.
- 부사는 일반적으로 형용사에 -ly를 붙인 형태이지만, 그 외에도 다양한 형태의 부사들이 많이 있습니다.

Please speak **quietly** in the library.
　　　　　　조용히
도서관에서는 조용히 말해주세요.

The buildings are **very** tall.
　　　　　　　　매우
건물들이 매우 높다.

■ 토익 빈출 부사

형용사 + -(l)y	completely 완전히 carefully 조심스럽게 exactly 정확하게 especially 특히 previously 이전에	comfortably 편안하게 easily 쉽게 simply 간단히 probably 아마도 shortly 곧	quickly 빠르게 happily 행복하게 recently 최근에 immediately 즉시 directly 직접적으로	nearly 거의 highly 매우 heavily 심하게 currently 현재 frequently 빈번하게
기타	so 그렇게, 너무나 always 항상	very 매우, 아주 quite 꽤	too 너무 sometimes 가끔	well 잘 now 지금

❻ 전치사 (Preposition)

- 명사나 대명사 앞에 위치하여 다른 단어와의 관계(위치, 시간, 방향, 이유, 원인 등)를 나타내는 말을 전치사라고 합니다.
- 전치사는 보통 「전치사 + 명사」의 형태로 묶여서 부사나 형용사처럼 쓰입니다.
- 「전치사 + 명사」를 '전치사구'라고 부르며, 문장에서 부사 역할을 할 때 '부사구'라고도 합니다.

Some clothes are organized **in** a drawer.
　　　　　　　　　　　　　　~안에

몇몇 옷들이 서랍 안에 정리되어 있다.

■ 토익 빈출 전치사 표현

on the table 테이블 위에	**to** the right 오른쪽으로
at the airport 공항에서	**due to** bad weather 좋지 않은 날씨 때문에
into the building 건물 안으로	**behind** you 당신의 뒤에
in February 2월에	**along** the road 길을 따라
by tomorrow 내일까지	**with** my friend 내 친구와 함께

❼ 접속사 (Conjunction)

- 단어와 단어, 구와 구, 절과 절을 연결하는 말을 접속사라고 합니다.

Fruits **and** vegetables are on display.
　단어　　　　단어
과일과 채소가 진열되어 있다.

■ 접속사의 다양한 연결

I like reading books **and** watching movies.
　　　　구　　　　　　　　　구
나는 책 읽는 것과 영화보는 것을 좋아한다.

Darcey studied hard, **and** she passed the exam.
　　　　절　　　　　　　　　　절
달시는 열심히 공부했고, 시험에 합격했다.

Chris left early **because** he was not feeling well. ---▶ 주절을 수식하는 부사 역할
　　절　　　　　　　　　　　절
크리스는 몸이 좋지 않았기 때문에 일찍 퇴근했다.

■ 토익 빈출 접속사

등위접속사 (대등한 두 요소를 연결)	부사절 접속사 (절을 이끌어 그 절이 문장에서 부사 역할을 하게 만들어 줌)	
and 그리고	because ~ 때문에	although 비록 ~이지만
but 그러나	while ~하는 동안, ~인 반면에	if 만약 ~라면
or 혹은, 그렇지 않으면	before ~ 전에	after ~ 후에
so 그래서	when ~할 때	

❽ 감탄사 (Interjection)

- 우리말의 '우와!', '아이쿠'처럼 감정이나 느낌을 나타내는 말을 감탄사라고 합니다.
- Oh! Wow! Oops! Ouch! 등이 있습니다.

Oops! I made a mistake!
이런! 실수를 했어!

QUICK QUIZ

각 단어의 품사를 써 보세요.

1. (A) attend _____
   (B) attendant _____
   (C) attendee _____
   (D) attentive _____

2. (A) product _____
   (B) produce _____
   (C) productive _____
   (D) production _____

3. (A) decide _____
   (B) decidedly _____
   (C) decisive _____
   (D) decision _____

4. (A) difference _____
   (B) differently _____
   (C) different _____
   (D) differentiate _____

5. (A) innovate _____
   (B) innovation _____
   (C) innovative _____
   (D) innovator _____

6. (A) employ _____
   (B) employment _____
   (C) employee _____
   (D) employer _____

7. (A) application _____
   (B) apply _____
   (C) applicant _____
   (D) applies _____

8. (A) attract _____
   (B) attraction _____
   (C) attractive _____
   (D) attractively _____

9. (A) access _____
   (B) accessible _____
   (C) accessibility _____
   (D) inaccessible _____

10. (A) sharply _____
    (B) sharp _____
    (C) sharpen _____
    (D) sharpness _____

11. (A) office _____
    (B) officer _____
    (C) official _____
    (D) officially _____

12. (A) agree _____
    (B) agreeable _____
    (C) agreement _____
    (D) agrees _____

문장 성분과 수식어

문장을 이루는 기본 요소들을 문장 성분이라고 합니다.
영어의 문장 성분에는 주어, 동사, 목적어, 보어 그리고 수식어가 있습니다.

❶ 주어 (Subject)

- 문장에서 동사가 나타내는 행동이나 상태의 주체로, 보통 문장의 맨 앞에 위치합니다.
- 우리말로 '~은,~는,~이,~가'라고 해석합니다.
- 일반적으로 동사 앞에 오는 단어나 구를 주어라고 하며, 이 자리에는 명사나 대명사가 옵니다.

Sophia is a teacher. 소피아는 선생님이다.
She teaches English. 그녀는 영어를 가르친다.
Students like her. 학생들이 그녀를 좋아한다.

❷ 동사 (Verb)

- 주어의 동작이나 상태를 나타내며, 보통 주어 뒤에 위치합니다.
- 주어의 수와 시제에 따라 형태가 달라집니다.

be동사(am, are, is, was, were)	일반동사
'~이다'라는 뜻과 '(~에) 있다'라는 뜻으로 쓰입니다. Sophia **is** a teacher. 소피아는 선생님이다. 　　　이다 She **is** in her classroom. 그녀는 교실에 있다. 　　있다	'~하다'라는 뜻으로 쓰입니다. 동사 앞에 to가 붙거나 뒤에 -ing가 붙은 형태는 동사가 아닙니다. She **teaches** English. 그녀는 영어를 가르친다. 　　　to teach (X) teaching (X) Her students **study** English hard. 　　　　　　 to study (X) studying (X) 그녀의 학생들은 영어를 열심히 공부한다.

> 동사는 한 문장에 반드시 하나 이상 있어야 합니다. 한 문장에 동사가 두 개 이상 쓰이려면 접속사로 연결되어야 합니다.
> 공식: 문장 속 동사 개수 = 접속사 개수 + 1
> ▸ George **canceled** the meeting **because** he **felt** sick. 조지는 아파서 회의를 취소했다.
> 　　　　　　　　　　　　　　접속사

❸ 목적어 (Object)

- 동사의 동작이 가해지는 대상이 되는 말로, '~을,~를/~에게'로 해석합니다.
- 문장에서 목적어는 보통 동사 뒤에 오고, 목적어 자리에는 명사나 대명사가 옵니다.

She **teaches** **English**. Her students **study** **it** very hard.
　　　　　동사 teach의 목적어　　　　　　동사 study의 목적어

④ 보어 (Complement)

- 주어나 목적어를 보충 설명해주는 말을 보어라고 합니다.
- 주어를 보충 설명해주면 주격 보어, 목적어를 보충 설명해주면 목적격보어입니다. 주격 보어는 동사 뒤에, 목적격보어는 목적어 뒤에 위치합니다.
- 보어 자리에는 명사나 형용사가 위치합니다.

Sophia is a **teacher**. 소피아는 선생님이다.
　　주격 보어: 주어 Sophia를 보충 설명하는 보어(명사)

She is very **kind**. 그녀는 매우 친절하다.
　　주격 보어: 주어 She를 보충 설명하는 보어(형용사)

Her smile makes **me happy**. 그녀의 미소는 나를 행복하게 만든다.
　　목적어　목적격보어: 목적어 me를 보충 설명하는 보어(형용사)

⑤ 수식어 (Modifier)

- 문장의 다른 성분을 꾸며주는 역할을 합니다.
- 문장의 필수 요소는 아니지만, 문장의 기본 요소들을 수식하여 의미를 더욱 구체적으로 해줍니다.

■ 명사 앞 형용사 (명사 수식)

It was a **great exhibit**. 훌륭한 전시였어요.

■ 부사 (형용사/동사/문장 수식)

부사는 문장 속에서 다양한 자리에 위치합니다. 완전한 문장 앞에 콤마와 함께 등장하는 부사도 있습니다.

The seminar was **very helpful**. 그 세미나는 매우 유익했다.

Mr. Simson **successfully finished** his presentation. 심슨 씨는 발표를 성공적으로 끝냈다.

Fortunately, **they passed the test**. 다행히도, 그들은 시험을 통과했다.

■ 시간 표현

last night(어젯밤), yesterday(어제), today(오늘), tomorrow(내일), next year(내년) 등도 대표적인 수식어입니다.

We will have a job opening **next month**. 우리는 다음 달에 채용 공고를 낼 것이다.

> 문장의 필수 성분: 주어(S), 동사(V), 목적어(O), 보어(C)
> 문장의 선택 성분: 수식어(M)
> 문장은 기본적으로 주어(S) + 동사(V) 구조에서 출발 → 필요에 따라 목적어(O), 보어(C), 수식어(M)가 추가됩니다.

■ 「전치사 + 명사」

「at, on, in, of, for, by, with, to, over, under, behind 등 + 명사」가 전치사구를 구성하여 수식어구로 쓰입니다.

Tickets (**for the concert**) **were** sold out. 그 콘서트의 티켓이 매진되었다.
　　　　　　　　　　　　　was (X)

■ to부정사

'~하기 위해서'라고 해석되는 to부정사구, 명사를 뒤에서 수식하는 to부정사구는 수식어입니다.

(**To meet the deadline**,) we worked overtime. 마감을 맞추기 위해, 우리는 초과근무를 했다.
Mr. Min has an **ability** (**to speak English fluently**). 민 씨는 영어를 유창하게 말하는 능력을 지니고 있다.

> 영어 문장은 긴 수식어 때문에 복잡해질 수 있으므로, 수식어를 괄호로 묶어 문장을 깔끔하게 정리하는 습관이 필요합니다.

■ 분사 (V-ing / V-ed)

명사 + [V-ing ~]	**The woman playing the piano** is my friend. 피아노를 연주 중인 저 여자는 내 친구다.
명사 + [V-ed ~]	**The report written by Ms. Lewis** was impressive. 루이스 씨에 의해 작성된 보고서는 인상적이었다.

■ 관계사절

관계사(who, whom, that, which 등)가 이끄는 절이 뒤에서 명사를 수식하는 경우, 그 관계사절 전체가 수식어입니다. 이때 긴 수식어를 괄호로 묶으면 주어와 동사가 잘 보입니다.

Anyone (**who wants to attend the workshop**) **should call** Mr. Jones.
　주어　　　　　　　　　　　　　　　　　　　　　　　　동사
워크숍에 참가하고자 하는 사람은 누구나 존스 씨에게 전화해야 한다.

The items (**that I bought yesterday**) **were** defective. 내가 어제 산 물건들은 하자가 있었다.
　주어　　　　　　　　　　　　　　　　동사 was (X)

■ 부사절

접속사 because, when, if, while 등의 뒤에 「주어 + 동사」가 이어지는 형태로, 주절의 의미를 구체적으로 설명해 주는 부사 역할을 합니다.

(**When they enter the building**,) visitors should present a form of identification.
　　　　부사절　　　　　　　　　　　　　　　　　　　　주절
= Visitors should present a form of identification (**when they enter the building**).
방문객들은 그 건물에 들어갈 때 신분증을 제시해야 한다.

QUICK QUIZ
다음 문장의 주어에 S, 동사에 V 표시를 하고, 수식어에는 괄호를 쳐 보세요.

1 The information on the Web site was useful.

2 The factory will be fully operational next week.

3 He had a plan to go abroad.

4 The woman singing on the stage is my sister.

5 I enjoy making a presentation in front of people.

6 The meeting scheduled for Tuesday was postponed until next week.

7 Unfortunately, we didn't get the contract yesterday.

8 When I arrive home, I will call you.

9 Ms. Morris missed the flight for Melbourne because of the heavy traffic.

10 People who have not registered cannot enter the laboratory.

11 The chairs that I bought last week were very comfortable.

12 The book which I borrowed from the library was interesting.

토익 필수 문법 용어

강의 바로 보기

토익 문법을 공부할 때 항상 등장하는 용어들이 있습니다. 이것들을 제대로 알고 있어야 강의나 해설서의 내용이 머리에 쏙쏙 들어올 것입니다.

❶ 단어, 구, 절

명사, 동사, 형용사, 부사는 낱개의 단어들입니다. 이들이 여러 개로 붙어서 점점 길어지게 되는데, 이 길어진 형태에 「주어 + 동사」가 없으면 구, 「주어 + 동사」가 있으면 절이라고 합니다.

■ 단어

의미를 지닌 최소 단위로, 띄어쓰기로 구분됩니다. 단어들을 역할에 따라 분류한 것이 품사입니다.

- 명사: information, books, employees, …
- 형용사: helpful, expensive, various, …
- 부사: very, so, always, sometimes, …

I	bought	a	book	yesterday.
단어	단어	단어	단어	단어

■ 구

두 단어 이상이 모여 하나의 품사처럼 쓰이는 것을 말합니다.

- 명사구: 문장에서 명사 역할   **our information** 우리의 정보
- 형용사구: 문장에서 형용사 역할   employees **in the cafeteria** 카페테리아에 있는 직원들
                                      형용사구: 명사 employees를 수식
- 부사구: 문장에서 부사 역할   You should sign up in advance **to attend the seminar**.
                                                                          부사구: 절을 수식
  세미나에 참석하기 위해서는 사전에 신청해야 한다.

■ 절

「주어 + 동사」를 포함한 두 단어 이상이 모여 하나의 품사처럼 쓰이는 것을 말합니다.

- 명사절: 문장에서 명사 역할   ➤ 명사절 접속사 that
       The company **announced that the second location will open next month**.
                               명사절: announced의 목적어 역할
  회사는 다음 달에 두번째 지점이 열릴 것이라고 발표했다.

- 형용사절: 문장에서 형용사 역할   ➤ 형용사절 접속사 (관계사) who
       Anyone who works full-time is eligible for free parking.
             형용사절: Anyone을 수식
  정규직으로 근무하는 사람은 누구나 무료 주차에 대한 자격이 있다.

- 부사절: 문장에서 부사 역할   ➤ 부사절 접속사 because
       He was late for the meeting **because his flight was delayed**.
                            부사절: 주절을 수식
  그의 항공편이 지연되었기 때문에, 그는 회의에 늦었다.

■ 문장

절이 포함되어 하나의 완결된 형태를 이룬 것을 문장이라고 합니다. 문장은 한 개의 절로 이루어질 수도 있고, 여러 개의 절이 함께 쓰일 수도 있습니다. 이때 한 문장 안의 절과 절은 반드시 접속사로 연결됩니다.

We will contact the candidates. 우리는 후보자들에게 연락할 것이다.
　　　　　　절

He decided that he will participate in the workshop. 그는 워크숍에 참석하겠다고 결정했다.
　절　　　접속사　　　　　　절

❷ 단수, 복수, 수 일치

- 영어에서는 명사를 셀 수 있는 명사(가산명사)와 셀 수 없는 명사(불가산명사)로 분류하며, 셀 수 있는 하나의 명사를 단수명사라고 하고, 2개 이상을 가리키는 명사를 복수명사라고 합니다.
- 주어 자리에 단수명사가 있는지, 복수명사가 있는지에 따라 동사의 형태가 달라지는데, 이를 주어와 동사의 수 일치라고 합니다. 일반동사의 현재시제일 경우 주어가 3인칭 단수명사라면 동사에 -(e)s를 붙입니다.
- 셀 수 없는 명사(love, water, information, access 등)는 단수 취급합니다.

　Jason [works / ~~work~~] at a bank. 제이슨은 은행에서 근무한다.
　They [works / work] at a bank. 그들은 은행에서 근무한다.
　Access to client files [is / are] not allowed. 고객 파일에 대한 접근은 허용되지 않는다.
　☞ 문장에서 수식어구를 제대로 가려내지 못하면 주어-동사 수일치에서 실수하는 경우가 생기니 주의해야 해요!

❸ 동사의 기본형

- 조동사 뒤에는 항상 동사원형을 써야 합니다.
- 현재시제에서 1, 2인칭 대명사와 복수명사 주어 뒤에 위치하는 일반동사도 동사원형 형태로 씁니다.

| will, would ~할 것이다　　can, could ~할 수 있다 |
| may, might ~할지도 모른다　should, must, have to ~해야 한다 |
| do not, does not / did not ~않는다 / ~않았다 |

➕ 동사원형

Mr. Grant will attend a meeting tomorrow. 그랜트 씨는 내일 회의에 참석할 것이다.
　　　　　　will attends (X)
Payment can be made by credit card. 지불은 신용카드로 이뤄질 수 있다.
　　　　　can is (X)
People did not participate in the survey. 사람들이 설문조사에 참여하지 않았다.
　　　　did not participated (X)

> to write (to부정사) / writing (동명사, 현재분사) / written (과거분사)은 동사가 아니기 때문에 문장의 동사 자리에 쓰일 수 없어요.
> ▶ I write a report every week. (O)　　I to write a report every week. (X)
> ▶ I writing a report every week. (X)　I written a report every week. (X)

UNIT 01 명사

POINT 01 명사의 개념과 형태

명사란 사람, 사물 등 존재하는 모든 것의 이름을 나타내는 단어를 말합니다.

사물/추상 명사	-tion, -sion	information 정보 education 교육	decision 결정 extension 연장
	-ment	equipment 장비	department 부서
	-ness, -ship	happiness 행복	relationship 관계
	-ty, -ry	ability 능력	recovery 회복
	-ance, -ence	attendance 참석	difference 차이
사람/업체 명사	-or, -er, -ee, -ist, -ant, -ent	inspector 검사관 artist 예술가	teacher 선생님 applicant 지원자	employee 직원 resident 거주자

POINT 02 명사의 자리

■ 관사 a/an/the + **명사**

a/an + 가산 단수명사	**a** schedule **a** manager **a** shop **an** hour **an** order
the + 모든 명사	**the** schedule **the** manager **the** shop

■ 소유격 표현 + **명사**

소유격 + 모든 명사	**my** coworkers 나의 동료들 **your** manager 당신의 매니저 **today's** meeting 오늘의 회의

■ 주어, 목적어, 보어 자리

주어 자리	문장 맨 앞, 동사 앞	The **store** opens at 9. 매장이 9시에 연다.
목적어 자리	타동사 뒤	He canceled the **meeting**. 그는 회의를 취소했다.
	전치사 뒤	I work with **designers**. 나는 디자이너들과 일한다.
보어 자리	주로 be동사 뒤	She is our **CEO**. 그녀는 우리의 CEO이다.

■ 형용사 + **명사**

형용사는 일반적으로 명사 앞에서 명사를 꾸며줍니다.

a new **employee** 신입 직원   many **companies** 많은 회사들   detailed **information** 상세한 정보

PRACTICE 1 빈칸에 알맞은 단어를 골라보세요.

1. Ms. Ross is qualified for the [position / positioned].

2. The board members reached an [agree / agreement] yesterday.

3. Workers are required to wear [protect / protective] gear while on duty.

4. Sophia is a reliable [employee / employment].

5. Most employees are interested in the [compete / competition].

6. Applicants must bring his or her [apply / application] to the HR office.

7. New [employ / employees] will receive training for two weeks.

8. This location is ideal for [offices / officially].

9. Our [depart / department] is in charge of monitoring lab equipment in the facility.

10. Riverside Road is under [construct / construction].

VOCABULARY HELP

be qualified for ~에 대한 자격을 갖추다 reach an agreement 합의에 이르다 be required to do ~해야 하다 wear ~을 착용하다 protective gear 안전 장비 on duty 근무 중인 reliable 믿을 수 있는 employee 직원 employment 고용, 취업 be interested in ~에 관심있다 compete 경쟁하다 competition 경기, 대회, 경쟁 applicant 지원자 bring ~을 가져오다 apply 지원하다 application 신청서, 지원서 location 위치, 장소 ideal 이상적인 officially 공식적으로 department 부서 be in charge of ~을 담당하다, 책임지다 monitor ~을 관찰하다, 감독하다 lab 실험실 equipment 기구 facility 시설 under construction 공사 중인

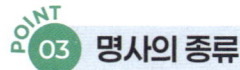
명사의 종류

■ **가산명사 (셀 수 있는 명사)**

가산명사를 쓸 때는 하나(단수)인지, 둘 이상(복수)인지를 나타내는 수량 표시를 꼭 해야 합니다.

a(n) / the / 소유격	+ 가산 단수 명사	a book	the book	my book
a(n) (the / 소유격)	+ 가산 복수 명사-(e)s	~~a books~~	(the) books	(my) books

소피아쌤의 문법 부스터

▶ **사람 명사**는 가산명사: an employee, a worker (직원) a critic (비평가)
▶ **규정/규칙 관련 명사**는 가산명사: rules (규칙) regulations (규정) procedures (절차)
▶ **가격 관련 명사**는 가산명사: a price (가격) a discount (할인) a refund (환불)
   cf. 화폐나 통화를 나타내는 명사는 불가산명사: money (돈) cash (현금) change (잔돈)

■ **불가산명사 (셀 수 없는 명사)**

불가산명사는 수량 표현과 쓰지 않고, 항상 단수 취급합니다.

a(n) (the / 소유격)	+ 불가산명사	~~a furniture~~	(the) furniture	(my) furniture

토익 빈출 불가산명사

information 정보	machinery 기계류	advice 충고
baggage/luggage 수하물	furniture 가구	permission 허가
equipment 장비	access 접근	assistance 도움

They ordered new [**equipment** / equipments] yesterday. 그들은 어제 새로운 장비를 주문했다.

■ **복합명사**

두 개 이상의 명사가 결합하여 하나의 명사처럼 쓰이는 것을 말합니다. 덩어리째 외우는 것이 좋아요.

토익 빈출 복합명사

office supplies 사무 용품	safety inspection 안전 검사
application form 신청서, 지원서	job opening 일자리 공석, 채용 공고
sales figures 판매 수치, 매출액	customer satisfaction 고객 만족
assembly line 조립 라인	budget report 예산 보고서

Job openings [is / **are**] posted on the Web site. 채용 공고들이 웹사이트에 게시되어 있다.

    ▶ 복합명사는 뒤에 오는 명사에 수일치 → 복수형 동사 선택

PRACTICE 2

빈칸에 알맞은 단어를 골라보세요.

1. The company has several job [opens / **openings**].

2. The customers will get a 10% [**discount** / discounts].

3. [Report / **Reports**] must be submitted by tomorrow.

4. New employees have [**access** / accesses] to the main facility.

5. They are seeking [**assistance** / assistant].

6. The factory upgraded its [assemble / **assembly**] lines.

7. The manager announced the [**sales** / sell] figures for the second quarter.

8. Employees have [permit / **permission**] to park their cars in Parking Lot A.

9. Please fill out the [apply / **application**] form.

10. The sales report [show / **shows**] a decrease in profits.

VOCABULARY HELP

several 몇몇의 job opening 일자리 공석 customer 고객 discount 할인 submit ~을 제출하다 employee 직원 have access to ~을 이용할 수 있다, ~에 접근할 수 있다 main 주요한 facility 시설 seek ~을 찾다, 구하다 assistance 도움 assistant 조수, 보조 직원 factory 공장 upgrade ~을 업그레이드하다 assembly line 조립 라인 sales figures 매출액 quarter 분기 have permission to do ~하도록 허가 받다 park ~을 주차하다 fill out ~을 작성하다, 기입하다 application form 신청서, 지원서 show ~을 보여주다 decrease in ~의 감소 profit 이윤

실전 TEST

■ Part 5

1. If customers are not satisfied with the product, they can receive a ------- within 7 days of purchase.
   (A) refunding
   (B) refunded
   (C) refundable
   (D) refund

2. JP Apparel has a wide ------- of fashion items from all over the world.
   (A) select
   (B) selection
   (C) selecting
   (D) selective

3. The NAB offers an exceptional ------- to its customers.
   (A) service
   (B) services
   (C) servicing
   (D) serviced

4. FD Beauty Salon offers their regular customers additional -------.
   (A) discounts
   (B) discounting
   (C) discountable
   (D) discounted

5. The delivery of SOD products ------- at least 5 days to process.
   (A) take
   (B) takes
   (C) taking
   (D) to take

6. All workers at YS Manufacturing must follow the company's ------- regulations.
   (A) safe
   (B) safer
   (C) safely
   (D) safety

7. ------- will receive bonuses later this month.
   (A) Employment
   (B) Employee
   (C) Employees
   (D) Employ

8. Ms. Kim expressed her ------- to Mr. Park for his hard work.
   (A) appreciate
   (B) appreciation
   (C) appreciated
   (D) appreciative

9. ------- of your reservation will be sent by e-mail.
   (A) Confirmed
   (B) Confirms
   (C) Confirm
   (D) Confirmation

10. All of the office ------- are kept in a storage area on the second floor.
    (A) supply
    (B) supplies
    (C) supplier
    (D) supplied

Part 6

Questions 11-14 refer to the following notice.

Notice to all break room users

The second-floor break room will be **11** ------- in the first week of February. To prepare for the **12** -------, please take out all of your food from the refrigerator. While the second-floor break room is closed, the marketing department has generously offered to share their break room with us. **13** -------. Thanks for your **14** ------- in advance.

---

11. (A) remodeled
    (B) stocked

12. (A) construct
    (B) construction

13. (A) Their room will undergo renovations at the same time.
    (B) That room is on the third floor by the elevators.

14. (A) progress
    (B) cooperation

오늘의 필수 구문 분석

강의 바로 보기

❶ 1번 예시처럼 구문 분석을 해 보세요. (주어-동사 찾기 / 끊어 읽기)
❷ 문장의 해석을 써 보세요.
❸ 강의를 들으며 맞게 했는지 확인해 보세요.

1 <u>Workers</u> <u>are required</u> / to wear protective gear / while on duty.
       S   V

   [해석] 작업자들은 요구된다 / 보호 장비를 착용하도록 / 근무 중에

2 Our department is in charge of monitoring lab equipment in the facility.

   [해석] _____

3 The manager announced the sales figures for the second quarter.

   [해석] _____

4 Employees have permission to park their cars in Parking Lot A.

   [해석] _____

5 If customers are not satisfied with the product, they can receive a refund within 7 days of purchase.

   [해석] _____

6 All workers at YS Manufacturing must follow the company's safety regulations.

   [해석] _____

7 Ms. Kim expressed her appreciation to Mr. Park for his hard work.

   [해석] _____

8 All of the office supplies are kept in a storage area on the second floor.

   [해석] _____

오늘의 필수 어휘 Quiz

❶ 오늘 학습한 유닛에서 반드시 암기해야 하는 어휘/표현입니다. 빈칸에 뜻을 적어 보세요.
❷ 채점 후 틀린 단어들은 따로 표시해 두고 반드시 암기하세요.

1	be qualified for	_____
2	reach an agreement	_____
3	be required to do	_____
4	wear	_____
5	protective gear	_____
6	reliable	_____
7	applicant	_____
8	application	_____
9	be in charge of	_____
10	under construction	_____
11	job opening	_____
12	have access to	_____
13	facility	_____
14	seek	_____
15	assembly line	_____
16	quarter	_____
17	have permission to do	_____
18	fill out	_____
19	decrease in	_____
20	profit	_____

UNIT 02 대명사

강의 바로 보기

POINT 01 대명사의 개념과 종류

대명사란 사람/사물의 이름인 명사를 '대신'하는 말입니다.

인칭대명사	사람/사물을 대신 지칭	**We** improved **our** delivery service. 우리는 우리의 배송 서비스를 개선했다.
지시대명사	거리 개념으로 사람/사물을 지칭	**This** is my office. 여기가 제 사무실입니다.
부정대명사	불특정한 막연한 대상을 지칭	**Some** like the new restaurant, but **others** don't. 어떤 이들은 새 식당을 좋아하고 다른 이들은 그렇지 않다.

POINT 02 인칭대명사

문장 속 자리에 알맞은 격의 인칭대명사를 찾는 문제가 매회 출제됩니다.

		주격 ~은/는/이/가	목적격 ~에게 / ~을, 를	소유격 ~의	소유대명사 ~의 것	재귀대명사 ~ 스스로
1인칭		I	me	my	mine	myself
		we	us	our	ours	ourselves
2인칭		you	you	your	yours	yourself
		you	you	your	yours	yourselves
3인칭		he	him	his	his	himself
		she	her	her	hers	herself
		it	it	its	-	itself
		they	them	their	theirs	themselves
문장 속 자리		주어	목적어 (타동사 뒤 / 전치사 뒤)	명사 앞	주어 / 목적어 / 보어	목적어	부사

■ 재귀대명사

❶ 주체(주어)와 대상(목적어)이 같은 대상을 지칭할 때 목적어 자리에 씁니다.

I love **myself**. (O) 나는 나를 사랑한다.
↪ I love me. (X)

❷ 주어의 행동을 강조할 때 주어 바로 뒤 혹은 문장 맨 끝에 씁니다.

Sophia gave a presentation **herself**. 소피아가 직접 발표를 했다.
↪ Sophia **herself** gave a presentation.처럼 재귀대명사가 주어 뒤에 위치 가능

TIP 재귀대명사 관용 표현

by oneself 스스로, 혼자서
on one's own 스스로, 혼자서

PRACTICE 1 — 빈칸에 알맞은 단어를 골라보세요.

1. Ms. Song decided to sell [her / hers] handbags through a department store.

2. Please greet the guests when [they / them] arrive in the lobby.

3. The training program can help [your / you] to improve your skills.

4. We are offering [us / our] clients a 5 percent discount on all purchases.

5. This app allows [our / us] to track [our / us] orders in real time.

6. Mr. Shin updated the computer program by [himself / him].

7. Ms. Jackson says she prefers to work on the project by [herself / hers].

8. The new marketing manager introduced [her / herself] to the staff on [she / her] first day.

9. Ms. Kim canceled [she / her] meeting because [she / her] had to attend a conference call.

10. Because Mr. Finn finished [him / his] report, [he / him] helped me to finish [my / mine].

VOCABULARY HELP

decide to do ~하기로 결정하다　through ~을 통해서　department store 백화점　greet ~을 맞이하다　guest 손님　arrive 도착하다　help A (to) do: A가 ~하는 것을 돕다　improve ~을 향상시키다　skill 능력, 기술　offer A B: A에게 B를 제공하다　client 고객　purchase n. 구매 v. ~을 구매하다　app 앱, 애플리케이션　allow A to do: A가 ~하도록 허용하다　track ~을 추적하다　order n. 주문　in real time 실시간으로　update ~을 업데이트하다　prefer to do ~하는 것을 선호하다　introduce A to B: A를 B에게 소개하다　staff 직원들　cancel ~을 취소하다　attend ~에 참석하다　conference call 전화 회의　finish ~을 끝마치다

POINT 03 지시대명사

■ this와 that

가까운 대상	this 이것, 이 사람 these 이것들, 이 사람들
떨어진 대상	that 저것, 저 사람 those 저것들, 저 사람들

■ 문장 속에서 앞에 언급된 명사를 대신하는 that과 those

Their **service** is similar to [**that** / those] of other businesses. 그들의 서비스는 다른 업체들의 것(서비스)과 비슷하다.
▶ 단수명사인 service 지칭

This year's **profits** are higher than [**those** / these] from last year. 올해의 이윤은 작년의 것(이윤)보다 높다.
▶ 복수명사인 profits 지칭

■ 시험에 꼭 나오는 those who와 anyone who 〔중요〕

those who	~하는 사람들 ☞ 복수 취급	+ 복수동사
anyone who	~하는 사람이라면 누구나 ☞ 단수 취급	+ 단수동사(-s)

Those who [**study** / studies] TOEIC with Sophia [is / **are**] going to get a good score.
소피아와 토익을 공부하는 사람들은 좋은 점수를 받을 것이다.

Anyone who [study / **studies**] TOEIC with Sophia [**is** / are] going to get a good score.
소피아와 토익을 공부하는 사람이라면 누구나 좋은 점수를 받을 것이다.

POINT 04 부정대명사

- one 특정하지 않은 하나
- another (같은 종류의) 또 다른 하나
- the other 나머지 1개 (범위 O)
- some 특정하지 않은 여러 개
- the others 나머지 전부 (범위 O)
- others 나머지 일부, 여러 개 (범위 X)
- many 많은 것들(사람들)
- most 대부분의 것들(사람들)
- each other 서로

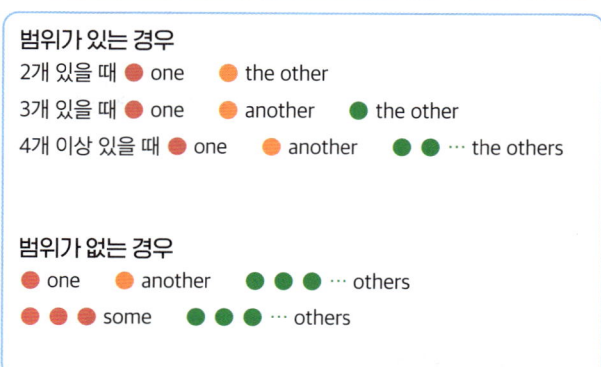

Among the 10 candidates, <u>some</u> have an IT certificate, but <u>the others</u> don't.
   범위 있음   10명 중 일부   10명 중 일부를 제외한 나머지 모두
10명의 지원자들 중에서 몇몇은 IT 자격증을 갖고 있지만 나머지는 그렇지 않다.

PRACTICE 2   빈칸에 알맞은 단어를 골라보세요.

1. This workshop is suitable for [that / those] who plan to work in accounting.

2. The JoyRun 200 Shoe is the lightest [one / that] on the market right now.

3. Most of the managers arrived on time, although [one / some] was late.

4. Employee satisfaction here is greater than [that / those] of other branches.

5. If you lose your parking card, we can issue [another / other] at the counter.

6. [Anyone / Some] who wants to attend the seminar must register online.

7. Team members should communicate with [each other / those] regularly.

8. We offer free training for [those / one] who are new to the software.

9. We invited all employees to the training session, but [many / much] did not respond.

10. Engineers and designers collaborate with [each other / much] when creating new products.

VOCABULARY HELP

be suitable for ~에 적합하다 plan to do ~할 계획이다 accounting 회계 lightest 가장 가벼운 (light의 최상급) on the market 시장에 나와 있는 on time 제때에 late 늦은 employee satisfaction 직원 만족(도) branch 지점 lose ~을 분실하다 issue ~을 발급하다 attend ~에 참석하다 register 등록하다 online 온라인으로 communicate with ~와 소통하다 regularly 규칙적으로 offer ~을 제공하다 free 무료의 training 교육, 훈련 new to ~에 처음인 invite ~을 초청하다 training session 교육 연수 respond 응답하다 engineer 기술자 collaborate 협업하다 each other 서로 create ~을 만들어내다 product 제품

실전 TEST

Part 5

1. Mr. Keen will perform well when ------- is promoted to senior manager.
   (A) he
   (B) his
   (C) him
   (D) himself

2. The conference rooms on the second floor are available to ------- who are meeting with clients.
   (A) them
   (B) those
   (C) this
   (D) which

3. After Ms. Tanaka finishes ------- presentation, there will be a short coffee break.
   (A) her
   (B) she
   (C) hers
   (D) herself

4. Although many tourists visit the city in summer, ------- prefer to come in the winter.
   (A) another
   (B) anyone
   (C) other
   (D) some

5. When the order is ready, send someone from your team to pick ------- up.
   (A) him
   (B) hers
   (C) it
   (D) one

6. For ------- who cannot attend in person, a recording will be provided.
   (A) either
   (B) whichever
   (C) those
   (D) one another

7. The customers can print tickets by ------- using the kiosk.
   (A) they
   (B) their
   (C) them
   (D) themselves

8. Mr. Lee will make copies of the training manual ------- once it is finalized.
   (A) he
   (B) his
   (C) him
   (D) himself

9. The CEO of Prime Software has decided to move ------- office to the city center.
   (A) she
   (B) her
   (C) hers
   (D) herself

10. ------- who wishes to apply for the position must submit a résumé by Friday.
    (A) Whichever
    (B) Anyone
    (C) Other
    (D) Themselves

Part 6

Questions 11-14 refer to the following letter.

Dear Ms. Oliver,

I wanted to remind you that your membership with VitalCore Fitness ended last week. If you don't plan to renew, please let 11 ------- know so we can give your locker to another member.

If you do want to continue, we have a special offer. When you renew for one more year, you'll get a free fitness check-up and one personal training session. You'll also have free 12 ------- to our new wellness lounge. 13 -------. If you're interested, 14 ------- fill out the enclosed form and send it back.

11 (A) them
    (B) us

12 (A) access
    (B) accessed

13 (A) To get these benefits, please renew before November 20.
    (B) All customers are welcome to visit the lounge anytime.

14 (A) simply
    (B) regularly

오늘의 필수 구문 분석

강의 바로 보기

❶ 구문 분석을 해 보세요. (주어-동사 찾기 / 끊어 읽기)
❷ 문장의 해석을 써 보세요.
❸ 강의를 들으며 맞게 했는지 확인해 보세요.

1. We are offering our clients a 5 percent discount on all purchases.

   해석 _____

2. This app allows us to track our orders in real time.

   해석 _____

3. Ms. Jackson says she prefers to work on the project by herself.

   해석 _____

4. The new marketing manager introduced herself to the staff on her first day.

   해석 _____

5. Because Mr. Finn finished his report, he helped me to finish mine.

   해석 _____

6. Anyone who wants to attend the seminar must register online.

   해석 _____

7. We invited all employees to the training session, but many did not respond.

   해석 _____

8. The conference rooms on the second floor are available to those who are meeting with clients.

   해석 _____

오늘의 필수 어휘 Quiz

❶ 오늘 학습한 유닛에서 반드시 암기해야 하는 어휘/표현입니다. 빈칸에 뜻을 적어 보세요.
❷ 채점 후 틀린 단어들은 따로 표시해 두고 반드시 암기하세요.

1	decide to do	
2	improve	
3	offer A B	
4	client	
5	allow A to do	
6	track	
7	prefer to do	
8	introduce A to B	
9	attend	
10	conference call	
11	be suitable for	
12	accounting	
13	on time	
14	employee satisfaction	
15	issue	
16	register	
17	communicate with	
18	regularly	
19	collaborate	
20	product	

UNIT 03 형용사

강의 바로 보기

POINT 01 형용사의 개념과 형태

형용사란 명사를 꾸며주거나 보어 자리에서 주어나 목적어를 보충/설명하는 단어를 말합니다.

명사 + -(l)y	risky 위험한	costly 비싼	-ent	excell**ent** 뛰어난 compet**ent** 능력 있는
-ous	caut**ious** 조심스러운	var**ious** 다양한	-able	avail**able** 이용 가능한 afford**able** 감당 가능한
-al	technic**al** 기술적인	person**al** 개인적인	-ible	poss**ible** 가능한 respons**ible** 책임감 있는
-ic	bas**ic** 기본적인	specif**ic** 구체적인	-ful	use**ful** 유용한 success**ful** 성공적인
-ive	attract**ive** 매력적인	expens**ive** 비싼	-ory	satisfact**ory** 만족스러운 compuls**ory** 의무적인

POINT 02 형용사의 자리

■ 명사 앞에서 명사를 수식

　a **competent** employee 유능한 직원   an **affordable** price 적당한 가격

■ 명사 뒤에서 명사를 수식

❶ -thing/-one/-body로 끝나는 대명사를 수식하는 경우
　some**thing** new 새로운 어떤 것

❷ 명사를 부가적 성격으로 수식하는 경우
　seats **available** 이용 가능한 좌석

❸ 다른 어구와 함께 명사를 수식하는 경우
　staff members **willing** to volunteer 자원하고자 하는 직원들

> **TIP 어순 기억하기**
> 관사(a/an/the) (+ 부사) (+ 형용사) + 명사
> a highly **effective** strategy
> 매우 효과적인 전략

■ 2형식 동사 뒤 주격 보어 자리 [S + 2V + S.C]

주어	+ 2형식 동사(be동사, become, seem, appear, remain 등)	+ 주격 보어

The conference center is [access / **accessible**] by subway. 컨퍼런스 센터는 지하철로 접근이 가능하다.

　▶ 보어 자리에 명사가 들어가려면 [주어=보어]가 성립해야 하는데
　　 conference center≠access이므로 access는 오답

■ 5형식 동사 + 목적어 뒤 목적격 보어 자리 [S + 5V + O + O.C]

주어	+ 5형식 동사(keep, find, consider, make, leave 등)	+ 목적어	+ 목적격 보어

I found his report [**informative** / informatively]. 나는 그의 보고서가 유익하다고 생각했다.

　▶ 보어 자리에 부사가 올 수 없어요.

PRACTICE 1   빈칸에 알맞은 단어를 골라보세요.

1 The store manager is [responsible / responsibility] for recording daily sales.

2 Although our shops in LA have closed, the New York shop will remain [open / opening].

3 The manual provides [specific / specify] instructions on how to operate the machine.

4 The company reported a [considerable / considerably] increase in profits this quarter.

5 The company is [considerate / consideration] of customer feedback in developing new products.

6 WhiteJet Airlines will be hiring 200 [add / additional] employees next year.

7 All information in this report is strictly [confidential / confidentially].

8 Customers became highly [critical / criticism] of the company's poor delivery service.

9 Please keep your belongings [safe / safely] during the trip.

10 The museum created virtual tours to make exhibits [accessible / accessibly] to everyone.

VOCABULARY HELP

be responsible for ~을 책임지다 responsibility 책임 record ~을 기록하다 daily sales 일일 매출 remain open 열린 상태로 있다 manual 매뉴얼, 설명서 provide ~을 제공하다 specific 구체적인 specify ~을 구체화하다 instructions (자세한) 설명 how to do ~하는 법 operate ~을 조작하다 machine 기계 report ~을 보고하다 considerable 상당한 considerably 상당하게 increase in ~의 인상 profit 이윤 quarter 분기 be considerate of ~을 고려하다 develop ~을 개발하다 hire ~을 채용하다 add ~을 추가하다 additional 추가의, 부가의 employee 직원 strictly 엄격하게 confidential 기밀의 confidentially 은밀하게 highly 매우 be critical of ~에 대해 비판적이다 criticism 비판 poor 형편 없는 keep A 형용사: A를 ~인 상태로 유지하다 belongings 소지품 safe 안전한 safely 안전하게 virtual tour 가상 투어 exhibit 전시 accessible 접근[이용] 가능한 accessibly 이용 가능하게

POINT 03 수량 형용사

수량을 나타내는 형용사들은 뒤에 오는 명사의 종류와 수에 맞게 써야 합니다.

수량 형용사	수 일치	예시
one 하나의 every 모든 each 각각의 another 또 다른 하나의 either 둘 중 하나의 neither 둘 중 어느 것도 ~아닌	+ 가산 단수명사	**every** employee **each** participant
two 두 개 both 둘 다의 a few 조금 있는 several 몇몇의 many 많은 numerous 많은 various 다양한	+ 가산 복수명사	**several** activities **various** items
much (양이) 많은 a little (양이) 적은	+ 불가산명사	**much** information
some 약간의 all 모든 most 대부분의 half 절반의	+ 가산 복수명사 + 불가산명사	**some** documents **all** equipment
any 어느 ~든지, 모든 no 어느 ~도 ~가 아닌	+ 가산 단수명사 + 가산 복수명사 + 불가산명사	**any** product **any** products **no** money

소피아쌤의 문법 부스터

▶ 많은 수의: a number of / a variety of / a (wide) range of + 가산 복수명사 + 복수동사
▶ 많은 양의: a large amount of / a great deal of + 불가산명사 + 단수동사

POINT 04 유의해야 할 형용사

- **시험에 자주 나오는 형용사 숙어**   ▶ 외우고 있으면 1초 컷으로 정답을 고를 수 있어요!

be **responsible** for ~에 대해 책임지다	be **dependent** on ~에 의존하다
be **eligible** for ~에 대한 자격이 있다	be **capable** of ~할 수 있다
be **eligible** to do ~할 자격이 있다	be **skilled** at ~을 잘 하다
be **familiar** with ~에 익숙하다, ~을 잘 알다	be **interested** in ~에 관심 있다

Only full-time employees **are eligible for** health insurance. 정규직 직원들만이 건강 보험의 자격이 있다.

- **서로 비슷하게 생겨 헷갈리는 형용사 어휘**

간혹 어휘 문제에서 선택지에 함께 나올 때가 있는데, 헷갈리지 않도록 구분해서 외워 두세요.

confident 자신감 있는	confidential 기밀의	considerate 사려 깊은	considerable 상당한
proficient 능숙한	profitable 수익성 있는	responsible 책임 있는	responsive 반응하는

PRACTICE 2

빈칸에 알맞은 단어를 골라보세요.

1. [**Each** / All] participant is expected to suggest ideas during the discussion.

2. At Sunrise Ltd., there are [**many** / every] opportunities for career advancement.

3. [**Every** / Other] full-time worker at our company receives health insurance.

4. Please direct [**all** / each] questions about refunds to the service department.

5. The company has opened new branches in a [**number** / numbers] of major cities.

6. Any employee who has worked for three years is [**eligible** / eligibility] for promotion.

7. The travel agency offers various tour options for [**any** / some] schedule.

8. Our tour guides are [**familiar** / typical] with the city's history and major landmarks.

9. Applicants must have [**considerable** / considerate] experience working with financial data.

10. Customers made [**several** / another] suggestions about the new product design.

VOCABULARY HELP

participant 참가자 be expected to do ~할 것으로 기대되다 suggest ~을 제안하다 discussion 토의, 논의 opportunity 기회 career advancement 경력상의 승진 full-time 전일제의, 정규직의 receive ~을 받다 health insurance 건강 보험 direct A to B: A를 B로 보내다 refund 환불 branch 지점, 지사 a number of 많은(= many) major city 주요 도시 be eligible for + 명사: ~에 대한 자격이 있다 eligibility 적임, 적격 promotion 승진 travel agency 여행사 various 다양한 tour options 여행 선택사항 tour guide 여행 가이드 be familiar with ~을 잘 알다, ~에 익숙하다 major 주요한 landmark 랜드마크, 주요 지형물 applicant 지원자 considerable 상당한 considerate 배려하는 experience 경험 work with ~을 다루다 financial data 재무 자료 make a suggestion 제안하다

실전 TEST

Part 5

1. Our technicians are trained to handle ------- task that requires specialized knowledge.
   (A) mainly
   (B) any
   (C) unless
   (D) both

2. Clients who purchase more than ten items at once may be ------- for a discount.
   (A) eligible
   (B) eligibly
   (C) eligibility
   (D) eligibilities

3. Without exception, ------- employees must submit their weekly reports by Friday afternoon.
   (A) every
   (B) such
   (C) either
   (D) all

4. The new art museum is ------- to the public from 9 A.M. to 6 P.M. daily.
   (A) open
   (B) openly
   (C) opener
   (D) be opened

5. A ------- explanation for the decline in sales is the recent increase in competition.
   (A) possible
   (B) possibly
   (C) possibility
   (D) possibilities

6. ------- airlines reported delays due to severe weather conditions.
   (A) Everything
   (B) Several
   (C) Others
   (D) Nothing

7. ------- client is asked to provide feedback after the service is completed.
   (A) Each
   (B) All
   (C) Some
   (D) Most

8. The training program covers a ------- range of topics, including communication skills, leadership, and time management.
   (A) diversion
   (B) diversely
   (C) diverse
   (D) diversify

9. Senior technicians are ------- for training staff on how to operate new devices.
   (A) responsibly
   (B) responsible
   (C) responsibility
   (D) responsibilities

10. The design team's new approach has made our homepage -------.
    (A) attract
    (B) attractive
    (C) attractively
    (D) attractiveness

Part 6

Questions 11-14 refer to the following information.

Thank you for purchasing this pair of Vellano Boots.

Although you will probably own many shoes in your lifetime, your new Vellano boots will be the most elegant of all. **11** -------, it is important that you try to keep them in good condition. Use a quality leather cleaner to maintain their **12** ------- appearance. When your shoes are wet, allow them to dry at room temperature. Do not place them next to a heater or fireplace. It may **13** ------- the leather to shrink. It is also important to remove dirt regularly. **14** -------. By doing this on a regular basis, you can prolong the lifespan of your Vellano boots.

---

11 (A) However
    (B) Therefore

12 (A) original
    (B) origin

13 (A) need
    (B) cause

14 (A) We recommend using a soft damp cloth.
    (B) Don't forget to check our online catalog.

오늘의 필수 구문 분석

❶ 구문 분석을 해 보세요. (주어-동사 찾기 / 끊어 읽기)
❷ 문장의 해석을 써 보세요.
❸ 강의를 들으며 맞게 했는지 확인해 보세요.

1. The manual provides specific instructions on how to operate the machine.
   해석 _____

2. The company is considerate of customer feedback in developing new products.
   해석 _____

3. The museum created virtual tours to make exhibits accessible to everyone.
   해석 _____

4. Please direct all questions about refunds to the service department.
   해석 _____

5. Any employee who has worked for three years is eligible for promotion.
   해석 _____

6. Our technicians are trained to handle any task that requires specialized knowledge.
   해석 _____

7. A possible explanation for the decline in sales is the recent increase in competition.
   해석 _____

8. The training program covers a diverse range of topics, including communication skills, leadership, and time management.
   해석 _____

오늘의 필수 어휘 Quiz

❶ 오늘 학습한 유닛에서 반드시 암기해야 하는 어휘/표현입니다. 빈칸에 뜻을 적어 보세요.
❷ 채점 후 틀린 단어들은 따로 표시해 두고 반드시 암기하세요.

1	be responsible for	_____
2	specific	_____
3	how to do	_____
4	operate	_____
5	considerable	_____
6	develop	_____
7	hire	_____
8	additional	_____
9	strictly	_____
10	confidential	_____
11	highly	_____
12	keep A 형용사	_____
13	belongings	_____
14	accessible	_____
15	participant	_____
16	be expected to do	_____
17	direct A to B	_____
18	refund	_____
19	be eligible for	_____
20	be familiar with	_____

UNIT 04 부사

강의 바로 보기

 부사의 개념과 형태

부사란 동사, 형용사, 다른 부사, 구, 문장 전체를 수식해서 문장의 의미를 더욱 풍부하게, 구체적으로 만드는 단어입니다.

형용사 + -ly	completely 완전히 carefully 조심스럽게 immediately 즉시	comfortably 편안하게 exactly 정확하게 currently 현재	quickly 빠르게 probably 아마도 recently 최근에
기타 형태	now 지금 yet 아직	early 일찍 already 이미	late 늦게 just 딱, 방금	soon 곧 still 여전히	tomorrow 내일 once 한 번

The design team created a **completely** new logo.
디자인 팀은 완전히 새로운 로고를 만들었다.

Mr. Benson will **soon** be retiring.
벤슨 씨는 곧 은퇴할 것이다.

 부사의 자리

부사는 수식하는 단어의 앞이나 뒤에 쓰입니다. 부사는 꾸며주는 말이기 때문에 부사가 없어도 문장이 성립할 수 있어요.

- (관사) 부사 형용사 명사
- 주어 부사 동사
- 조동사 부사 동사원형
- be 부사 p.p.
- be 부사 -ing
- have/has 부사 p.p.
- to 부사 동사원형
- 부사, 주어 + 동사
- 주어 + 동사 부사

형용사 수식	It was a **very** informative workshop. 매우 유익한 워크숍이었다.
부사 수식	The workshop finished **quite** early. 워크숍이 꽤 일찍 끝났다.
동사 수식	Mr. Jeong **finally** got promoted to manager. 정 씨는 마침내 관리자로 승진했다. I have **successfully** completed the workshop. 나는 성공적으로 워크숍을 이수했다.
준동사 수식	**steadily** rising prices 꾸준히 오르는 가격 **dramatically** discounted prices 굉장히 할인된 가격 to **thoroughly** review the report 보고서를 철저하게 검토하기
문장 전체 수식	**Unfortunately**, Mr. Jones was not able to get promoted. 안타깝게도, 존스 씨는 승진하지 못했다.

PRACTICE 1  빈칸에 알맞은 단어를 골라보세요.

1. Successful companies [continue / continually] analyze their competitors' strategies.

2. Library visitors should enter the main reading room [quiet / quietly].

3. Mr. Kim is [frequent / frequently] asked to handle negotiations with overseas clients.

4. After a long discussion, the board [finally / final] agreed to increase the budget.

5. On our Web site, you can [easy / easily] compare hotel prices and find the best deals.

6. Applicants are advised to [carefully / careful] review all documents before submission.

7. The company's performance has [greatly / great] improved over the past year.

8. The coffee shop is [conveniently / convenient] located near the subway entrance.

9. The team suggested a [complete / completely] new idea for the advertising campaign.

10. Tickets for the international trade fair are [current / currently] available online.

VOCABULARY HELP

successful 성공적인 continue 계속하다 continually 계속해서 analyze ~을 분석하다 competitor 경쟁사, 경쟁자 strategy 전략 visitor 방문객 enter ~로 들어가다 quiet 조용한 quietly 조용하게 frequent 빈번한 frequently 빈번하게 be asked to do ~하도록 요청 받다 handle ~을 다루다 negotiation 협상 overseas 해외의 client 고객 board 이사회, 위원회 finally 마침내 final 최종의 agree to do ~하는 것에 동의하다 increase ~을 증가시키다 budget 예산 easy 쉬운 easily 쉽게 compare ~을 비교하다 deal 거래 applicant 지원자 be advised to do ~하도록 권고 받다 review ~을 검토하다 submission 제출 performance 성과, 실적 greatly 크게, 대단히 great 대단한, 훌륭한 improve 향상되다 over the past year 지난 해에 걸쳐 be conveniently located 편리하게 위치해 있다 subway entrance 지하철 입구 complete 완전한 completely 완전히 international 국제적인 trade fair 무역 박람회 current 현재의 currently 현재 available 구입[이용] 가능한

토익 빈출 부사

■ 숫자 표현과 함께 자주 쓰이는 부사

nearly, almost 거의	**nearly** 300 customers 거의 300명의 고객들
about, around, roughly, approximately 대략	**approximately** 30 minutes 대략 30분
only, just 오직, 딱	**just** two months 딱 두 달
more than, over 이상 / less than, under 미만	**more than** 10 years 10년 이상
at least 최소한, 적어도	**at least** 10 copies 적어도 10부
up to ~까지	**up to** one million dollars 100만 달러까지

■ 시간·빈도를 나타내는 부사

yesterday 어제	recently 최근에	once 한때, 한 번	previously 이전에	currently 현재	now 지금
already 이미	just 이제, 막	soon, shortly 곧	occasionally 가끔	always 항상	often 자주

The manager will arrive **shortly** to begin the meeting.
매니저가 회의를 주재하기 위해 곧 도착할 것이다.

주의해야 할 부사

단순히 형용사와 부사의 형태 차이처럼 보이지만 실제 의미는 전혀 달라지는 경우를 알아 두세요.

형용사 · 부사가 같은 형태인 단어	-ly 형태의 부사가 다른 의미인 단어
short 형 짧은 부 짧게	shortly 부 곧
close 형 가까운 부 가까이	closely 부 면밀히, 자세히
high 형 높은 부 높게	highly 부 매우
near 형 가까운 부 가까이	nearly 부 거의, 대략
late 형 늦은 부 늦게	lately 부 최근에
most 형 대부분의 부 가장	mostly 부 대부분, 주로
hard 형 열심인, 딱딱한, 힘든 부 열심히, 심하게	hardly 부 거의 ~않다

The lawyer will **closely** examine the contract. 변호사는 계약서를 면밀하게 살펴볼 것이다.
➡ 가까이 X 면밀하게 O

Ms. Gong is **highly** regarded by her coworkers. 공 씨는 동료들로부터 매우 존경받는다.
➡ 높게 X 매우 O

소피아쌤의 문법 부스터

▶ 다음의 부사는 형용사, 부사만 수식할 수 있어요! 동사를 수식할 수 없습니다.

so / very / fairly / quite 꽤   extremely / exceptionally 몹시   relatively 비교적

PRACTICE 2 빈칸에 알맞은 단어를 골라보세요.

1. [**Almost** / Every] all the zoo's special programs were canceled this week.

2. We had to wait [**nearly** / lately] an hour to board our flight.

3. It takes [approximated / **approximately**] ten minutes to walk to the train station.

4. The finance team will monitor expenses [close / **closely**] to stay within the budget.

5. We are pleased to inform you that your order should be arriving [**shortly** / short].

6. Our flight to New York was delayed for [**more than** / well] three hours.

7. Customers can save [**up to** / far from] 20 percent on all purchases.

8. The restaurant welcomes [**nearly** / near] 100 customers a day.

9. The sign was [**hardly** / hard] visible from the main road because of the trees.

10. Please leave [**just** / quite] 10 chairs in the conference room and remove any extras.

VOCABULARY HELP

zoo 동물원 cancel ~을 취소하다 nearly 거의 lately 최근에 board ~에 타다 flight 항공편 it takes + 시간: ~의 시간이 걸리다 approximate ~을 어림하다 approximately 대략, 약 finance 재정, 재무 monitor ~을 추적 관찰하다 expense 지출 close 가까운 closely 면밀하게 stay ~인 채로 있다 within the budget 예산 내에 be pleased to do ~하게 되어 기쁘다 inform A that: A에게 ~라고 알리다 order n. 주문, 주문품 arrive 도착하다 shortly 곧 short 짧은 be delayed 지연되다 save 절약하다 up to ~까지 far from ~에서 먼 on all purchases 모든 구매 건에 대해 welcome ~을 반기다, 환영하다 near 가까운, 가까이 customer 고객 sign 간판, 표지판 hardly 거의 ~않다 hard 어려운 visible 보이는 road 도로 because of ~ 때문에 leave ~을 남겨 두다 just 오직, 딱 quite 꽤 conference room 회의실 remove ~을 없애다 extra 여분의 것

UNIT 04 부사 53

실전 TEST

■ Part 5

1. The new shopping center is ------- located in the downtown area.
   (A) convenient
   (B) conveniently
   (C) convenience
   (D) conveniences

2. The survey shows that 70 percent of the residents use the fitness center -------.
   (A) some
   (B) every
   (C) often
   (D) very

3. We ------- perform tests on our products to ensure the highest safety standards.
   (A) continue
   (B) continuous
   (C) continually
   (D) to continue

4. After months of negotiation, the company ------- signed the contract with its supplier.
   (A) finalization
   (B) finalized
   (C) final
   (D) finally

5. The safety inspection is ------- finished, and the results will be announced next week.
   (A) nearly
   (B) newly
   (C) conveniently
   (D) previously

6. The office will be closed for ------- two weeks due to renovations.
   (A) approximate
   (B) approximated
   (C) approximation
   (D) approximately

7. All chemicals in the laboratory must be handled ------- according to safety guidelines.
   (A) careful
   (B) carefully
   (C) care
   (D) more careful

8. Our store sells ------- priced office supplies for small businesses.
   (A) compete
   (B) competitive
   (C) competitively
   (D) competed

9. The engineers worked ------- to fix the system before the launch.
   (A) to tire
   (B) tireless
   (C) tirelessly
   (D) tiring

10. Harborfield Regional Airport handles ------- 4,000 flights every month.
    (A) always
    (B) quite
    (C) almost
    (D) closely

Part 6

Questions 11-14 refer to the following advertisement.

Considering a custom-made computer?
Contact NovaBuild Computers.

What level of performance do you need, and what features do you want the most? Even for 11 ------- who have some technological experience, choosing the right computer parts isn't 12 -------.

Computer parts can differ a lot in quality, and local shops may not have the latest processors or graphics cards. 13 -------. Our technicians are 14 ------- skilled in high-end desktop construction and customization.

Call us at 5515-1124 today to schedule your consultation!

11 (A) those
   (B) that

12 (A) simple
   (B) simply

13 (A) NovaBuild Computers moved its headquarters last year.
   (B) Fortunately, NovaBuild Computers can install exactly what you need.

14 (A) high
   (B) highly

오늘의 필수 구문 분석

❶ 구문 분석을 해 보세요. (주어-동사 찾기 / 끊어 읽기)
❷ 문장의 해석을 써 보세요.
❸ 강의를 들으며 맞게 했는지 확인해 보세요.

1. Mr. Kim is frequently asked to handle negotiations with overseas clients.
   해석 _____

2. Applicants are advised to carefully review all documents before submission.
   해석 _____

3. It takes approximately ten minutes to walk to the train station.
   해석 _____

4. We are pleased to inform you that your order should be arriving shortly.
   해석 _____

5. The sign was hardly visible from the main road because of the trees.
   해석 _____

6. Please leave just 10 chairs in the conference room and remove any extras.
   해석 _____

7. The survey shows that 70 percent of the residents use the fitness center often.
   해석 _____

8. All chemicals in the laboratory must be handled carefully according to safety guidelines.
   해석 _____

오늘의 필수 어휘 Quiz

❶ 오늘 학습한 유닛에서 반드시 암기해야 하는 어휘/표현입니다. 빈칸에 뜻을 적어 보세요.
❷ 채점 후 틀린 단어들은 따로 표시해 두고 반드시 암기하세요.

1	continually	_____
2	analyze	_____
3	competitor	_____
4	strategy	_____
5	frequently	_____
6	finally	_____
7	agree to do	_____
8	compare	_____
9	be advised to do	_____
10	be conveniently located	_____
11	completely	_____
12	nearly	_____
13	lately	_____
14	it takes + 시간	_____
15	approximately	_____
16	closely	_____
17	be pleased to do	_____
18	inform A that	_____
19	shortly	_____
20	hardly	_____

UNIT 04 부사

REVIEW TEST 1 Unit 1~4

1. Mr. Rubio will attend a presentation when ------- arrives at the office on Monday.
   (A) himself
   (B) him
   (C) his
   (D) he

2. If you would like to bring an ------- to the company picnic, please contact the HR department.
   (A) item
   (B) items
   (C) itemize
   (D) itemized

3. We are launching a new line of ------- that are affordable and eco-friendly.
   (A) producibility
   (B) products
   (C) production
   (D) produced

4. Lynn Wang's recent book offers excellent advice to ------- who want to work in marketing.
   (A) one
   (B) few
   (C) those
   (D) another

5. Details about the upcoming seminar will be available ------- through our Web site.
   (A) short
   (B) shorter
   (C) shortest
   (D) shortly

6. Mr. White's new book focuses on the online marketing ------- of attracting new customers.
   (A) strategies
   (B) strategized
   (C) strategically
   (D) strategic

7. The company asks all employees to dedicate ------- to maintaining quality standards.
   (A) themselves
   (B) them
   (C) their
   (D) their own

8. Our center offers ------- art workshops every weekend.
   (A) interacts
   (B) interactions
   (C) interactive
   (D) interactively

9. Mr. Rodrigues found property prices to be ------- low in the Bellview neighborhood of the city.
   (A) surprise
   (B) surprises
   (C) surprising
   (D) surprisingly

10. The HR manager will ------- monitor the performance of the new recruits over the next two weeks.
    (A) close
    (B) closeness
    (C) closer
    (D) closely

11 Updated safety instructions are ------- available for download on our company Intranet.
   (A) well
   (B) now
   (C) gently
   (D) brightly

12 We will hold a meeting to answer ------- questions about the changes to the employee bonus policy.
   (A) you
   (B) your
   (C) yours
   (D) yourself

13 We ------- conduct inspections to make sure all equipment in our kitchen is safe.
   (A) continue
   (B) continuous
   (C) continually
   (D) to continue

14 Members of Malibu Fitness were asked to complete a ------- about their preferred exercise classes.
   (A) survey
   (B) surveying
   (C) surveyor
   (D) surveyed

15 Employees who travel for business must include ------- receipts in their expense reports.
   (A) each
   (B) one
   (C) all
   (D) every

16 Ryzer Technologies will inform all of ------- shareholders about the decision to relocate the factory.
   (A) one
   (B) its
   (C) ours
   (D) them

17 The company's financial performance has improved ------- over the past three years.
   (A) steadiest
   (B) steadiness
   (C) steady
   (D) steadily

18 The committee made a ------- decision to allocate more funds to training.
   (A) collect
   (B) collects
   (C) collective
   (D) collectively

19 Mr. Park completed the project by ------- while the rest of the team was away.
   (A) he
   (B) him
   (C) himself
   (D) his own

20 ------- order of books is specially packaged to prevent damage during delivery.
   (A) Each
   (B) Several
   (C) All
   (D) Everything

UNIT 05 동사의 형태와 종류

강의 바로 보기

POINT 01 동사의 형태 변화

동사	3인칭 단수 주어 뒤	1,2인칭 단수/복수 주어 뒤	과거형
be동사	is	am / are	was / were
일반동사	동사원형 + -(e)s	동사원형	동사원형 + -(e)d
have	has	have	had
do	does	do	did

■ **동사원형**

동사의 기본 형태로, 복수형 주어의 현재시제를 나타내거나 조동사 뒤에 씁니다.

They **drink** coffee every morning.

You **can get** a discount.

She **can get** a discount.

> **TIP**
> • 주어에 상관 없이 조동사 뒤에는 무조건 동사원형이 옵니다.
> • 명령문의 경우 동사원형으로 시작합니다.

■ **3인칭 단수**

주어가 3인칭 단수이면서 현재시제를 나타낼 때, 일반동사 뒤에 -(e)s를 붙입니다.

Sophia [work / **works**] for Siwonschool LAB. 소피아는 시원스쿨랩에서 근무한다.

■ **과거형**

과거의 일을 나타낼 때는 동사의 과거형을 씁니다.

She **was** ready for the presentation.
그녀는 발표 준비가 되어 있었다.

The employees **reviewed** the sales figures.
직원들이 매출액을 검토했다.

> **TIP**
> be동사의 경우 was/were, 일반동사의 경우 규칙 동사는 뒤에 -(e)d를 붙입니다. 불규칙 동사는 따로 암기가 필요해요! ☞ 부록 불규칙 동사 변화 참조

Mr. Jones **gave** a presentation in the morning. 존스 씨가 아침에 발표를 했다.
▶ 불규칙 동사

■ **현재분사(V-ing)와 과거분사(V-ed)**

· 현재분사형은 동사원형에 -ing를 붙인 형태로, be동사와 함께 동사의 진행시제를 나타냅니다.
· 과거분사형은 동사원형에 -(e)d를 붙인 형태로, be동사와 함께 동사의 수동태를 나타내거나, has/have/had와 함께 동사의 완료시제를 나타냅니다.

She **is checking** her schedule. 그녀는 일정을 확인 중이다.

The shipment **was delivered** yesterday. 배송품이 어제 배달되었다.

They **have opened** a new branch in Busan. 그들은 부산에 새 지점을 열었다.

> **TIP**
> 진행형: be동사 + -ing
> 수동태: be동사 + p.p.
> 완료시제: have동사 + p.p.

PRACTICE 1   빈칸에 알맞은 단어를 골라보세요.

1. The new bookstore [offers / offering] free Wi-Fi and a quiet reading area.

2. You can [check / checks] flight information on the airport's Web site.

3. The package [was / were] delivered on time.

4. Employees should [contact / to contact] the IT manager if they experience login problems.

5. Mr. Suh [want / wants] to hire additional staff for his marketing team.

6. The manager [has / have] requested a copy of the latest financial report.

7. Ms. Jeong [do / did] a great job at the presentation yesterday.

8. Our new app [provide / provides] faster booking services for hotels.

9. The bank [open / will open] a new branch in the central business district.

10. The HR department is [reviewing / review] applications for the new position.

VOCABULARY HELP

offer ~을 제공하다 free 무료의 quiet 조용한 reading area 독서 구역 check ~을 확인하다 flight information 항공편 정보 airport 공항 package 소포 deliver ~을 배송하다 on time 제시간에 employee 직원 contact ~에게 연락하다 experience ~을 경험하다 login problem 로그인 문제 hire ~을 채용하다 additional 추가의 staff 직원들 request ~을 요청하다 copy 사본 latest 최근의, 최신의 financial report 재무 보고서 do a great job 아주 잘 해내다 presentation 발표회 app 앱, 애플리케이션 provide ~을 제공하다 faster 더 빠른 booking 예약 branch 지점 central 중앙의, 중심부의 business district 상업 지구 HR department 인사부, 인사팀 review ~을 검토하다 application 지원서 position 직책

조동사

조동사는 동사 앞에서 동사의 의미를 도와주는 역할을 하며, 조동사 뒤에는 반드시 동사원형을 써야 합니다.

will / would	~할 것이다	must / had to	~해야만 한다/했다
can (=be able to) / could	~할 수 있다/있었다	should (=ought to)	~해야 한다
may / might	~일지 모른다	used to	~하곤 했다
had better	~하는 것이 낫다	do not / does not / did not	~않다/않았다

Mr. Han **will apply** for the manager position. 한 씨는 매니저 직책에 지원할 것이다.

자동사

동사 뒤에 목적어를 쓰지 않는 동사를 자동사라고 하고, 목적어가 반드시 필요한 동사를 타동사라고 합니다.

■ 1형식 자동사: 주어 + 1V (+ 부사/수식어)

왕래발착(이동)	go 가다 come 오다 depart 출발하다 arrive 도착하다 travel 여행가다
발생/존재	happen 발생하다 occur 발생하다 emerge 나타나다 exist 존재하다 live 살다
증가/감소	rise 오르다 increase 증가하다 fall 떨어지다 drop 하락하다 decrease 감소하다
일/기능	work 일하다, 작동하다 function 기능하다
지속/만료	last 지속하다 expire 만료되다

The prices **dropped** sharply. 가격이 급격히 하락했다.
주어   동사   수식어

소피아쌤의 문법 부스터

▶ 1형식 자동사 뒤에 목적어(명사)가 오려면 자동사 뒤에 『전치사+명사』 구조가 되어야 합니다.
   arrive the airport (X)   **arrive at** the airport (O) 공항에 도착하다
   respond the e-mail (X)   **respond to** the e-mail (O) 이메일에 응답하다

■ 2형식 자동사: 주어 + 2V + 주격보어

be동사	am, are, is ~이다 / was, were ~이었다
~이 되다	become ~이 되다 grow 점점 ~해지다 go ~한 상태가 되다
감각/느낌	look/seem/appear ~처럼 보이다, ~인 것 같다 sound ~처럼 들리다, ~인 것 같다 feel ~한 느낌이 들다
~인 채로 있다	remain ~채로 남다 stay 계속 ~인 상태이다

→ 주격보어 (명사/형용사)

Mr. Scott **became** an actor.
주어   동사   주격보어(명사)
스콧 씨는 배우가 되었다.

Mr. Scott **became** famous.
주어   동사   주격보어(형용사)
스콧 씨는 유명해졌다.

소피아쌤의 문법 부스터

▶ 2형식 자동사 뒤의 보어 자리에 명사가 오면 주어와 동일한 대상을 나타내고, 형용사가 오면 주어의 상태를 설명합니다. 토익 시험에는 거의 형용사 보어가 출제되고 있어요!
   The factory is [operation / **operational**]. 공장이 가동 중이다.

PRACTICE 2　빈칸에 알맞은 단어를 골라보세요.

1　The next meeting will [**focus** / focusing] on quarterly sales figures.

2　The bank should [considers / **consider**] extending its business hours.

3　The coupon will [**expire** / offer] on March 15, so please use it before that date.

4　The number of people working from home has [**risen** / rising] over the last few years.

5　The results of the survey will become [**available** / availability] next week.

6　Tourism has increased [great / **greatly**] since the new airport opened.

7　Although the two products are priced differently, they look [**identical** / identity].

8　The company has remained [**competitive** / competitively] despite the economic slowdown.

9　The number of customer complaints decreased [significant / **significantly**] this year.

10　The Customer Support Team must [**respond** / answer] to customer complaints within 24 hours.

VOCABULARY HELP

focus on ~에 초점을 맞추다　quarterly 분기의　sales figures 매출액　consider -ing ~할 것을 고려하다　extend ~을 늘리다　business hours 영업 시간　expire 만료되다　before ~전에　date 날짜　work from home 재택 근무하다　rise 오르다　over the last few years 지난 몇 년에 걸쳐　result 결과　survey 설문조사　become + 형용사: ~인 상태가 되다　available 이용[구매] 가능한　availability 이용[구매] 가능성　tourism 관광업　increase 증가하다　great 훌륭한　greatly 크게, 매우　since ~이래로　airport 공항　product 제품　be priced 가격이 매겨지다　differently 다르게　look + 형용사: ~하게 보이다　identical 똑같은　identity 정체성　remain + 형용사: ~한 채로 남아 있다　competitive 경쟁력 있는　competitively 경쟁적으로　despite ~에도 불구하고　economic slowdown 경제 침체　complaint 불만, 불만사항　decrease 감소하다　significant 상당한　significantly 상당히　Customer Support Team 고객지원팀　respond to ~에 응답하다　answer ~에 답하다　within 24 hours 24시간 내에

POINT 04 타동사

■ **3형식 타동사: 주어 + 3V + 목적어**

1, 2형식 자동사를 제외하면 대부분의 동사가 3형식 동사입니다.

The committee **reached** an agreement. 위원회는 합의에 이르렀다.
　주어　　　　동사　　　목적어

We **expanded** our services. 우리는 서비스를 확장했다.
주어　동사　　　목적어

■ **4형식 타동사: 주어 + 4V + 목적어1(~에게) + 목적어2(~을/를)**

teach 가르치다	buy 사주다
give 주다	show 보여주다
send 보내다	ask 요청하다
offer 제공하다	award 수여하다

➕ 목적어1 (사람)에게 ➕ 목적어2 (사물)을/를

The company **gave** the employees a bonus. 회사가 직원들에게 보너스를 주었다.
　주어　　　동사　　목적어1　　목적어2

4형식으로 된 문장을 아래와 같이 전치사를 사용하여 3형식으로 바꿀 수 있어요.

The company **gave** a bonus **to** the employees.
　주어　　　동사　목적어2　수식어구(전치사+목적어1)

■ **5형식 타동사: 주어 + 5V + 목적어 + 목적격보어** 중요

keep ~을 …하게 유지시키다	name ~을 …라고 명명하다
find ~을 …하다고 생각하다	make ~을 …로/…하게 만들다
consider ~을 …라고 여기다	leave ~을 …한 상태로 두다

➕ 목적어 ➕ 목적격보어 (형용사 / 명사)

The team's effort **made** the project successful. 팀의 노력이 프로젝트를 성공시켰다.
　주어　　　　동사　　목적어　　목적격보어(형용사)

The team's effort **made** the project a success.
　주어　　　　동사　　목적어　　목적격보어(명사)

소피아쌤의 문법 부스터

▶ 시험에 잘 나오는 5형식 동사

call/name/appoint/elect + 목적어 + 명사(목적격보어)

The board **elected** Mr. Simson chairman. 위원회는 심슨 씨를 의장으로 선출했다.
　　　　　　　목적어　　목적격보어

ask/require/advise/encourage/allow/enable + 목적어 + to부정사(목적격보어)

The museum **allows** visitors to take pictures in the exhibition halls.
　　　　　　　　목적어　　목적격보어

그 박물관은 관람객들이 전시실에서 사진을 찍는 것을 허용한다.

PRACTICE 3 빈칸에 알맞은 단어를 골라보세요.

1. The company [offers / offers to] employees free lunch on Fridays.

2. The guide [showed / showed to] the tourists the museum map.

3. The board [considered / considered as] the plan very effective.

4. Many customers found the new design [attract / attractive].

5. The new software [keeps / uses] the data safe during online transactions.

6. Ms. Cho [left / left as] the door unlocked last night.

7. The manager encouraged all staff [use / to use] flexible work hours.

8. The committee [named / sent] Mr. Lee the new chairperson.

9. The new software we purchased last week [makes / gives] our daily tasks easier.

10. The two companies [reached / reached to] an agreement to collaborate on new technology.

VOCABULARY HELP

offer A(목적어1) B(목적어2): A에게 B를 제공하다 on Fridays 금요일마다 show A(목적어1) B(목적어2): A에게 B를 보여주다 tourist 관광객 museum 박물관 map 지도 the board 이사회, 위원회 consider A(목적어) B(목적격보어): A를 B라고 생각하다 effective 효과적인 find A(목적어) B(목적격보어): A가 B라고 생각하다 attract ~을 끌어들이다 attractive 매력적인 keep A(목적어) B(목적격보어): A를 B의 상태로 유지하다 safe 안전한 during ~동안 transaction 거래, 매매 leave A(목적어) B(목적격보어): A를 B의 상태로 두다 unlocked 문이 잠기지 않은 last night 어젯밤 encourage A(목적어) to do: A가 ~하도록 장려하다 flexible work hours 유연 근무 시간 committee 위원회 name A(목적어) B(목적격보어): A를 B로 임명하다 chairperson 의장 purchase 구매하다 make A(목적어) B(목적격보어): A를 B로 만들다 daily 매일의, 일상의 task 업무 easier 더 쉬운(easy의 비교급) reach ~에 이르다 agreement 합의 collaborate on ~에 대해 협력하다

실전 TEST

■ Part 5

1. Nowadays, many airlines ------- passengers the option to order special meals in advance.
   (A) move
   (B) give
   (C) treat
   (D) choose

2. The firm's reputation in the market has remained ------- for 100 years.
   (A) consist
   (B) consistency
   (C) consistent
   (D) consistently

3. The city council is currently ------- several proposals to renovate the City Central Park.
   (A) considers
   (B) considerate
   (C) consideration
   (D) considering

4. The new bonus program has given employees ------- to increase their productivity.
   (A) motivate
   (B) motivation
   (C) motivative
   (D) motivated

5. The free shuttle service allows hotel guests ------- the airport conveniently.
   (A) to access
   (B) should access
   (C) accessing
   (D) accessed

6. The legal department will ------- the contract and provide feedback by Friday.
   (A) examine
   (B) examined
   (C) examines
   (D) examining

7. The next training session ------- on learning how to use the new accounting software.
   (A) focus
   (B) focusing
   (C) to be focused
   (D) will focus

8. The sales team ------- in London earlier this week for the international meeting.
   (A) to arrive
   (B) having arrived
   (C) arrived
   (D) arriving

9. The company offers educational opportunities ------- employees through online training programs.
   (A) in
   (B) to
   (C) at
   (D) on

10. You will receive a free map when you ------- the tourist information center.
    (A) go
    (B) arrive
    (C) stay
    (D) visit

Part 6

Questions 11-14 refer to the following letter.

Dear Ms. Lane,

We are contacting you regarding your recent 11 ------- of a wireless Bluetooth speaker. This product has been recalled due to a problem with the internal battery overheating. Certain units of the speaker were distributed without proper safety testing. 12 -------. Please 13 ------- if your speaker is on the recall list. You can do this by looking at the serial number on the tag at the bottom of the device. If the serial number is between 8000 and 8999, you should 14 ------- the product to our main office. Of course, we will fix it at no cost.

11. (A) purchase
    (B) review

12. (A) They may cause burns or fire hazards.
    (B) It will be delivered within 5 business days.

13. (A) checking
    (B) check

14. (A) return
    (B) returns

오늘의 필수 구문 분석

❶ 구문 분석을 해 보세요. (주어-동사 찾기 / 끊어 읽기)
❷ 문장의 해석을 써 보세요.
❸ 강의를 들으며 맞게 했는지 확인해 보세요.

1. The coupon will expire on March 15, so please use it before that date.
   해석 _____

2. The number of people working from home has risen over the last few years.
   해석 _____

3. Tourism has increased greatly since the new airport opened.
   해석 _____

4. The company has remained competitive despite the economic slowdown.
   해석 _____

5. Nowadays, many airlines give passengers the option to order special meals in advance.
   해석 _____

6. The free shuttle service allows hotel guests to access the airport conveniently.
   해석 _____

7. The next training session will focus on learning how to use the new accounting software.
   해석 _____

8. The company offers educational opportunities to employees through online training programs.
   해석 _____

오늘의 필수 어휘 Quiz

❶ 오늘 학습한 유닛에서 반드시 암기해야 하는 어휘/표현입니다. 빈칸에 뜻을 적어 보세요.
❷ 채점 후 틀린 단어들은 따로 표시해 두고 반드시 암기하세요.

1	focus on	_____
2	quarterly	_____
3	sales figures	_____
4	consider -ing	_____
5	business hours	_____
6	expire	_____
7	rise	_____
8	look + 형용사	_____
9	remain + 형용사	_____
10	competitive	_____
11	despite	_____
12	complaint	_____
13	within 24 hours	_____
14	respond to	_____
15	show A B	_____
16	consider A B	_____
17	keep A B	_____
18	transaction	_____
19	committee	_____
20	collaborate on	_____

UNIT 05 동사의 형태와 종류

UNIT 06 동사의 수 일치

POINT 01 단수 주어와 동사의 수 일치

- 주어가 3인칭 단수일 때, 일반동사는 현재시제의 경우 동사 뒤에 -(e)s를 붙입니다.
- 명사는 복수일 때 -(e)s가 붙지만 동사는 단수 동사일 때 -(e)s를 붙입니다.

be동사	I + am/was He, She, It, 3인칭 단수 주어 + is/was 불가산명사 주어 + is/was	☞ am, is: 현재시제 was: 과거시제
일반동사 현재시제	He, She, It, 3인칭 단수 주어 + 일반동사의 동사원형-(e)s / has	

■ 단수 취급하는 주어

셀 수 없는 명사 (불가산명사)	information, equipment, advice, furniture, baggage …
고유명사 (사람 이름, 회사명, 학문명 등)	Sophia, Siwonschool LAB, economics, ACE Electronics …
-thing/-one/-body로 끝나는 대명사	something, anyone, nobody …
동명사 주어	**Reading books** [make / **makes**] me happy. 책을 읽는 것은 나를 행복하게 한다.
to부정사 주어	**To finish the project on time** [**is** / are] necessary. 프로젝트를 제시간에 끝내는 것이 필요하다.
명사절 주어	**That he passed the exam** [**is** / are] surprising. 그가 시험에 합격했다는 것이 놀랍다.

POINT 02 복수 주어와 동사의 수 일치

be동사	We, You, They + are/were 복수명사 주어 + are/were	☞ are: 현재시제 were: 과거시제
일반동사 현재시제	복수 주어 + 일반동사의 동사원형	

■ 복수 취급하는 주어

복수 가산명사	**New employees** [is / **are**] going to attend an orientation session. 신입 직원들은 오리엔테이션에 참석할 것이다.
복수 대명사	**We/You/They** [**report** / reports] the sales figures every month. 우리는/당신들은/그들은 매월 매출액을 보고한다.
명사 and 명사	**Sophia and Jay** [is / **are**] required to prepare a presentation for the client. 소피아와 제이는 고객을 위한 발표를 준비해야 한다.

 소피아쌤의 문법 부스터

▶ 명령문은 주어 없이 동사원형으로 시작해요. Ex. (Please) **contact** the HR manager.
▶ 과거시제와 미래시제는 수 일치에 신경 쓸 필요가 없어요!

PRACTICE 1  빈칸에 알맞은 단어를 골라보세요.

1. The employees [was / were] surprised at the sudden change in company policy.

2. Mr. Dalton and I [am / are] reviewing the contract before signing it.

3. Glow Cosmetics [sell / sells] a variety of products for customers with sensitive skin.

4. The survey results [show / shows] that most employees prefer flexible working hours.

5. Please [allow / allows] three days for your order to be delivered.

6. Recycling plastics and bottles [reduce / reduces] environmental pollution.

7. Aurora Legal Solutions [offer / offers] reliable strategies to resolve complex problems.

8. We at Global Fitness [is pleased / are pleased] to announce that we added Sunday morning classes.

9. The public relations director [manage / manages] all media inquiries.

10. Mr. Colmar found that some information [was / were] incorrect on the company Web site.

VOCABULARY HELP

be surprised at ~에 놀라다 sudden 갑작스러운 change in ~의 변화 company policy 회사 정책 review ~을 검토하다 contract 계약서 sign ~에 서명하다 a variety of 다양한 product 제품 sensitive 민감한 survey 설문조사 result 결과 show that ~라는 점을 보여주다 most 대부분의 prefer ~을 선호하다 flexible 유연한 working hours 근무 시간 allow ~을 허용하다 order n. 주문, 주문품 v. ~을 주문하다 deliver ~을 배송하다 recycle ~을 재활용하다 bottle 병 reduce ~을 줄이다 environmental 환경의 pollution 오염 offer ~을 제공하다 reliable 믿을 수 있는 strategy 전략 resolve ~을 해결하다 complex 복잡한 problem 문제 be pleased to do ~하게 되어 기쁘다 announce that ~라고 발표하다 add ~을 더하다, 추가하다 public relations 홍보 manage ~을 다루다, 관리하다 media 대중 매체 inquiry 문의 find that ~라는 점을 발견하다 incorrect 틀린, 부정확한

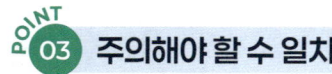
주의해야 할 수 일치

■ 주어와 동사 사이에 수식어가 있는 경우

주어와 동사 사이의 수식어는 묶고, 수식어를 제외한 주어의 수를 확인해 동사의 수를 일치시켜야 합니다.

주어	수식어	동사
단수명사	+ 부사 + 「전치사 + 명사」 + 준동사 (-ing/-ed/to부정사) + 관계대명사 (who/which/that S + V) + 콤마(,) ~ 콤마(,)	+ is/was + 일반동사 -(e)s
복수명사		+ are/were + 일반동사의 원형

The manager (usually) [visit / **visits**] the headquarters once a month. 매니저는 (보통) 월 1회 본사를 방문한다.

The employees (who wish to attend the conference) [has / **have**] to register in advance.
(컨퍼런스에 참가하고자 하는) 직원들은 미리 등록해야 한다.

The Grand Hotel, (one of the largest hotels in the city), [**is** / are] offering discounts.
(시에서 가장 큰 호텔 중의 하나인) 그랜드 호텔이 할인을 제공하고 있다.

■ the number of / a number of + 복수명사

The number of ~의 수	+ 복수명사	+ 단수동사
A number of (= many) 많은 ~	+ 복수명사	+ 복수동사

The number of visitors **is** increasing these days. 요즘 방문객들의 수가 증가하고 있다.
　　주어　　　방문객들의

A **number** of **visitors are** going to the event. 많은 방문객들이 행사에 참가할 것이다.
　= Many　　주어

■ 일부/전체를 나타내는 주어

a(n), one, each, every	+ 단수명사	+ 단수동사
one, each	+ of the 복수명사	+ 단수동사
many / a few / few / **all** / **most** / **some**	+ (of the) 복수명사	+ 복수동사
much / a little / little / **all** / **most** / **some**	+ (of the) 불가산명사	+ 단수동사

<u>Each/Every</u> participant **is** required to submit a résumé.
각각의/모든 참가자는 이력서를 제출해야 한다.

<u>Each</u> of the participants **is** required to submit a résumé.
참가자들 각각은 이력서를 제출해야 한다.

<u>Many/All/Some</u> products **are** defective.
많은/모든/몇몇 제품들이 하자가 있다.

TIP
every는 형용사로만 쓰이며, 뒤에 항상 단수명사
· Every + 단수명사 (O)
· Every of the 명사 (X)

<u>Many/All/Some</u> of the products **are** defective. 제품들 중 많은 것이/모든 것이/몇몇이 하자가 있다.

<u>Much/All/Some</u> equipment **is** not working. 많은/모든/몇몇 장비가 작동하지 않는다.

<u>Much/All/Some</u> of the equipment **is** not working. 많은/모든/몇몇 장비가 작동하지 않는다.

PRACTICE 2

빈칸에 알맞은 단어를 골라보세요.

1. Several members of the IT team [work / works] late during busy seasons.

2. Applicants for the position [need / needs] to demonstrate strong communication skills.

3. Every customer [is / are] asked to complete a short feedback survey.

4. All customers who subscribe to our magazine [receive / receives] a special offer.

5. The CEO of Nexo Motors [want / wants] to strengthen the company's R&D team.

6. Some of the items displayed on the catalog [is / are] no longer produced.

7. Each of the candidates [has / have] relevant work experience in the field.

8. A number of our clients [has signed / have signed] long-term contracts with us.

9. The number of potential clients [is increasing / are increasing] steadily.

10. All of the visitors [is required / are required] to sign in at the reception desk.

VOCABULARY HELP

several 몇몇 work late 야근하다 busy season 성수기 applicant 지원자, 신청자 position 직책 need to do ~할 필요가 있다 demonstrate ~을 보여주다 strong 강한, 뛰어난 communication skill 소통 능력 be asked to do ~하도록 요청되다 complete ~을 작성하다 feedback 피드백, 의견 survey 설문조사 subscribe to ~을 구독하다 magazine 잡지 receive ~을 받다 special offer 특가 상품, 특가 행사 CEO 최고경영자 strengthen ~을 강화하다 R&D 연구개발(= Research & Development) display ~을 나타내다 no longer 더 이상 ~않다 produce ~을 생산하다 candidate 후보자 relevant 관련 있는 work experience 근무 경험 field 분야 a number of 많은(= many) client 고객 sign ~에 서명하다 long-term 장기간의 contract 계약 the number of ~의 수 potential 잠재적인 increase 증가하다 steadily 꾸준히 visitor 방문객 sign in 등록하다 reception desk 안내 데스크

실전 TEST

■ Part 5

1. Your opinions concerning our cleaning service ------- welcome and will help us improve.
   (A) is
   (B) are
   (C) to be
   (D) being

2. The guest list for Ms. Mason's wedding reception ------- several colleagues from her former company.
   (A) inclusion
   (B) include
   (C) including
   (D) includes

3. The collaboration between the two companies ------- open communication.
   (A) be required
   (B) require
   (C) requirement
   (D) requires

4. Greenfingers Landscaping ------- a free one-hour consultation to all new clients.
   (A) provider
   (B) provides
   (C) providing
   (D) provide

5. Local business owners ------- that the newly opened theme park will boost tourism.
   (A) predict
   (B) predicts
   (C) prediction
   (D) predicting

6. BlueSpark Systems ------- to become Chicago's most successful electronics company in the future.
   (A) intend
   (B) intends
   (C) intention
   (D) intending

7. Ms. Hills, the marketing director at Nova Electronics, ------ that all staff should attend the product launch.
   (A) suggestion
   (B) suggest
   (C) suggests
   (D) suggesting

8. Articles for the September issue ------- carefully reviewed by the editor-in-chief.
   (A) was
   (B) were
   (C) be
   (D) being

9. We at Harborview Travel ------- pleased to introduce our new tour packages.
   (A) is
   (B) are
   (C) was
   (D) to be

10. ------- of the store manager's responsibilities is managing staff schedules.
    (A) One
    (B) Many
    (C) Some
    (D) Several

Part 6

Questions 11-14 refer to the following letter.

Dear Ms. Nelson,

We at NeuroVolt Technologies 11 ------- your claim about the defective product. We apologize for the 12 -------. Because your item is under warranty, we will be happy to send you a free replacement. However, we kindly ask you to send back the defective item to us. 13 -------. We need them to verify your purchase and warranty eligibility. After we receive everything, we will 14 ------- send your replacement.

11 (A) have received
    (B) has received

12 (A) delay
    (B) inconvenience

13 (A) Please include a copy of your receipt and the warranty card.
    (B) Please check the product manual for troubleshooting tips.

14 (A) promptly
    (B) prompt

오늘의 필수 구문 분석

강의 바로 보기

❶ 구문 분석을 해 보세요. (주어-동사 찾기 / 끊어 읽기)
❷ 문장의 해석을 써 보세요.
❸ 강의를 들으며 맞게 했는지 확인해 보세요.

1   Glow Cosmetics sells a variety of products for customers with sensitive skin.

    [해석] _____

2   The survey results show that most employees prefer flexible working hours.

    [해석] _____

3   We at Global Fitness are pleased to announce that we added Sunday morning classes.

    [해석] _____

4   Mr. Colmar found that some information was incorrect on the company Web site.

    [해석] _____

5   All customers who subscribe to our magazine receive a special offer.

    [해석] _____

6   Some of the items displayed on the catalog are no longer produced.

    [해석] _____

7   Your opinions concerning our cleaning service are welcome and will help us improve.

    [해석] _____

8   Ms. Hills, the marketing director at Nova Electronics, suggests that all staff should attend the product launch.

    [해석] _____

오늘의 필수 어휘 Quiz

❶ 오늘 학습한 유닛에서 반드시 암기해야 하는 어휘/표현입니다. 빈칸에 뜻을 적어 보세요.
❷ 채점 후 틀린 단어들은 따로 표시해 두고 반드시 암기하세요.

1	company policy	_____
2	review	_____
3	contract	_____
4	a variety of	_____
5	survey	_____
6	result	_____
7	recycle	_____
8	reduce	_____
9	environmental	_____
10	field	_____
11	reliable	_____
12	steadily	_____
13	resolve	_____
14	potential	_____
15	boost	_____
16	incorrect	_____
17	demonstrate	_____
18	subscribe to	_____
19	special offer	_____
20	strengthen	_____

UNIT 07 동사의 시제

강의 바로 보기

POINT 01 현재시제

- 현재 상태나 사실/정보, 규칙적이고 반복적인 일은 현재시제로 나타냅니다.
- be동사의 경우, 주어가 I일 때는 am, 이외 단수인 경우 is, 복수인 경우 are를 쓰고, 일반동사의 경우, 주어가 3인칭 단수(He/She/It) 일 때는 「동사원형 + (e)s」 형태로 쓰고, 그 외의 주어에는 동사원형을 씁니다.

현재시제 단서 표현

now 이제	frequently, often 종종, 자주	regularly 규칙적으로
currently 현재	always 항상	usually, normally 일반적으로, 보통
every + 시간 표현 ~마다	sometimes 가끔, 때때로	

We **hold** a weekly meeting **every Monday**. 우리는 월요일마다 주간 회의를 갖는다.

Ms. Shin **usually takes** a walk in the morning. 신 씨는 보통 아침에 산책을 한다.

POINT 02 과거시제

- 과거 사실이나 과거에 발생한 동작/상태를 나타낼 때 과거시제를 사용합니다.
- be동사의 경우 주어가 단수일 때 was, 복수일 때 were를 씁니다. 일반동사의 경우 「동사원형 + (e)d」 형태로 씁니다. 단, 과거 형태가 불규칙하게 바뀌는 동사들은 따로 암기가 필요해요. ☞ 부록 불규칙 동사변화표 참조

과거시제 단서 표현

| yesterday 어제 | 시간 + ago ~전에 | last + 시간 지난 ~에 |
| in + 과거 시간 ~에 | recently 최근에 | previously 예전에 |

Mr. Barron's speech **was** impressive. 배런 씨의 연설은 인상적이었다.

The investors **visited** our facility **last week**. 투자자들이 지난주에 우리 시설을 방문했다.

I **wrote** the budget report **yesterday**. 나는 어제 예산 보고서를 작성했다.

소피아쌤의 문법 부스터

▶ 현재진행: 「be동사 현재형(am/are/is) + -ing」 현재 시점에 진행중인 동작을 나타냄
  Ms. Gray **is talking** to her manager **now**. 그레이 씨는 지금 매니저와 얘기 중이다.
  ☞ currently, now와 같은 부사와 함께 자주 쓰임

▶ 과거진행: 「be동사 과거형(was/were) + -ing」 과거의 특정 시점에 진행 중이던 동작을 나타냄
  I **was writing** a report **when you called**. 당신이 전화했을 때 저는 보고서를 쓰는 중이었어요.

PRACTICE 1

빈칸에 알맞은 단어를 골라보세요.

1. Our manager [visited / visits] the main office last Friday.

2. Ms. Taylor [completes / completed] her sales report an hour ago.

3. The employees [are / were] currently satisfied with the new cafeteria menu.

4. The company recently [announces / announced] its expansion into Europe.

5. The IT department [offers / was offering] system updates regularly to ensure security.

6. The cafeteria [serves / is serving] fresh salads and sandwiches every day.

7. To find out more about our bicycle tours, contact us [recently / now].

8. Reporters working for *The New Observer* frequently [travel / were traveling] overseas.

9. Our office building [is / was] previously used as a warehouse.

10. The finance department [completes / completed] the annual budget report yesterday.

VOCABULARY HELP

main office 본사(= headquarters) complete ~을 완성하다 sales report 매출 보고서 an hour ago 한 시간 전에 currently 현재 be satisfied with ~에 만족하다 cafeteria 구내식당 recently 최근에 announce ~을 발표하다 expansion 확장 IT department IT 부서 regularly 정기적으로 ensure ~을 보장하다 security 보안 serve ~을 제공하다 fresh 신선한 every day 매일 bicycle tour 자전거 여행 contact ~에게 연락하다 now 지금 reporter 기자 work for ~에서 근무하다 frequently 자주 travel 여행하다, 이동하다 overseas 해외로 previously 이전에 be used as ~로 이용되다 warehouse 창고 finance department 재무 부서 complete ~을 작성하다, 완성하다 annual 연간의 budget report 예산 보고서

 **미래시제**

앞으로 일어날 예정, 계획을 나타내는 시제로, 동사 형태는 「조동사 will + 동사원형」입니다.

미래시제 단서 표현

| tomorrow 내일 | next + 시간명사 다음 ~에 | upcoming 다가오는, 곧 있을 |
| soon 곧 | later 나중에 | in the future 미래에, 향후에 |

We **will deliver** your order **tomorrow morning**. 저희는 내일 귀하의 주문품을 배송할 것입니다.

 현재완료시제

- 과거에 시작한 일이 현재까지 이어져 오고 있거나, 현재까지 영향을 주는 경우에 사용하는 시제입니다.
- 동사 형태는 「have + p.p.」이며, 주어가 3인칭 단수일 때는 「has + p.p.」로 씁니다.

현재완료시제 단서 표현

| '완료'의 의미 | recently, lately 최근에 | just 이제, 막 | already 이미, 벌써 |
| '계속'의 의미 | since + 과거시점 ~이래로 | for + 기간 ~동안 | in/over the past + 기간 지난 ~동안 |

Your samples **have just arrived**. 귀하의 샘플이 방금 도착했습니다.

Mr. Shaw **has worked** for the company **for 10 years**. 쇼 씨는 그 회사에서 10년동안 근무해왔습니다.

 소피아쌤의 문법 부스터

▶ 현재 vs. 과거 vs. 현재완료 차이 이해하기

I **live** in Australia **now**. ☞ 현재: O, 과거: 알 수 없음
나는 지금 호주에 살고 있다.

I **lived** in Australia **two years ago**. ☞ 과거: O, 현재: 알 수 없음
나는 2년 전에 호주에 살았다.

I **have lived** in Australia **for two years**. ☞ 2년 전 과거부터 현재까지: O
나는 2년간 호주에 살고 있다.

I **have lived** in Australia **since 2009**. ☞ 과거 2009년부터 현재까지: O
나는 2009년 이래로 호주에 살고 있다.

I **have lived** in Australia **since I was 15 years old**. ☞ 과거 15살부터 현재까지: O
나는 15살 이래로 호주에 살고 있다.

PRACTICE 2   빈칸에 알맞은 단어를 골라보세요.

1. KLM Electronics [launched / **will launch**] a new smartphone model next month.

2. We [hold / **have held**] a flea market event every year since our company began.

3. The manager [**will visit** / visited] the production site later this week.

4. The samples [**have just arrived** / were arriving] and will be distributed to the sales team.

5. Our team [**will complete** / completed] the renovation project soon.

6. I [**have finished** / will finish] the financial report, so it is ready to be submitted.

7. The employees [**have attended** / attend] several safety training sessions lately.

8. Ms. Clarke [represented / **has represented**] the company over the last 3 months.

9. Last month, the company [**launched** / has launched] a new line of eco-friendly products.

10. Sales have decreased [**since** / that] the company raised its prices.

VOCABULARY HELP

launch ~을 출시하다 hold ~을 개최하다 flea market event 벼룩 시장 행사 since ~이래로 production site 생산 현장 later this week 이번 주 후반에 distribute ~을 배부하다 sales team 영업팀 complete ~을 완료하다 renovation 개조 공사 soon 곧 financial report 재무 보고서 be ready to do ~할 준비가 되다 submit ~을 제출하다 attend ~에 참석하다 safety training session 안전 교육 시간 lately 최근에 represent ~을 대표하다 over the last 3 months 지난 3개월에 걸쳐 eco-friendly 친환경적인 product 제품 sales 매출 decrease 감소하다 raise ~을 올리다 price 가격

UNIT 07 동사의 시제

실전 TEST

■ Part 5

1. We ------- the updated contract to you tomorrow morning so that you can review it.
   (A) will send
   (B) sent
   (C) send
   (D) sending

2. Starting next month, our company ------- delivery service to all regions.
   (A) has provided
   (B) will provide
   (C) provided
   (D) are providing

3. All company vehicles are ------- checked to ensure safety.
   (A) recently
   (B) expressively
   (C) regularly
   (D) wrongly

4. It ------- six months since Scribe Accounting released its latest software update.
   (A) is being
   (B) have been
   (C) has been
   (D) to be

5. The company has ------- begun to see an increase in online sales after the new campaign.
   (A) already
   (B) exactly
   (C) hardly
   (D) closely

6. Ms. Johnson ------- for Bright Solutions for the last 10 years and plans to retire soon.
   (A) works
   (B) is working
   (C) has worked
   (D) to work

7. The HR department ------- interviews in the near future to fill several vacant positions.
   (A) will conduct
   (B) has conducted
   (C) conducted
   (D) is conducting

8. Furniture assembly guides are ------- available for download through our Web site.
   (A) now
   (B) well
   (C) soon
   (D) then

9. Currently, Stein Financial Services ------- applicants for its summer internship positions.
   (A) accepted
   (B) accepting
   (C) was acceptable
   (D) is accepting

10. The training program was ------- offered only in English, but now it is also available in Korean.
    (A) previously
    (B) finally
    (C) regularly
    (D) carefully

Part 6

Questions 11-14 refer to the following e-mail.

To: Ramon Wiley <rwiley@navers.com>
From: Julie Yang <Julie.y@journeyandculture.com>
Subject: Subscription
Date: September 1

Dear Mr. Wiley,

We hope you are satisfied with our *Journey & Culture Magazine*. This e-mail is to inform you that your subscription **11** ------- on September 25. If you **12** ------- your subscription before it ends, you will receive a 20 percent discount on your next annual plan. This special offer is available only for a **13** ------- period of time. It will last until your expiration date. **14** -------.

---

11. (A) has expired
    (B) will expire

12. (A) renew
    (B) attract

13. (A) limit
    (B) limited

14. (A) So, act now and please respond directly to this e-mail.
    (B) Thank you for your feedback about our magazine.

오늘의 필수 구문 분석

강의 바로 보기

❶ 구문 분석을 해 보세요. (주어-동사 찾기 / 끊어 읽기)
❷ 문장의 해석을 써 보세요.
❸ 강의를 들으며 맞게 했는지 확인해 보세요.

1 Reporters working for *The New Observer* frequently travel overseas.

   해석 _____

2 We have held a flea market event every year since our company began.

   해석 _____

3 We will send the updated contract to you tomorrow morning so that you can review it.

   해석 _____

4 It has been six months since Scribe Accounting released its latest software update.

   해석 _____

5 The company has already begun to see an increase in online sales after the new campaign.

   해석 _____

6 The HR department will conduct interviews in the near future to fill several vacant positions.

   해석 _____

7 Furniture assembly guides are now available for download through our Web site.

   해석 _____

8 The training program was previously offered only in English, but now it is also available in Korean.

   해석 _____

오늘의 필수 어휘 Quiz

❶ 오늘 학습한 유닛에서 반드시 암기해야 하는 어휘/표현입니다. 빈칸에 뜻을 적어 보세요.
❷ 채점 후 틀린 단어들은 따로 표시해 두고 반드시 암기하세요.

1. main office
2. complete
3. currently
4. be satisfied with
5. recently
6. expansion
7. regularly
8. ensure
9. security
10. contact
11. frequently
12. previously
13. warehouse
14. annual
15. budget report
16. launch
17. distribute
18. renovation
19. submit
20. represent

UNIT 08 동사의 태

POINT 01 능동태 vs. 수동태

■ **능동태**

주어가 동사 행위를 '능동'적으로 하는 것을 나타내는 동사 형태입니다.

「**주어(행위의 주체) + 동사 + 목적어(행위의 대상)**」 주어가 …를 ~하다

Sophia **wrote** the book. 소피아가 그 책을 썼다.

■ **수동태**

주어가 동사 행위를 '수동'적으로 받는 것을 나타내는 동사 형태입니다.

「**주어(행위의 대상) + be동사 + p.p. + (by + 행위의 주체)**」 주어가 (~에 의해) ~되다

The book **was written** (by Sophia). 그 책은 소피아에 의해 쓰여졌다.

능동태 문장 구조	주어 + 동사	+ 목적어 명사
수동태 문장 구조	주어 + be동사 + p.p.	~~목적어 명사~~ + 부사/전치사구 등 수식어 위치할 수 없음

소피아쌤의 문법 부스터

▶ 동사 자리 태 구분법

「주어 + ------- + 명사」

동사 자리인 빈칸 뒤에 목적어(명사)가 있고, '(주어)가 (동사)하다 (목적어)를'이라고 해석되면 능동태가 정답!

동사 자리인 빈칸 뒤에 목적어(명사)가 없고, 부사 또는 「전치사+명사(구)」 등의 수식어가 있는 경우 '(주어)가 (동사)되다/받다/당하다'라고 해석되면 수동태가 정답!

POINT 02 수동태가 불가능한 동사

1형식, 2형식 자동사는 목적어를 가지지 않기 때문에 수동태가 불가능하며 항상 능동태로만 쓰입니다.

1형식 동사	arrive 도착하다 depart 출발하다 work 일하다 rise 오르다 expire 만료되다
2형식 동사	be동사 ~이다 become ~이 되다 remain ~한 상태로 남다

The shipment [**arrived** / was arrived] yesterday. 배송품이 어제 도착했다.

The company [**has remained** / was remained] profitable. 회사는 계속해서 이윤을 남겼다.

PRACTICE 1 빈칸에 알맞은 단어를 골라보세요.

1. The report [contains / is contained] several financial charts and graphs.

2. The invitations [sent / were sent] to all employees by the HR department.

3. The company [launched / was launched] a new product in international markets.

4. The flight [departed / was departed] from Gate 5 on schedule.

5. The new policy [announced / was announced] at the monthly staff meeting.

6. Our team [completed / was completed] the project on time despite the tight deadline.

7. The package [delivered / was delivered] to the customer's office earlier today.

8. The company [has remained / was remained] financially stable for many years.

9. The e-mail [included / was included] the updated training schedule for next week.

10. The contract [expired / was expired] last month after three years of use.

VOCABULARY HELP

contain ~을 포함하다　financial 재무의, 재정의　chart 도표　graph 그래프　invitation 초대, 초대장　HR department 인사부　launch ~을 출시하다　international market 국제 시장　flight 비행기, 항공편　depart 출발하다　on schedule 일정대로　policy 정책　announce ~을 발표하다　monthly 월간의, 월별의　staff meeting 직원 회의　complete ~을 완료하다　on time 제때에　despite ~에도 불구하고　tight 빠듯한　deadline 마감 시한　package 소포　deliver ~을 배송하다　earlier 더 일찍　remain ~인 상태로 있다　financially 재정적으로　stable 안정된　include ~을 포함하다　updated 업데이트된　contract 계약　expire 만료되다　use n. 사용, 이용

POINT 03 수동태의 다양한 형태

수동태는 be동사의 변화를 통해 주어의 인칭과 수, 시제를 나타내며, 조동사와 함께 쓰이는 경우 be동사를 원형으로 써야 합니다.

The office building was built last year. 그 사무실 건물은 작년에 지어졌다.

Detailed instructions are provided on the Web site. 상세한 안내가 웹사이트에서 제공된다.

The project should be finished by Monday. 그 프로젝트는 월요일까지 마쳐져야 합니다.

소피아쌤의 문법 부스터

▶ 수동태 동사 구분법
동사의 시제에 상관없이 수동태 문장은 be동사 1개, 과거분사(p.p.) 1개를 포함해야 합니다.

is designed	능동태 / **수동태**	had been reviewing	**능동태** / 수동태
are submitting	**능동태** / 수동태	can be changed	능동태 / **수동태**
is being removed	능동태 / **수동태**	will be introducing	**능동태** / 수동태
has designed	**능동태** / 수동태	will have been providing	**능동태** / 수동태
have been built	능동태 / **수동태**	must have studied	**능동태** / 수동태

POINT 04 by 이외의 전치사를 쓰는 수동태 표현 (중요)

be p.p. + **for**	be known **for**, be renowned **for**	~로 유명하다, ~로 알려져 있다
be p.p. + **in**	be interested **in**	~에 관심이 있다
	be involved **in** (= be associated **with**, be related **to**)	~와 관련 있다
be p.p. + **about**	be concerned **about**, be worried **about**	~에 대해 걱정하다
be p.p. + **on**	be based **on/upon**	~을 기초로 하다, ~에 기반하다
be p.p. + **with**	be satisfied **with**	~에 만족하다
	be pleased **with**	~에 기뻐하다
	be covered **with**	~로 덮이다
be p.p. + **at**	be surprised **at**, be amazed **at**	~에 놀라다
	be shocked **at**	~에 충격 받다
be p.p. + **to** + 명사/동명사 전치사	be committed **to**, be dedicated **to**, be devoted **to**	~에 전념[헌신]하다
	be limited **to**	~로 제한되어 있다
	be used **to**, be accustomed **to**	~에 익숙하다

▶ 여기서 to는 전치사 to이므로 뒤에 명사/동명사가 쓰입니다.
to부정사와 헷갈리지 마세요!

PRACTICE 2   빈칸에 알맞은 단어를 골라보세요.

1. A new research center [was constructed / constructed] two years ago in the downtown area.

2. Free Wi-Fi passwords [are giving / are given] to hotel guests upon check-in.

3. All travel expense reports [must be submitted / must submit] by the end of this week.

4. Several new computers [will be installed / are installing] in the IT lab today.

5. The old files [have removed / have been removed] from the server.

6. A new software program [will be introduced / will introduce] at the next conference.

7. Attendance is limited [to / in] 50 participants for each session.

8. The movie is [based to / based on] a true story.

9. The volunteers are committed [for / to] helping local communities.

10. Mr. Lewis was satisfied [with / in] the quick response from the customer support team.

VOCABULARY HELP

research 연구 construct ~을 건설하다 downtown area 시내 구역 free 무료의 password 비밀번호 upon + 명사: ~하자마자 check-in (호텔 등의) 체크인, 투숙 수속 travel expense 출장비 submit ~을 제출하다 install ~을 설치하다 lab 실험실, 연구실 remove ~을 제거하다 introduce ~을 소개하다 conference 회의 attendance 참석, 참석자 수 be limited to ~로 한정되다 participant 참가자 session 특정 활동을 위한 시간 be based on ~에 기초하다, 기반을 두다 true story 실화 volunteer 자원봉사자 be committed to + 명사: ~에 전념하다 local community 지역 사회 be satisfied with ~에 만족하다 quick 빠른 response 응답, 응대 customer support team 고객지원팀

실전 TEST

■ Part 5

1. The new logo was created ------- a well-known design agency.
   (A) by
   (B) from
   (C) on
   (D) to

2. Mr. Sawyer is ------- a company picnic at the request of the HR director.
   (A) organize
   (B) organized
   (C) organizing
   (D) organization

3. Because of bad weather, the outdoor concert ------- until September.
   (A) postponed
   (B) will postpone
   (C) is postponing
   (D) has been postponed

4. The company ------- new staff to support its rapidly growing business.
   (A) recruit
   (B) recruitment
   (C) to recruit
   (D) has been recruiting

5. The board of directors finally ------- the proposed budget plan for next year.
   (A) approved
   (B) was approved
   (C) approves
   (D) approval

6. After all interviews -------, final decisions will be announced at the staff meeting.
   (A) to conduct
   (B) are conducting
   (C) had conducted
   (D) have been conducted

7. Mr. Franco ------- as Senior Safety Officer at Eastleigh Energy for more than 30 years.
   (A) employ
   (B) to be employed
   (C) is employing
   (D) has been employed

8. Several information kiosks ------- in the lobby of the automobile trade show next month.
   (A) being installed
   (B) will be installed
   (C) to install
   (D) installed

9. The new personnel manager ------- at next month's staff training workshop.
   (A) is introducing
   (B) introduce
   (C) was introduced
   (D) will be introduced

10. The pollution levels in the river ------- by the government since 2022.
    (A) have been monitored
    (B) monitors
    (C) is monitoring
    (D) will monitor

Part 6

Questions 11-14 refer to the following memo.

At Silverline Technologies, we are working to improve our services by adding a new customer 11 ------- system.

Silverline's SmartCare System 12 ------- by customers in real time to track their service requests. 13 -------. This system will help us to maintain our reputation as the industry leader in customer satisfaction.

Thanks to the SmartCare System, customers can get 14 ------- assistance without long waiting times. Once this system starts, our services will be faster and more reliable.

---

11 (A) installation
    (B) support

12 (A) may use
    (B) can be used

13 (A) It also lets customers chat directly with a representative.
    (B) Be sure to read the reviews from other customers.

14 (A) immediate
    (B) immediately

오늘의 필수 구문 분석

강의 바로 보기

❶ 구문 분석을 해 보세요. (주어-동사 찾기 / 끊어 읽기)
❷ 문장의 해석을 써 보세요.
❸ 강의를 들으며 맞게 했는지 확인해 보세요.

1   Our team completed the project on time despite the tight deadline.

    해석 _____

2   The contract expired last month after three years of use.

    해석 _____

3   Attendance is limited to 50 participants for each session.

    해석 _____

4   Mr. Lewis was satisfied with the quick response from the customer support team.

    해석 _____

5   Mr. Sawyer is organizing a company picnic at the request of the HR director.

    해석 _____

6   Mr. Franco has been employed as Senior Safety Officer at Eastleigh Energy for more than 30 years.

    해석 _____

7   Several information kiosks will be installed in the lobby of the automobile trade show next month.

    해석 _____

8   The pollution levels in the river have been monitored by the government since 2022.

    해석 _____

오늘의 필수 어휘 Quiz

❶ 오늘 학습한 유닛에서 반드시 암기해야 하는 어휘/표현입니다. 빈칸에 뜻을 적어 보세요.
❷ 채점 후 틀린 단어들은 따로 표시해 두고 반드시 암기하세요.

1	contain	_____
2	financial	_____
3	invitation	_____
4	depart	_____
5	on schedule	_____
6	monthly	_____
7	tight	_____
8	stable	_____
9	include	_____
10	construct	_____
11	upon + 명사	_____
12	travel expense	_____
13	community	_____
14	install	_____
15	remove	_____
16	attendance	_____
17	be limited to	_____
18	be based on	_____
19	volunteer	_____
20	be committed to + 명사	_____

REVIEW TEST 2 Unit 5~8

1. The bus will ------- stops at three major stations along the route.
   (A) makes
   (B) made
   (C) make
   (D) making

2. Next year, Orion Company ------- a new line of eco-friendly cars.
   (A) manufacturer
   (B) manufacturing
   (C) will manufacture
   (D) had to manufacture

3. Mr. Larson ------- that the project was completed ahead of schedule.
   (A) report
   (B) reported
   (C) reporter
   (D) reporting

4. Please ------- your preferred delivery time on the form.
   (A) specification
   (B) specifically
   (C) specific
   (D) specify

5. There was a small error in your invoice, but we can easily ------- it for you.
   (A) correct
   (B) to correct
   (C) correction
   (D) correcting

6. We hope that you ------- to use our Web site for all your shopping needs.
   (A) continue
   (B) continues
   (C) continuation
   (D) continuing

7. Each of the new employees ------- training during the first week.
   (A) receive
   (B) receives
   (C) to receive
   (D) is received

8. Your package was shipped yesterday via express delivery and ------- soon.
   (A) arrives
   (B) will arrive
   (C) has arrived
   (D) arriving

9. Currently, NextWave Advertising ------- designers and copywriters for its creative team.
   (A) recruited
   (B) recruiting
   (C) was recruiting
   (D) is recruiting

10. Last year, the Barrons Company ------- an internship program for law students.
    (A) create
    (B) creates
    (C) created
    (D) was created

11 The list of participants ------- posted on the bulletin board near the entrance.
(A) is
(B) are
(C) be
(D) were

12 The weekly sales figures ------- that our new product line has been very successful.
(A) show
(B) shows
(C) showing
(D) to show

13 All travel expense reports must ------- with original receipts in order to receive reimbursement.
(A) submit
(B) be submitted
(C) submitting
(D) submits

14 The company ------- employees a special bonus at the end of the year.
(A) offered
(B) suggested
(C) introduced
(D) provided

15 If you are not ------- with your purchase, you may return it within 30 days.
(A) satisfaction
(B) satisfying
(C) satisfied
(D) satisfy

16 Mr. Jeon ------- for Helixon Company as a system engineer since its foundation in 2008.
(A) works
(B) is working
(C) has worked
(D) to work

17 The HR department ------- interviews next month to fill several vacant positions in the sales team.
(A) will conduct
(B) has conducted
(C) conducted
(D) is conducting

18 Our store's reputation in the fashion industry has remained ------- for 100 years.
(A) stable
(B) stably
(C) stability
(D) stabilize

19 Market analysts ------- that sales will increase significantly during the holiday season.
(A) predict
(B) predicts
(C) prediction
(D) predicting

20 The Mirandis Culinary Institute now ------- a vegan baking class on weekends.
(A) offering
(B) offers
(C) offered
(D) offer

UNIT 09 to부정사

강의 바로 보기

POINT 01 to부정사란?

「to + 동사원형」의 형태로, 문장에서 명사, 형용사, 부사처럼 사용됩니다. 문장의 동사가 따로 존재하기 때문에 to부정사는 동사가 될 수 없어요.

We plan **to open** a new store. 우리는 새로운 매장을 열 계획이다.
동사 O   동사 X

POINT 02 명사 역할

to부정사가 명사처럼 문장에서 주어, 목적어, 보어 자리에 쓰입니다.

주어 자리	**To exercise** regularly **is** important. ……▶ 이 형태는 주어가 길어서 잘 쓰이지 않고, 긴 주어를 가주어 It으로 받는 두 번째 문장 형태로 잘 쓰입니다. = **It is** important **to exercise** regularly. 규칙적으로 운동하는 것은 중요하다.
동사의 목적어 자리	We **have decided to increase** the prices of our products. 우리는 우리 제품의 가격을 올리기로 결정했습니다.
보어 자리	The goal of the workshop **is to improve** your computer skills. 워크숍의 목표는 여러분의 컴퓨터 능력을 향상시키는 것입니다.

■ **to부정사를 목적어로 취하는 동사**

| want / hope / wish / would like 바라다, 원하다   plan 계획하다 |
| expect 예상하다, 기대하다   decide 결정하다 | ➕ | to부정사 (~하는 것을) |
| like / prefer 좋아하다, 선호하다   promise 약속하다 |

We **want to improve** our service. 우리는 우리 서비스를 개선하길 원합니다.
   동사   목적어

■ **to부정사를 목적격보어로 취하는 동사** 중요

아래 동사들은 수동태 형태로도 자주 출제되니 꼭 알아두세요.

| encourage / invite / recommend / advise 권장하다 |
| allow / permit 허락하다   ask / require 요청하다 | ➕ | 목적어 (~이/가) | ➕ | to부정사 (~하는 것을) |
| expect 기대하다   enable 가능하게 하다   cause 야기하다 |

We **allow** our customers **to choose** their delivery date. 우리는 고객들이 배송일을 선택하도록 허용한다.
   동사   목적어   목적보어

= Our customers **are allowed to choose** their delivery date.
우리 고객들은 배송일을 선택하도록 허용된다.

TIP help + 목적어 + (to)부정사
동사 help의 목적격보어로 to부정사 또는 동사원형이 쓰입니다. 둘 다 맞는 표현이에요.

PRACTICE 1 빈칸에 알맞은 단어를 골라보세요.

1. We are hoping [to finish / finishing] the project by Friday.

2. The purpose of the letter is [confirms / to confirm] that the payment was received.

3. The company promised [improvement / to improve] their service.

4. This app allows customers [track / to track] their orders.

5. Ms. Parker would like [arranging / to arrange] a meeting as soon as possible.

6. Many people prefer [to pay / paid] by credit card.

7. Mr. Ross was asked [to train / training] the new employees.

8. All participants are encouraged [asked / to ask] questions.

9. We expect the sales [increasing / to increase] next quarter.

10. Our hotel enables guests [are enjoying / to enjoy] free breakfast.

VOCABULARY HELP

hope to do ~하기를 바라다 finish ~을 마치다 confirm that ~임이 사실임을 확인해주다 payment 지불, 납입 receive ~을 받다 promise to do ~하기로 약속하다 improvement 향상 improve ~을 향상시키다 allow A to do: A가 ~하도록 허락하다 track ~을 추적하다 order 주문, 주문품 would like to do ~하고 싶다 arrange a meeting 회의를 잡다 as soon as possible 가능한 한 빨리 prefer to do ~하는 것을 선호하다 pay by ~로 지불하다 credit card 신용카드 be asked to do ~하도록 요청 받다 train ~을 훈련시키다 participant 참가자 be encouraged to do ~하도록 권유 받다 expect A to do: A가 ~할 것으로 기대하다 sales 매출 increase 증가하다 quarter 분기 enable A to do: A가 ~할 수 있도록 하다 enjoy ~을 즐기다, 누리다 breakfast 아침 식사

 **형용사 역할**

to부정사가 명사 뒤에 쓰여 앞의 명사를 꾸며 주는 형용사 역할을 할 수 있습니다. 이때 '~할, ~하는'이라고 해석합니다.

■ **to부정사의 수식을 받는 명사**

a plan 계획	a way 방법	time 시간
an effort 노력	an opportunity 기회	an ability 능력
a proposal 제안	직책, 사람 명사(a designer, an assistant 등)	

➕ **to부정사** (~할, ~하는)

The company announced **a plan to reduce** costs.

회사는 비용을 줄일 계획을 발표했다.

In **an effort to prevent** delays, shipments were sent early.

☞ in an effort to do (~하기 위한 노력으로)는 숙어처럼 외워 두세요.

지연 사태를 방지하기 위한 노력으로, 배송품들이 일찍 보내졌다

We need **a designer to create** a new logo.

우리는 새 로고를 만들 디자이너가 필요합니다.

 부사 역할

부사처럼 문장 앞이나 뒤에서 문장을 수식하는 역할을 합니다. 이때 '~하기 위해서'라고 해석하며, to 대신 in order to를 쓸 수 있습니다.

The team worked late **to meet** the deadline. 팀은 마감기한을 맞추기 위해 야근했다.

= The team worked late **in order to meet** the deadline.

☞ to부정사가 '~하기 위해서'의 의미일 때 to = in order to

 to부정사 숙어

아래 to부정사 표현들은 숙어처럼 외워두는 것이 좋습니다.

be sure to do 반드시 ~하다	too 형용사/부사 to do ~하기에 너무 …한/하게
be pleased to do ~하게 되어 기쁘다	형용사/부사 enough to do ~할 만큼 충분히 …한/하게
be eligible to do ~할 자격이 있다	

If you plan to attend, be sure [**to register** / should register] online.

참석할 계획이라면, 반드시 온라인으로 등록하세요.

PRACTICE 2

빈칸에 알맞은 단어를 골라보세요.

1. We are looking for a marketing specialist [will join / to join] our team.

2. Ms. Chen was chosen [to / for] lead the seminar.

3. A technician will be here [to fix / fixed] the printer.

4. The store lowered prices [in order to / so that] attract more customers.

5. Our team works diligently [will ensure / to ensure] customer satisfaction.

6. It is time [to upgrade / upgrading] our security system.

7. The company has announced [plans / to plan] to expand its production facility.

8. We will hold a big party [to celebrate / celebrates] our achievement.

9. In an effort [is saving / to save] time, we have automated the reporting process.

10. All visitors will have the opportunity [to win / winning] a free gift.

VOCABULARY HELP

look for ~을 찾다 specialist 전문가 join ~에 합류하다 lead ~을 이끌다 technician 기술자 fix ~을 고치다 lower ~을 낮추다 in order to do ~하기 위해서 so that절: ~하기 위해서 attract ~을 끌어들이다 diligently 부지런히 ensure ~을 보장하다 customer satisfaction 고객 만족 it is time to do ~할 시간이다 upgrade ~을 업그레이드하다 security 보안 a plan to do ~하려는 계획 expand ~을 확장하다 production facility 생산 시설 hold a party 파티를 열다 celebrate ~을 기념하다, 축하하다 achievement 성과, 성취 in an effort to do ~하고자 하는 노력으로 save ~을 아끼다, 절약하다 automate ~을 자동화하다 reporting 보고 process 과정, 절차 an opportunity to do ~할 기회 win ~을 따다, 얻다 free gift 사은품

실전 TEST

■ Part 5

1. We have decided ------- hold the meeting next week to give everyone more time to prepare.
   (A) for
   (B) toward
   (C) to
   (D) before

2. The company hired extra staff ------- customers during the busy holiday season at the mall.
   (A) assisted
   (B) assists
   (C) to assist
   (D) have assisted

3. Visitors are asked ------- the registration form before entering the exhibition hall.
   (A) be completed
   (B) completion
   (C) completing
   (D) to complete

4. The store is offering discounts in an effort ------- more new customers from nearby neighborhoods.
   (A) will be attracting
   (B) to attract
   (C) is attracting
   (D) attracted

5. Prices for gas are expected ------- next month due to rising oil costs.
   (A) increase
   (B) increases
   (C) increasing
   (D) to increase

6. Kenwood Library permits students ------- up to five books at one time.
   (A) borrow
   (B) borrowed
   (C) will borrow
   (D) to borrow

7. The hotel allows guests ------- breakfast on the outdoor terrace overlooking the ocean.
   (A) enjoyment
   (B) enjoyable
   (C) to enjoy
   (D) are enjoying

8. The city is looking for someone ------- a new sports center near the river park.
   (A) to manage
   (B) managed
   (C) managerial
   (D) manager

9. The project is too expensive ------- without government support and additional funding.
   (A) implement
   (B) implemented
   (C) will be implementing
   (D) to implement

10. Our new service was designed ------- the needs of small businesses.
    (A) meet
    (B) to meet
    (C) is meeting
    (D) meetings

Part 6

Questions 11-14 refer to the following e-mail.

Dear Ms. Kim,

We at Lotus Yoga Center are 11 ------- to introduce our new Spring Yoga Programs. Each class will have only six participants so that instructors can give more personal attention. You can check the full schedule of classes on our Web site. 12 -------.

Our instructors are friendly and experienced, and they are ready to help you improve your health. Please call us today at 555-0123 13 ------- a free trial class. Our programs are open to those who have already joined our center and to new 14 ------- once they sign up.

11 (A) happy
   (B) happily

12 (A) Unfortunately, no spaces are available at this time.
   (B) There is something for both beginners and advanced learners.

13 (A) to schedule
   (B) are scheduled

14 (A) employees
   (B) members

오늘의 필수 구문 분석

강의 바로 보기

① 구문 분석을 해 보세요. (주어-동사 찾기 / 끊어 읽기)
② 문장의 해석을 써 보세요.
③ 강의를 들으며 맞게 했는지 확인해 보세요.

1. The purpose of the letter is to confirm that the payment was received.

   해석 _____

2. Ms. Parker would like to arrange a meeting as soon as possible.

   해석 _____

3. The company hired extra staff to assist customers during the busy holiday season at the mall.

   해석 _____

4. Visitors are asked to complete the registration form before entering the exhibition hall.

   해석 _____

5. The store is offering discounts in an effort to attract more new customers from nearby neighborhoods.

   해석 _____

6. The hotel allows guests to enjoy breakfast on the outdoor terrace overlooking the ocean.

   해석 _____

7. The city is looking for someone to manage a new sports center near the river park.

   해석 _____

8. The project is too expensive to implement without government support and additional funding.

   해석 _____

오늘의 필수 어휘 Quiz

❶ 오늘 학습한 유닛에서 반드시 암기해야 하는 어휘/표현입니다. 빈칸에 뜻을 적어 보세요.
❷ 채점 후 틀린 단어들은 따로 표시해 두고 반드시 암기하세요.

1	confirm that	_____
2	payment	_____
3	promise to do	_____
4	arrange a meeting	_____
5	as soon as possible	_____
6	be encouraged to do	_____
7	expect A to do	_____
8	enable A to do	_____
9	specialist	_____
10	join	_____
11	lower	_____
12	expand	_____
13	celebrate	_____
14	production facility	_____
15	achievement	_____
16	in an effort to do	_____
17	save	_____
18	lead	_____
19	process	_____
20	an opportunity to do	_____

UNIT 10 동명사

 POINT 01 동명사란?

동사를 명사 자리에 쓰기 위해 「동사원형 + ing」의 형태로 만든 것을 동명사라고 합니다. 동사의 성질을 지니지만 명사의 기능을 한다고 생각하면 됩니다.

We are **considering opening** a new branch.
                         동사 consider의 목적어
우리는 새 지점을 여는 것을 고려 중이다.

 POINT 02 동명사의 자리

명사 자리에 쓰이므로, 문장에서 주어, 목적어, 보어 자리에 올 수 있습니다.

주어 자리	**Reviewing** applications **will begin** next week. 지원서들을 검토하는 일이 다음 주에 시작될 것이다.
동사의 목적어 자리	The workers **finished painting** the walls. 작업자들은 벽에 페인트칠 하는 것을 끝냈다.
전치사의 목적어 자리	This app is useful **for managing** your schedule. 이 앱은 당신의 일정을 관리하는 데 유용합니다.
보어 자리	The key to success **is understanding** the market. 성공의 열쇠는 시장을 이해하는 것이다.

■ 동명사를 목적어로 취하는 동사

| enjoy 즐기다 | finish 끝내다 | begin / start 시작하다 | ⊕ | 동명사 |
| consider 고려하다 | avoid 피하다 | recommend / suggest 추천하다 | | (~하는 것을) |

Mr. Reed suggested [to hold / **holding**] the meeting next week.
리드 씨는 다음 주에 회의를 열 것을 제안했다.

■ 자주 나오는 「전치사 + 동명사」 표현

| for -ing ~하기 위해 | without -ing ~하지 않고 |
| by -ing ~함으로써 | after/before -ing ~한 후에/~하기 전에 |

She improved her skills by [to take / **taking**] online courses.
그녀는 온라인 강좌를 수강함으로써 기술을 향상시켰다.

PRACTICE 1   빈칸에 알맞은 단어를 골라보세요.

1. Many experts recommend [to take / **taking**] a careful approach to investments.

2. By [**opening** / opens] an office in Tokyo, we can reach more clients.

3. We are considering [expand / **expanding**] the sales department.

4. The manager suggested [hold / **holding**] the meeting online.

5. They canceled the order [**without** / already] giving prior notice.

6. After [interviews / **interviewing**] several candidates, the HR manager decided to hire Ms. Jones.

7. John received a bonus for [to work / **working**] on the special project.

8. Please avoid [use / **using**] your phone during the meeting.

9. We improved customer satisfaction by [provide / **providing**] faster service.

10. After the system update, our clients began [experienced / **experiencing**] fewer errors.

VOCABULARY HELP

expert 전문가 recommend -ing ~할 것을 추천하다 take an approach 접근 방식을 취하다 careful 신중한 investment 투자 by -ing ~함으로써 reach ~에게 다가가다, ~에 이르다 client 고객 consider -ing ~할 것을 고려하다 expand ~을 확장시키다 sales department 영업부서 suggest -ing ~할 것을 제안하다 hold a meeting 회의를 열다 cancel ~을 취소하다 order 주문 without -ing ~하지 않고 give prior notice 사전 고지를 하다 interview ~을 면접하다 candidate 후보자, 지원자 HR manager 인사팀장, 인사부장 decide to do ~하기로 결정하다 hire ~을 채용하다 receive ~을 받다 work on ~에 대해 일하다, 작업하다 avoid -ing ~하는 것을 피하다, 삼가다 improve ~을 향상시키다 customer satisfaction 고객 만족 provide ~을 제공하다 faster 더 빠른 client 고객 begin -ing ~하기 시작하다 experience ~을 경험하다 error 오류

동명사의 특징

동명사는 명사의 기능을 하기 때문에 명사의 자리에 오지만, 본래 동사였기 때문에 동사의 성질을 그대로 지닙니다. 따라서 부사의 수식을 받고, 타동사가 동명사로 쓰이는 경우에는 뒤에 목적어를 취합니다.

■ 부사의 수식을 받음

Thank you for **actively participating** in the seminar.
　　　　　　　　　　부사

세미나에 적극적으로 참여해 주셔서 감사합니다.

■ 타동사의 동명사일 경우 뒤에 목적어를 가짐

Please follow the guidelines for **lifting heavy items** safely.
　　　　　　　　　　　　　　　　　　lifting의 목적어

→ 동사 lift는 타동사(~을 들어올리다)이므로 뒤에 목적어가 필요해요.

무거운 물건들을 안전하게 들어올리는 것에 대해 지침을 따르세요.

소피아쌤의 문법 부스터

▶ **동명사 vs 명사**

빈칸에 동명사가 와야 할지 명사가 와야 할지 헷갈린다면 이렇게 판단하세요!

· 빈칸 뒤에 목적어가 있으면 빈칸은 동명사
· 빈칸 앞에 관사나 형용사가 있다면 빈칸은 명사

The assistant is in charge of [preparation / **preparing**] **the meeting room.**
보조직원이 회의실 준비를 담당하고 있다.

Thanks to **the recent** [**expansion** / expanding], our profits have increased.
최근의 확장 덕분에 우리 이윤이 늘어났다.

동명사 숙어

아래 동명사 표현들은 숙어처럼 외워두는 것이 좋습니다. 여기에 쓰인 to는 to부정사가 아니라 전치사 to이므로 뒤에 동명사 형태가 필요합니다.

be dedicated[committed] to -ing ~하는 것에 전념하다	be in charge of / be responsible for -ing ~하는 것을 담당하다, 책임지다
look forward to -ing ~하기를 고대하다	
be accustomed to -ing ~하는 것에 익숙하다	spend 시간 -ing ~하면서 시간을 보내다

We **are committed to protecting** the environment.
우리는 환경을 보호하는 일에 전념하고 있다.

PRACTICE 2

빈칸에 알맞은 단어를 골라보세요.

1. Daniel enjoys spending his free time [to learn / learning] new skills.

2. Please bring the phone to the service center for [replacement / replacing].

3. By [active / actively] listening to feedback, we can make better decisions.

4. Thank you for [patient / patiently] reviewing the budget report.

5. [Attending / Attendance] the safety training is mandatory for all employees.

6. You must read the contract carefully before [signing / signature] it.

7. We are looking forward to [see / seeing] you again in the near future.

8. The City Council is responsible for [approving / approval] new building projects.

9. Our IT department is dedicated [to provide / to providing] reliable technical support.

10. The manager requested a detailed [analysis / analyzing] of the project's expenses.

VOCABULARY HELP

enjoy -ing ~하는 것을 즐기다 spend 시간 -ing ~하면서 시간을 보내다 learn ~을 배우다 bring A to B: A를 B로 가져오다 replacement 교체 replace ~을 교체하다 active 적극적인, 활동적인 actively 적극적으로, 활동적으로 feedback 의견 make a decision 결정을 내리다 thank A for -ing: A에게 ~한 것에 대해 감사하다 patient 인내심 있는 patiently 참을성 있게 review ~을 검토하다 budget report 예산 보고서 attend ~에 참석하다 attendance 참석, 참석자 수 mandatory 의무적인 contract 계약서 look forward to -ing ~하기를 고대하다 in the near future 가까운 장래에 council 위원회 be responsible for –ing ~하는 것을 담당하다, 책임지다 approve ~을 승인하다 approval 승인 be dedicated to -ing ~하는 것에 전념하다 provide ~을 제공하다 reliable 믿을 수 있는 technical support 기술 지원 request ~을 요청하다 detailed 상세한 analysis 분석 analyze ~을 분석하다 expense 비용

실전 TEST

■ Part 5

1. After ------- reviewing the sales reports, the manager decided to adjust the marketing strategy.
   (A) carefully
   (B) to care
   (C) careful
   (D) most careful

2. At Harborview Resorts, we look forward to ------- our guests with the best vacation experience.
   (A) provided
   (B) provide
   (C) providing
   (D) provides

3. Employees may update their contact details by ------- their profile through the company portal.
   (A) accessed
   (B) accessing
   (C) access
   (D) accesses

4. The newly hired assistant's duties include ------- weekly sales reports for the management team.
   (A) prepare
   (B) preparing
   (C) prepared
   (D) preparation

5. ------- renovating the restaurant, the owner wants to move to a new location.
   (A) Instead of
   (B) Because
   (C) In order to
   (D) In fact

6. The management team is considering ------- a training program for new hires.
   (A) to open
   (B) opening
   (C) opens
   (D) opened

7. To improve attendance, the seminar organizer has suggested ------- a well-known speaker.
   (A) casting
   (B) to cast
   (C) cast
   (D) casts

8. The store closed last month without ------- customers of its relocation plans.
   (A) notification
   (B) notify
   (C) to notify
   (D) notifying

9. Orion Electronics is praised for ------- handling customer complaints.
   (A) prompt
   (B) promptly
   (C) promptness
   (D) prompted

10. ------- deleted files may cost you a lot of money.
    (A) Recovery
    (B) Recovering
    (C) Recover
    (D) Recovered

Part 6

Questions 11-14 refer to the following announcement.

Attention, Residents!

There will be a small change to this year's town parade. Instead of going along Main Street, the parade will **11** ------- be moved to Sycamore Street. This change is to **12** ------- traffic congestion in the downtown area and make the event easier to attend for everyone.

We ask all visitors to consider **13** ------- public transportation. It will help reduce cars on the road and keep the event eco-friendly.

14 -------. This parade will be a fun way to celebrate our town together.

11 (A) still
    (B) now

12 (A) avoid
    (B) create

13 (A) taking
    (B) to take

14 (A) We apologize for any inconvenience this change has caused.
    (B) The parade will begin at 1 p.m. on Saturday, July 8.

오늘의 필수 구문 분석

강의 바로 보기

❶ 구문 분석을 해 보세요. (주어-동사 찾기 / 끊어 읽기)
❷ 문장의 해석을 써 보세요.
❸ 강의를 들으며 맞게 했는지 확인해 보세요.

1 John received a bonus for working on the special project.

   [해석] _____

2 Daniel enjoys spending his free time learning new skills.

   [해석] _____

3 The manager requested a detailed analysis of the project's expenses.

   [해석] _____

4 At Harborview Resorts, we look forward to providing our guests with the best vacation experience.

   [해석] _____

5 Employees may update their contact details by accessing their profile through the company portal.

   [해석] _____

6 To improve attendance, the seminar organizer has suggested casting a well-known speaker.

   [해석] _____

7 The store closed last month without notifying customers of its relocation plans.

   [해석] _____

8 Orion Electronics is praised for promptly handling customer complaints.

   [해석] _____

오늘의 필수 어휘 Quiz

❶ 오늘 학습한 유닛에서 반드시 암기해야 하는 어휘/표현입니다. 빈칸에 뜻을 적어 보세요.
❷ 채점 후 틀린 단어들은 따로 표시해 두고 반드시 암기하세요.

#	단어/표현
1	investment
2	reach
3	analysis
4	suggest -ing
5	without -ing
6	give prior notice
7	candidate
8	HR manager
9	look forward to -ing
10	avoid -ing
11	in the near future
12	approve
13	spend 시간 -ing
14	be dedicated to -ing
15	replace
16	actively
17	make a decision
18	thank A for -ing
19	patiently
20	mandatory

UNIT 11 분사

POINT 01 분사의 역할과 종류

동사원형에 -ing 또는 -ed(p.p.)를 붙여 형용사 역할을 할 수 있도록 만든 것을 분사라고 합니다.

> 현재분사: **V-ing** ~하는, ~하는 중인
> a **singing** girl 노래하는 소녀
>
> 과거분사: **V-ed** ~된, ~되는
> a **broken** window 깨진 창문

be동사 or have동사	+ 분사와 함께 쓰이면?	문장의 동사로 취급!
be동사	+ V-ing 현재분사	be + V-ing ☞ 진행형
have/has/had		X
be동사	+ V-ed 과거분사(p.p.)	be + p.p. ☞ 수동태
have/has/had		have + p.p. ☞ 완료형

POINT 02 분사의 자리

■ **명사 앞:** 분사가 명사를 혼자서 수식할 때

명사가 직접 할 수 있으면 현재분사, 직접 할 수 없으면(되는, 당하는 경우) 과거분사를 씁니다.

The museum displays photos of **smiling children**. 그 박물관은 웃고 있는 아이들의 사진을 전시한다.

Please find the **attached file**. 첨부된 파일을 봐주세요.

■ **명사 뒤:** 분사가 다른 어구와 함께 명사를 수식할 때

The man (**carrying** books) is my coworker. 책을 들고 있는 그 남자는 내 동료이다.

The report (**written** by Sophia) was perfect. 소피아에 의해 작성된 보고서는 완벽했다.

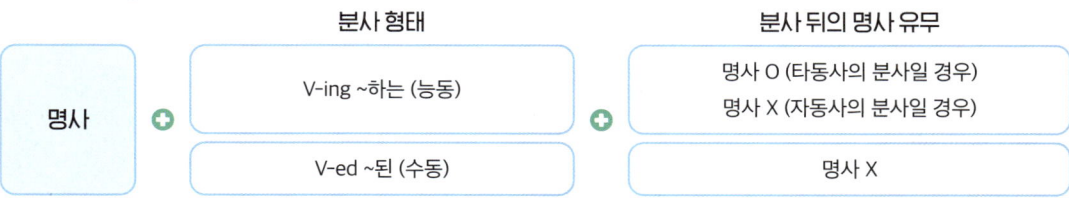

■ **보어 자리:** 분사가 설명하는 주어/목적어와의 관계를 보고 판단

The package is [damaging / **damaged**]. 소포가 손상되어 있다.
   주어   주격보어

The new design will make **our customers** [satisfying / **satisfied**].
                                  목적어   목적격보어

새 디자인이 우리 고객들을 만족시킬 것이다.

PRACTICE 1   빈칸에 알맞은 단어를 골라보세요.

1. The people [stand / **standing**] near the entrance are my colleagues.

2. The report [writing / **written**] by Ms. Yu will be discussed tomorrow.

3. The hotel offers a lounge for guests [**requesting** / requested] early check-in.

4. The new policy will keep our employees [motivate / **motivated**].

5. The customer was not [**satisfied** / satisfy] with the slow response from the support center.

6. The files [uploading / **uploaded**] to the server yesterday are no longer available.

7. Please review the [revising / **revised**] document before signing the contract.

8. The factory must repair the [damaging / **damaged**] equipment before restarting production.

9. The instructions [printing / **printed**] on the package are very easy to follow.

10. The sales team has [achieving / **achieved**] its monthly goal ahead of schedule.

VOCABULARY HELP

near ~가까이에 entrance 입구 colleague 동료 discuss ~을 논의하다 request ~을 요청하다 policy 정책 keep A 형용사: A를 ~하게 유지하다 motivate ~에게 동기부여를 하다 motivated 동기부여가 된 be satisfied with ~에 만족하다 response 반응, 대응 support 지지, 지원 upload ~을 업로드하다 no longer 더 이상 ~않다 available 이용 가능한 review ~을 검토하다 revise ~을 수정하다 sign ~에 서명하다 contract 계약서 factory 공장 repair ~을 수리하다 damage ~을 손상시키다 damaged 손상된 equipment 기구, 장비 restart ~을 재시작하다 production 생산 instruction 설명, 지시 print ~을 인쇄하다 package 포장 follow ~을 따르다 achieve ~을 달성하다 monthly 월간의 goal 목표 ahead of schedule 예정보다 일찍

UNIT 11 분사

POINT 03 분사의 특징

① 분사는 원래 동사였던 성질 그대로, 부사의 수식을 받습니다.

We received a **newly updated** schedule. 우리는 새롭게 업데이트된 일정을 받았다.

② 형용사와 분사가 의미 차이가 크게 없는 경우 형용사를 선택합니다.

The report was [**satisfactory** / satisfying]. ☞ 형용사 > 분사

보고서가 만족스러웠다.

③ 1형식과 2형식 자동사는 명사를 수식할 때 명사 앞에서 현재분사(V-ing) 형태로만 사용 가능합니다.

[**remaining** / remained] work 남아 있는 업무 ☞ remain은 2형식 자동사 (~인 채로 있다)

[**rising** / risen] prices 오르는 가격 ☞ rise는 1형식 자동사 (오르다)

POINT 04 감정을 나타내는 분사

느낀 감정을 표현할 때는 과거분사(V-ed)를 쓰고, 유발하는 감정을 표현할 때는 현재분사(V-ing)를 씁니다.

주로 사람이 느끼는 감정을 나타내는 과거분사	주로 감정을 유발하는 사물에 대해 쓰이는 현재분사
satisfied 만족한	satisfying 만족스러운, 만족시키는
pleased 기쁜	pleasing 기쁘게 하는
disappointed 실망한	disappointing 실망스러운
surprised 놀란	surprising 놀라게 하는
confused 혼란을 느끼는	confusing 혼란스럽게 하는

The movie was [disappointed / **disappointing**]. 그 영화는 실망스러웠다.

We were [**disappointed** / disppointing] at the poor quality of the product.

우리는 제품의 형편 없는 품질에 실망했다.

소피아쌤의 문법 부스터

▶ 자주 쓰이는 「분사 + 명사」 짝꿍 표현을 외워 두면 좋아요!

과거분사 + 명사	현재분사 + 명사
attached/enclosed files 첨부된/동봉된 파일	**increasing** demand 증가하는 수요
revised reports 수정된 보고서	**rising** prices 오르는 가격
updated documents 업데이트된 문서	**demanding** customer 까다로운 고객
detailed information 자세한/세부 정보	**missing** luggage 분실한 짐
written permission 서면 허가	**remaining** work 남아있는 업무
limited time 제한된 시간	**surrounding** area 주변 지역
qualified applicants 자격 있는 지원자	**leading** company 선도하는 기업

PRACTICE 2 빈칸에 알맞은 단어를 골라보세요.

1. Please check the [attaching / **attached**] files before submitting your application.

2. The store is offering a discount for a [limiting / **limited**] time only.

3. The brochure provides [detailing / **detailed**] information about the new product.

4. The lecture was so [**boring** / bored] that many people left early.

5. The team needs to complete the [**remaining** / remained] work before Friday.

6. The employees were [shocking / **shocked**] by the CEO's unexpected resignation.

7. The company is trying to meet the [**increasing** / increasingly] demand for eco-friendly products.

8. The sudden change in the schedule was [**surprising** / surprised] to all employees.

9. The customer looked [confusing / **confused**] because the product manual was not clear.

10. Many consumers are concerned about the [**rising** / risen] prices of basic groceries such as rice and milk.

VOCABULARY HELP

attach ~을 첨부하다 submit ~을 제출하다 application 신청서, 지원서 for a limited time only 한정된 기간 동안만 brochure 브로슈어 detailed 상세한 lecture 강의 boring 지루한, 지루하게 하는 bored 지루해진 leave 떠나다 complete ~을 완성하다, 완료하다 remaining 남아 있는 shocking 충격을 주는 shocked 충격을 받은 CEO 최고경영자 unexpected 예상치 못한 resignation 사임 try to do ~하려고 노력하다 meet the demand 수요를 충족시키다 demand 수요 increasing 증가하는 increasingly 점점 더 eco-friendly 친환경적인 sudden 갑작스러운 change in ~의 변경 surprising 놀라운 surprised 놀란 look + 형용사: ~한 것 같다 confusing 혼란스럽게 하는 confused 혼란스러움을 느낀 product manual 제품 설명서 clear 명확한

실전 TEST

강의 바로 보기

■ Part 5

1. Greenline Electronics, a ------- company in home appliances, is opening a new branch in Busan.
   (A) led
   (B) leading
   (C) leader
   (D) leadership

2. The new accounting software provides ------- security features and faster processing.
   (A) improved
   (B) improvement
   (C) improve
   (D) improves

3. Conference participants were ------- about the keynote speaker's new research findings.
   (A) excitedly
   (B) excitement
   (C) excited
   (D) excites

4. The film received negative reviews because many viewers found the ending -------.
   (A) disappointed
   (B) disappointing
   (C) disappoints
   (D) disappointment

5. Mr. Patel was ------- as the head of the sales department last month.
   (A) chose
   (B) choose
   (C) chosen
   (D) choosing

6. Customers praised the ------- design of our product packaging.
   (A) updating
   (B) updated
   (C) update
   (D) updates

7. Nova Marketing is currently hiring ------- designers and social media specialists.
   (A) experience
   (B) experiences
   (C) experienced
   (D) experiencing

8. Several suppliers have already ------- proposals for the new city hall renovation project.
   (A) submit
   (B) submission
   (C) submitted
   (D) submitting

9. Please avoid entering the newly ------- storage area until the floor has dried.
   (A) painting
   (B) painter
   (C) paints
   (D) painted

10. An employment agency ------- in IT recruitment will host a job fair next week.
    (A) specialty
    (B) specializes
    (C) specialists
    (D) specializing

Part 6

Questions 11-14 refer to the following e-mail.

Dear Ms. Taylor,

As you may know, this month will be the last time our fitness classes are held at the Maple Street Building. **11** ------- you have already registered for the next session, you will get a seat first at our new center on Oak Avenue. **12** -------. We are confident that this improved space will enhance the quality of the classes we offer.

The **13** ------- brochure provides information about new class schedules and updated membership fees. Thank you for your continued support, and we hope to see you at our new **14** ------- soon.

11. (A) Then
    (B) If

12. (A) The new facility has more modern equipment and a spacious room.
    (B) We will be closed for two weeks for maintenance.

13. (A) enclosed
    (B) enclosing

14. (A) location
    (B) product

오늘의 필수 구문 분석

강의 바로 보기

❶ 구문 분석을 해 보세요. (주어-동사 찾기 / 끊어 읽기)
❷ 문장의 해석을 써 보세요.
❸ 강의를 들으며 맞게 했는지 확인해 보세요.

1 The report written by Ms. Yu will be discussed tomorrow.

    해석 _____

2 The hotel offers a lounge for guests requesting early check-in.

    해석 _____

3 The files uploaded to the server yesterday are no longer available.

    해석 _____

4 The company is trying to meet the increasing demand for eco-friendly products.

    해석 _____

5 Many consumers are concerned about the rising prices of basic groceries such as rice and milk.

    해석 _____

6 Greenline Electronics, a leading company in home appliances, is opening a new branch in Busan.

    해석 _____

7 An employment agency specializing in IT recruitment will host a job fair next week.

    해석 _____

8 The film received negative reviews because many viewers found the ending disappointing.

    해석 _____

오늘의 필수 어휘 Quiz

❶ 오늘 학습한 유닛에서 반드시 암기해야 하는 어휘/표현입니다. 빈칸에 뜻을 적어 보세요.
❷ 채점 후 틀린 단어들은 따로 표시해 두고 반드시 암기하세요.

1	keep A 형용사	_____
2	motivated	_____
3	meet the demand	_____
4	response	_____
5	support	_____
6	no longer	_____
7	revise	_____
8	unexpected	_____
9	repair	_____
10	damaged	_____
11	equipment	_____
12	instruction	_____
13	follow	_____
14	achieve	_____
15	ahead of schedule	_____
16	attach	_____
17	for a limited time only	_____
18	detailed	_____
19	boring	_____
20	remaining	_____

REVIEW TEST 3 Unit 9~11

1. Residents who want to ------- their old furniture can contact City Movers for a free pickup service.
   (A) seller
   (B) sold
   (C) sell
   (D) selling

2. The management has ------- to expand the company's online service next year.
   (A) decided
   (B) finalized
   (C) submitted
   (D) examined

3. Dr. Ramon Harvey, a ------- expert in nutrition, will give a lecture this Friday.
   (A) respect
   (B) respectfully
   (C) respecting
   (D) respected

4. Nuri Packaging plans ------- eco-friendly containers next year to reduce plastic waste.
   (A) included
   (B) to include
   (C) is including
   (D) includes

5. EcoPack Ltd. uses ------- materials throughout its production process to minimize environmental impact.
   (A) recycle
   (B) of recycling
   (C) to recycle
   (D) recycled

6. The ------- area around the lake has recently been developed into a popular picnic site.
   (A) surround
   (B) surrounds
   (C) surrounding
   (D) have surrounded

7. The lectures ------- by Dr. Simon attracted many students from nearby universities.
   (A) presented
   (B) presentation
   (C) to present
   (D) presenters

8. Please sign up ------- the training session scheduled for next Wednesday.
   (A) to attend
   (B) attendance
   (C) attending
   (D) to be attended

9. After ------- the contract carefully, the lawyer suggested several minor changes to the terms.
   (A) reviews
   (B) reviewed
   (C) to review
   (D) reviewing

10. Members can access their online accounts by ------- their ID and password on the login page.
    (A) being provided
    (B) provides
    (C) provided
    (D) providing

11 Our team of ------- technicians is ready to assist customers with equipment installation.
(A) experience
(B) experienced
(C) experiencing
(D) experiences

12 Customers ------- to check their order status through the company's official mobile app.
(A) are encouraged
(B) encouraging
(C) will encourage
(D) encourages

13 The hotel enables guests ------- a beautiful ocean view from every room.
(A) enjoyment
(B) enjoyable
(C) to enjoy
(D) are enjoying

14 Employees are asked to turn off their phones during the meeting to ------- disturbing others.
(A) avoid
(B) view
(C) remove
(D) listen

15 The new marketing strategy allowed the company to ------- increase its profits within just six months.
(A) signify
(B) signified
(C) significantly
(D) significance

16 The new security system was designed to work ------- even during a power outage.
(A) relies
(B) reliant
(C) reliably
(D) reliable

17 The company upgraded its computer network ------- improve data processing speed.
(A) instead of
(B) in order to
(C) as a result of
(D) owing to

18 The ------- lines in the conference hall mark the emergency exit routes.
(A) paints
(B) painting
(C) painter
(D) painted

19 The travel itinerary was changed last week, and the ------- schedule has already been sent to all participants.
(A) revise
(B) revises
(C) revised
(D) revising

20 Because of the large number of ------- applicants, the hiring process may take longer than expected.
(A) qualify
(B) qualifier
(C) qualified
(D) qualifies

UNIT 12 전치사

강의 바로 보기

POINT 01 전치사의 개념과 역할

명사·대명사 앞에 와서 다른 단어와의 관계(위치, 시간, 방향, 이유, 방법 등)를 나타냅니다.

전치사 +	명사	**after** lunch 점심 식사 후에
	대명사	**with** you 당신과 함께
	동명사 (V-ing)	**before** leaving the office 사무실을 나가기 전에
	to부정사는 불가능	**before** to leave the office (X)

형용사 역할: The head **of the department** will announce the survey results.
　　　　　　부서장이 설문조사 결과를 발표할 것이다.

부사 역할: Sophia has taught English **since 2018**.
　　　　　소피아는 2018년 이래로 영어를 가르쳐왔다.

POINT 02 시간 전치사

at	~에	+ 정확하고 구체적인 시간/시기 **at** 2 P.M.　**at** noon　**at** the beginning of the month　**at** the end of the year
on	~에	+ 하루의 개념: 요일, 날짜, 기념일 **on** Sunday　**on** February 12th　**on** Christmas Day
in	~에	+ 이틀 이상의 시간: 월, 분기, 계절, 연도 **in** January　**in** the first quarter　**in** summer　**in** 2025
by	~까지	+ 시점: 특정 시점까지 완료 완료 의미의 동사 submit/deliver/finish/complete … **by** + 시점
until	~까지	+ 시점: 특정 시점까지 지속 지속 의미의 동사 last/remain/stay/open … **until** + 시점
since	~이래로	+ 과거시점 I have studied Spanish **since last year**. 나는 작년 이래로 스페인어를 공부해왔다.
from	~부터	**from** 3 P.M. to 5 P.M. 오후 3시부터 5시까지
before	~ 전에	**before** signing the contract 계약서에 서명하기 전에
after	~ 이후에	**after** September 23 9월 23일 이후에
for	~ 동안	+ 숫자 기간 **for** three days 3일 동안　**for** several years 몇 년 동안
during	~ 동안	+ 행사/사건 등 특정 기간을 나타내는 명사 **during** Sophia's presentation 소피아의 발표 동안　**during** the weekend 주말 동안
within	~ 이내에	**within** three days of purchase 구매 후 3일 이내에
through(out)	~ 내내	**through(out)** the year 연중, 일년 내내

PRACTICE 1 빈칸에 알맞은 단어를 골라보세요.

1. The conference will begin [**at** / in] 10 A.M., so please arrive early.

2. Training sessions on the new accounting software will be offered [**throughout** / to] the month.

3. The company introduced its new product line [**in** / at] 2024, and sales grew rapidly.

4. The training program will start [**on** / at] April 10th and last [in / **for**] two weeks.

5. All employees must submit their expense reports [**by** / until] next Friday.

6. The store will remain open [**until** / by] midnight to accommodate holiday shoppers.

7. The manager stayed in the office [**for** / since] three extra hours to finish the urgent report.

8. Customers may request a full refund [**within** / since] seven days of purchase.

9. The exhibition will run [**from** / at] March 1st to March 15th in the city art museum.

10. The CEO reviewed the report carefully [**before** / for] signing the official agreement.

VOCABULARY HELP

conference 회의 training session 교육 시간 accounting 회계 throughout the month 그 달 내내 introduce ~을 소개하다 grow 성장하다 rapidly 빠르게 last v. 지속되다 submit ~을 제출하다 expense report 지출 보고서 remain open 계속 영업하다 midnight 자정 accommodate ~을 수용하다 shopper 쇼핑객 stay 머무르다 extra 여분의, 추가의 urgent 긴급한 request ~을 요청하다 a full refund 전액 환불 within seven days of purchase 구입 후 7일 이내에 exhibition 전시 run (얼마의 기간 동안) 계속되다 museum 박물관 carefully 신중하게 official 공식적인 agreement 합의, 계약

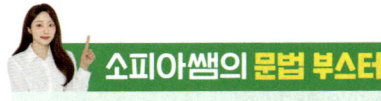

소피아쌤의 문법 부스터

▶ **for/during/over/in + the last/past/next + 기간** 지난/앞으로 (~기간) 동안
  during the last 10 **years** 지난 10년 동안   **over the past** 3 **months** 지난 3개월에 걸쳐
  in the next 2 **years** 향후 2년간

 ## 장소/위치/방향 전치사

at / on / in	~에(서)	좁은/정확한 특정 지점, 고유명사/직장명 앞 **at** the front desk 프론트 데스크에서 **at** Siwonschool Lab 시원스쿨랩에서	
		접촉면, 표면, 층 앞 **on** the desk 책상(위)에 **on** the third floor 3층에	
		넓은 장소(도시/나라/대륙) 앞 **in** the U.K. 영국에 장소/공간의 내부 강조 **in** the meeting room 회의실에 증가/감소의 분야 an increase **in** sales 매출 증가	
between among	~ 사이에 ~ 중에서	The sofa is placed **between** two lamps. 소파가 두 개의 램프 사이에 위치해 있다. **Among** the candidates, Mr. Kerr is the most qualified. 후보자들 중에서, 커 씨가 가장 적격이다.	
in front of	~ 앞에	**in front of** the building 건물 앞에	
behind	~ 뒤에	**behind** the counter 카운터 뒤에	
beside, next to	~ 옆에	**next to** the post office 우체국 옆에	
under, below	~ 아래에	**under** the table 테이블 아래에	
over, above	~ 위에	the bridge **over** the Lucca River 루카 강 위의 다리	
near	~ 근처에	**near** the station 역 근처에	
throughout	~ 전역에	**throughout** the country 전국에	**throughout** the company 회사 전체에
to	~로, ~에게	from Seoul **to** Busan 서울에서 부산까지	**to** the manager 매니저에게
toward	~을 향해	**toward** the west 서쪽을 향해	
into	~ 안으로	look **into** the drawer 서랍 안을 들여다보다	
through	~을 통하여	**through** the tunnel 터널을 통해	**through** the Web site 웹사이트를 통해
along	~을 따라	**along** the river 강을 따라	**along** the street 길을 따라
across	~을 가로질러	**across** the street 길 건너편에	**across from** the library 도서관 맞은 편에

PRACTICE 2 빈칸에 알맞은 단어를 골라보세요.

1 Our company has several branches [on / **in**] Canada and the United States.

2 The meeting will be held [at / **in**] the conference room on the second floor.

3 The candidate is standing [**in front of** / between] the reception desk.

4 You can visit some historic sites [to / **along**] the Pinebrook River.

5 The Apex Tower is right [**across** / during] from the Luma Art Center.

6 The information booth is located [into / **between**] the museum and the city hall.

7 The sales report shows a sharp increase [**in** / on] online purchases.

8 The IT team will upgrade the company's network [over / **by**] the next two weeks.

9 The company reported increased sales [**during** / under] the last two years.

10 Customers can deposit checks [**through** / along] our new banking app.

VOCABULARY HELP

branch 지점 be held 열리다, 개최되다 candidate 후보자, 지원자 reception desk 안내 데스크 historic site 유적지 along ~을 따라 right across from ~의 바로 건너편에 information booth 안내 부스 be located 위치하다 sharp 급격한 increase n. 증가 v. ~을 늘리다, 증가시키다 over the next two weeks 향후 2주에 걸쳐 report ~을 알리다, 보고하다 increased 늘어난 sales 매출 during the last two years 지난 2년간 customer 고객 deposit ~을 입금하다 check 수표 through ~을 통해

POINT 04 기타 토익 빈출 전치사

because of due to	~ 때문에	**because of** construction delays 공사 지연 때문에 **due to** some technical issues 약간의 기술적인 문제 때문에
thanks to	~ 덕분에	**thanks to** your support 당신의 지원 덕분에
by	~에 의해, ~로써 (수단)	designed **by** Ms. Elena Smith 엘레나 스미스 씨에 의해 디자인된 **by** e-mail 이메일로 **by** hiring more employees 직원을 더 채용함으로써
for	~을 위하여, ~을 위한	**for** your safety 귀하의 안전을 위해서 tickets **for** the concert 콘서트를 위한 티켓
despite in spite of	~에도 불구하고	**despite** concerns from investors 투자자들의 우려에도 불구하고 **in spite of** unexpected problems 예상치 못한 문제들에도 불구하고
with	~와 함께, ~을 가지고	**with** a partner company 협력사와 함께 **with** patience 인내심을 가지고
without	~없이	**without** delay 지체 없이
instead of	~ 대신에	**instead of** taking a taxi 택시를 타는 대신에
according to	~에 따르면	**according to** the recent survey 최근의 설문조사에 따르면
about regarding	~에 대해	information **about** our services 우리 서비스에 대한 정보 **regarding** your application 당신의 지원서에 관하여

PRACTICE 3 빈칸에 알맞은 단어를 골라보세요.

1. The team discussed several ideas [**regarding** / across] the marketing campaign.

2. The manager submitted a proposal [**about** / by] the new project.

3. [**According to** / Instead of] the latest survey, customer satisfaction has improved.

4. We plan to increase staff [**by** / in] hiring three more assistants.

5. The restaurant is closed today [**due to** / without] problems with its air conditioner.

6. Lunch will be provided [**by** / into] the event organizers at no extra cost.

7. [**Despite** / Instead of] the high cost, the company decided to proceed with the project.

8. [**Without** / Regarding] a valid ticket, you cannot enter the theater.

9. Employees should submit reports electronically [**instead of** / according to] printing them out.

10. Mr. Bailey is the best candidate [**for** / by] the sales manager position.

VOCABULARY HELP

regarding ~에 관하여 submit ~을 제출하다 proposal 제안서 according to ~에 따르면 latest 가장 최근의, 최신의 survey 설문조사 customer satisfaction 고객만족 improve 향상되다 plan to do ~할 계획이다 increase ~을 늘리다 staff 직원들 by -ing ~함으로써 hire ~을 채용하다 assistant 조수, 보조 직원 due to ~ 때문에 air conditioner 에어컨 provide ~을 제공하다 event organizer 행사 주최자 at no extra cost 추가 비용 없이 despite ~에도 불구하고 cost 비용 decide to do ~하기로 결정하다 proceed with ~을 진행시키다 valid 유효한 enter ~에 들어가다 electronically 온라인으로 print out ~을 출력하다

실전 TEST

■ Part 5

1. Employees are not allowed to make purchases ------- approval from a supervisor.
   (A) above
   (B) without
   (C) during
   (D) since

2. The city library will remain open ------- 9:00 A.M. to 6:00 P.M. every weekday.
   (A) by
   (B) between
   (C) from
   (D) as

3. The shipment of raw materials was delayed ------- heavy snowstorms.
   (A) due to
   (B) instead of
   (C) toward
   (D) despite

4. All job applications must be received ------- May 10 in order to be considered.
   (A) with
   (B) into
   (C) by
   (D) at

5. ------- signing the rental agreement, please review all contract terms carefully.
   (A) During
   (B) Unless
   (C) Because
   (D) Before

6. The Web site will not be available ------- the end of this week due to maintenance.
   (A) from
   (B) by
   (C) since
   (D) until

7. The pharmacy is located ------- the hospital and the shopping mall.
   (A) on
   (B) between
   (C) under
   (D) through

8. The design team improved productivity ------- using a new software program.
   (A) by
   (B) with
   (C) during
   (D) across

9. We now submit expense claims online ------- filling out a paper form.
   (A) although
   (B) except for
   (C) because
   (D) instead of

10. The number of international visitors has increased steadily ------- the past decade.
    (A) since
    (B) from
    (C) over
    (D) around

Part 6

Questions 11-14 refer to the following e-mail.

Dear Members,

To enhance the quality of **11** ------- we offer, PrimeFit Fitness Center will be renovating the two exercise rooms on the second floor on May 3 and 4. Please note that the rooms will be unavailable **12** ------- this period. **13** -------, all fitness classes originally planned in these rooms will be canceled and moved to new dates.

We sincerely apologize for any inconvenience this may cause and thank you for your patience. **14** -------.

PrimeFit Fitness Center

11 (A) serve
   (B) service

12 (A) during
   (B) without

13 (A) As a result
   (B) However

14 (A) If you're interested in our membership, please speak with a member of staff.
   (B) Updated class schedules will be posted on our Web site shortly.

오늘의 필수 구문 분석

강의 바로 보기

❶ 구문 분석을 해 보세요. (주어-동사 찾기 / 끊어 읽기)
❷ 문장의 해석을 써 보세요.
❸ 강의를 들으며 맞게 했는지 확인해 보세요.

1   Training sessions on the new accounting software will be offered throughout the month.

    해석 _____

2   The training program will start on April 10th and last for two weeks.

    해석 _____

3   The manager stayed in the office for three extra hours to finish the urgent report.

    해석 _____

4   Employees are not allowed to make purchases without approval from a supervisor.

    해석 _____

5   The Web site will not be available until the end of this week due to maintenance.

    해석 _____

6   The pharmacy is located between the hospital and the shopping mall.

    해석 _____

7   We now submit expense claims online instead of filling out a paper form.

    해석 _____

8   The number of international visitors has increased steadily over the past decade.

    해석 _____

오늘의 필수 어휘 Quiz

❶ 오늘 학습한 유닛에서 반드시 암기해야 하는 어휘/표현입니다. 빈칸에 뜻을 적어 보세요.
❷ 채점 후 틀린 단어들은 따로 표시해 두고 반드시 암기하세요.

1	according to	
2	latest	
3	grow	
4	rapidly	
5	due to	
6	regarding	
7	remain open	
8	accommodate	
9	extra	
10	urgent	
11	a full refund	
12	within seven days of purchase	
13	exhibition	
14	official	
15	agreement	
16	branch	
17	be held	
18	candidate	
19	reception desk	
20	instead of	

UNIT 13 등위접속사, 명사절 접속사

강의 바로 보기

POINT 01 등위접속사

문법적으로 대등한 단어/구/절을 연결하는 접속사를 말합니다.

for 왜냐하면, ~ 때문에	and 그리고, ~와 / (명령문) 그러면	nor ~도 (역시) 아닌
but 그러나	or 또는, ~이거나 / (명령문) 그렇지 않으면	yet 그러나 so 그래서, ~하도록

▶ 이 접속사들의 앞 글자만 따서 fanboys라고 알아 두면 쉬워요.

 소피아쌤의 문법 부스터

▶ 등위접속사 출제 포인트
  ① 의미상 자연스러운 접속사 선택
  ② 등위 접속사가 연결하는 단어/구/절의 문법적인 구조 맞추기

POINT 02 상관접속사 중요

짝을 이루어 함께 쓰이는 접속사를 말합니다. 외워두면 1초 컷으로 문제를 풀 수 있습니다.

both A and B	A와 B 둘 다	**Both** Sophia **and** Jay are going to attend the seminar. 소피아와 제이는 세미나에 참석할 것이다.
not only A but (also) B	A뿐만 아니라 B도	**Not only** Sophia **but (also)** her employees were interested in the event. 소피아뿐만 아니라 그녀의 직원들도 그 행사에 관심 있었다.
either A or B	A나 B 둘 중 하나	You can choose to work overtime **either** today **or** tomorrow. 당신은 오늘 혹은 내일 중 야근하는 것을 선택할 수 있습니다.
neither A nor B	A도 B도 아닌	They **neither** finished **nor** submitted their reports. 그들은 보고서를 끝내지도, 제출하지도 않았다.

 소피아쌤의 문법 부스터

▶ 상관접속사 출제 포인트
  ① 상관접속사가 연결하는 단어/구/절의 문법적인 구조 맞추기
  ② 상관접속사의 알맞은 짝꿍 맞추기
  ③ 주어자리에서 명사(A, B)를 연결할 때의 수 일치
    → both A and B는 복수 취급, 나머지는 동사와 가까운 명사(B)에 수 일치

PRACTICE 1   빈칸에 알맞은 단어를 골라보세요.

1. The new branch office is small, [but / so] it offers a wide range of financial services.

2. Ms. Hwang decided to work overtime, [so / yet] she could complete the proposal before Friday.

3. You can place an order online [but / or] visit one of our stores in person.

4. The product is high-quality [and / for] reasonably priced, so many customers continue to purchase it.

5. Either Mr. Kim [or / and] Ms. Han will attend the trade show in Singapore next month.

6. Not only the marketing team [but / and] the design team contributed to the campaign's success.

7. Our company offers [either / both] domestic and international delivery options.

8. Please contact Mr. Han [either / neither] by e-mail or by his mobile phone if you need technical support.

9. Harrison Electric renewed its contract with us, [so / but] Dysen Lighting did not.

10. Both the HR manager and the director [is / are] reviewing the new hiring policy.

VOCABULARY HELP

branch office 지사 a wide range of 다양한 ~ financial 재정의, 금융의 decide to do ~하기로 결정하다 work overtime 초과 근무를 하다 complete ~을 완성하다 proposal 제안서 place an order 주문하다 in person 직접 product 제품 high-quality 품질이 좋은 reasonably 합리적으로 priced 가격이 매겨진 continue to do 계속해서 ~하다 either A or B: A나 B 둘 중의 하나 trade show 무역 박람회 not only A but (also) B: A뿐만 아니라 B도 contribute to ~에 기여하다 success 성공 both A and B: A와 B 둘 다 domestic 국내의 international 국제의 delivery 배달 option 옵션, 선택 사항 contact ~에게 연락하다 technical support 기술 지원 renew ~을 갱신하다 contract 계약 HR manager 인사부장 director 이사 review ~을 검토하다 hiring policy 채용 정책

빈출 명사절 접속사

명사절 접속사란 절을 이끌어 그 절이 문장에서 명사 역할을 하도록 만드는 접속사를 말합니다. 문장에서 명사 역할을 하므로 주어/목적어/보어 자리에 쓰일 수 있습니다.

■ **확실한/정해진 내용을 담고 있는 that/what 명사절**

> 「that + 완전한 절」 ~라는 것
> 「what + (주어나 목적어가 빠진) 불완전한 절」 주어가 ~하는 것

TIP
[명사절 접속사 + 주어 + 동사 ~]
= 절 전체가 명사 역할
⇨ 문장 내에서 주어/목적어/보어 자리

① 주어

[That / **What**] the customer wanted **was** an extra discount. 고객이 원했던 것은 추가 할인이었다.
　　　　　　　불완전 (wanted의 목적어가 빠짐)
[**That** / What] you attend the meeting **is** necessary. 당신이 회의에 참석하는 것은 필요하다.
　　　　　　　　　　완전
= **It is** necessary **that** you attend the meeting.
☞ 이처럼 주어(that절)가 너무 길어지는 경우 「It ~ 진주어」 구조로 바꿔 쓸 수 있어요.

② 목적어　　　　　┈┈▶ 목적어 자리의 명사절 접속사 that은 생략할 수 있어요.
The report **shows** [**that** / what] sales figures are higher than before.
　　　　　　　　　　　　　완전
그 보고서는 매출이 전보다 높다는 것을 보여준다.

③ 보어

The problem **is** [**that** / what] we don't have enough time.
　　　　　　　　　　　　완전
문제는 우리가 시간이 충분하지 않다는 것이다.

■ **불확실한/정해지지 않은 내용을 담고 있는 whether/if 명사절**

> 「whether + 완전한 절 / to부정사」 ~인지 아닌지 / ~할 지
> 「if + 완전한 절」 ~인지 아닌지

　　　　　　　　　┈┈▶ 명사절 접속사 if가 이끄는 절은 주어 자리에 올 수 없어요.
[**Whether** / If] Ms. Grant will come to the seminar **is** not certain.
　　　　　　　　　　　완전
그랜트 씨가 세미나에 올지 안 올지는 확실하지 않다.

I don't know [**whether** / **if**] Ms. Grant will come to the seminar.
　　　　　　　　　　　　　　완전
나는 그랜트씨가 세미나에 올지 안 올지 모른다.

We couldn't decide [**whether** / if] **to buy new printers**.
우리는 새 프린터를 살지 결정하지 못했다. ┈┈▶ 「whether to부정사」 (~해야 할지, ~을 할 지) 표현을 알아두세요.

PRACTICE 2 빈칸에 알맞은 단어를 골라보세요.

1. [That / **What**] the company achieved last year with limited resources impressed many investors.

2. The manager explained [**that** / what] all staff members must complete the new security training.

3. [That / **What**] Mr. Han presented during the meeting helped the team understand the new marketing strategy.

4. It is clear [**that** / what] our company needs to invest more in online advertising.

5. The issue is [that / **what**] some employees have not yet submitted their quarterly reports.

6. I'm not sure [**whether** / what] the new payment system will be ready to launch by March.

7. The board members discussed [if / **whether**] to expand the company's service overseas.

8. [**Whether** / If] the new project will receive additional funding remains uncertain.

9. It is not surprising [**that** / what] the construction project was delayed because of the bad weather.

10. The manager asked the team to discuss [**what** / that] needs to be done after the system upgrade.

VOCABULARY HELP

achieve ~을 달성하다, 성취하다 limited 제한된, 한정된 resources 자원 impress ~에게 깊은 인상을 주다 investor 투자자 explain that ~라고 설명하다 complete ~을 완료하다, 수료하다 security 보안 present ~을 제시하다, 발표하다 strategy 전략 clear 명확한 invest in ~에 투자하다 issue 문제, 사안 quarterly 분기의 be ready to do ~할 준비가 되다 launch 시작하다 board member 이사회 임원 whether to do ~할 지 말지 expand ~을 확장하다 overseas 해외로 additional 추가의, 부가의 funding 자금, 자금 제공 uncertain 불확실한 surprising 놀라운 construction 건설, 공사 be delayed 지연되다 need to do ~할 필요가 있다

실전 TEST

■ Part 5

1. It is surprising ------- our sales increased even during the slow season.
   (A) what
   (B) that
   (C) where
   (D) because

2. Melissa wanted to improve her communication skills, ------- she decided to take a public speaking course.
   (A) yet
   (B) so
   (C) but
   (D) while

3. Visitors can download ------- a detailed map and travel information from the tourism Web site.
   (A) neither
   (B) either
   (C) both
   (D) or

4. Mr. Chang is an experienced engineer ------- a talented project manager.
   (A) and
   (B) but
   (C) yet
   (D) when

5. Employees are ------- allowed nor encouraged to contact clients outside business hours.
   (A) even
   (B) often
   (C) seldom
   (D) neither

6. Ms. Vega will leave for New Zealand this weekend ------- will manage the new branch there.
   (A) and
   (B) since
   (C) after
   (D) unless

7. New customers should contact our service team ------- by e-mail or phone to confirm their membership.
   (A) both
   (B) either
   (C) so
   (D) also

8. The board will discuss the issue of ------- the new policy should be implemented next year.
   (A) although
   (B) when
   (C) whether
   (D) because

9. All lunch sets at Breeze Restaurant come with a choice of either soup ------- bread.
   (A) both
   (B) or
   (C) and
   (D) but

10. Mr. Takajian may be new to the company, ------- he has already shown excellent leadership skills.
    (A) or
    (B) so
    (C) because
    (D) but

Part 6

Questions 11-14 refer to the following e-mail.

Dear Mr. Stanley,

Thank you for contacting me regarding the three apartments you found on our Web site. First, you asked 11 ------- it would be possible to visit the apartments next week. Unfortunately, I'll be on vacation then, 12 ------- I will forward your phone number to my coworker, Lilian Huber. She will contact you to arrange the visits.

All three apartments are fully 13 -------. The rent for the Parkside apartment is a little higher than the others because it covers security and parking. 14 -------. If you have any further questions, I'd be happy to help.

11. (A) whether
    (B) that

12. (A) or
    (B) but

13. (A) furnishing
    (B) furnished

14. (A) I think these services make it worth the price.
    (B) I'll see you tomorrow for a tour of those apartments.

오늘의 필수 구문 분석

강의 바로 보기

❶ 구문 분석을 해 보세요. (주어-동사 찾기 / 끊어 읽기)
❷ 문장의 해석을 써 보세요.
❸ 강의를 들으며 맞게 했는지 확인해 보세요.

1 You can place an order online or visit one of our stores in person.
   해석 _____

2 What the company achieved last year with limited resources impressed many investors.
   해석 _____

3 What Mr. Han presented during the meeting helped the team understand the new marketing strategy.
   해석 _____

4 The board members discussed whether to expand the company's service overseas.
   해석 _____

5 Whether the new project will receive additional funding remains uncertain.
   해석 _____

6 Employees are neither allowed nor encouraged to contact clients outside business hours.
   해석 _____

7 The board will discuss the issue of whether the new policy should be implemented next year.
   해석 _____

8 All lunch sets at Breeze Restaurant come with a choice of either soup or bread.
   해석 _____

오늘의 필수 어휘 Quiz

❶ 오늘 학습한 유닛에서 반드시 암기해야 하는 어휘/표현입니다. 빈칸에 뜻을 적어 보세요.
❷ 채점 후 틀린 단어들은 따로 표시해 두고 반드시 암기하세요.

1. a wide range of _____
2. work overtime _____
3. proposal _____
4. place an order _____
5. in person _____
6. reasonably _____
7. continue to do _____
8. either A or B _____
9. trade show _____
10. not only A but (also) B _____
11. contribute to _____
12. both A and B _____
13. domestic _____
14. renew _____
15. limited _____
16. impress _____
17. investor _____
18. present _____
19. be ready to do _____
20. overseas _____

UNIT 14 부사절 접속사

POINT 01 부사절 접속사의 역할과 위치

부사절 접속사란 절을 이끌어 그 절이 문장에서 부사 역할을 하도록 만드는 접속사를 말합니다.
부사절은 주절을 수식하며, 주절의 앞 또는 뒤에 위치할 수 있는데, 주절의 앞에 오는 경우 콤마를 동반합니다.

Because it is affordable, our new tablet PC is popular.
      부사절 (주절을 수식)   주절

= Our new tablet PC is popular **because it is affordable**.
우리의 새 태블릿 PC는 가격이 적당해서 인기가 있다.

> **TIP**
> 「부사절 접속사 + 주어 + 동사 ~」가 주절을 수식하는 부사 역할
> 문장 형태: 부사절 ~, 주절.
>   또는 주절 + 부사절.

POINT 02 시간/조건 부사절 접속사

➡ 이 접속사들은 전치사로도 쓰여요.

when ~할 때	as ~할 때, ~하면서	if 만약 ~하면
while ~하는 동안	until ~할 때까지	as long as ~하는 한
as soon as ~하자마자	before ~하기 전에	provided/providing (that) 만약 ~하면, ~하는 조건으로
once 일단 ~하면, ~하는 대로	after ~한 후에	unless 만약 ~하지 않으면
by the time ~할 때까지	since (과거에) ~한 이후로	assuming (that) 만약 ~라면

■ 시간/조건 부사절에서의 미래 표현

시간/조건을 나타내는 접속사가 쓰인 부사절에서는 '현재시제'로 미래를 표현합니다. 즉, 주절이 미래시제로 되어 있고, 부사절의 내용이 의미상 미래의 일이라도 부사절에서는 「조동사 will + 동사원형」을 쓰지 않아요.

Once the manager **arrives**, we **will start** the meeting.
                   현재시제   주절
매니저가 도착하는 대로, 우리는 회의를 시작할 것이다.

소피아쌤의 문법 부스터

▶ 접속사/전치사/부사로 모두 사용 가능한 since
전치사: The company has grown rapidly **since** 2010. 그 회사는 2010년 이후로 빠르게 성장했다.
접속사: The company has grown rapidly **since** it was founded in 2010.
      그 회사는 2010년에 설립된 이후로 빠르게 성장했다.
부사: The company was founded in 2010 and has grown rapidly **since**.
      그 회사는 2010년 설립되었고 그 이후로 빠르게 성장했다.

PRACTICE 1 빈칸에 알맞은 단어를 골라보세요.

1. All employees must read the safety guidelines [before / since] they attend the orientation session.

2. We will make an announcement [once / while] the new product becomes available.

3. The security staff will lock the doors [until / after] everyone leaves the building.

4. The project will continue as planned [until / while] the client decides to cancel or postpone it.

5. [While / As soon as] the training program ends, participants will receive certificates.

6. [Once / Until] Mr. Cho arrives at the airport, a driver will pick him up and take him to the hotel.

7. [Since / When] the company was founded in 2015, it has expanded its business to Europe.

8. We will contact you when the replacement parts [will arrive / arrive] at our store.

9. Refunds of items cannot be processed [unless / while] the original receipt is presented.

10. Please call the hotel's reception desk [if / besides] you have any questions about your reservation.

VOCABULARY HELP

safety guidelines 안전 지침 make an announcement 공표하다, 발표하다 available 이용[구매] 가능한 lock ~을 잠그다 leave ~을 나가다 continue 계속되다 as planned 계획대로 postpone ~을 연기하다 end 끝나다 participant 참가자 certificate 수료증 pick A up: A를 차로 데리러 가다 found ~을 설립하다 expand ~을 확장시키다 replacement parts 교체 부품 refund 환불 process ~을 처리하다 unless 만약 ~하지 않는다면 while ~하는 동안 original 원래의 receipt 영수증 present ~을 제시하다 reception desk 안내 데스크 reservation 예약

양보/대조의 부사절 접속사

양보	although, though, even though 비록 ~이지만, ~임에도 불구하고 even if 비록 ~일지라도, 설사 ~라 하더라도
대조	whereas, while ~인 반면

Although the weather was unfavorable, many visitors attended the outdoor concert.
비록 날씨가 좋지 않았지만, 많은 방문객이 야외 콘서트에 참석했다.

The marketing team works in the main office, **whereas** the design team works remotely.
마케팅 팀은 본사에서 일하는 반면 디자인 팀은 재택 근무를 한다.

 ## 이유/목적/결과의 부사절 접속사

이유	because, since, as ~이기 때문에
목적	so that, in order that ~하기 위해서
결과	so 형용사/부사 that 너무 …해서 ~하다

The meeting was postponed **because** the manager went on a business trip.
매니저가 출장 갔기 때문에 회의가 연기되었다.

The company hired additional employees **so that** orders can be processed faster.
= in order that
주문이 더 빨리 처리되도록 하기 위해 회사는 추가 직원을 고용했다.

The instructions are **so** clear **that** everyone can understand them easily.
지시 사항이 너무 명확해서 모든 사람이 쉽게 이해할 수 있다.

 ### 소피아쌤의 문법 부스터

▶ 의미가 같은 전치사와 접속사를 구분할 수 있어야 해요. 빈칸 뒤에 명사(구)가 있으면 전치사, 절이 있으면 접속사를 선택합니다.

의미	전치사 + 명사	접속사 + 주어 + 동사
~동안	during, for	while
~전에	before	before
~후에	after	after
~때문에	because of, due to, owing to, on account of	because, since, as
비록 ~에도 불구하고	despite, in spite of	although, though, even though, even if

Please let us know if you need any assistance [while / **during**] your stay.
Please let us know if you need any assistance [**while** / during] you stay with us.
머무시는 동안 도움이 필요하시면 저희에게 알려주세요.

PRACTICE 2   빈칸에 알맞은 단어를 골라보세요.

1. [Although / Because] the weather forecast predicted rain, the outdoor concert took place as scheduled.

2. The sales team achieved record profits [although / as] their budget was reduced.

3. The company will give employees a bonus [even if / because] sales decrease this year.

4. [Since / While] most of our competitors rely on paid advertising, we focus on social media promotion.

5. The project was delayed [because / due to] several key employees were on vacation.

6. The company hired additional staff [because of / so that] orders could be handled more quickly.

7. The presentation was [so / very] impressive that everyone gave a standing ovation.

8. Visitors can bring in their own food and enjoy it [while / during] the museum's outdoor event.

9. [Despite / Although] some changes in the schedule, all seminars will finish by 5 P.M. as planned.

10. The restaurant added new menu items [so that / when] it could attract more customers.

VOCABULARY HELP

weather forecast 일기예보 predict ~을 예측하다 outdoor 야외의 take place 열리다 as scheduled 예정대로 achieve ~을 성취하다, 달성하다 record a. 기록적인 profit 이익, 수익 budget 예산 reduce ~을 줄이다, 삭감하다 sales 매출 decrease 감소하다 quarter 분기 competitor 경쟁사 rely on ~에 의존하다 paid advertising 유료 광고 focus on ~에 초점을 맞추다 promotion 홍보 be delayed 지연되다 key 주요한 be on vacation 휴가 중이다 hire ~을 채용하다 additional 추가의 staff 직원 order n. 주문 handle ~을 다루다, 처리하다 presentation 발표(회) impressive 인상적인 give a standing ovation 기립 박수를 보내다 one's own ~만의 add ~을 추가하다 attract ~을 끌어들이다

실전 TEST

Part 5

1. The ferry will depart from Harbor City Port ------- the weather improves.
   (A) as soon as
   (B) though
   (C) because of
   (D) despite

2. Ms. Jones is the strongest of the job candidates ------- she has a proven record of increasing sales.
   (A) while
   (B) so
   (C) because
   (D) however

3. Traveling abroad will be a stress-free experience ------- you book with Ergo Travel.
   (A) even if
   (B) despite
   (C) whereas
   (D) when

4. Contact Frank in the IT department ------- you have any problems with the new software.
   (A) and
   (B) then
   (C) but
   (D) if

5. The east wing of the hotel will be expanded ------- more guests will have an ocean view.
   (A) for
   (B) so that
   (C) but
   (D) when

6. Mr. Willis will begin the planning meeting ------- the interns have arrived.
   (A) once
   (B) unlike
   (C) whereas
   (D) during

7. The company decided to purchase the safety equipment ------- its high cost.
   (A) even though
   (B) whether
   (C) until
   (D) despite

8. Your gym membership will be automatically renewed ------- a cancellation has been requested.
   (A) unless
   (B) although
   (C) while
   (D) so that

9. ------- the high demand for holiday packages, customers are advised to make reservations early.
   (A) Because
   (B) Provided that
   (C) While
   (D) Owing to

10. Mr. Sandoval plans to attend the meeting ------- he may have to leave early for another appointment.
    (A) when
    (B) as
    (C) although
    (D) so

Part 6

Questions 11-14 refer to the following memo.

To: All Café Lune Staff

After reviewing customer feedback collected over the past month, we have decided to update our beverage menu. Many visitors mentioned that our new drink selection was not very **11** -------, so our head barista will make several **12** ------- over the next few days. **13** -------.

We will notify all staff members about the changes before the café opens on Monday **14** ------- you can become familiar with the new drinks and explain them to customers.

11 (A) affordable
    (B) attractive

12 (A) modifications
    (C) modifying

13 (A) However, the café will be closed during the update.
    (B) For instance, several new fruit-based beverages will be introduced.

14 (A) although
    (B) so that

오늘의 필수 구문 분석

강의 바로 보기

❶ 구문 분석을 해 보세요. (주어-동사 찾기 / 끊어 읽기)
❷ 문장의 해석을 써 보세요.
❸ 강의를 들으며 맞게 했는지 확인해 보세요.

1 The project will continue as planned until the client decides to cancel or postpone it.
   해석 _____

2 Once Mr. Cho arrives at the airport, a driver will pick him up and take him to the hotel.
   해석 _____

3 Refunds of items cannot be processed unless the original receipt is presented.
   해석 _____

4 The sales team achieved record profits although their budget was reduced.
   해석 _____

5 While most of our competitors rely on paid advertising, we focus on social media promotion.
   해석 _____

6 The presentation was so impressive that everyone gave a standing ovation.
   해석 _____

7 Ms. Jones is the strongest of the job candidates because she has a proven record of increasing sales.
   해석 _____

8 The east wing of the hotel will be expanded so that more guests will have an ocean view.
   해석 _____

오늘의 필수 어휘 Quiz

❶ 오늘 학습한 유닛에서 반드시 암기해야 하는 어휘/표현입니다. 빈칸에 뜻을 적어 보세요.
❷ 채점 후 틀린 단어들은 따로 표시해 두고 반드시 암기하세요.

1	make an announcement	_____
2	as planned	_____
3	postpone	_____
4	certificate	_____
5	found	_____
6	replacement parts	_____
7	process	_____
8	unless	_____
9	record	_____
10	original	_____
11	receipt	_____
12	reservation	_____
13	predict	_____
14	outdoor	_____
15	take place	_____
16	handle	_____
17	competitor	_____
18	rely on	_____
19	add	_____
20	focus on	_____

UNIT 14 부사절 접속사

UNIT 15 형용사절 접속사 (관계사)

강의 바로 보기

POINT 01 관계대명사

관계대명사는 절을 이끌어 그 절의 앞에 있는 명사(선행사)를 수식합니다. 명사를 수식하는 형용사 역할을 하기 때문에 형용사절 접속사라고 합니다.

■ **주격 관계대명사: who, which, that**

접속사와 관계사절의 주어 역할을 동시에 합니다. **뒤에는 주어가 빠진 불완전한 절**이 옵니다.

명사(선행사) + [주격 관계대명사(who/which/that) + 동사]

Ms. Cho is **the manager** [**who leads** the sales department].
　　　　　　선행사(사람)
조 씨는 영업부를 이끄는 매니저이다.
☞ 주격 관계대명사 뒤에 오는 동사는 선행사에 수 일치

TIP 선행사에 따른 관계대명사
사람: who(주격), whom(목적격)
사물: which
사람이나 사물: that
(that은 콤마 뒤에 사용 X)

The factory, [**which produces** electronic parts],
　선행사(사물)
will expand its operations.
전자 부품을 생산하는 그 공장은 운영을 확장할 것이다.

■ **목적격 관계대명사: who(m), which, that**

접속사와 관계사절의 목적어 역할을 동시에 합니다. **뒤에는 목적어가 빠진 불완전한 절**이 옵니다.

명사(선행사) + [목적격 관계대명사(who(m)/which/that) + 주어 + 동사]

The company hired **a consultant** [**whom we met** at the trade fair].
　　　　　　　　　선행사(사람)
그 회사는 우리가 무역박람회에서 만났던 컨설턴트를 채용했다.

The store shipped **the packages** [**which we ordered** last week]. 그 상점은 우리가 지난주에 주문한 상품들을 보냈다.
　　　　　　　　선행사(사물)

■ **소유격 관계대명사: whose**

선행사가 관계대명사절 안에서 소유 관계로 쓰일 때 사용하는 관계대명사를 말합니다.
소유격 관계대명사 **뒤에는 관사 없는 명사**가 옵니다.

명사(선행사) + [소유격 관계대명사(whose) + 주어(관사 없는 명사) + 동사 ~]

We met **a client** [**whose company** imports coffee beans].
　　　　선행사　소유격 관계대명사(= and the client's)
우리는 (그 고객의) 회사가 커피 원두를 수입하는 고객을 만났다.

We stayed in **a hotel** [**whose view** is beautiful]. 우리는 (그 호텔의) 전망이 아름다운 호텔에 묵었다.
　　　　　　선행사　소유격 관계대명사(= and the hotel's)

148 10시간 컷 토익 기초영문법

PRACTICE 1   빈칸에 알맞은 단어를 골라보세요.

1. Ms. Cho is the manager [who / which] oversees the company's marketing division.

2. The bakery, [which / who] opened only three months ago, [has / have] already become popular in the neighborhood.

3. The consultant [whom / whose] we met at the trade fair gave us valuable advice.

4. The new software [whom / that] the IT team developed will be released next month.

5. We met a supplier [which / whose] office is located near the port.

6. The employee [who / whose] performance was most impressive received an award.

7. The restaurant [that / who] serves the best Italian food in town is always full.

8. We stayed at a hotel [whose / which] lobby was recently renovated.

9. The book [that / whose] you recommended [was / were] very helpful for my report.

10. Ms. Alvarez is preparing a charity concert, [that / which] will feature several well-known local bands.

VOCABULARY HELP

oversee ~을 감독하다 division 부서 bakery 빵집 already 이미, 벌써 popular 인기 있는 neighborhood 근처, 인근 consultant 상담가, 자문위원 trade fair 무역 박람회 valuable 귀중한 advice 조언 develop ~을 개발하다 release ~을 출시하다 supplier 공급업자 be located 위치하다 near ~ 근처에 port 항구 performance 성과 impressive 인상적인 receive ~을 받다 award 상 serve (음식) ~을 제공하다 in town 도심부에 있는 full 가득 찬 recently 최근에 renovate ~을 개조하다 recommend ~을 추천하다 helpful 도움이 되는 prepare ~을 준비하다 charity 자선 feature v. ~을 특별히 포함하다 several 몇몇의 well-known 잘 알려진, 유명한 local 지역의

■ 관계대명사절 한눈에 정리

	사람 선행사	사물 선행사	+ 구조	
주격	who	which	**주어** 빠진	**불완전한** 절
목적격	who(m)	which	**목적어** 빠진	
주격/목적격	that * 콤마 뒤나 전치사 뒤에 사용 불가		**주어 or 목적어** 빠진	
소유격	whose		**관사 없는 명사 주어**로 시작하는 **완전한** 절	

 소피아쌤의 문법 부스터

▶ 관계대명사 that과 명사절 접속사 that 혼동 주의!

선행사	접속사 종류	구조
명사 O	관계대명사(형용사절 접속사) that (~하는, ~한)	+ 불완전한 절
명사 X	명사절 접속사 that (~라는 것)	+ 완전한 절

The woman [**that** works at the front desk] is very kind. ☞ 주격 관계대명사 that
　선행사　　　　　　불완전
프론트 데스크에서 근무하는 그 여자는 매우 친절하다.

We know [**that** the product is safe]. ☞ 목적어 자리 명사절을 이끄는 접속사 that
　　　　　　　완전
우리는 그 제품이 안전하다는 것을 안다.

 ## 관계부사

관계부사는 「접속사 + 부사」의 역할을 하며, 앞에 있는 명사(선행사)를 수식하는 형용사절 접속사입니다.

We opened a new branch. 우리는 새 지점을 열었다.
+ Customers can receive faster service at that branch. 고객들은 그 지점에서 보다 빠른 서비스를 받을 수 있다.
→ We opened **a new branch where** customers can receive faster service.
　　　　　　　　선행사　　　　　　　　　　　완전

관계부사는 「전치사 + 관계대명사」로 바꾸어 쓸 수 있습니다.

We opened **a new branch at which** customers can receive faster service.
우리는 고객들이 더 빠른 서비스를 받을 수 있는 새 지점을 열었다.

선행사에 따른 관계부사 종류

선행사		관계부사	구조
방법	(the way)	how	
이유	the reason	why	+ **완전한** 절
시간	the time, …	when	
장소	the place, …	where	

 TIP
관계부사 how는 선행사와 함께 쓸 수 없습니다. 선행사나 how 둘 중 하나는 생략해야 해요.

PRACTICE 2 빈칸에 알맞은 단어를 골라보세요.

1. The manager approved the proposal [that / who] the team submitted last week.

2. The report shows [that / which] sales increased significantly in the second quarter.

3. The laptop computer [which / when] I bought last month is already having battery issues.

4. The marketing team [whom / that] is deciding next year's campaign strategy has requested more data.

5. The company will celebrate the day [when / where] its founder established the business.

6. The manager explained the reason [how / why] the meeting had been canceled.

7. The CEO updated all staff on the merger with SG Group, [which / that] will take place next month.

8. The workshop during [that / which] participants learned presentation skills was very informative.

9. The new membership program offers special benefits to those [who / which] regularly shop online.

10. We visited the factory in [which / that] most of the company's products are manufactured.

VOCABULARY HELP

approve ~을 승인하다 proposal 제안서 submit ~을 제출하다 sales 매출 increase 증가하다 significantly 상당히 the second quarter 2분기 issue 문제 decide ~을 결정하다 strategy 전략 request ~을 요청하다 celebrate ~을 기념하다, 축하하다 founder 설립자 establish ~을 설립하다 explain ~을 설명하다 reason 이유 update A on B: A에게 B에 대한 최신 소식을 알리다 merger 합병 take place 발생하다 participant 참가자 informative 유익한 benefit 혜택 those who ~하는 사람들 regularly 정기적으로 factory 공장 most of ~의 대부분 product 제품 manufacture ~을 제조하다

실전 TEST

Part 5

1. Artists who ------- to display work at next month's exhibition should contact Mr. Jenkins.
   (A) wish
   (B) wishes
   (C) to wish
   (D) wishing

2. A free gift is provided to customers ------- purchase any item over $100.
   (A) whom
   (B) who
   (C) whose
   (D) which

3. The intern ------- job is to assist the HR team started last Monday.
   (A) who
   (B) which
   (C) whose
   (D) when

4. Mr. Kenneth has signed the contract with JM Logistics Co., ------- support is crucial for his business.
   (A) which
   (B) whose
   (C) that
   (D) what

5. The city council decided to open a new subway line that ------- the international airport terminal with downtown areas.
   (A) connection
   (B) connecting
   (C) connects
   (D) connect

6. The annual conference, ------- is held in Singapore, attracts hundreds of business leaders each year.
   (A) that
   (B) when
   (C) which
   (D) where

7. A library card will be issued to any resident who ------- one in person.
   (A) request
   (B) requests
   (C) to request
   (D) requesting

8. Any hotel guests ------- need to conduct meetings can use our conference room.
   (A) who
   (B) whose
   (C) which
   (D) them

9. The conference room ------- the shareholders' meeting will be held is located on the fifth floor.
   (A) where
   (B) which
   (C) whom
   (D) who

10. Ace Optics, Inc. launched a new digital camera ------- is affordable for most consumers.
    (A) that
    (B) who
    (C) them
    (D) where

Part 6

Questions 11-14 refer to the following e-mail.

Dear Ms. Wells,

I am writing regarding the complaint you sent to us last Tuesday. After receiving your e-mail, I **11** ------- the technician in charge of repairing your air conditioner. After talking with him about the poor repair work, I reported the issue to the operations manager, **12** ------- asked for a full report from the technician. The report confirmed that the work was not done properly, as you mentioned. Therefore, we can either refund the money you paid or send another technician to repair the unit. **13** -------. I would like to know your decision by the end of this month. I apologize for the problems you **14** -------.

11 (A) will contact
    (B) contacted

12 (A) who
    (B) which

13 (A) Please confirm which option you would prefer.
    (B) I believe that this will be an excellent choice.

14 (A) to experience
    (B) have experienced

오늘의 필수 구문 분석

강의 바로 보기

❶ 구문 분석을 해 보세요. (주어-동사 찾기 / 끊어 읽기)
❷ 문장의 해석을 써 보세요.
❸ 강의를 들으며 맞게 했는지 확인해 보세요.

1 The bakery, which opened only three months ago, has already become popular in the neighborhood.

   해석 _____

2 The consultant whom we met at the trade fair gave us valuable advice.

   해석 _____

3 The employee whose performance was most impressive received an award.

   해석 _____

4 The marketing team that is deciding next year's campaign strategy has requested more data.

   해석 _____

5 The CEO updated all staff on the merger with SG Group, which will take place next month.

   해석 _____

6 The workshop during which participants learned presentation skills was very informative.

   해석 _____

7 We visited the factory in which most of the company's products are manufactured.

   해석 _____

8 The city council decided to open a new subway line that connects the international airport terminal with downtown areas.

   해석 _____

오늘의 필수 어휘 Quiz

❶ 오늘 학습한 유닛에서 반드시 암기해야 하는 어휘/표현입니다. 빈칸에 뜻을 적어 보세요.
❷ 채점 후 틀린 단어들은 따로 표시해 두고 반드시 암기하세요.

1	oversee	
2	division	
3	neighborhood	
4	valuable	
5	benefit	
6	release	
7	supplier	
8	performance	
9	impressive	
10	award	
11	renovate	
12	charity	
13	feature	
14	significantly	
15	founder	
16	update A on B	
17	merger	
18	establish	
19	informative	
20	manufacture	

REVIEW TEST 4 Unit 12-15

1. Harley Department Store's annual winter sale begins ------- December 1.
   (A) in
   (B) on
   (C) at
   (D) to

2. The library will be expanded ------- more visitors can enjoy a comfortable reading space.
   (A) ahead of
   (B) here
   (C) so that
   (D) than

3. The drivers cannot make deliveries ------- the guard opens the front gate.
   (A) unless
   (B) or
   (C) as if
   (D) not only

4. Mr. Han was named Employee of the Year, ------- being new to the company.
   (A) despite
   (B) unless
   (C) prior to
   (D) whether

5. To recognize those ------- achieved excellent sales performance, the company will be holding a dinner party.
   (A) what
   (B) which
   (C) who
   (D) whom

6. Please let me know ------- you are available for the interview next week.
   (A) almost
   (B) either
   (C) then
   (D) whether

7. The marketing team considers ------- customer needs and brand image when planning a new campaign.
   (A) both
   (B) either
   (C) with
   (D) before

8. ------- the past six months, Meadow Groceries has expanded its services to three new cities.
   (A) To
   (B) From
   (C) Among
   (D) Over

9. The Aquaworld Swimming Center will be open from 9:00 A.M. ------- 10:00 P.M. in summer.
   (A) since
   (B) until
   (C) during
   (D) except

10. Ms. Rolland requested a refund ------- the coffeemaker she received was damaged.
    (A) despite
    (B) whereas
    (C) before
    (D) because

11. The baseball stadium ------- Milford City installed new LED lighting throughout the field.
    (A) for
    (B) in
    (C) as
    (D) to

12. Please avoid using mobile phones ------- the museum tour is underway.
    (A) and
    (B) again
    (C) except
    (D) while

13. A confirmation e-mail will be sent ------- your online booking has been successfully processed.
    (A) once
    (B) while
    (C) although
    (D) whether

14. Parking lot A will be closed during the weekend, ------- please use parking lot B instead.
    (A) which
    (B) why
    (C) so
    (D) if

15. The concert was sold out, ------- some tickets became available because of last-minute cancellations.
    (A) but
    (B) if
    (C) nor
    (D) also

16. ------- the renovation was completed, the hotel became more popular among business travelers.
    (A) That
    (B) After
    (C) How
    (D) Every

17. ------- a power outage, the Intranet system is temporarily unavailable.
    (A) Due to
    (B) As long as
    (C) Even though
    (D) Because

18. The branch ------- reaches the monthly sales target first will receive a reward from the CEO.
    (A) who
    (B) it
    (C) that
    (D) whose

19. Hotel guests must check out ------- 11 A.M. if they wish to avoid paying an additional charge.
    (A) by
    (B) up
    (C) since
    (D) under

20. The store's return policy is displayed on the information board ------- the entrance of the supermarket.
    (A) of
    (B) for
    (C) on
    (D) at

10시간 컷 토익 기초영문법

FINAL TEST

강의 바로 보기

20 min 실제 토익 시험과 같은 난이도와 형식으로 구성된 Part 5, 6 실전 모의고사입니다. 제한 시간을 20분으로 설정하고, 실제 시험을 치른다는 마음으로 풀어보세요.

시작 시간 _____시 _____분   **종료 시간** _____시 _____분

PART 5

Directions: A word or phrase is missing in each of the sentences below. Four answer choices are given below each sentence. Select the best answer to complete the sentence. Then mark the letter (A), (B), (C), or (D) on your answer sheet.

101. The title on the event flyer is wrong, but we can quickly ------- it.
    (A) to correct
    (B) correct
    (C) correction
    (D) correcting

102. Please proofread the final version of the newsletter ------- before it is sent to all subscribers.
    (A) care
    (B) careful
    (C) caring
    (D) carefully

103. The private meeting rooms at Plaza Suites are reserved for ------- who are holding interviews.
    (A) this
    (B) those
    (C) them
    (D) which

104. Northstar Insurance promises to respond to all claims in a ------- manner.
    (A) relative
    (B) frequent
    (C) timely
    (D) prevalent

105. According to Tailwind Outerwear's return policy, defective items ------- within 14 days of delivery.
    (A) processes
    (B) processor
    (C) to be processed
    (D) must be processed

106. Atherton Publishing staff are ------- for the overseas training program after six months of employment.
    (A) eligible
    (B) comfortable
    (C) advisable
    (D) possible

107. All ------- at TravelNow receive complimentary access to our online travel guides.
    (A) subscription
    (B) subscriber
    (C) subscribers
    (D) subscribe

108. Due to an error with the address, your order will now be ------- on March 2.
    (A) deliver
    (B) delivered
    (C) delivery
    (D) delivers

109. Dr. Singh is coordinating the lecture series, ------- will be streamed live next Tuesday.
    (A) which
    (B) what
    (C) such
    (D) some

110. The finance department requires all reports to be submitted ------- the end of the month.
(A) by
(B) along
(C) beside
(D) over

111. Before building a new mall, urban planners must evaluate the ------- impact on surrounding businesses.
(A) cautious
(B) affordable
(C) careful
(D) potential

112. Electronic confirmation of the hotel booking will be sent by e-mail ------- the payment has been received.
(A) once
(B) so that
(C) additionally
(D) for instance

113. Guests may request a full ------- for cancellations made at least 24 hours prior to check-in.
(A) refundable
(B) refunded
(C) refunds
(D) refund

114. Mr. Liang almost missed the opening session of the Education Summit ------- his rental car broke down.
(A) outside
(B) only
(C) because
(D) around

115. Workshop timetables for the ------- month are posted on the company Intranet.
(A) available
(B) urgent
(C) upcoming
(D) probable

116. Each ------- in the training session received a certificate of completion at the end of the day.
(A) participant
(B) participation
(C) participate
(D) participatory

117. Mr. Dawson will be responsible for ------- the company's digital advertising campaigns.
(A) will monitor
(B) monitors
(C) to monitor
(D) monitoring

118. Shipments from the warehouse are ------- delayed due to a shortage of cargo trucks.
(A) occasion
(B) occasionally
(C) occasional
(D) occasions

119. This morning's training session with the sales representatives at the Braintree branch will be ------- for Tuesday afternoon.
(A) planned
(B) maintained
(C) allowed
(D) rescheduled

120. Once the internship application has been -------, the hiring manager will confirm receipt.
(A) submits
(B) submitted
(C) submitting
(D) submit

121. During a meeting about the latest housing forecast, analysts debated whether prices were ------- to fall.
(A) likeness
(B) likely
(C) likes
(D) likened

GO ON TO THE NEXT PAGE

122. It may take ------- days for the sterilizer in the research laboratory to be properly repaired.
    (A) practical
    (B) several
    (C) certain
    (D) spent

123. Zantara Consulting is ------- of offering strategic advice to business owners operating within various industries.
    (A) capably
    (B) capability
    (C) capable
    (D) capableness

124. The marketing team plans to expand its online campaign ------- the next six months.
    (A) off
    (B) up
    (C) toward
    (D) over

125. Mr. Alvarez will ------- lead the hiring panel until a permanent chairperson is chosen.
    (A) invariably
    (B) slightly
    (C) extensively
    (D) temporarily

126. Please follow these ------- to adjust the settings on your new SmartHome thermostat.
    (A) steps
    (B) hours
    (C) questions
    (D) crowds

127. Many of the suggestions on our customer comment cards were -------.
    (A) helpful
    (B) probable
    (C) numerous
    (D) grateful

128. The air conditioning unit engineers ------- all the components that were found to be defective.
    (A) replaced
    (B) avoided
    (C) questioned
    (D) promoted

129. Globe Hopper's travel guides contain detailed ------- of accommodation options for all types of travelers.
    (A) destinations
    (B) tickets
    (C) schedules
    (D) descriptions

130. Due to the popularity of the restaurant, the owner of Dandilly Bistro recommends making ------- at least ten days in advance.
    (A) reservations
    (B) observations
    (C) exceptions
    (D) suggestions

PART 6

Directions: Read the texts that follow. A word, phrase, or sentence is missing in parts of each text. Four answer choices for each question are given below the text. Select the best answer to complete the text. Then mark the letter (A), (B), (C), or (D) on your answer sheet.

Questions 131-134 refer to the following information.

Thank you for choosing CleanWave, the most effective and eco-friendly way to purify your drinking water. Our portable water purifier ------- with advanced AquaClear technology, a filtration system that removes 99.9% of bacteria from any fresh water source.
131.

Before using your CleanWave purifier for the first time, rinse the filter under cold, running water to remove any dirt. -------. This will ensure optimal filter performance from the start. For ongoing
132.
use, make sure to clean the filter monthly. Always store the device with the cap off to allow for good -------, as the air flow keeps the filter in good condition between uses.
133.

------- you use CleanWave, hold the purifier vertically in the water source, and take care to avoid
134.
getting non-purified water around the spout to ensure your drinking water remains pure.

131. (A) designs
(B) is designing
(C) designed
(D) is designed

132. (A) Most problems can be solved using our troubleshooting guide.
(B) Afterwards, let it air-dry instead of using a dishcloth.
(C) CleanWave is suitable for holding hot or cold beverages.
(D) If you are not satisfied with the product, we offer a full refund.

133. (A) collaboration
(E) attraction
(C) ventilation
(D) position

134. (A) Since
(B) When
(C) Unless
(D) Although

GO ON TO THE NEXT PAGE

Questions 135-138 refer to the following advertisement.

PureFlow Plumbing Solutions
15 Willow Avenue
Brighton, VIC 3186
Australia

PureFlow Plumbing Solutions is here to provide you with expert plumbing services you can rely on. From quick fixes to major installations, we have a team of twelve licensed plumbers, ------- **135.** with over a decade of experience in the industry. We specialize in everything from pipe repairs to water heater installations and bathroom renovations. -------, **136.** we offer preventative maintenance plans to keep your plumbing in top condition.

-------. **137.** For eco-conscious customers, we also install water-saving systems, helping you reduce water usage. Our network of suppliers provides high-quality parts and fixtures, giving you a range of choices to ------- **138.** your needs and budget. To learn more about us, visit us at www.pureflowplumbing.au.

135. (A) every
(B) any
(C) other
(D) each

136. (A) Nevertheless
(B) Additionally
(C) Because
(D) Instead

137. (A) We offer a wide range of payment options to our customers.
(B) We are pleased to announce the opening of a new business location.
(C) We are currently seeking qualified plumbers to join our team.
(D) We are also proud of our commitment to the environment.

138. (A) review
(B) suit
(C) alter
(D) determine

Questions 139-142 refer to the following e-mail.

To: Mark Sullivan <mark_sullivan@metroconnect.com>

From: City Parking Services <parking@cityservices.org>

Date: November 3

Subject: Permit Renewal Reminder

Dear Mr. Sullivan,

This is a reminder that the monthly parking permit for Lot 7, assigned to the vehicle with license plate 8XZP934, is set to expire on November 30. As automatic renewal was not selected when ------- initially registered, please be sure to renew by November 29 to avoid any interruption in parking access. -------.
139.   **140.**

If the permit is not renewed, the vehicle will no longer be authorized to park in Lot 7 beginning December 1. Daily parking fees ------- for any vehicles without a valid permit.
141.

Thank you for your attention to this -------, and please let us know if you have any questions.
142.

Sincerely,

City Parking Services

---

139. (A) it
(B) yourself
(C) they
(D) you

140. (A) Thank you for registering for our service for another month.
(B) The parking lot will reopen to customers one week from today.
(C) Payment can be made on our Web site by credit card.
(D) Your permit allows you to access the following locations.

141. (A) applying
(B) will apply
(C) had applied
(D) to apply

142. (A) matter
(B) location
(C) promotion
(D) change

Questions 143-146 refer to the following Web page.

https://www.ReadingRoom.com

Reading Room is a Web site dedicated to helping people discover, share, and review books across every genre. What started as a small book club forum has grown into a online community with over 500,000 registered readers and thousands of book recommendations. Our ------- **143.** offers detailed listings for fiction, non-fiction, poetry, and more. We update our collection daily to ensure a wide selection for readers with diverse ------- in various topics.
144.

Our user-friendly search system lets you filter books by genre, author, or popularity, and our community reviews make it easier to find books you'll love. ------- you're a reader looking to dive **145.** into new genres, Reading Room has something for you. Joining Reading Room is completely free. -------.
146.

143. (A) branch
(B) partnership
(C) product
(D) platform

144. (A) interests
(B) interested
(C) interesting
(D) to interest

145. (A) Even
(B) Besides
(C) Although
(D) If

146. (A) Books returned after the due date are subject to a late fee.
(B) Sign up today to connect with fellow readers in the community.
(C) You may contribute your writing sample through our online forum.
(D) We welcome donations of all books that are in good condition.

NO TEST MATERIAL ON THIS PAGE

불규칙 동사 3단 변화

■ A-B-B형 (과거 = 과거분사)

동사원형	과거	과거분사(Past Participle)	의미
bring	brought	brought	가져오다
buy	bought	bought	사다
catch	caught	caught	잡다
feel	felt	felt	느끼다
fight	fought	fought	싸우다
find	found	found	찾다
get	got	got/gotten(美)	얻다
keep	kept	kept	유지하다
lay	laid	laid	놓다(타동사)
lead	led	led	이끌다
leave	left	left	떠나다, 남기다
lend	lent	lent	빌려주다
light	lit/lighted	lit/lighted	불을 켜다
lose	lost	lost	잃다
make	made	made	만들다
mean	meant	meant	의미하다
meet	met	met	만나다
pay	paid	paid	지불하다
say	said	said	말하다
sell	sold	sold	팔다
sit	sat	sat	앉다
sleep	slept	slept	자다
spend	spent	spent	소비하다
stand	stood	stood	서다
teach	taught	taught	가르치다
tell	told	told	말하다
think	thought	thought	생각하다
understand	understood	understood	이해하다
win	won	won	이기다

■ A-B-C형 (동사원형, 과거, 과거분사 모두 다른 형태)

동사원형	과거	과거분사(Past Participle)	의미
be	was/were	been	~이다, 있다
begin	began	begun	시작하다
blow	blew	blown	불다
break	broke	broken	부수다
choose	chose	chosen	선택하다
do	did	done	하다
draw	drew	drawn	그리다
drink	drank	drunk	마시다
drive	drove	driven	운전하다
eat	ate	eaten	먹다
fall	fell	fallen	떨어지다
fly	flew	flown	날다
forget	forgot	forgotten	잊다
forgive	forgave	forgiven	용서하다
freeze	froze	frozen	얼다
give	gave	given	주다
go	went	gone	가다
grow	grew	grown	자라다
hide	hid	hidden	감추다
know	knew	known	알다
lie	lay	lain	놓이다, 눕다(자동사)
ride	rode	ridden	타다
ring	rang	rung	울리다
rise	rose	risen	떠오르다
see	saw	seen	보다
shake	shook	shaken	흔들다
show	showed	shown	보여주다
sing	sang	sung	노래하다
speak	spoke	spoken	말하다
steal	stole	stolen	훔치다
take	took	taken	가져가다
throw	threw	thrown	던지다
wear	wore	worn	입다
write	wrote	written	쓰다

■ A-B-A형 (동사원형 = 과거분사)

동사원형	과거	과거분사(Past Participle)	의미
become	became	become	되다
come	came	come	오다
overcome	overcame	overcome	극복하다
run	ran	run	달리다

■ A-A-A형 (동사원형 = 과거 = 과거분사)

동사원형	과거	과거분사(Past Participle)	의미
broadcast	broadcast	broadcast	방송하다
burst	burst	burst	터지다
cast	cast	cast	던지다, 배역을 정하다
cost	cost	cost	비용이 들다
cut	cut	cut	자르다
hit	hit	hit	치다
hurt	hurt	hurt	다치게 하다
let	let	let	허락하다
put	put	put	놓다, 두다
quit	quit	quit	그만두다
read	read	read	읽다
set	set	set	놓다, 설정하다
shut	shut	shut	닫다
split	split	split	쪼개다
spread	spread	spread	퍼뜨리다

명사와 동사로 모두 쓰이는 단어

단어	명사 의미	동사 의미
access	접근	접근하다
address	주소	연설하다, 다루다
answer	대답	대답하다
approach	접근법	접근하다
attempt	시도	시도하다
balance	균형, 잔고	균형을 잡다
benefit	혜택	혜택을 주다
book	책	예약하다
call	전화	전화하다, 부르다
change	변화, 잔돈	바꾸다
charge	요금	청구하다
claim	주장, 청구	주장하다, 청구하다
comment	댓글, 논평	논평하다
concern	걱정, 관심	걱정시키다, 관여하다
contact	연락처	연락하다
copy	사본	복사하다
cost	비용	비용이 들다
decrease	감소	감소하다
demand	수요	요구하다
design	설계, 디자인	설계하다, 디자인하다
display	전시	전시하다
effect	효과	(결과를) 가져오다
e-mail	이메일	이메일을 보내다
end	끝	끝내다
estimate	견적서, 추정치	추정하다
experience	경험	경험하다
export	수출	수출하다
face	얼굴	직면하다

단어	명사 의미	동사 의미
fall	가을, 하락	떨어지다
feature	특징	특징을 이루다
file	파일	(서류/문서 등)을 철하다/보관하다
finish	끝	끝내다
focus	초점, 주목	집중하다
function	기능	기능하다
guide	안내 가이드	안내하다
head	머리, (부서)장	향하다
impact	영향	영향을 주다
import	수입	수입하다
increase	증가	증가하다
influence	영향	영향을 주다
interest	관심, 이자	관심을 끌다
interview	면접, 인터뷰	면접을 보다, 인터뷰하다
judge	판사, 심사위원	판단하다
lack	부족	부족하다
list	목록	목록을 작성하다
mail	우편물	우편을 보내다
mark	표시	표시하다, 기념하다
name	이름	명명하다
need	필요	필요로 하다
offer	제안	제안하다
order	주문	주문하다, 명령하다
park	공원	주차하다
permit	허가증	허락하다
plan	계획	계획하다
practice	연습, 관행	연습하다
present	선물	제시하다, 발표하다
price	가격	값을 매기다
process	과정, 처리	처리하다

단어	명사 의미	동사 의미
produce	농산물	생산하다
promise	약속	약속하다
record	기록	기록하다
research	연구, 조사	연구하다, 조사하다
report	보고서	보고하다, 보도하다
request	요청	요청하다
result	결과	(~의 결과로) 발생하다
review	검토	검토하다
rise	상승	오르다
schedule	일정	일정을 잡다
service	서비스	정비하다, 점검하다
ship	배, 선박	배송하다
show	쇼, 공연물	보여주다
sign	표지판, 간판	서명하다
study	연구	연구하다, 공부하다
support	지원, 지지	지원하다, 지지하다
text	문자 메시지	문자를 보내다
water	물	물을 주다

10시간 컷!
토익 기초 영문법

온라인 강의

입문 초밀착 코칭
소피아

토익 전용 기초영문법으로
**토익 노베이스도
10시간 안에
필수 영문법 완벽 정복!**

Part 5&6 문제풀이 및
실전전략 습득은 물론
**구문 분석 및 필수 어휘로
Part 7과 어휘까지 한 번에!**

토익 기초 레벨 학습자
입문 전문 소피아 선생님의
**초밀착 코칭으로
쉽고 빠르게 기초영문법 학습!**

* 시원스쿨랩(lab.siwonschool.com)에서 유료 강의를 수강하실 수 있습니다.

시작만 해도 **50%** 반값환급!
기초부터 **실전**까지!

시작이 반

최대 **500%** 토익 환급반 **NEW**

속전속결
토익 졸업
하승연

토익 입문
초밀착 코칭
소피아

토익
실전 길잡이
길토익

*환급조건: 성적표제출 및 후기작성,
제세공과금/결제수수료/교재비 제외,
유의사항 참고

50% 환급	**100%** + 응시료	**200%** + 응시료	**300%** + 응시료
출석X, 성적X 50% 환급	출석 100일 or 목표점수 달성	출석 100일 + 목표점수 달성	출석 100일+ 목표점수+100점

400%
+응시료
2배

출석 100일+
목표점수+100점+
2주 열공챌린지

500%
+응시료
2배

스피킹 응시료 추가 환급

출석 100일+토익+
스피킹 목표점수+
2주 열공챌린지

* 지금 시원스쿨LAB 사이트(lab.siwonschool.com)에서 유료로 수강하실 수 있습니다
*환급조건: 성적표제출 및 후기작성, 교재비/결제수수료/제세공과금 제외, 자세한 사항은 사이트 유의사항 참고

히트브랜드 토익·토스·오픽 인강 1위
시원스쿨LAB 교재 라인업
*2020-2024 5년 연속 히트브랜드대상 1위 토익·토스·오픽 인강

시원스쿨 토익 교재 시리즈

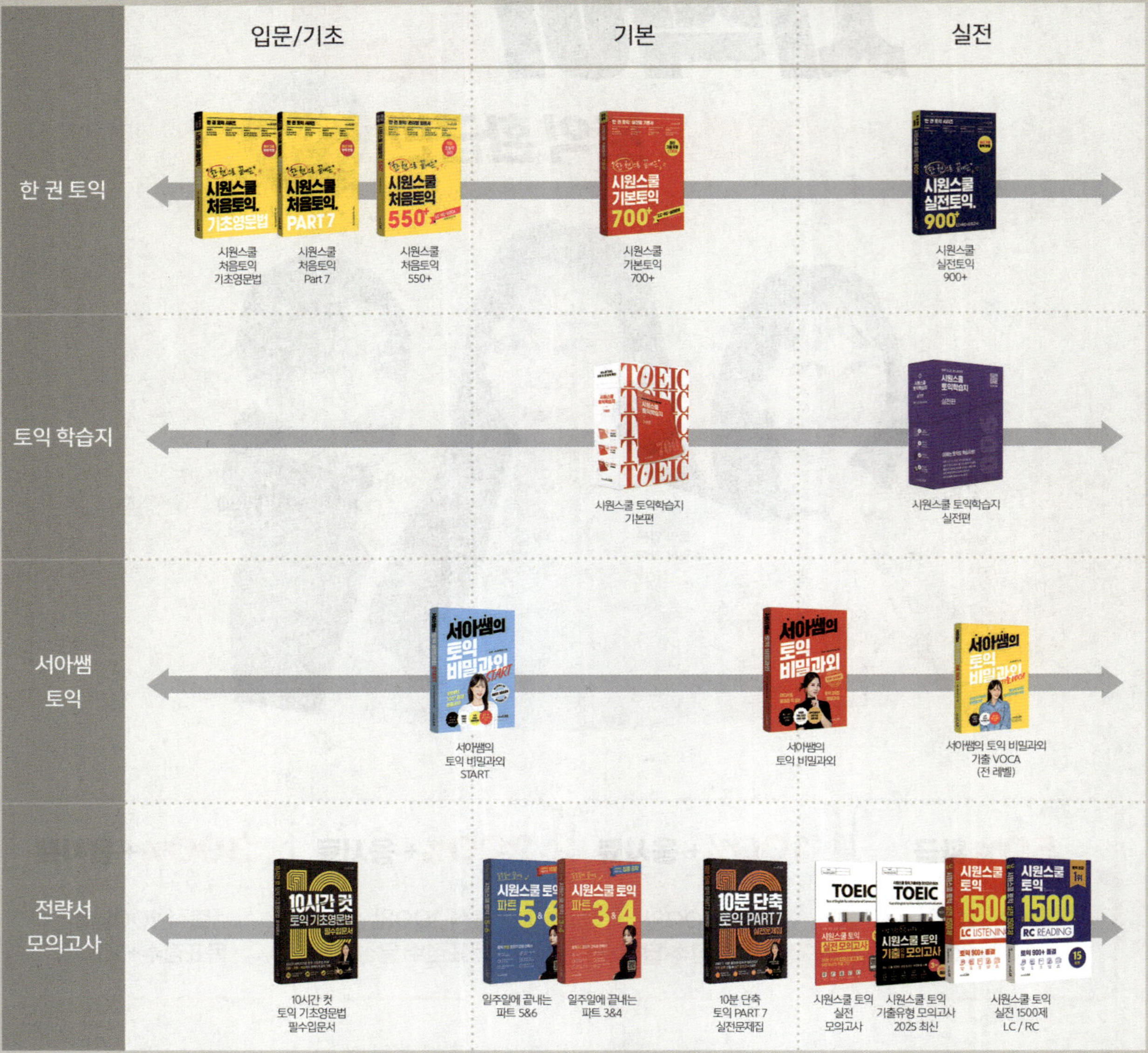

	입문/기초	기본	실전
한 권 토익	시원스쿨 처음토익 기초영문법 / 시원스쿨 처음토익 Part 7 / 시원스쿨 처음토익 550+	시원스쿨 기본토익 700+	시원스쿨 실전토익 900+
토익 학습지		시원스쿨 토익학습지 기본편	시원스쿨 토익학습지 실전편
서아쌤 토익	서아쌤의 토익 비밀과외 START	서아쌤의 토익 비밀과외	서아쌤의 토익 비밀과외 기출 VOCA (전 레벨)
전략서 모의고사	10시간 컷 토익 기초영문법 필수입문서	일주일에 끝내는 파트 5&6 / 일주일에 끝내는 파트 3&4 / 10분 단축 토익 PART 7 실전문제집	시원스쿨 토익 실전 모의고사 / 시원스쿨 토익 기출유형 모의고사 2025 최신 / 시원스쿨 토익 실전 1500제 LC / RC

시원스쿨 토익스피킹·오픽 교재 시리즈

      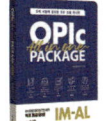

10가지 문법으로 시작하는 토익스피킹 기초영문법 / 28시간에 끝내는 토익스피킹 START / 5일 만에 끝내는 토익스피킹 / 15개 템플릿으로 끝내는 토익스피킹 / 멀캠X시원스쿨 오픽 진짜학습지 IM 실전 / 멀캠X시원스쿨 오픽 진짜학습지 IH 실전 / 멀캠X시원스쿨 오픽 진짜학습지 AL 실전 / OPIc All in one PACKAGE IM-AL

10시간 컷 토익 기초영문법
필수입문서

정답 및 해설

시원스쿨 LAB

10시간 컷 토익 기초영문법 필수입문서

정답 및 해설

정답 및 해설

토익 기초특강 01 영어의 품사

QUICK QUIZ

1. (A) attend — 동사
   (B) attendant — 명사
   (C) attendee — 명사
   (D) attentive — 형용사
2. (A) product — 명사
   (B) produce — 동사
   (C) productive — 형용사
   (D) production — 명사
3. (A) decide — 동사
   (B) decidedly — 부사
   (C) decisive — 형용사
   (D) decision — 명사
4. (A) difference — 명사
   (B) differently — 부사
   (C) different — 형용사
   (D) differentiate — 동사
5. (A) innovate — 동사
   (B) innovation — 명사
   (C) innovative — 형용사
   (D) innovator — 명사
6. (A) employ — 동사
   (B) employment — 명사
   (C) employee — 명사
   (D) employer — 명사
7. (A) application — 명사
   (B) apply — 동사
   (C) applicant — 명사
   (D) applies — 동사
8. (A) attract — 동사
   (B) attraction — 명사
   (C) attractive — 형용사
   (D) attractively — 부사
9. (A) access — 동사, 명사
   (B) accessible — 형용사
   (C) accessibility — 명사
   (D) inaccessible — 형용사
10. (A) sharply — 부사
    (B) sharp — 형용사
    (C) sharpen — 동사
    (D) sharpness — 명사
11. (A) office — 명사
    (B) officer — 명사
    (C) official — 형용사
    (D) officially — 부사
12. (A) agree — 동사
    (B) agreeable — 형용사
    (C) agreement — 명사
    (D) agrees — 동사

토익 기초특강 02 문장성분과 수식어

QUICK QUIZ

1. The information (on the Web site) was useful.
   S — V

   해석 웹사이트에 있는 정보는 유용했다.

2. The factory will be (fully) operational (next week).
   S — V

   해석 그 공장은 다음 주에 완전히 가동될 예정이다.

3. He had a plan (to go abroad).
   S V

   해석 그는 해외로 나갈 계획이 있었다.

4. The woman (singing on the stage) is my sister.
   S — V

   해석 무대에서 노래하고 있는 여자는 내 여동생이다.

5. I enjoy making a presentation (in front of people).
   S V

   해석 나는 사람들 앞에서 발표하는 것을 즐긴다.

6. The meeting (scheduled for Tuesday) was postponed (until next week).
   S — V

   해석 화요일로 예정되어 있던 회의가 다음 주로 연기되었다.

7. (Unfortunately), we didn't get the contract (yesterday).
   S — V

   해석 안타깝게도, 우리는 어제 계약을 따내지 못했다.

8. (When I arrive home), I will call you.
   S — V

   해석 내가 집에 도착하면 너에게 전화할게.

9. Ms. Morris missed the flight (for Melbourne) (because of the heavy traffic).
   S — V

   해석 모리스 씨는 교통 체증 때문에 멜버른행 비행기를 놓쳤다.

10. People (who have not registered) cannot enter the laboratory.
    S — V

    해석 등록하지 않은 사람들은 실험실에 들어갈 수 없다.

11. The chairs (that I bought last week) were (very) comfortable.
    S — V

    해석 내가 지난주에 산 의자들은 매우 편안했다.

12. The book (which I borrowed from the library) was interesting.
    S — V

    해석 내가 도서관에서 빌린 책은 흥미로웠다.

UNIT 01 명사

PRACTICE 1

1.
정답 position
해석 로스 씨는 그 직책에 대한 자격이 있다.
해설 정관사 the의 수식을 받으면서 전치사 for 뒤에서 목적어 역할을 할 명사가 필요하므로 position이 정답이다.
어휘 be qualified for ~에 대한 자격이 있다, ~에 적격이다 position n.직책, 일자리 v. ~을 위치시키다

2.
정답 agreement
해석 이사회 위원들이 어제 합의에 도달했다.
해설 부정관사 an의 수식을 받으면서 타동사 reached 뒤에서 목적어 역할을 할 명사가 쓰여야 알맞으므로 agreement이 정답이다.
어휘 board 이사회 reach ~에 도달하다, ~에 이르다 agree 동의하다 agreement 합의(서), 동의(서)

3.
정답 protective
해석 작업자들은 근무하는 동안 보호용 장비를 착용해야 합니다.
해설 to부정사로 쓰인 타동사 wear와 명사 목적어 gear 사이에 명사를 수식할 형용사가 필요하므로 protective가 정답이다.
어휘 be required to do ~해야 하다, ~할 필요가 있다 protect ~을 보호하다 protective 보호의 gear 장비, 복장 while ~하는 동안 on duty 근무 중인

4.
정답 employee
해석 소피아 씨는 신뢰할 만한 직원입니다.
해설 be동사 is 뒤에 주어 Sophia를 설명하는 보어의 역할을 할 사람명사가 쓰여야 알맞으므로 employee가 정답이다.
어휘 reliable 신뢰할 만한, 믿을 수 있는 employee 직원 employment 고용, 취업

5.
정답 competition
해석 대부분의 직원들이 그 경연대회에 관심이 있습니다.
해설 정관사 the의 수식을 받으면서 전치사 in 뒤에서 목적어 역할을 할 명사가 필요하므로 competition이 정답이다.
어휘 employee 직원 be interested in ~에 관심이 있다 compete 경쟁하다 competition 경연대회, 경기대회, 경쟁

6.
정답 application
해석 지원자들께서는 반드시 본인의 지원서를 인사부 사무실로 가져 오셔야 합니다.
해설 소유격대명사 his or her의 수식을 받으면서 타동사 bring 뒤에서 목적어 역할을 할 명사가 쓰여야 알맞으므로 application이 정답이다.
어휘 applicant 지원자, 신청자 apply 지원하다, 신청하다 application 지원(서), 신청(서) HR 인사(부), 인적 자원

7.
정답 employees
해석 신입 직원들이 2주 동안 교육을 받을 것입니다.
해설 형용사 New의 수식을 받으면서 조동사 will 앞에서 주어 역할을 할 명사가 필요하므로 employees가 정답이다.
어휘 employ ~을 고용하다 employee 직원 receive ~을 받다 training 교육, 훈련

8.
정답 offices
해석 이 위치가 사무실용으로 이상적입니다.
해설 전치사 for 뒤에서 목적어 역할을 할 명사가 필요하므로 offices가 정답이다.
어휘 location 위치, 지점, 장소 ideal 이상적인 officially 공식적으로, 정식으로

9.
정답 department
해석 우리 부서는 시설 내의 실험실 장비를 관리감독하는 일을 책임지고 있습니다.
해설 소유격대명사 Our의 수식을 받으면서 동사 is 앞에서 주어 역할을 할 명사가 쓰여야 알맞으므로 department가 정답이다.
어휘 depart 출발하다, 떠나다 department 부서, ~부 in charge of ~을 책임지고 있는 monitor v. ~을 관찰하다, ~을 감독하다 lab 실험실 equipment 장비 facility 시설(물)

10.
정답 construction
해석 리버사이드 로드는 공사 중입니다.
해설 전치사 under 뒤에서 목적어 역할을 할 명사가 필요하므로

construction이 정답이다.

어휘 under (진행, 영향 등) ~ 중인, ~ 하에 있는

PRACTICE 2

1.
정답 openings
해석 그 회사에는 여러 공석이 있다.
해설 형용사 several은 복수명사를 수식해야 한다. 따라서, 단수명사 job과 복합명사를 구성할 복수명사가 필요하므로 openings가 정답이다.
어휘 several 여럿의, 몇몇의　job opening 공석, 빈 자리

2.
정답 discount
해석 그 고객들은 10퍼센트 할인을 받을 것입니다.
해설 부정관사 a가 쓰여 있어 a의 수식을 받을 단수명사가 필요하므로 discount가 정답이다.

3.
정답 Reports
해석 보고서들이 반드시 내일까지 제출되어야 합니다.
해설 조동사 must 앞에서 주어 역할을 할 명사가 필요한데, '보고서'를 뜻하는 셀 수 있는 명사 report는 부정관사 a를 앞에 붙이거나 복수형으로 쓰여야 하므로 복수형인 Reports가 정답이다.
어휘 submit ~을 제출하다　by (기한) ~까지

4.
정답 access
해석 신입 직원들은 주요 시설에 접근할 수 있습니다.
해설 '접근 (권한), 이용 (권한)'을 의미하는 명사 access는 셀 수 없는 명사로서 단수형으로 사용하므로 access가 정답이다. 참고로, have access to는 '~에 접근할 수 있다, ~을 이용할 수 있다'를 의미한다.
어휘 access 접근 (권한), 이용 (권한)　facility 시설(물)

5.
정답 assistance
해석 그들은 도움을 구하고 있습니다.
해설 부정관사 a가 쓰여 있지 않아 셀 수 없는 명사 또는 복수명사가 동사 are seeking 뒤에서 목적어 역할을 해야 알맞으므로 셀 수 없는 명사인 assistance가 정답이다.
어휘 seek ~을 구하다, ~을 찾다　assistance 도움, 지원

assistant 보조 (직원), 조수

6.
정답 assembly
해석 그 공장은 조립 라인들을 업그레이드했다.
해설 소유격대명사 its와 복수명사 lines 사이에는 lines와 복합명사를 구성할 또 다른 명사가 쓰여야 알맞으므로 assembly가 정답이다.
어휘 assemble ~을 조립하다　assembly 조립 (작업)

7.
정답 sales
해석 부장님께서 2분기에 대한 매출액을 발표하셨다.
해설 정관사 the와 복수명사 figures 사이에는 figures와 복합명사를 구성할 또 다른 명사가 쓰여야 알맞으므로 sales가 정답이다.
어휘 announce ~을 발표하다, ~을 공지하다　sales figures 매출액　quarter 분기

8.
정답 permission
해석 직원들은 주차장 A에 각자의 자동차를 주차하도록 허용됩니다.
해설 부정관사 a가 쓰여 있지 않아 셀 수 없는 명사 또는 복수명사가 동사 have 뒤에서 목적어 역할을 해야 알맞으므로 셀 수 없는 명사인 permission이 정답이다. '허가증'을 뜻하는 permit은 셀 수 있는 명사이다.
어휘 permit n. 허가증　permission 허용, 허가　park v. ~을 주차하다　parking lot 주차장

9.
정답 application
해석 지원서를 작성해 주시기 바랍니다.
해설 정관사 the와 단수명사 form 사이에는 form과 복합명사를 구성할 또 다른 명사가 쓰여야 알맞으므로 application이 정답이다.
어휘 fill out ~을 작성하다　apply 지원하다, 신청하다　application 지원(서), 신청(서)　form 양식, 서식

10.
정답 shows
해석 판매 보고서에 수익 감소가 나타나 있습니다.
해설 주어인 복합명사 The sales report가 3인칭 단수이므로 수 일치되는 현재시제 동사의 형태인 shows가 정답이다.
어휘 sales 판매(량), 영업, 매출　decrease in ~의 감소, ~의 하락　profit 수익, 수입

실전 TEST

1. (D)	2. (B)	3. (A)	4. (A)	5. (B)
6. (D)	7. (C)	8. (B)	9. (D)	10. (B)
11. (A)	12. (B)	13. (B)	14. (B)	

1.
정답 (D)
해석 고객들께서 그 제품에 만족하지 못하시는 경우, 구입 후 7일 이내에 환불 받으실 수 있습니다.
해설 부정관사 a와 전치사 within 사이에 위치한 빈칸은 부정관사의 수식을 받으면서 타동사 receive 뒤에서 목적어 역할을 할 명사가 필요한 자리이므로 (D) refund가 정답이다. refund는 명사와 동사로 모두 쓰인다는 점에 주의해야 한다.
오답 (A) refunding: 동명사 또는 현재분사의 형태이므로 오답이다. 동명사는 관사의 수식을 받지 못한다.
(B) refunded: 동사의 과거형 또는 과거분사형이므로 오답이다.
(C) refundable: 형용사이므로 오답이다.
어휘 be satisfied with ~에 만족하다 receive ~을 받다 within (기간, 범위 등) ~ 이내에 purchase 구입(품) refund v. ~을 환불해 주다 n. 환불(액) refundable 환불 가능한

2.
정답 (B)
해석 JP 어패럴 사는 전 세계 각지의 아주 다양한 패션 제품을 보유하고 있다.
해설 부정관사 a 및 형용사 wide와 전치사 of 사이에 위치한 빈칸은 부정관사 및 형용사의 수식을 받을 명사가 쓰여야 알맞은 자리이므로 (B) selection이 정답이다. 참고로, a wide selection of는 '아주 다양한'을 뜻하는 숙어로 기억해 두는 것이 좋다.
오답 (A) select: 동사이므로 오답이다.
(C) selecting: 동명사 또는 현재분사의 형태이므로 오답이다. 동명사는 관사나 형용사의 수식을 받지 못한다.
(D) selective: 형용사이므로 오답이다.
어휘 select ~을 선택하다, ~을 선정하다 selection 선택 (가능한 종류) selective 선택적인

3.
정답 (A)
해석 NAB 사는 고객들에게 우수한 서비스를 제공한다.
해설 부정관사 an 및 형용사 exceptional과 전치사 to 사이에 위치한 빈칸은 부정관사 및 형용사의 수식을 받을 단수명사가 쓰여야 알맞은 자리이므로 (A) service가 정답이다.
오답 (B) services: 복수명사로서 부정관사 an의 수식을 받을 수 없으므로 오답이다.
(C) servicing: 동명사 또는 현재분사의 형태이므로 오답이다. 동명사는 관사나 형용사의 수식을 받지 못한다.
(D) serviced: 동사의 과거형 또는 과거분사형이므로 오답이다.
어휘 offer ~을 제공하다, ~을 제안하다 exceptional 우수한, 이례적인 service n. 서비스 v. (서비스 등) ~을 제공하다

4.
정답 (A)
해석 FD 뷰티 살롱은 단골 고객들에게 추가 할인을 제공해 준다.
해설 빈칸 바로 앞에 위치한 형용사 additional의 수식을 받으면서 「offer + 간접목적어(~에게) + 직접목적어(~을)」에서 직접목적어 역할을 할 명사가 빈칸에 쓰여야 알맞으므로 (A) discounts가 정답이다.
오답 (B) discounting: 동명사 또는 현재분사의 형태이므로 오답이다. 동명사는 관사나 형용사의 수식을 받지 못한다.
(C) discountable: 형용사이므로 오답이다.
(D) discounted: 동사의 과거형 또는 과거분사형이므로 오답이다.
어휘 offer ~을 제공하다, ~을 제안하다 regular 단골의, 주기적인, 규칙적인, 정규의, 일반의 additional 추가적인 discount n. 할인 v. ~을 할인해 주다 discountable 할인 가능한

5.
정답 (B)
해석 SOD 제품의 배송은 처리하는 데 최소 5일이 걸린다.
해설 문장의 주어는 The delivery이고, 동사가 없으므로 빈칸은 동사가 올 자리이다. The delivery가 단수이므로 3인칭 단수에 맞는 동사를 골라야 하므로 (B) takes가 정답이다.
오답 (A) take: 주어가 복수일 때 쓰는 동사 형태이므로 오답이다.
(C) taking: 동명사 또는 현재분사의 형태이므로 오답이다.
(D) to take: to부정사 형태이므로 오답이다.
어휘 delivery 배송(품) at least 최소한, 적어도 process v. ~을 처리하다 take ~의 시간이 걸리다

6.
정답 (D)
해석 YS 매뉴팩쳐링의 전 직원은 반드시 회사의 안전 규정을 준수해야 한다.
해설 소유격 company's와 명사 regulations 사이에 위치한 빈칸은 명사를 수식할 형용사 또는 복합명사를 구성할 또 다른 명사가 쓰일 수 있는 자리이다. 이 문장의 경우에는 regulations와 함께 '안전 규정'을 의미하는 복합명사가 구성되어야 알맞

으므로 '안전'을 뜻하는 명사 (D) safety가 정답이다.

오답 (A) safe: 명사를 수식할 수 있는 형용사이지만, '안전한 규정'이라는 어색한 의미를 구성하므로 오답이다.
(B) safer: 명사를 수식할 수 있는 비교급 형용사이지만, '더 안전한 규정'이라는 어색한 의미를 구성하므로 오답이다.
(C) safely: 부사이므로 오답이다.

어휘 follow ~을 준수하다, ~을 따르다 regulation 규정, 규제

7.
정답 (C)

해석 직원들은 이번 달 후반에 보너스를 받을 것입니다.

해설 조동사 will 앞에 위치해 주어 역할을 명사가 필요하며, 부정관사 a가 쓰여 있지 않아 셀 수 없는 명사 또는 복수명사가 쓰여야 한다. 또한, 보너스를 받는 것은 사람이므로 복수명사이자 사람명사인 (C) Employees가 정답이다.

오답 (A) Employment: 셀 수 없는 명사이며, 사람명사가 아니므로 오답이다.
(B) Employee: 셀 수 있는 명사의 단수형으로서 부정관사 a를 함께 사용해야 하므로 오답이다.
(D) Employ: 동사이므로 오답이다.

어휘 receive ~을 받다 employment 고용, 취업 employ ~을 고용하다

8.
정답 (B)

해석 김 씨는 박 씨에게 노고에 대한 감사의 뜻을 표했다.

해설 소유격대명사 her와 전치사 to 사이에 위치한 빈칸은 소유격 대명사의 수식을 받으면서 타동사 expressed의 목적어 역할을 할 명사가 필요한 자리이므로 (B) appreciation이 정답이다.

오답 (A) appreciate: 동사이므로 오답이다.
(C) appreciated: 동사의 과거형 또는 과거분사형이므로 오답이다.
(D) appreciative: 형용사이므로 오답이다.

어휘 express (생각, 감정 등) ~을 표현하다 appreciate ~에 대해 감사하다 appreciation 감사(의 뜻) appreciative 감사하는

9.
정답 (D)

해석 귀하의 예약 확인서가 이메일로 발송될 것입니다.

해설 빈칸 뒤에 위치한 of 전치사구의 수식을 받으면서 조동사 will 앞에서 주어 역할을 할 명사가 쓰여야 알맞으므로 (D) Confirmation이 정답이다.

오답 (A) Confirmed: 동사의 과거형 또는 과거분사형이므로 오답이다.
(B) Confirms: 동사의 3인칭 단수 현재형이므로 오답이다.
(C) Confirm: 동사이므로 오답이다.

어휘 reservation 예약 confirm ~을 확인해 주다, ~을 확정하다 confirmaiton 확인(서)

10.
정답 (B)

해석 모든 사무용품은 2층에 있는 보관 구역에 보관됩니다.

해설 「All of the 복수명사 + 복수동사」 또는 「All of the 단수명사 + 단수동사」로 주어와 동사가 쓰여야 한다. 따라서, 복수동사 are kept와 어울리는 「All of the 복수명사」가 주어가 되어야 하므로 office와 함께 복수명사에 해당하는 복합명사를 구성하는 (B) supplies가 정답이다.

오답 (A) supply: 동사 또는 단수명사이므로 오답이다.
(C) supplier: 단수명사이므로 오답이다.
(D) supplied: 동사의 과거형 또는 과거분사형이므로 오답이다.

어휘 storage 보관, 저장 supply ~을 공급하다, ~을 제공하다 supplies 용품, 물품 supplier 공급업체, 공급업자

11-14 다음 공지를 참조하시오.

> **모든 휴게실 이용자들에게 전하는 공지**
>
> 2층 휴게실이 2월 첫 주 동안 **11** 개조될 것입니다. 그 **12** 공사에 대비하기 위해, 냉장고에서 여러분의 모든 음식물을 치워 주시기 바랍니다. 2층 휴게실이 폐쇄되어 있는 동안, 마케팅부에서 너그럽게 우리와 함께 그들의 휴게실을 공유하겠다고 제안해 주었습니다. **13** 그 휴게실은 3층에 엘리베이터 옆에 있습니다. 여러분의 **14** 협조에 미리 감사 드립니다.

어휘 notice 공지, 알림(판) break room 휴게실 prepare for ~에 대비하다, ~을 준비하다 take out ~을 제거하다 refrigerator 냉장고 while ~하는 동안 generously 너그럽게, 관대하게 offer to do ~하겠다고 제안하다 share A with B: A를 B와 공유하다 in advance 미리, 사전에

11.
정답 (A)

해설 뒤에 이어지는 문장에 2층 휴게실이 폐쇄된다는 말이 쓰여 있어 그 원인으로서 2월 첫 주에 있을 일을 나타내야 하므로 '~을 개조하다'를 뜻하는 remodel의 과거분사 (A) remodeled가 정답이다.

어휘 remodel ~을 개조하다 stock v. ~을 재고로 갖추다, ~을 비축하다 n. 재고(품)

12.
정답 (B)
해설 정관사 the의 수식을 받으면서 전치사 for 뒤에서 목적어 역할을 할 명사가 빈칸에 쓰여야 알맞으므로 (B) construction 이 정답이다.

13.
정답 (B)
해석 (A) 그곳의 휴게실도 동시에 개조 공사를 거칠 것입니다.
(B) 그 휴게실은 3층에 엘리베이터 옆에 있습니다.
해설 빈칸 앞 문장에 2층 휴게실이 폐쇄되어 있는 동안 마케팅부에서 자신들의 휴게실을 공유하겠다고 제안한 사실이 쓰여 있다. 따라서, 그 휴게실을 That room으로 지칭해 위치를 알리는 것으로 그 공간의 위치 정보를 제공하는 (B)가 정답이다.
어휘 undergo ~을 거치다, ~을 겪다 renovation 개조, 보수 at the same time 동시에 by ~ 옆에

14.
정답 (B)
해설 전치사 for의 목적어로서 감사의 인사를 전하는 이유에 해당하는 명사가 필요하다. 다른 부서의 휴게실 공유와 관련된 정보를 전하는 공지로서 직원들의 협조에 대해 감사의 인사를 전하는 의미를 나타내야 자연스러우므로 '협조, 협력'을 뜻하는 (B) cooperation이 정답이다.
어휘 progress 진행, 진척, 진전 cooperation 협조, 협력

오늘의 필수 구문 분석

1. Workers are required / to wear protective gear / while on duty.
   (S: Workers, V: are required)
해석 작업자들은 요구된다 / 보호 장비를 착용하도록 / 근무 중에

2. Our department is in charge of / monitoring lab equipment / in the facility.
   (S: Our department, V: is)
해석 우리 부서는 책임지고 있다 / 실험실 장비를 관리감독하는 것을 / 시설에 있는

3. The manager announced / the sales figures / for the second quarter.
   (S: The manager, V: announced)
해석 부장이 발표했다 / 매출액을 / 2분기에 대한

4. Employees have permission / to park their cars / in Parking Lot A.
   (S: Employees, V: have)
해석 직원들은 허가를 갖고 있다 / 자신들의 차를 주차하는 / A 주차장에

5. If customers are not satisfied with the product, / they can receive a refund / within 7 days of purchase.
   (S: they, V: can receive)
해석 고객들이 제품에 만족하지 않는다면 / 그들은 환불을 받을 수 있다 / 구매 후 7일 이내에

6. All workers / at YS Manufacturing / must follow / the company's safety regulations.
   (S: All workers, V: must follow)
해석 모든 직원들은 / YS 매뉴팩처링에 있는 / 따라야 한다 / 회사의 안전 수칙을

7. Ms. Kim expressed her appreciation / to Mr. Park / for his hard work.
   (S: Ms. Kim, V: expressed)
해석 김 씨는 감사를 표했다 / 박 씨에게 / 그의 노고에 대해

8. All of the office supplies are kept / in a storage area / on the second floor.
   (S: All of the office supplies, V: are kept)
해석 모든 사무용품들은 보관된다 / 보관 구역에 / 2층에 있는

오늘의 필수 어휘 Quiz

1.	be qualified for	~에 대한 자격을 갖추다
2.	reach an agreement	합의에 이르다
3.	be required to do	~해야 하다
4.	wear	~을 착용하다
5.	protective gear	안전 장비
6.	reliable	믿을 수 있는
7.	applicant	지원자
8.	application	신청서, 지원서
9.	be in charge of	~을 담당하다, 책임지다
10.	under construction	공사 중인
11.	job opening	일자리 공석
12.	have access to	~을 이용할 수 있다, ~에 접근할 수 있다
13.	facility	시설

14. seek　　　　　　　　　　~을 찾다, 구하다
15. assembly line　　　　　　조립 라인
16. quarter　　　　　　　　　분기
17. have permission to do　　~하도록 허가 받다
18. fill out　　　　　　　　　~을 작성하다, 기입하다
19. decrease in　　　　　　　~의 감소
20. profit　　　　　　　　　이윤, 수익

UNIT 02 대명사

PRACTICE ①

1.

정답 her

해석 송 씨는 백화점을 통해 자신의 핸드백들을 판매하기로 결정했다.

해설 to부정사로 쓰인 타동사 sell과 명사 목적어 handbags 사이에 명사를 수식할 대명사가 쓰여야 알맞으므로 소유격대명사 her가 정답이다.

어휘 decide to do ~하기로 결정하다　through (이동, 방식 등) ~을 통해, ~을 거쳐

2.

정답 they

해석 그 고객들께서 로비에 도착하실 때 맞이해 주시기 바랍니다.

해설 접속사 when과 동사 arrive 사이에 when절의 주어 역할을 할 대명사가 필요하므로 주격대명사 they가 정답이다.

어휘 greet ~을 맞이하다　arrive 도착하다

3.

정답 you

해석 그 교육 프로그램이 여러분의 능력을 향상시키도록 도울 수 있습니다.

해설 타동사 help와 to부정사 사이에 help의 목적어 역할을 할 대명사가 쓰여야 알맞으므로 목적격대명사 you가 정답이다.

어휘 training 교육, 훈련　improve ~을 향상시키다, ~을 개선하다　skill 능력, 기술

4.

정답 our

해석 저희는 저희 고객들께 모든 구매품에 대해 5퍼센트 할인을 제공해 드리고 있습니다.

해설 타동사 are offering과 간접목적어인 명사 clients 사이에 명사를 수식할 대명사가 쓰여야 알맞으므로 소유격대명사 our가 정답이다.

어휘 offer A B: A에게 B를 제공하다　purchase 구매(품)

5.

정답 us, our

해석 이 앱은 우리에게 실시간으로 우리의 주문 사항들을 파악할

수 있게 해 줍니다.
해설 타동사 allows 다음은 목적어 자리이므로 목적격대명사 us가 필요하며, to부정사로 쓰인 타동사 track과 명사 목적어 orders 사이에는 명사를 수식할 소유격대명사 our가 쓰여야 알맞다.
어휘 allow A to do: A에게 ~할 수 있게 해 주다 track ~을 파악하다, ~을 추적하다 order 주문 (사항) in real time 실시간으로

6.
정답 himself
해석 신 씨는 혼자서 그 컴퓨터 프로그램을 업데이트했다.
해설 전치사 by 뒤에 목적어로 쓰일 대명사가 주어 Mr. Shin 자신을 가리켜야 하므로 '자기 자신'이라는 의미로 주어와 목적어가 동일인일 때 사용하는 재귀대명사 himself가 정답이다. 참고로, 「by oneself」는 '혼자서, 스스로'를 뜻하는 하나의 표현으로 기억해 두는 것이 좋다.
어휘 by oneself 혼자서, 스스로

7.
정답 herself
해석 잭슨 씨는 혼자서 그 프로젝트에 대한 작업을 하는 것을 선호한다고 말한다.
해설 전치사 by 뒤에 목적어로 쓰일 대명사가 주어인 Ms. Jackson 자신을 가리켜야 알맞으므로 '자기 자신'이라는 의미로 주어와 목적어가 동일인일 때 사용하는 재귀대명사 herself가 정답이다.
어휘 prefer to do ~하는 것을 선호하다 work on ~에 대한 작업을 하다 by oneself 혼자서, 스스로

8.
정답 herself, her
해석 신임 마케팅 부장님께서 첫 근무일에 자신을 직원들에게 소개하셨다.
해설 주어 Ms. Jackson이 자신을 소개한 것이므로 타동사 introduced 뒤에는 자기 자신을 가리키는 재귀대명사 herself가 목적어로 쓰여야 알맞으며, 전치사 on과 명사구 목적어 first day 사이에는 명사구를 수식할 소유격대명사 her가 필요하다.
어휘 introduce ~을 소개하다 staff 직원들

9.
정답 her, she
해석 김 씨는 자신의 회의를 취소했는데, 전화 회의에 참석해야 했기 때문이었다.
해설 타동사 canceled 와 목적어인 명사 meeting 사이에 명사를

수식할 소유격대명사 her가 필요하며, 접속사 because와 조동사 had to 사이에는 because절의 주어 역할을 할 주격대명사 she가 쓰여야 알맞다.
어휘 cancel ~을 취소하다 had to do ~해야 했다 attend ~에 참석하다 conference call 전화 회의

10.
정답 his, he, mine
해석 핀 씨가 자신의 보고서를 끝까지 끝냈기 때문에, 그가 내 것을 끝마치도록 도와 주었다.
해설 타동사 finished와 목적어인 명사 report 사이에 명사를 수식할 소유격대명사 his가 와야 하며, 주절의 동사 helped 앞은 주어 역할을 할 주격대명사 he가 쓰여야 알맞다. to부정사로 쓰인 타동사 finish 다음은 목적어 자리이므로 목적어로 역할을 할 수 있는 소유대명사 mine이 알맞은 말이다.

PRACTICE 2

1.
정답 those
해석 이 워크숍은 회계 분야에서 근무할 계획인 분들께 적합합니다.
해설 주격관계대명사 who가 이끄는 절의 수식을 받을 수 있는 대명사 those가 정답이다. those는 who절 외에도 전치사구나 분사구 같은 수식어구와 함께 '~하는 사람들'이라는 의미를 나타내는 대명사이다.
어휘 be suitable for ~에 적합하다, ~에 알맞다 accounting 회계

2.
정답 one
해석 조이런 200 신발은 바로 지금 시장에서 가장 가벼운 것이다.
해설 '가장 가벼운 신발'이라는 의미로 신발의 하나임을 나타낼 수 있는 대명사 one이 정답이다. 참고로, one은 형용사의 수식을 받을 수 있는 대명사이며, that은 형용사의 수식을 받을 수 없다.
어휘 light 가벼운, 경량의 on the market 시장에서

3.
정답 one
해석 대부분이 부서장들은 제때 도착했지만, 한 명이 늦었다.
해설 although절에 쓰인 동사 was가 단수이므로 수 일치되는 단수주어인 one이 정답이다. some이 복수명사의 일부를 가리킬 때는 복수에 해당하므로 was와 수 일치되지 않는다.
어휘 arrive 도착하다 on time 제때

4.
정답 that
해석 이곳의 직원 만족도는 다른 지점들의 그것보다 더 훌륭합니다.
해설 비교 대상이 되는 것이 '다른 지점들의 직원 만족도'이므로 앞서 언급된 단수명사구 Employee satisfaction을 대신할 수 있는 단수대명사 that이 정답이다.
어휘 satisfaction 만족(도) branch 지점, 지사

5.
정답 another
해석 주차 카드를 분실하시는 경우, 저희가 카운터에서 하나 더 발급해 드릴 수 있습니다.
해설 분실한 주차 카드와 같은 종류의 또 다른 하나를 발급하는 것이므로 '(같은 종류의 것) 하나 더, 또 다른 하나'를 의미하는 대명사 another가 정답이다.
어휘 parking 주차(장) issue v. ~을 발급하다, ~을 지급하다

6.
정답 Anyone
해석 그 세미나에 참석하기를 원하시는 분은 누구든 반드시 온라인으로 등록하셔야 합니다.
해설 주격관계대명사 who가 이끄는 절의 수식을 받을 수 있는 대명사 Anyone이 정답이다. anyone은 who절 외에도 전치사구나 분사구 같은 수식어구와 함께 '~하는 사람은 누구든'을 의미하며, 단수 취급한다.
어휘 attend ~에 참석하다 register 등록하다

7.
정답 each other
해석 팀원들은 서로 주기적으로 의사 소통해야 합니다.
해설 전치사 with 뒤에 의사 소통하는 대상을 나타내는 대명사가 쓰여야 하는데, 팀원들끼리 서로 주기적으로 의사 소통해야 한다는 의미를 나타내야 알맞으므로 '서로'를 뜻하는 each other가 정답이다. 참고로, each other는 동사의 목적어나 전치사의 목적어로만 쓰인다.
어휘 communicate with ~와 의사 소통하다 regularly 주기적으로, 규칙적으로

8.
정답 those
해석 저희는 그 소프트웨어가 처음이신 분들을 위해 무료 교육을 제공합니다.
해설 주격관계대명사 who가 이끄는 절의 수식을 받을 수 있는 대명사 those가 정답이다. those는 who절 외에도 전치사구나 분사구 같은 수식어구와 함께 '~하는 사람들'이라는 의미를 나타내는 대명사이다.

어휘 free 무료의 training 교육, 훈련

9.
정답 many
해석 저희가 전 직원을 그 교육 시간에 초대했지만, 많은 이들이 응답하지 않았습니다.
해설 응답하지 않은 주체는 주절에 언급된 all employees 중 많은 직원들을 가리켜야 하므로 복수명사에 대해 그 중 많은 사람들 또는 많은 것들을 나타낼 때 사용하는 대명사 many가 정답이다.
어휘 session (특정 활동을 위한) 시간 respond 응답하다, 대응하다, 반응하다

10.
정답 each other
해석 엔지니어들과 디자이너들은 신제품을 만들 때 서로 협업한다.
해설 전치사 with 뒤에 협업하는 대상을 나타내는 대명사가 쓰여야 하는데, 엔지니어들과 디자이너들이 서로 협업한다는 의미를 나타내야 알맞으므로 '서로'를 뜻하는 each other가 정답이다. 참고로, each other는 동사의 목적어나 전치사의 목적어로만 쓰인다.
어휘 collaborate with ~와 협업하다, ~와 공동 작업하다 create ~을 만들어 내다

실전 TEST

1. (A)	2. (B)	3. (A)	4. (D)	5. (C)
6. (C)	7. (D)	8. (D)	9. (B)	10. (B)
11. (B)	12. (A)	13. (A)	14. (A)	

1.
정답 (A)
해석 킨 씨는 선임 책임자로 승진되면 훌륭하게 해 낼 것입니다.
해설 접속사 when과 동사 is 사이에 위치한 빈칸은 when절의 주어가 필요한 자리이므로 주격대명사 (A) he가 정답이다.
오답 (B) his: 소유격대명사 또는 소유대명사이며, 소유대명사(그의 것)일 때 주어 역할은 가능하지만 승진되는 사람인 Mr. Keen을 가리키지 않으므로 오답이다.
(C) him: 주어 자리에 쓰일 수 없는 목적격대명사이므로 오답이다.
(D) himself: 주어 자리에 쓰일 수 없는 재귀대명사이므로 오답이다.
어휘 perform 해 내다, 수행하다 promote ~을 승진시키다, ~을 홍보하다, ~을 촉진하다

2.
정답 (B)
해석 2층에 있는 대회의실들은 고객들과 만나는 분들이 이용하실 수 있습니다.
해설 빈칸 뒤에 위치한 who절의 수식을 받아 '~하는 사람들'이라는 의미를 나타낼 때 사용하는 대명사 (B) those가 정답이다.
오답 (A) them: who절의 수식을 받을 수 없는 대명사이므로 오답이다.
(C) this: who절의 수식을 받을 수 없는 대명사이므로 오답이다.
(D) which: who절의 수식을 받을 수 없는 대명사이므로 오답이다.
어휘 available (사물) 이용 가능한, 구입 가능한, (사람) 시간이 있는

3.
정답 (A)
해석 타나카 씨가 자신의 발표를 끝마친 후, 간단한 휴식 시간이 있을 것입니다.
해설 타동사 finishes와 명사 목적어 presentation 사이에 위치한 빈칸은 명사를 수식할 소유격대명사가 쓰여야 알맞은 자리이므로 (A) her가 정답이다.
오답 (B) she: 명사를 수식할 수 없는 주격대명사이므로 오답이다.
(C) hers: 명사를 수식할 수 없는 소유대명사이므로 오답이다.
(D) herself: 명사를 수식할 수 없는 재귀대명사이므로 오답이다.
어휘 presentation 발표(회) coffee break (잠깐 쉬면서 커피를 마시는) 휴식 시간

4.
정답 (D)
해석 많은 관광객들이 여름에 그 도시를 방문하기는 하지만, 일부는 겨울에 가는 것을 선호한다.
해설 주절의 동사 prefer 앞에서 주어 역할을 할 대명사가 필요하며, 복수동사의 형태인 prefer와 수 일치되어야 하므로 복수대명사 (D) some이 정답이다.
오답 (A) another: 단수대명사이므로 오답이다.
(B) anyone: 단수대명사이므로 오답이다.
(C) other: 주어 역할을 할 수 없는 형용사이므로 오답이다.
어휘 prefer to do ~하는 것을 선호하다

5.
정답 (C)
해석 그 주문 사항이 준비되면, 그것을 가져올 수 있도록 당신 팀에서 사람을 보내시기 바랍니다.

해설 When절에 언급된 단수명사구 the order를 가져오라는 의미를 나타내야 하므로 앞서 언급된 단수사물명사를 가리킬 때 사용하는 대명사 (C) it이 정답이다.
오답 (A) him: 앞서 언급된 단수사물명사를 가리킬 수 있는 대명사가 아니므로 오답이다.
(B) hers: 앞서 언급된 단수사물명사를 가리킬 수 있는 대명사가 아니므로 오답이다.
(D) one: 앞서 언급된 것과 같은 종류의 것 하나를 막연하게 가리킬 때 사용하므로 오답이다.
어휘 pick A up: A를 가져오다, A를 차에 태우러 가다

6.
정답 (C)
해석 직접 참석하실 수 없는 분들을 위해, 녹화본이 제공될 것입니다.
해설 빈칸 뒤에 위치한 who절의 수식을 받아 '~하는 사람들'이라는 의미를 나타낼 때 사용하는 대명사 (C) those가 정답이다.
오답 (A) either: who절의 수식을 받을 수 없는 대명사이므로 오답이다.
(B) whichever: who절의 수식을 받을 수 없는 대명사이므로 오답이다.
(D) one another: who절의 수식을 받을 수 없는 대명사이므로 오답이다.
어휘 attend 참석하다 in person 직접 (가서) recording 녹화본, 녹음본 provide ~을 제공하다 either (A or B): (A 또는 B) 둘 중 하나 whichever ~하는 어느 쪽이든 one another (셋 이상에서) 서로

7.
정답 (D)
해석 해당 고객들께서는 단말기를 이용해 직접 티켓을 출력하실 수 있습니다.
해설 전치사 by 뒤에서 목적어 역할을 할 수 있는 대명사가 필요하며, 주어 The customers를 가리키는 재귀대명사가 쓰여 '직접, 스스로'를 뜻하는 「by oneself」를 구성해야 알맞으므로 (D) themselves가 정답이다.
오답 (A) they: 전치사 by 뒤에서 목적어 역할을 할 수 없는 주격대명사이므로 오답이다.
(B) their: 전치사 by 뒤에서 목적어 역할을 할 수 없는 소유격대명사이므로 오답이다.
(C) them: 전치사 by 뒤에서 목적어 역할은 할 수 있지만 주어인 The customers 자신을 가리키지 않으므로 오답이다.
어휘 kiosk (주문 등을 위한) 단말기, 셀프 계산대

8.
정답 (D)

해석 리 씨는 최종 확정되는 대로 직접 교육 설명서의 사본을 만들 것이다.

해설 빈칸이 속한 주절은 주어와 동사(will make), 명사 목적어 그리고 of 전치사구까지 이미 구성이 완전한 상태이다. 따라서, 빈칸에 부사처럼 부가적인 요소가 쓰여야 알맞으므로 '직접'이라는 의미로 부사와 같은 역할을 할 수 있는 재귀대명사 (D) himself가 정답이다.

오답 (A) he: 부사와 같은 역할을 할 수 없는 주격대명사이므로 오답이다.
(B) his: 부사와 같은 역할을 할 수 없는 소유격대명사 또는 소유대명사이므로 오답이다.
(C) him: 부사와 같은 역할을 할 수 없는 목적격대명사이므로 오답이다.

어휘 training 교육, 훈련 manual n. 설명서, 안내서 once (일단) ~하는 대로, ~하자마자 finalize ~을 최종 확정하다

9.
정답 (B)

해석 프라임 소프트웨어의 대표이사는 자신의 사무실을 도심으로 옮기기로 결정했다.

해설 to부정사로 쓰인 타동사 move와 명사 목적어 office 사이에 위치한 빈칸은 명사를 수식할 단어가 쓰여야 알맞으므로 이 역할이 가능한 소유격대명사 (B) her가 정답이다.

오답 (A) she: 명사를 수식할 수 없는 주격대명사이므로 오답이다.
(C) hers: 명사를 수식할 수 없는 소유대명사이므로 오답이다.
(D) herself: 명사를 수식할 수 없는 재귀대명사이므로 오답이다.

어휘 decide to do ~하기로 결정하다

10.
정답 (B)

해석 해당 직책에 지원하기를 바라시는 분은 누구든 반드시 금요일까지 이력서를 제출하셔야 합니다.

해설 주격관계대명사 who가 이끄는 절의 수식을 받을 수 있는 대명사 (B) Anyone이 정답이다. anyone은 who절 외에도 전치사구나 분사구 같은 수식어구와 함께 '~하는 사람은 누구든'을 의미하며, 단수 취급한다.

오답 (A) Whichever: who절의 수식을 받을 수 없는 대명사이므로 오답이다.
(C) Other: 형용사이며, who절의 수식을 받을 수 없으므로 오답이다
(D) Themselves: who절의 수식을 받을 수 없는 대명사이므로 오답이다.

어휘 wish to do ~하기를 바라다 apply for ~에 지원하다, ~을 신청하다 position 직책, 일자리 submit ~을 제출하다 résumé 이력서 by (기한) ~까지 whichever ~하는 어느 쪽이든

11-14 다음 편지를 참조하시오.

올리버 씨께,

귀하의 바이털코어 피트니스 회원권이 지난주에 종료되었다는 사실을 상기시켜 드리고 싶었습니다. 귀하께서 갱신하실 계획이 아니실 경우, 귀하의 사물함을 다른 회원께 제공해 드릴 수 있도록 **11** 저희에게 알려 주시기 바랍니다.

지속하기를 확실히 원하시는 경우, 저희에게 특별 제공 서비스가 있습니다. 귀하께서 1년 더 갱신하시게 되면, 무료 신체 능력 점검 및 개인 트레이닝 시간 1회 서비스를 받으실 것입니다. 귀하께서는 새로운 저희 건강 라운지에 대한 무료 **12** 이용 권한도 얻으실 것입니다. **13** 이러한 혜택들을 받으시려면, 11월 20일 전에 갱신하시기 바랍니다. 관심이 있으실 경우, **14** 단순히 동봉된 양식을 작성하셔서 다시 보내 주시기만 하면 됩니다.

어휘 remind A that: A에게 ~라고 상기시키다 plan to do ~할 계획이다 renew 갱신하다 let A know: A에게 알리다 continue 지속하다, 계속하다 offer n. 제공(되는 것), 제안 free 무료의 check-up 점검, 검진 training 훈련, 교육 session (특정 활동을 위한) 시간 wellness 건강, 안녕 interested (사람이) 관심 있는 fill out ~을 작성하다 enclosed 동봉된 form 양식, 서식

11.
정답 (B)

해설 「let ~ know」는 '~에게 알리다'라는 의미를 나타내며, 이 문장에서 그 대상은 바로 뒤에 위치한 so절에 쓰인 we가 가리키는 업체인 VitalCore Fitness이다. 따라서, 그 목적격대명사인 (B) us가 정답이다.

12.
정답 (A)

해설 빈칸 바로 앞에 위치한 형용사 free의 수식을 받으면서 동사 have의 목적어 역할을 할 명사가 필요하므로 (A) access가 정답이다.

어휘 access n. 이용 (권한), 접근 (권한) v. ~을 이용하다, ~에 접근하다

13.
정답 (A)

해설 (A) 이러한 혜택들을 받으시려면, 11월 20일 전에 갱신하시기 바랍니다.

(B) 모든 고객들께서는 언제든지 라운지를 방문하셔도 좋습니다.

해설 빈칸에 앞서 특별 제공 서비스가 있다는 말과 함께 그 구체적인 서비스를 몇 가지 설명하는 내용이 쓰여 있다. 따라서, 해당 서비스들을 these benefits로 지칭해 그러한 혜택들을 받기 위한 조건을 언급하는 (A)가 정답이다.

어휘 benefit 혜택, 이점 be welcome to do (얼마든지) ~해도 좋다 anytime 언제든지

14.

정답 (A)

해설 빈칸 뒤에 명령문 구조로 관심이 있을 경우에 해야 하는 일들이 쓰여 있어 단순히 그렇게 하기만 하면 된다는 의미를 나타내야 자연스러우므로 '단순히, 그저' 등을 뜻하는 (A) simply가 정답이다.

어휘 simply 단순히, 그저, 그야말로 regularly 주기적으로, 규칙적으로

오늘의 필수 구문 분석

1. We are offering / our clients / a 5 percent discount / on all purchases.
   S   V

   해석 우리는 제공하고 있다 / 우리 고객들에게 / 5% 할인을 / 모든 구매 건에 대해

2. This app allows / us / to track our orders / in real time.
   S   V

   해석 이 앱은 할 수 있게 한다 / 우리를 / 주문을 추적하는 것을 / 실시간으로

3. Ms. Jackson says / she prefers to work / on the project / by herself.
   S   V

   해석 잭슨 씨는 말한다 / 그녀는 작업하는 것을 선호한다고 / 프로젝트에 대해 / 혼자서

4. The new marketing manager introduced / herself / to the staff / on her first day.
              S   V

   해석 신임 마케팅 부장은 소개했다 / 그녀 자신을 / 직원들에게 / 그녀의 (근무) 첫 날에

5. Because Mr. Finn finished his report, / he helped / me / to finish mine.
                                           S   V

   해석 핀 씨가 보고서를 끝마쳤으므로 / 그는 나를 도왔다 / 내 것을 끝내는 것을

6. Anyone / who wants to attend the seminar / must register / online.
   S   V

   해석 누구나 / 세미나에 참석하고 싶은 / 등록해야 한다 / 온라인으로

7. We invited all employees / to the training session, / but many did not respond.
   S   V   S   V

   해석 우리는 모든 직원들을 초대했다 / 교육 시간에 / 하지만 많은 이들이 응답하지 않았다

8. The conference rooms / on the second floor / are available / to those / who are meeting with clients.
             S   V

   해석 회의실 / 2층의 / 사용 가능하다 / 사람들에게 / 고객들을 만나는

오늘의 필수 어휘 Quiz

1. decide to do — ~하기로 결정하다
2. improve — ~을 향상시키다
3. offer A B — A에게 B를 제공하다
4. client — 고객
5. allow A to do — A가 ~하도록 허용하다
6. track — ~을 추적하다
7. prefer to do — ~하는 것을 선호하다
8. introduce A to B — A를 B에게 소개하다
9. attend — ~에 참석하다
10. conference call — 전화 회의
11. be suitable for — ~에 적합하다
12. accounting — 회계
13. on time — 제때에
14. employee satisfaction — 직원 만족
15. issue — ~을 발급하다
16. register — 등록하다
17. communicate with — ~와 소통하다
18. regularly — 규칙적으로

19. collaborate 협업하다
20. product 제품

UNIT 03 형용사

PRACTICE 1

1.

정답 responsible

해석 그 점장은 일일 판매량을 기록할 책임이 있다.

해설 점장이 무엇에 대한 책임을 지고 있는지 그 상태와 관련된 의미를 나타낼 형용사가 is 뒤에 보어로 쓰여야 알맞으므로 responsible이 정답이다. 'The store manager = responsibility'의 동격 관계가 아니므로 명사 responsibility는 보어로 쓰일 수 없다.

어휘 **responsible (for)** (~에 대한) 책임이 있는
responsibility 책임(감) **sales** 판매(량), 영업, 매출

2.

정답 open

해석 LA의 저희 매장들이 문을 닫기는 했지만, 뉴욕 매장은 계속 문을 연 상태로 유지될 것입니다.

해설 동사 remain은 형용사 보어와 함께 '계속 ~한 상태를 유지하다, 여전히 ~한 상태이다'라는 의미를 나타내므로 형용사 open이 정답이다.

어휘 **remain 형용사:** 계속 ~한 상태를 유지하다, 여전히 ~한 상태이다 **opening** 공석, 개장식, 개회식, 시작 (부분)

3.

정답 specific

해석 그 설명서가 그 기계를 작동하는 방법에 관한 구체적인 설명을 제공해 줍니다.

해설 타동사 provides와 명사 목적어 instructions 사이에 명사를 수식할 형용사가 쓰여야 알맞으므로 specific이 정답이다.

어휘 **manual** n. 설명서, 안내서 **provide** ~을 제공하다
specific 구체적인, 특정한 **specify** ~을 명시하다
instructions 설명, 안내, 지시 **how to do** ~하는 방법
operate ~을 작동하다, ~을 운영하다

4.

정답 considerable

해석 그 회사는 이번 분기에 상당한 수익 증가를 보고했다.

해설 부정관사 a와 명사 increase 사이에 명사를 수식할 형용사가 쓰여야 알맞으므로 considerable이 정답이다.

어휘 considerable 상당한, 많은 considerably 상당히, 많이 increase in ~의 증가 profit 수익, 수입 quarter 분기

5.
정답 considerate
해석 그 회사는 신제품을 개발하는 데 있어 고객 의견을 배려한다.
해설 바로 뒤에 위치한 전치사 of와 어울리는 형용사로서 of와 함께 '(~에 대해) 배려하는, 사려 깊은'이라는 의미로 쓰이는 considerate이 정답이다. be동사 뒤의 보어 자리에 명사가 올 수도 있지만 명사가 오는 경우 [주어=보어]의 관계가 성립해야 하는데, [The company ≠ consideration] 이므로 consideration은 오답이다.
어휘 considerate (of) (~에 대해) 배려하는, 사려 깊은 consideration 고려 feedback 의견 develop ~을 개발하다, ~을 발전시키다

6.
정답 additional
해석 화이트젯 항공사는 내년에 200명의 추가 직원을 고용할 예정이다.
해설 숫자 표현 200과 명사 employees 사이에는 명사를 수식할 형용사가 쓰여야 알맞으므로 additional이 정답이다.
어휘 hire ~을 고용하다 add ~을 추가하다 additional 추가적인

7.
정답 confidential
해석 이 보고서 내의 모든 정보는 엄격히 기밀입니다.
해설 부사 strictly의 수식을 받으면서 be동사 is 뒤에서 보어 역할을 할 형용사가 쓰여야 알맞으므로 confidential이 정답이다.
어휘 strictly 엄격히 confidential 기밀의, 비밀의 confidentially 비밀리에, 은밀히

8.
정답 critical
해석 고객들이 그 회사의 형편 없는 배송 서비스에 대해 대단히 비판적인 상태가 되었다.
해설 부사 highly의 수식을 받으면서 동사 became 뒤에서 보어 역할을 할 형용사가 쓰여야 알맞으므로 critical이 정답이다.
어휘 become 형용사: ~한 상태가 되다 highly 대단히, 매우 critical 비판적인, 비난하는 criticism 비판, 비난 poor 형편 없는, 좋지 못한

9.
정답 safe
해석 여행 중에 여러분의 소지품을 안전한 상태로 유지하시기 바랍니다.
해설 동사 keep은 「keep + 목적어 + 목적격보어」의 구조로 자주 쓰이며, 목적어 뒤에 형용사가 목적격보어로 쓰여야 하므로 safe가 정답이다.
어휘 belongings 소지품, 개인 물품

10.
정답 accessible
해석 그 박물관은 전시물들을 모든 사람에게 접근 가능한 상태로 만들기 위해 가상 투어를 만들어 냈다.
해설 동사 make는 「make + 목적어 + 목적격보어」의 구조로 자주 쓰이며, 목적어 뒤에 형용사가 목적격보어로 쓰여야 하므로 accessible이 정답이다.
어휘 create ~을 만들어 내다 virtual 가상의 exhibit 전시(물) accessible 접근 가능한, 이용 가능한 accessibly 접근 가능하게, 이용 가능하게

PRACTICE 2

1.
정답 Each
해석 각 참가자가 논의 시간 중에 아이디어를 제안할 것으로 예상되고 있다.
해설 바로 뒤에 단수명사 participant가 쓰여 있으므로 단수명사를 수식하는 Each가 정답이다.
어휘 participant 참가자 be expected to do ~할 것으로 예상되다 suggest ~을 제안하다 discussion 논의, 토론

2.
정답 many
해석 썬라이즈 주식회사에서는, 경력상의 승진에 대한 많은 기회가 존재한다.
해설 바로 뒤에 복수명사 opportunities가 쓰여 있으므로 복수명사를 수식하는 many가 정답이다.
어휘 opportunity 기회 career 경력, 진로, 직장 생활 advancement 승진, 발전, 진보

3.
정답 Every
해석 우리 회사의 모든 정규직 직원은 건강 보험 혜택을 받는다.
해설 바로 뒤에 단수명사구 full-time worker가 쓰여 있으므로 단수명사를 수식하는 Every가 정답이다.
어휘 receive ~을 받다 insurance 보험

4.
정답 all

해석 환불에 관한 모든 질문은 서비스부로 전달해 주시기 바랍니다.

해설 바로 복수명사 questions가 쓰여 있으므로 복수명사를 수식하는 all이 정답이다.

어휘 direct (질문 등) ~을 전달하다, ~을 보내다 refund 환불(액) department ~부, 부서

5.
정답 number

해석 그 회사는 많은 주요 도시에 새로운 지점들을 개장했다.

해설 부정관사 a 및 전치사 of와 함께 '많은 (수의)'를 뜻하는 「a number of」를 구성해야 알맞으므로 number가 정답이다.

어휘 branch 지점, 지사

6.
정답 eligible

해석 3년 동안 근무해 온 어떤 직원이든 승진에 대한 자격이 있습니다.

해설 be동사 및 전치사 for와 함께 '~에 대한 자격이 있다'를 뜻하는 「be eligible for」를 구성해야 알맞으므로 eligible이 정답이다.

어휘 employee 직원 eligible 자격이 있는, 적격인 eligibility 자격이 있음, 적격임 promotion 승진, 홍보, 판촉, 촉진

7.
정답 any

해석 그 여행사는 어떤 일정에 대해서든 다양한 투어 선택사항을 제공한다.

해설 투어 상품과 관련해 '어떤 일정에 대해서든' 또는 '모든 일정에 대해'라는 뜻을 나타내야 자연스러우므로 '어떤 ~이든, 모든'을 뜻하는 any가 정답이다.

어휘 agency 대행사, 대리점, 중개소 offer ~을 제공하다 various 다양한

8.
정답 familiar

해석 저희 투어 가이드들은 그 도시의 역사 및 주요 명소들을 잘 알고 있습니다.

해설 be동사 및 전치사 with와 함께 '~을 잘 알다, ~에 익숙하다'를 뜻하는 「be familiar with」를 구성해야 알맞으므로 familiar가 정답이다.

어휘 typical 일반적인, 전형적인 landmark 명소, 대표적인 건물

9.
정답 considerable

해석 지원자들은 반드시 재무 데이터로 작업을 해 본 상당한 경력을 지니고 있어야 합니다.

해설 명사 experience를 수식해 경력의 유무 또는 많고 적음을 나타낼 형용사가 쓰여야 알맞으므로 '상당한, 많은'을 뜻하는 considerable이 정답이다.

어휘 applicant 지원자, 신청자 considerable 상당한, 많은 considerate (of) (~에 대해) 배려하는, 사려 깊은 financial 재무의, 재정의, 금융의

10.
정답 several

해석 고객들께서 신제품 디자인과 관련해 여러 제안을 해 주셨습니다.

해설 바로 뒤에 복수명사 suggestions가 쓰여 있으므로 복수명사를 수식하는 several이 정답이다.

어휘 make a suggestion 제안하다, 의견을 말하다 another 또 다른 하나의

실전 TEST

1. (B)	2. (A)	3. (D)	4. (A)	5. (A)
6. (B)	7. (A)	8. (C)	9. (B)	10. (B)
11. (B)	12. (A)	13. (B)	14. (A)	

1.
정답 (B)

해석 저희 기술자들은 전문 지식을 필요로 하는 어떤 업무든 처리하도록 교육되어 있습니다.

해설 to부정사로 쓰인 타동사 handle과 명사 목적어 task 사이에 위치한 빈칸은 명사를 수식할 형용사가 쓰여야 알맞은 자리이다. 또한, task가 단수명사의 형태이므로 단수명사를 수식할 수 있는 형용사 (B) any가 정답이다.

오답 (A) mainly: 형용사 자리에 쓰일 수 없는 부사이므로 오답이다.
(C) unless: 형용사 자리에 쓰일 수 없는 접속사이므로 오답이다.
(D) both: 형용사이기는 하지만 복수명사를 수식하므로 오답이다.

어휘 train v. ~을 교육하다, ~을 훈련시키다 handle ~을 처리하다, ~을 다루다 task 업무, 일 require ~을 필요로 하다, ~을 요구하다 specialized 전문적인, 전문화된 mainly 주로 unless ~하지 않는다면, ~가 아니라면 both (A and B): (A와 B) 둘 모두

2.
정답 (A)

해석 한 번에 10개가 넘은 제품을 구입하시는 고객들께서는 할인에 대한 자격을 얻을 수 있습니다.

해설 빈칸 앞뒤에 위치한 be동사 및 전치사 for와 함께 '~에 대한 자격이 있다, ~에 적격이다'를 뜻하는 「be eligible for」를 구성해야 알맞으므로 형용사 (A) eligible이 정답이다.

오답 (B) eligibly: be동사 및 전치사 for와 함께 쓰이지 않는 부사이므로 오답이다.
(C) eligibility: be동사 및 전치사 for와 함께 쓰이지 않는 명사이므로 오답이다.
(D) eligibilities: be동사 및 전치사 for와 함께 쓰이지 않는 명사이므로 오답이다.

어휘 purchase ~을 구입하다 more than ~가 넘는 eligibly 자격에 맞게 eligibility 자격이 있음, 적격임

3.
정답 (D)

해석 예외 없이, 전 직원들은 반드시 금요일 오후까지 각자의 주간 보고서를 제출해야 합니다.

해설 빈칸 바로 뒤에 주어 역할을 하는 복수명사 employees가 쓰여 있으므로 복수명사를 수식하는 형용사 (D) all이 정답이다.

오답 (A) every: 단수명사를 수식하는 형용사이므로 오답이다.
(B) such: 복수명사를 수식하는 형용사이기는 하지만 의미가 어울리지 않으므로 오답이다.
(C) either: 단수명사를 수식하는 형용사이므로 오답이다.

어휘 exception 예외, 제외 employee 직원 submit ~을 제출하다 by (기한) ~까지 either (A or B): (A 또는 B) 둘 중 하나

4.
정답 (A)

해석 새 미술관은 매일 오전 9시부터 오후 6시까지 일반인을 대상으로 문을 연다.

해설 be동사 is 뒤에 위치한 빈칸에 보어 역할을 할 단어가 필요하며, 이 문장에서는 새 미술관의 운영 상태와 관련된 형용사가 빈칸에 보어로 쓰여야 알맞으므로 (A) open이 정답이다.

오답 (B) openly: be동사 뒤에서 보어 역할을 할 수 없는 부사이므로 오답이다.
(C) opener: 주어 The new art museum과 동격에 해당하는 명사가 아니므로 보어로 쓰일 수 없는 오답이다.
(D) be opened: be동사 is와 나란히 위치할 수 없는 동사의 형태이므로 오답이다.

어휘 the public 일반인들, 대중 openly 공개적으로, 터놓고, 솔직히 opener (병. 통조림 등의) 따개, 여는 도구, 첫 경기, 첫 공연

5.
정답 (A)

해석 판매량 하락에 대해 가능성 있는 설명은 최근의 경쟁 증가이다.

해설 부정관사 A와 명사 explanation 사이에 위치한 빈칸은 명사를 수식할 형용사가 쓰여야 알맞은 자리이므로 (A) possible이 정답이다.

오답 (B) possibly: 부사이므로 오답이다.
(C) possibility: 명사이며, explanation과 복합명사를 구성하는 명사도 아니므로 오답이다.
(D) possibilities: 명사이며, explanation과 복합명사를 구성하는 명사도 아니므로 오답이다.

어휘 explanation 설명 decline in ~의 하락, ~의 감소 sales 판매(량), 영업, 매출 recent 최근의 increase in ~의 증가 competition 경쟁, 경기대회, 경연대회 possibly 아마, 어쩌면 possibility 가능성

6.
정답 (B)

해석 여러 항공사들이 극심한 기상 조건으로 인해 지연 문제들을 알렸다.

해설 빈칸 바로 뒤에 위치한 복수명사 airlines를 수식할 수 있는 형용사 (B) Several이 정답이다.

오답 (A) Everything: 명사를 수식할 수 없는 대명사이므로 오답이다.
(C) Others: 명사를 수식할 수 없는 대명사이므로 오답이다.
(D) Nothing: 명사를 수식할 수 없는 대명사이므로 오답이다.

어휘 delay 지연, 지체 due to ~로 인해, ~ 때문에 severe 극심한, 가혹한 condition 조건, 상태, 환경

7.
정답 (A)

해석 각 고객께서는 서비스가 완료된 후에 의견을 제공해 주시도록 요청 드립니다.

해설 빈칸 뒤에 위치한 client처럼 셀 수 있는 명사의 단수형을 수식할 수 있는 형용사 (A) Each가 정답이다.

오답 (B) All: 셀 수 있는 명사의 복수형 또는 셀 수 없는 명사를 수식하므로 오답이다.
(C) Some: 셀 수 있는 명사의 복수형 또는 셀 수 없는 명사를 수식하므로 오답이다.
(D) Most: 셀 수 있는 명사의 복수형 또는 셀 수 없는 명사를 수식하므로 오답이다.

어휘 be asked to do ~하도록 요청받다 provide ~을 제공하다 feedback 의견 complete ~을 완료하다

8.

정답 (C)

해석 그 교육 프로그램은 의사 소통 능력, 리더십, 그리고 시간 관리를 포함해, 아주 다양한 주제를 다룹니다.

해설 부정관사 a와 명사 range 사이에 위치한 빈칸은 명사를 수식할 형용사가 필요한 자리이므로 (C) diverse가 정답이다. 참고로, a diverse range of는 '아주 다양한'이라는 의미를 나타내는 표현으로 기억해 두는 것이 좋다.

오답 (A) diversion: 명사이며, range와 복합명사를 구성하는 명사도 아니므로 오답이다.

(B) diversely: 명사를 수식할 수 없는 부사이므로 오답이다.

(D) diversify: 명사를 수식할 수 없는 동사이므로 오답이다.

어휘 training 교육, 훈련 cover (주제 등) ~을 다루다, ~을 포함하다 including ~을 포함해 communication 의사 소통 management 관리 diversion (방향, 주의 등의) 전환, 바꾸기 diversely 다양하게 diversify ~을 다양화하다

9.

정답 (B)

해석 선임 기술자들은 새로운 기기들을 작동하는 방법에 관해 직원들을 교육하는 일을 책임지고 있다.

해설 빈칸 앞뒤에 위치한 be동사 및 전치사 for와 함께 '~에 대한 책임이 있다'를 뜻하는 「be responsible for」를 구성해야 알맞으므로 형용사 (B) responsible이 정답이다.

오답 (A) responsibly: be동사 및 전치사 for와 함께 쓰이지 않는 부사이므로 오답이다.

(C) responsibility: be동사 및 전치사 for와 함께 쓰이지 않는 명사이므로 오답이다.

(D) responsibilities: be동사 및 전치사 for와 함께 쓰이지 않는 명사이므로 오답이다.

어휘 train ~을 교육하다, ~을 훈련시키다 staff 직원들 how to do ~하는 방법 operate ~을 작동하다, ~을 운영하다 device 기기, 장치 responsibly 책임감 있게 responsibility 책임(감)

10.

정답 (B)

해석 디자인 팀의 새로운 접근 방식이 우리 홈페이지를 매력적으로 만들었다.

해설 5형식 동사 make는 「make + 목적어 + 목적격보어」의 구조로 '~을 …한 상태로 만들다'의 의미를 나타낸다. 따라서 빈칸에는 목적어의 상태를 설명하는 형용사가 오는 것이 알맞으므로 (B) attractive가 정답이다. 목적격보어 다음에 명사가 오면 [목적어=명사]가 성립해야 한다.

오답 (A) attracts: 동사 형태이므로 목적격보어 자리에 올 수 없다.

(C) attractively: 부사이므로 목적격보어 자리에 올 수 없다.

(D) attractiveness: 목적격보어 자리에 명사가 올 수는 있지만 명사가 올 경우 목적어와 명사는 동일한 것이어야 한다.

어휘 approach 접근법 attract ~을 끌어들이다 attractive 매력적인 attractiveness 매력도

11-14 다음 정보를 참조하시오.

이 벨라노 부츠 한 켤레를 구입해 주셔서 감사합니다.

아마 평생 동안 많은 신발을 소유하시게 되겠지만, 귀하의 새 벨라노 부츠는 모든 것 중에서 가장 우아할 것입니다. **11 그러므로**, 좋은 상태로 유지하도록 노력하시는 것이 중요합니다. **12 원래의** 모습을 유지할 수 있도록 양질의 가죽 클리너를 이용하십시오. 신발이 물에 젖는 경우, 실온에서 건조되도록 하시기 바랍니다. 히터나 벽난로 옆에 놓아 두지 마십시오. 가죽이 수축되는 것을 **13 초래할** 수 있습니다. 먼지를 주기적으로 제거해 주시는 것도 중요합니다. **14 저희는 부드러운 젖은 천을 이용하시기를 권해 드립니다.** 주기적으로 이렇게 함으로써, 벨라노 부츠의 수명을 연장할 수 있습니다.

어휘 purchase ~을 구입하다 probably 아마, 어쩌면 elegant 우아한, 세련된 try to do ~하기 위해 노력하다 in good condition 좋은 상태로 quality a. 양질의, 질 좋은 leather 가죽 maintain ~을 유지하다 appearance 모습, 외관 allow A to do: A에게 ~할 수 있게 해 주다 temperature 온도 place v. ~을 놓다, ~을 두다 next to ~ 옆에 shrink 수축되다 remove ~을 제거하다, ~을 없애다 dirt 먼지, 흙 regularly 주기적으로, 규칙적으로 by (방법) ~함으로써, ~해서 on a regular basis 주기적으로, 규칙적으로 prolong ~을 연장하다 lifespan 수명

11.

정답 (B)

해설 빈칸 뒤에 좋은 상태로 유지하도록 노력하는 게 중요하다는 말이 쓰여 있는데, 이는 빈칸 앞 문장에서 새 벨라노 부츠가 가장 우아한 제품일 것이라고 언급하는 것에 따른 결과로서 취해야 하는 조치에 해당한다. 따라서, '그러므로, 따라서'라는 의미로 결과를 말할 때 사용하는 접속부사 (B) Therefore가 정답이다.

어휘 however 하지만, 그러나 therefore 그러므로, 따라서

12.

정답 (A)

해설 소유격대명사 their와 명사 appearance 사이에 위치한 빈칸은 명사를 수식할 형용사가 쓰여야 알맞은 자리이므로 (A) original 이 정답이다. 명사인 (B) origin은 appearance와

복합명사를 구성하지 않으므로 빈칸에 쓰일 수 없다.
어휘 original 원래의, 애초의 origin 유래, 기원

13.
정답 (B)
해설 빈칸 뒤에 위치한 「목적어 + to부정사」 구조와 어울리는 동사가 필요하며, 앞선 문장에 히터나 벽난로 옆에 놓아 두지 말라고 알리는 말이 쓰여 있어 그럴 경우에 가죽이 수축되는 것을 초래할 수 있다는 결과를 나타내야 자연스러우므로 '~에게 …하도록 초래하다'를 뜻하는 (B) cause가 정답이다.
어휘 cause (A to do): (A에게 ~하도록) 초래하다

14.
정답 (A)
해석 (A) 저희는 부드러운 젖은 천을 이용하시기를 권해 드립니다.
(B) 잊지 마시고 저희 온라인 카탈로그를 확인하시기 바랍니다.
해설 빈칸 앞 문장에 먼지를 주기적으로 제거하는 것도 중요하다는 말이 쓰여 있다. 따라서, 그 방법과 관련해 부드러운 젖은 천을 이용하도록 권한다는 의미로 쓰인 (A)가 정답이다.
어휘 forget to do ~하는 것을 잊다 catalog 카탈로그(제품 정보가 담긴 목록)

오늘의 필수 구문 분석

1. The manual provides / specific instructions / on how to operate the machine.
해석 설명서는 제공한다 / 구체적인 지침을 / 기계를 조작하는 방법에 대한

2. The company is considerate of / customer feedback / in developing new products.
해석 그 회사는 배려한다 / 고객 피드백을 / 신제품 개발에 있어서

3. The museum created / virtual tours / to make exhibits accessible / to everyone.
해석 그 박물관은 만들었다 / 가상 견학을 / 전시를 볼 수 있게 하기 위해 / 모든이들에게

4. Please direct / all questions / about refunds / to the service department.
해석 보내주세요 / 모든 질문들을 / 환불에 관한 / 서비스 부서로

5. Any employee / who has worked for three years / is eligible for promotion.
해석 어떤 직원이든 / 3년간 근무한 / 승진 자격이 된다

6. Our technicians are trained / to handle any task / that requires specialized knowledge.
해석 우리 기술자들은 훈련되어 있다 / 어떤 일이든 처리하도록 / 전문 지식을 필요로 하는

7. A possible explanation / for the decline in sales / is the recent increase / in competition.
해석 가능한 설명은 / 매출 감소에 대한 / 최근의 증가이다 / 경쟁에 있어

8. The training program covers / a diverse range of topics, / including communication skills, leadership, and time management.
해석 그 교육 프로그램은 다룬다 / 다양한 토픽을 / 의사소통 기술, 리더십, 그리고 시간 관리를 포함하여

오늘의 필수 어휘 Quiz

1. be responsible for — ~을 책임지다
2. specific — 구체적인
3. how to do — ~하는 법
4. operate — ~을 조작하다
5. considerable — 상당한
6. develop — ~을 개발하다
7. hire — ~을 채용하다
8. additional — 추가의, 부가의
9. strictly — 엄격하게
10. confidential — 기밀의
11. highly — 매우
12. keep A 형용사 — A를 ~인 상태로 유지하다
13. belongings — 소지품
14. accessible — 접근[이용] 가능한
15. participant — 참가자
16. be expected to do — ~할 것으로 기대되다

17. direct A to B   A를 B로 보내다
18. refund   환불
19. be eligible for   ~에 대한 자격이 있다
20. be familiar with   ~을 잘 알다, ~에 익숙하다

UNIT 04 부사

PRACTICE ①

1.

정답 continually

해석 성공한 회사들은 경쟁사들의 전략을 지속적으로 분석한다.

해설 주어 Successful companies와 동사 analyze 사이에는 동사를 앞에서 수식할 부사가 필요한 자리이므로 continually가 정답이다.

어휘 **successful** 성공한, 성공적인 **continue** 지속되다, ~을 지속하다 **continually** 지속적으로 **analyze** ~을 분석하다 **competitor** 경쟁사, 경쟁자 **strategy** 전략

2.

정답 quietly

해석 도서관 방문객들께서는 조용히 중앙 열람실에 입장하셔야 합니다.

해설 주어와 동사(should enter), 그리고 명사구 목적어까지 이미 문장 구성이 완전한 상태이다. 따라서, 문장 마지막 부분에 동사를 수식할 부사가 쓰여야 알맞으므로 quietly가 정답이다.

어휘 **enter** ~에 입장하다, ~에 들어가다

3.

정답 frequently

해석 김 씨는 해외 고객들과의 협상을 처리하도록 빈번히 요청받는다.

해설 수동태 동사를 구성하는 be동사 is와 과거분사 asked 사이에는 수동태 동사를 중간에서 수식할 부사가 쓰여야 하므로 frequently가 정답이다.

어휘 **be asked to do** ~하도록 요청받다 **frequent** 빈번한, 잦은 **frequently** 빈번히, 자주 **handle** ~을 처리하다, ~을 다루다 **negotiation** 협상, 협의 **overseas** 해외의

4.

정답 finally

해석 오랜 논의 끝에, 이사회는 마침내 예산을 늘리는 데 합의했다.

해설 주어 the board와 동사 agreed 사이에는 동사를 앞에서 수식할 부사가 필요하므로 finally가 정답이다.

어휘 **discussion** 논의, 토론 **board** 이사회 **finally** 마침내, 결국 **agree to do** ~하는 데 합의하다 **increase** ~을 늘리다, ~을 증가시키다 **budget** 예산

5.
정답 easily

해석 저희 웹사이트에서, 수월하게 호텔 가격들을 비교해 최고의 거래 조건을 찾으실 수 있습니다.

해설 조동사 can과 동사 compare 사이에는 동사를 앞에서 수식할 부사가 필요하므로 easily가 정답이다.

어휘 easily 수월하게, 쉽게 compare ~을 비교하다 deal 거래(조건), 거래 제품, 계약

6.
정답 carefully

해석 지원자들께서는 제출에 앞서 모든 문서를 신중히 검토하시도록 권장됩니다.

해설 to부정사를 구성하는 to와 동사원형 review 사이에는 동사원형을 앞에서 수식할 부사가 쓰여야 알맞으므로 carefully가 정답이다.

어휘 applicant 지원자, 신청자 be advised to do ~하도록 권장되다 carefully 신중히, 조심스럽게 careful 신중한, 조심스러운 review ~을 검토하다, ~을 살펴 보다 submission 제출(되는 것)

7.
정답 greatly

해석 그 회사의 성과가 지난 1년 동안에 걸쳐 크게 향상되어 왔다.

해설 현재완료시제 동사를 구성하는 has와 과거분사 improved 사이에는 현재완료시제 동사를 중간에서 수식할 부사가 쓰여야 하므로 greatly가 정답이다.

어휘 performance 성과, 실적, 수행 (능력), 공연 greatly 크게, 대단히 improve 향상되다, 개선되다 over ~ 동안에 걸쳐

8.
정답 conveniently

해석 그 커피 매장은 지하철 입구 근처에 편리하게 위치해 있다.

해설 수동태 동사를 구성하는 be동사 is와 과거분사 located 사이에는 수동태 동사를 중간에서 수식할 부사가 쓰여야 하므로 conveniently가 정답이다. 「be conveniently located」는 '편리하게 위치해 있다'라는 의미로 하나의 표현으로 기억해 두는 것이 좋다.

어휘 be located 위치해 있다 conveniently 편리하게 convenient 편리한 near ~ 근처에

9.
정답 completely

해석 그 팀이 그 광고 캠페인에 대해 완전히 새로운 아이디어를 제안했습니다.

해설 부정관사 a와 형용사 new 사이에는 형용사를 수식하는 부사가 쓰여야 알맞으므로 completely가 정답이다. 형용사 두 개가 명사 앞에 위치하는 것도 가능하지만, complete은 의미가 어울리지 않으므로 오답이다.

어휘 suggest ~을 제안하다, ~을 암시하다 complete 완전한, 완료된 completely 완전히, 전적으로 advertising 광고(활동)

10.
정답 currently

해석 국제 무역 박람회에 입장권이 현재 온라인에서 구입 가능하다.

해설 현재시제 동사 are와 어울려 입장권이 구입 가능한 상태임을 나타내는 형용사 available을 수식하는 부사 currently가 정답이다.

어휘 trade fair 무역 박람회 current 현재의 currently 현재 available (사물) 구입 가능한, 이용 가능한, (사람) 시간이 있는

PRACTICE 2

1.
정답 Almost

해석 그 동물원의 거의 모든 특별 프로그램이 이번 주에 취소되었다.

해설 형용사 all을 수식할 수 있는 부사 Almost가 정답이다. Every는 형용사이다.

어휘 cancel ~을 취소하다

2.
정답 nearly

해석 우리는 우리 비행기에 탑승하기 위해 거의 한 시간을 대기해야 했다.

해설 숫자 표현을 포함한 an hour를 앞에서 수식할 수 있는 부사 nearly가 정답이다.

어휘 had to do ~해야 했다 nearly 거의 lately 최근에 board ~에 탑승하다

3.
정답 approximately

해석 그 기차역까지 걸어가는 데 약 10분이 걸린다.

해설 숫자 표현을 포함한 ten minutes를 앞에서 수식할 수 있는 부사 approximately가 정답이다.

어휘 take ~의 시간이 걸리다 approximate v. (수량 등이) ~에 가깝다, ~와 비슷하다 a. 대략의, 근사치의 approximately 약, 대략

4.
정답 closely

해석 그 재무팀은 예산 내에 머물러 있기 위해 지출 비용을 면밀히 관찰할 것이다.

해설 지출 비용을 관찰하는 방식과 관련된 부사가 필요하므로 '면밀히'를 뜻하는 closely가 정답이다.

어휘 finance 재무, 재정, 금융 monitor v. ~을 추적 관찰하다, ~을 감시하다 expense 지출 (비용), 경비 close a. 가까운 ad. 가까이 closely 면밀히, 자세히, 접근하여, 단단히, 밀접하게 within (범위, 기간 등) ~ 내에 budget 예산

5.
정답 shortly

해석 저희는 귀하의 주문품이 곧 도착할 것이라는 사실을 알려 드리게 되어 기쁩니다.

해설 주문품이 도착하는 시점과 관련된 의미를 나타낼 부사가 쓰여야 알맞으므로 '곧, 머지 않아'를 뜻하는 shortly가 정답이다.

어휘 be pleased to do ~해서 기쁘다 inform A that: A에게 ~임을 알리다 order 주문(품) arrive 도착하다 shortly 곧, 머지 않아 short a. 짧은 ad. 짧게

6.
정답 more than

해석 뉴욕으로 향하는 우리 항공편이 세 시간 넘게 지연되었다.

해설 숫자 표현을 포함한 three hours를 앞에서 수식할 수 있는 부사 more than이 정답이다.

어휘 delay ~을 지연시키다 more than ~ 넘게, ~보다 많이

7.
정답 up to

해석 고객들께서는 모든 구매품에 대해 최대 20퍼센트까지 절약하실 수 있습니다.

해설 숫자 표현을 포함한 20 percent를 앞에서 수식할 수 있는 부사 up to가 정답이다.

어휘 up to 최대 ~까지 far from ~에서 멀리 (떨어진), 전혀 ~이 아닌 purchase 구매(품)

8.
정답 nearly

해석 그 레스토랑은 하루에 거의 100명의 고객을 맞이한다.

해설 숫자 표현을 포함한 100 customers를 앞에서 수식할 수 있는 부사 nearly가 정답이다.

어휘 welcome ~을 맞이하다, ~을 환영하다 nearly 거의 near a. 가까운 ad. 가까이

9.
정답 hardly

해석 그 표지판은 나무들 때문에 주 도로에서 거의 보이지 않는다.

해설 be동사 was와 형용사 보어 visible 사이에 위치할 수 있는 부사로 '거의 ~ 않다'라는 의미로 부정의 뜻을 나타내는 hardly가 정답이다.

어휘 hardly 거의 ~ 않다 visible 눈에 보이는, 알아볼 수 있는

10.
정답 just

해석 딱 10개의 의자만 대회의실에 남겨 두고, 여분은 무엇이든 치워 주시기 바랍니다.

해설 숫자 표현을 포함한 10 chairs를 앞에서 수식할 수 있는 부사 just가 정답이다. quite은 형용사나 다른 부사를 수식한다.

어휘 leave ~을 남겨 두다 quite 꽤, 상당히 remove ~을 치우다, ~을 제거하다 extra n. 여분(의 것), 추가(되는 것)

실전 TEST

1. (B)	2. (C)	3. (C)	4. (D)	5. (A)
6. (D)	7. (B)	8. (C)	9. (C)	10. (C)
11. (A)	12. (A)	13. (B)	14. (B)	

1.
정답 (B)

해석 그 새로운 쇼핑 센터는 시내 지역에 편리하게 위치해 있습니다.

해설 수동태 동사를 구성하는 be동사 is와 과거분사 located 사이에 위치한 빈칸은 수동태 동사를 중간에서 수식할 부사 자리이므로 (B) conveniently가 정답이다. 「be conveniently located」는 '편리하게 위치해 있다'라는 의미로 하나의 표현으로 기억해 두는 것이 좋다.

오답 (A) convenient: 형용사이므로 오답이다.
(C) convenience: 명사이므로 오답이다.
(D) conven ences: 명사이므로 오답이다.

어휘 be located 위치해 있다 downtown 시내의 convenient 편리한 convenience 편리, 편의(성)

2.
정답 (C)

해석 그 설문 조사는 주민의 70퍼센트가 피트니스 센터를 자주 이용한다는 것을 보여준다.

해설 빈칸이 속한 that절은 주어와 동사(use), 그리고 명사구 목적어까지 구조가 이미 완전한 상태이다. 따라서, 부가적인 요소인 부사가 빈칸에 쓰여야 하므로 목적어 뒤에 위치할 수 있는

부사 (C) often이 정답이다.

오답 (A) some: 형용사 또는 대명사이므로 오답이다.
(B) every: 형용사이므로 오답이다.
(D) very: 부사이기는 하지만, 형용사 또는 다른 부사 앞에 위치해야 하므로 오답이다.

어휘 survey 설문 조사(지) show that ~임을 나타내다 resident 주민

3.
정답 (C)
해석 저희는 최고의 안전 수준을 보장해 드리기 위해 저희 제품들에 대해 끊임없이 테스트를 실시합니다.
해설 주어 We와 동사 perform 사이에 위치한 빈칸은 동사를 앞에서 수식할 부사가 필요한 자리이므로 (C) continually가 정답이다.
오답 (A) continue: 동사이므로 오답이다.
(B) continuous: 형용사이므로 오답이다.
(D) to continue: to부정사이므로 오답이다.
어휘 perform ~을 실시하다, ~을 수행하다 ensure ~을 보장하다, 반드시 ~하도록 하다 standard 수준, 표준 continue 지속되다, ~을 지속하다 continuous 지속적인, 끊임없는 continually 끊임없이, 반복적으로

4.
정답 (D)
해석 수 개월 동안의 협상 끝에, 그 회사는 마침내 공급업체와 계약을 체결했다.
해설 주어 the company와 동사 signed 사이에 위치한 빈칸은 동사를 앞에서 수식할 부사가 필요한 자리이므로 (D) finally가 정답이다.
오답 (A) finalization: 명사이므로 오답이다.
(B) finalized: 동사의 과거형 또는 과거분사형이므로 오답이다.
(C) final: 형용사이므로 오답이다.
어휘 negotiation 협상, 협의 sign ~에 서명하다 contract 계약(서) supplier 공급업체, 공급업자 finalization 최종 확정 finalize ~을 최종 확정하다 finally 마침내, 결국

5.
정답 (A)
해석 안전 점검이 거의 완료되었으며, 그 결과는 다음 주에 발표될 것입니다.
해설 선택지가 모두 부사이므로 문장의 의미에 어울리는 것을 찾아야 한다. 빈칸 뒤에 위치한 과거분사 finished와 어울려 완료된 정도와 관련된 의미를 나타내야 자연스러우므로 '거의'를 뜻하는 (A) nearly가 정답이다.
어휘 inspection 점검, 검사 result 결과 announce ~을 발표하다, ~을 공지하다 newly 새롭게 conveniently 편리하게 previously 이전에, 과거에

6.
정답 (D)
해석 그 사무실은 개조 공사로 인해 약 2주 동안 폐쇄될 것입니다.
해설 숫자 표현을 포함한 two weeks 앞에 빈칸이 있으므로 '약, 대략'이라는 의미로 숫자 표현 앞에 사용하는 부사 (D) approximately가 정답이다.
오답 (A) approximate: 동사 또는 형용사이므로 오답이다.
(B) approximated: 동사의 과거형 또는 과거분사형이므로 오답이다.
(C) approximation: 명사이므로 오답이다.
어휘 due to ~로 인해, ~ 때문에 renovation 개조, 보수 approximate v. (수량 등이) ~에 가깝다, ~와 비슷하다 a. 대략의, 근사치의 approximation 근사(치), 접근, 가까움

7.
정답 (B)
해석 그 실험실 내의 모든 화학 물질은 반드시 안전 가이드라인에 따라 신중히 다뤄져야 합니다.
해설 수동태 동사 be handled와 전치사 according to 사이에 위치한 빈칸은 수동태 동사를 뒤에서 수식할 부사가 필요한 자리이므로 (B) carefully가 정답이다.
오답 (A) careful: 형용사이므로 오답이다.
(C) care: 명사 또는 동사이므로 오답이다.
(D) more careful: 비교급 형용사이므로 오답이다.
어휘 chemical n. 화학 물질 a. 화학의, 화학적인 laboratory 실험실 handle ~을 다루다, ~을 처리하다 according to ~에 따라, ~에 따르면 careful 신중한, 조심스러운 carefully 신중히, 조심스럽게 care n. 조심, 주의, 관심, 돌봄, 관리 v. 걱정하다, 좋아하다, 상관하다

8.
정답 (C)
해석 저희 매장은 소기업들을 대상으로 경쟁력 있게 가격이 책정된 사무용품을 판매합니다.
해설 타동사 sells와 복합명사 목적어 office supplies 사이에 빈칸과 형용사 priced가 위치해 있어 형용사를 앞에서 수식할 부사가 빈칸에 쓰여야 알맞으므로 (C) competitively가 정답이다.
오답 (A) compete: 동사이므로 오답이다.
(B) competitive: 형용사이며, priced를 수식해 가격이 책정된 방식과 관련된 의미를 나타낼 수 없으므로 오답이다.
(D) competed: 동사의 과거형 또는 과거분사형이므로 오답이다.

어휘 priced 가격이 책정된 supplies 용품, 물품 compete 경쟁하다 competitive 경쟁력 있는, 경쟁하는 competitively 경쟁력 있게, 경쟁적으로

9.
정답 (C)

해석 그 엔지니어들은 출시 전에 그 시스템을 바로잡기 위해 지칠 줄 모르고 일했다.

해설 자동사 worked와 to부정사 to fix 사이에 위치한 빈칸은 동사를 뒤에서 수식할 부사가 쓰여야 알맞은 자리이므로 (C) tirelessly가 정답이다.

오답 (A) to tire: to부정사이므로 오답이다.
(B) tireless: 형용사이므로 오답이다.
(D) tiring: 동명사 또는 현재분사이므로 오답이다.

어휘 fix ~을 바로잡다, ~을 고치다 launch 출시, 공개 tire v. 피곤해지다, ~을 피곤하게 만들다 tireless 지칠 줄 모르는 tirelessly 지칠 줄 모르고

10.
정답 (C)

해석 하버필드 지역 공항은 매달 거의 4,000대의 항공편을 처리한다.

해설 숫자 표현을 포함한 4,000 flights 앞에 빈칸이 있으므로 '거의'라는 의미로 숫자 표현 앞에 사용하는 부사 (C) almost가 정답이다.

어휘 handle ~을 처리하다, ~을 다루다 quite 상당히, 꽤 closely 면밀히, 자세히, 접근하여, 단단히, 밀접하게

11-14 다음 광고를 참조하시오.

> 주문 제작 컴퓨터를 고려하고 계신가요?
> 노바빌드 컴퓨터스에 연락 주십시오.
>
> 어떤 수준의 성능이 필요하시고, 어떤 기능들을 가장 크게 원하시나요? 심지어 약간의 기술적 경험을 갖고 계신 **11** 분들께도, 알맞은 컴퓨터 부품을 선택하는 일은 **12** 간단하지 않습니다.
>
> 컴퓨터 부품은 품질에 있어 많이 상이할 수 있으며, 지역 매장에는 최신 프로세서나 그래픽 카드가 없을 수 있습니다. **13** **다행히, 저희 노바빌드 컴퓨터스는 정확히 여러분께서 필요하신 것을 설치해 드릴 수 있습니다.** 저희 기술자들은 최고급 데스크톱 조립 및 주문 제작에 있어 **14** 대단히 숙련되어 있습니다.
>
> 555-1124번으로 오늘 저희에게 전화 주셔서 상담 일정을 잡아 보시기 바랍니다!

어휘 consider ~을 고려하다 custom-made 주문 제작된 contact ~에게 연락하다 performance 성능, 수행 (능력), 성과, 공연 feature 기능, 특징 even 심지어 (~도) choose ~을 선택하다 part 부품 differ 상이하다, 다르다 quality 품질, 질 local 지역의, 현지의 latest 최신의 skilled 숙련된, 능숙한 high-end 최고급의 construction 조립, 건설, 구조(물), 구성 customization 주문 제작 consultation 상담, 상의

11.
정답 (A)

해설 빈칸 뒤에 위치한 who절의 수식을 받을 수 있는 대명사로 who절과 함께 '~하는 사람들'을 의미하는 (A) those가 정답이다.

12.
정답 (A)

해설 be동사 is 뒤에 위치한 빈칸은 보어 역할을 할 단어가 필요한 자리이므로 형용사 (A) simple이 정답이다.

어휘 simply 단순히, 그저, 그야말로

13.
정답 (B)

해석 (A) 저희 노바빌드 컴퓨터스는 작년에 저희 본사를 이전했습니다.
(B) 다행히, 저희 노바빌드 컴퓨터스는 정확히 여러분께서 필요하신 것을 설치해 드릴 수 있습니다.

해설 빈칸 앞 문장에 품질의 차이 및 재고 보유 관련 문제를 언급하는 내용이 제시되어 있다. 따라서, 그러한 문제들에 대한 해결책으로 노바빌드 컴퓨터스가 고객들이 원하는 것을 설치해 줄 수 있다고 언급하는 (B)가 정답이다.

어휘 headquarters 본사 fortunately 다행히, 운 좋게도 install ~을 설치하다 exactly 정확히

14.
정답 (B)

해설 be동사 are와 형용사 보어 skilled 사이에 위치한 빈칸은 형용사를 앞에서 수식할 부사가 필요한 자리이며, 회사에 소속된 기술자들이 대단히 숙련되어 있음을 강조하는 의미를 나타내야 자연스러우므로 '대단히, 매우, 크게'를 뜻하는 강조 부사 (B) highly가 정답이다.

어휘 highly 대단히, 매우, 크게

오늘의 필수 구문 분석

1. Mr. Kim is (frequently) asked / to handle
   —S—   ———V———
   negotiations / with overseas clients.

해석 김 씨는 자주 요청받는다 / 협상을 다루는 것을 / 해외 고객들과의

2. Applicants are advised / to carefully review all documents / before submission.
       S   V

해석 지원자들은 권고받는다 / 모든 서류를 신중히 검토할 것을 / 제출 전에

3. It takes approximately ten minutes / to walk to the train station.
     S V

해석 약 10분이 걸린다 / 기차역에 걸어가는 것이

4. We are pleased / to inform you / that your order should be arriving / shortly.
     S   V

해석 우리는 기쁘다 / 당신에게 알리게 되어 / 당신의 주문품이 도착할 것이라는 것을 / 곧

5. The sign was hardly visible / from the main road / because of the trees.
       S   V

해석 그 표지판은 거의 보이지 않았다 / 주요 도로에서 / 나무 때문에

6. Please leave just 10 chairs / in the conference room / and remove any extras.
           V

해석 의자 10개만 두세요 / 회의실에 / 그리고 나머지는 치우세요

7. The survey shows / that 70 percent of the residents / use the fitness center often.
          S   V

해석 설문조사는 보여준다 / 주민들의 70퍼센트가 / 피트니스 센터를 자주 이용한다는 것을

8. All chemicals / in the laboratory / must be handled carefully / according to safety guidelines.
       S   V

해석 모든 화학물질들 / 실험실에 있는 / 신중히 다뤄져야 한다 / 안전 지침에 따르면

오늘의 필수 어휘 Quiz

1.	continually	계속해서
2.	analyze	~을 분석하다
3.	competitor	경쟁사, 경쟁자
4.	strategy	전략
5.	frequently	빈번하게, 자주
6.	finally	마침내
7.	agree to do	~하는 것에 동의하다
8.	compare	~을 비교하다
9.	be advised to do	~하도록 권고 받다
10.	be conveniently located	편리하게 위치해 있다
11.	completely	완전히
12.	nearly	거의
13.	lately	최근에
14.	it takes + 시간	~의 시간이 걸리다
15.	approximately	대략, 약
16.	closely	면밀하게
17.	be pleased to do	~하게 되어 기쁘다
18.	inform A that	A에게 ~라고 알리다
19.	shortly	곧
20.	hardly	거의 ~않다

REVIEW TEST 1   Unit 1~4

1. (D)	2. (A)	3. (B)	4. (C)	5. (D)
6. (A)	7. (A)	8. (C)	9. (D)	10. (D)
11. (B)	12. (B)	13. (C)	14. (A)	15. (C)
16. (B)	17. (D)	18. (C)	19. (C)	20. (A)

1.

정답 (D)

해석 루비오 씨는 월요일에 사무실에 도착하면 발표에 참석할 것입니다.

해설 접속사 when과 동사 arrives 사이에 위치한 빈칸은 when절의 주어가 쓰여야 하는 자리이므로 주격대명사 (D) he가 정답이다.

오답 (A) himself: 주어 자리에 쓰일 수 없는 재귀대명사이므로 오답이다.

(B) him: 주어 자리에 쓰일 수 없는 목적격대명사이므로 오답이다.

(C) his: 소유격대명사 또는 소유대명사이며, 소유대명사(그의 것)일 때 주어 자리에 쓰일 수는 있지만 사무실에 도착하는 사람인 Mr. Rubio를 가리키지 않으므로 오답이다.

어휘 attend ~에 참석하다　presentation 발표(회)　arrive 도착하다

2.
정답 (A)

해석 회사 야유회에 물품을 하나 가져 오기를 원하는 경우, 인사부에 연락 주시기 바랍니다.

해설 부정관사 an과 전치사 to 사이에 위치한 빈칸은 an의 수식을 받을 셀 수 있는 명사의 단수형이 쓰여야 하는 자리이므로 (A) item이 정답이다.

오답 (B) items: 셀 수 있는 명사의 복수형이므로 오답이다.
(C) itemize: 명사 자리에 쓰일 수 없는 동사이므로 오답이다.
(D) itemized: 명사 자리에 쓰일 수 없는 동사의 과거형 또는 과거분사형이므로 오답이다.

어휘 would like to do ~하기를 원하다, ~하고자 하다　contact ~에 연락하다　HR 인사(부), 인적 자원　department ~부, 부서　item 물품, 제품, 품목, 항목　itemize ~을 항목화하다, ~을 항목별로 정리하다

3.
정답 (B)

해석 저희는 가격이 알맞으면서 환경 친화적인 신제품 라인을 출시합니다.

해설 전치사 of와 관계대명사 that 사이에 위치한 빈칸은 of의 목적어 역할을 할 명사가 필요한 자리이며, 동사 are launching의 목적어로서 출시하는 물품에 해당하는 의미를 지녀야 하므로 '제품들'을 뜻하는 (B) products가 정답이다.

오답 (A) producibility: 명사이기는 하지만, 회사에서 출시하는 물품을 의미하지 않으므로 오답이다.
(C) production: 명사이기는 하지만, 회사에서 출시하는 물품을 의미하지 않으므로 오답이다.
(D) produced: 명사 자리에 쓰일 수 없는 동사의 과거형 또는 과거분사형이므로 오답이다.

어휘 launch v. ~을 출시하다, ~을 시작하다 n. 출시(회), 시작　affordable 가격이 알맞은, 감당할 수 있는　eco-friendly 환경 친화적인　producibility 생산할 수 있음　production 생산(량), 제작　produce ~을 생산하다, ~을 제작하다

4.
정답 (C)

해석 린 왕 씨의 최근 도서는 마케팅 분야에서 일하기를 원하는 사람들에게 훌륭한 조언을 제공해 준다.

해설 빈칸 뒤에 위치한 who절의 수식을 받을 수 있는 대명사가 필요하며, who절에 쓰인 복수동사 want와 수 일치되는 복수대명사여야 한다. 따라서, who절의 수식을 받아 '~하는 사람들'이라는 의미로 쓰이는 복수대명사 (C) those가 정답이다.

오답 (A) one: who절의 수식을 받을 수는 있지만, who절의 동사 want와 수 일치되지 않는 단수대명사이므로 오답이다.
(B) few: who절의 수식을 받을 수 있는 대명사가 아니므로 오답이다.
(D) another: who절의 수식을 받을 수 있는 대명사가 아니므로 오답이다.

어휘 recent 최근의　offer ~을 제공하다　excellent 훌륭한, 우수한　few 거의 없음　another 또 다른 하나

5.
정답 (D)

해석 다가오는 세미나에 대한 세부 정보는 곧 우리 웹사이트를 통해 확인이 가능할 것입니다.

해설 형용사 보어 available과 전치사 through 사이에 위치한 빈칸은 문장 구성에 있어 부가적인 요소인 부사가 쓰여야 알맞은 자리이므로 (D) shortly가 정답이다.

오답 (A) short: 형용사 보어 available과 전치사 through 사이에 위치할 수 없는 형용사이므로 오답이다.
(B) shorter: 형용사 보어 available과 전치사 through 사이에 위치할 수 없는 비교급 형용사이므로 오답이다.
(C) shortest: 형용사 보어 available과 전치사 through 사이에 위치할 수 없는 최상급 형용사이므로 오답이다.

어휘 details 세부 정보, 상세 사항　upcoming 다가오는, 곧 있을　available (사물) 구입 가능한, 이용 가능한, (사람) 시간이 나는　through (방법, 이동 등) ~을 통해, ~을 거쳐, ~을 통과해　shortly 곧, 머지 않아

6.
정답 (A)

해석 화이트 씨의 신간 도서는 신규 고객을 끌어들이는 온라인 마케팅 전략에 초점을 맞추고 있다.

해설 선택지의 단어들이 모두 품사가 다르므로 빈칸의 역할부터 파악해야 한다. 빈칸은 바로 뒤에 위치한 of 전치사구의 수식을 받으면서 marketing과 복합명사를 구성할 또 다른 명사가 쓰여야 알맞은 자리이므로 (A) strategies가 정답이다.

오답 (B) strategized: 명사 자리에 쓰일 수 없는 동사이므로 오답이다.
(C) strategically: 명사 자리에 쓰일 수 없는 부사이므로 오답이다.
(D) strategic: 명사 자리에 쓰일 수 없는 형용사이므로 오답이다.

어휘 focus on ~에 초점을 맞추다, ~에 중점을 두다　attract ~을 끌어들이다　strategy 전략　strategize 전략을 세우다　strategically 전략적으로　strategic 전략적인

REVIEW TEST 1　27

7.
정답 (A)

해석 그 회사는 전 직원에게 품질 기준을 유지하는 데 전념하도록 요청한다.

해설 빈칸 앞뒤에 위치한 dedicate 및 전치사 to와 어울려 '~하는 데 전념하다'를 뜻하는 「dedicate oneself to -ing」를 구성해야 알맞으므로 (A) themselves가 정답이다.

오답 (B) them: dedicate 및 전치사 to와 어울리는 표현을 구성하지 않으므로 오답이다.

(C) their: dedicate 및 전치사 to와 어울리는 표현을 구성하지 않으므로 오답이다.

(D) their own: dedicate 및 전치사 to와 어울리는 표현을 구성하지 않으므로 오답이다.

어휘 ask A to do: A에게 ~하도록 요청하다 employee 직원 maintain ~을 유지하다 quality 품질, 질 standard 기준, 표준 one's own 자기자신만의, 자기자신만의 것

8.
정답 (C)

해석 우리 센터에서는 주말마다 참여형 미술 워크숍을 제공합니다.

해설 동사 offers의 목적어인 art workshops 앞에 빈칸이 있으므로 빈칸에는 명사를 수식하는 형용사가 와야 알맞다. 따라서 형용사인 (C) interactive가 정답이다.

오답 (A) interacts: 형용사 자리에 쓰일 수 없는 동사이므로 오답이다.

(B) interactions: 명사로서, art workshops와 복합명사를 구성하여 쓰이지 않으므로 오답이다.

(D) interactively: 명사를 수식할 수 없는 부사이므로 오답이다.

어휘 offer ~을 제공하다 art 미술, 예술 every weekend 주말마다 interact 상호 작용하다 interaction 소통, 상호 작용 interactive 상호형의, 대화형의, 참여형의 interactively 대화식으로, 쌍방향으로

9.
정답 (D)

해석 로드리게스 씨는 그 도시의 벨뷰 지역에서 부동산 가격이 놀라울 정도로 낮다고 생각했다.

해설 to부정사로 쓰인 be동사 be와 형용사 low 사이에 위치한 빈칸은 형용사를 앞에서 수식할 부사가 쓰여야 알맞은 자리이므로 (D) surprisingly가 정답이다.

오답 (A) surprise: 부사 자리에 쓰일 수 없는 동사 또는 명사이므로 오답이다.

(B) surprises: 부사 자리에 쓰일 수 없는 동사 또는 명사이므로 오답이다.

(C) surprising: 부사 자리에 쓰일 수 없는 동사 또는 형용사이므로 오답이다.

어휘 find A to be 형용사: A를 ~하다고 생각하다 property 부동산, 건물, 자산 neighborhood 지역, 인근, 이웃 surprise v. ~을 놀라게 하다 n. 놀라움, 놀라운 일 surprising (사람을) 놀라게 하는 surprisingly 놀라울 정도로, 놀랍게도

10.
정답 (D)

해석 인사부장님께서 앞으로 2주 동안에 걸쳐 신입 직원들의 업무 능력을 면밀히 관찰하실 것입니다.

해설 조동사 will과 동사원형 monitor 사이에 위치한 빈칸은 동사를 앞에서 수식할 부사가 필요한 자리이므로 (D) closely가 정답이다.

오답 (A) close: 부사 자리에 쓰일 수 없는 동사 또는 형용사이므로 오답이다.

(B) closeness: 부사 자리에 쓰일 수 없는 명사이므로 오답이다.

(C) closer: 부사 자리에 쓰일 수 없는 비교급 형용사이므로 오답이다.

어휘 HR 인사(부), 인적 자원 monitor v. ~을 관찰하다, ~을 감시하다 performance 수행 능력, 성과, 실적, 성능, 공연 new recruit 신입 직원 over ~ 동안에 걸쳐 close a. 면밀한, 자세한, 가까운, 밀접한 closeness 친밀함, 가까움 closely 면밀히, 자세히, 단단히, 가까이, 밀접하게

11.
정답 (B)

해석 업데이트된 안전 수칙이 지금 우리 회사 인트라넷에서 다운로드 가능합니다.

해설 be동사 is와 형용사 보어 available 사이에 위치할 수 있는 부사가 필요하며, 현재시제 동사 is와 어울려 '현재 이용 가능하다'를 뜻을 나타내야 자연스러우므로 '지금'을 뜻하는 (B) now가 정답이다.

오답 (A) well: be동사와 형용사 보어 사이에 위치할 수는 있지만, 의미가 어울리지 않으므로 오답이다.

(C) gently: be동사와 형용사 보어 사이에 위치할 수는 있지만, 의미가 어울리지 않으므로 오답이다.

(D) brightly: be동사와 형용사 보어 사이에 위치할 수는 있지만, 의미가 어울리지 않으므로 오답이다.

어휘 safety instruction 안전 수칙 available (사물) 이용 가능한, 구입 가능한, (사람) 시간이 있는 Intranet 인트라넷, 내부 전산망 gently 부드럽게, 조심스럽게 brightly 밝게, 빛나게, 명랑하게

12.
정답 (B)

해석 저희가 직원 보너스 정책에 대한 변동 사항과 관련해 여러분의 질문에 답변해 드리기 위해 회의를 개최할 것입니다.

해설 to부정사의 answer와 명사 목적어 questions 사이에 위치한 빈칸은 명사를 수식할 소유격대명사가 쓰여야 알맞은 자리이므로 (B) your가 정답이다.

오답 (A) you: 명사를 수식할 수 없는 주격대명사 또는 목적격대명사이므로 오답이다.
(C) yours: 명사를 수식할 수 없는 소유대명사이므로 오답이다.
(D) yourself: 명사를 수식할 수 없는 재귀대명사이므로 오답이다.

어휘 hold ~을 개최하다, ~을 열다 employee 직원 policy 정책, 방침

13.
정답 (C)

해석 저희는 저희 주방 내의 모든 장비가 안전한지 확인하기 위해 지속적으로 점검을 실시합니다.

해설 주어 We와 동사 conduct 사이에 위치한 빈칸은 동사를 앞에서 수식할 부사가 필요한 자리이므로 (C) continually가 정답이다.

오답 (A) continue: 부사 자리에 쓰일 수 없는 동사이므로 오답이다.
(B) continuous: 부사 자리에 쓰일 수 없는 형용사이므로 오답이다.
(D) to continue: 부사 자리에 쓰일 수 없는 to부정사이므로 오답이다.

어휘 conduct ~을 실시하다, ~을 수행하다 inspection 점검, 검사 make sure (that) ~인지 확인하다, 반드시 ~하도록 하다 equipment 장비 continue 지속되다, ~을 지속하다 continuous 지속적인 continually 지속적으로

14.
정답 (A)

해석 말리부 피트니스의 회원들은 선호하는 운동 강좌에 관한 설문 조사지를 작성 완료하도록 요청받았다.

해설 부정관사 a와 전치사 about 사이에 위치한 빈칸은 a와 어울리는 셀 수 있는 명사의 단수형이 쓰여야 하는 자리이다. 또한, complete의 목적어로서 회원들이 완료해야 하는 일과 관련된 의미를 지녀야 하므로 '설문 조사(지)'를 뜻하는 (A) survey가 정답이다.

오답 (B) surveying: 동명사 또는 현재분사이므로 오답이다. 동명사는 관사의 수식을 받을 수 없다.
(C) surveyor: 셀 수 있는 명사의 단수형이기는 하지만, 회원들이 완료해야 하는 일에 해당하는 명사가 아니므로 오답이다.
(D) surveyed: 동사의 과거형 또는 과거분사형이므로 오답이다.

어휘 be asked to do ~하도록 요청받다 complete ~을 완료하다 preferred 선호하는 exercise 운동 survey n. 설문 조사(지) v. ~에게 설문 조사하다 surveyor 측량 기사, 감독관

15.
정답 (C)

해석 업무를 위해 출장을 떠나시는 직원들은 반드시 각자의 지출 비용 보고서에 모든 영수증을 포함해야 합니다.

해설 빈칸 뒤에 복수명사 receipts가 쓰여 있으므로 복수명사를 수식할 수 있는 (C) all이 정답이다.

오답 (A) each: 단수명사를 수식하는 형용사이므로 오답이다.
(B) one: 단수명사를 수식하는 형용사이므로 오답이다.
(D) every: 단수명사를 수식하는 형용사이므로 오답이다.

어휘 employee 직원 include ~을 포함하다 receipt 영수(증), 수령, 수취 expense 지출 (비용), 경비

16.
정답 (B)

해석 라이저 테크놀로지 사는 공장을 이전하는 결정과 관련해 자사의 모든 주주에게 알릴 것이다.

해설 전치사 of와 명사 목적어 shareholders 사이에 위치한 빈칸은 명사를 수식할 단어가 필요한 자리이다. 또한, Ryzer Technologies를 지칭해 그곳의 주주를 가리켜야 알맞으므로 앞서 언급된 단수사물명사를 가리킬 때 사용하는 소유격대명사 (B) its가 정답이다.

오답 (A) one: 셀 수 있는 명사의 단수형을 수식해야 하므로 복수명사 shareholders 앞에 사용할 수 없는 오답이다.
(C) ours: 명사를 수식할 수 없는 소유대명사이므로 오답이다.
(D) them: 명사를 수식할 수 없는 목적격대명사이므로 오답이다.

어휘 inform ~에게 알리다 shareholder 주주 decision 결정 relocate ~을 이전하다, ~을 재배치하다

17.
정답 (D)

해석 그 회사의 재정적 성과가 지난 3년 동안에 걸쳐 꾸준히 개선되어 왔다.

해설 현재완료시제로 쓰인 자동사 has improved와 전치사 over 사이에 위치한 빈칸은 자동사를 뒤에서 수식할 부사가 쓰여야 알맞은 자리이므로 (D) steadily가 정답이다.

오답 (A) steadiest: 부사 자리에 쓰일 수 없는 최상급 형용사이므로 오답이다.
(B) steadiness: 부사 자리에 쓰일 수 없는 명사이므로 오답이다.
(C) steady: 부사 자리에 쓰일 수 없는 형용사이므로 오답이다.

어휘 financial 재정의, 재무의, 금융의 performance 성과, 실적, 수행 능력, 성능, 공연 improve 개선되다, ~을 개선하다 over ~ 동안에 걸쳐 steadiness 꾸준함, 한결같음 steady 꾸준한, 한결같은 steadily 꾸준히, 한결같이

18.
정답 (C)
해석 그 위원회는 교육에 더 많은 자금을 할당하겠다는 공동 결정을 내렸다.
해설 부정관사 a와 명사 decision 사이에 위치한 빈칸은 명사를 수식할 형용사가 쓰여야 알맞은 자리이므로 (C) collective가 정답이다.
오답 (A) collect: 형용사 자리에 쓰일 수 없는 동사이므로 오답이다.
(B) collects: 형용사 자리에 쓰일 수 없는 동사이므로 오답이다.
(D) collectively: 형용사 자리에 쓰일 수 없는 부사이므로 오답이다.

어휘 committee 위원회 make a decision 결정을 내리다 allocate ~을 할당하다, ~을 배정하다 fund 자금, 기금 training 교육, 훈련 collect ~을 수집하다, ~을 모으다 collective 공동의, 집단적인 collectively 집단적으로, 전체적으로

19.
정답 (C)
해석 박 씨는 그 팀의 나머지 사람들이 자리를 비운 동안 혼자 그 프로젝트를 완료했다.
해설 주어인 Mr. Park 자신을 가리키는 대명사가 빈칸에 쓰여 전치사 by와 함께 '혼자, 스스로'를 의미하는 「by oneself」를 구성해야 알맞으므로 재귀대명사 (C) himself가 정답이다.
오답 (A) he: 전치사의 목적어로 쓰일 수 없는 주격대명사이므로 오답이다.
(B) him: 전치사의 목적어로 쓰일 수는 있지만, 주어인 Mr. Park 자신을 가리키지 않으므로 오답이다.
(D) his own: 전치사의 목적어로 쓰일 수는 있지만, 주어인 Mr. Park을 가리키지 않으므로 오답이다.

어휘 complete ~을 완료하다 while ~하는 동안, ~하는 반면 the rest of ~의 나머지 away 자리를 비운, 멀리 떨어진 one's own 자기자신만의, 자기자신만의 것

20.
정답 (A)
해석 각각의 도서 주문품은 배송 중에 손상을 방지하기 위해 특별하게 포장된다.
해설 빈칸 뒤에 셀 수 있는 명사의 단수형인 order가 쓰여 있으므로 이러한 형태의 명사를 수식할 수 있는 (A) Each가 정답이다.
오답 (B) Several: 복수명사를 수식해야 하므로 오답이다.
(C) All: 복수명사 또는 셀 수 없는 명사를 수식해야 하므로 오답이다.
(D) Everything: 명사를 수식할 수 없는 대명사이므로 오답이다.

어휘 order 주문(품) package v. ~을 포장하다 prevent ~을 방지하다, ~을 예방하다 damage 손상, 손해, 피해 during ~ 중에, ~ 동안 several 여럿의, 몇몇의

UNIT 05 동사의 형태와 종류

PRACTICE 1

1.
정답 offers
해석 그 새 서점은 무료 와이파이와 조용한 독서 공간을 제공해 준다.
해설 주어 The new bookstore 뒤로 and로 연결된 두 개의 명사구 free Wi-Fi와 a quiet reading area만 쓰여 있어 문장의 동사가 필요하므로 동사의 형태인 offers가 정답이다. offering은 동명사 또는 현재분사의 형태이다.
어휘 offer ~을 제공하다 free 무료의

2.
정답 check
해석 공항 웹사이트에서 항공편 정보를 확인해 보실 수 있습니다.
해설 can 같은 조동사 다음은 동사원형이 쓰여야 하는 자리이므로 check이 정답이다.

3.
정답 was
해석 그 배송품은 제때 전달되었다.
해설 3인칭 단수주어 The package와 수 일치되는 과거시제 단수동사 was가 정답이다.
어휘 package 배송품, 소포, 포장물 on time 제때

4.
정답 contact
해석 직원들은 로그인 문제를 겪는 경우에 IT 관리자께 연락해야 합니다.
해설 should 같은 조동사 다음은 동사원형이 쓰여야 하는 자리이므로 contact가 정답이다.
어휘 contact ~에게 연락하다 experience v. ~을 겪다, ~을 경험하다

5.
정답 wants
해석 서 씨는 자신의 마케팅팀을 위해 추가 직원을 고용하기를 원한다.
해설 3인칭 단수주어 Mr. Suh와 수 일치되는 현재시제 일반동사의 형태인 wants가 정답이다.
어휘 hire ~을 고용하다 additional 추가적인 staff 직원들

6.
정답 has
해석 그 책임자는 최신 재무 보고서를 한 부 요청했다.
해설 3인칭 단수주어 The manager와 수 일치되는 현재완료시제 동사를 구성하는 has가 정답이다.
어휘 request ~을 요청하다, ~을 요구하다 latest 최신의 financial 재무의, 재정의, 금융의

7.
정답 did
해석 정 씨는 어제 발표를 훌륭히 해냈다.
해설 주어 Ms. Jeong이 3인칭 단수이므로 주어와 상관없이 사용할 수 있는 과거시제 동사의 형태인 did가 정답이다.
어휘 do a great job at ~을 훌륭히 해내다 presentation 발표(회)

8.
정답 provides
해석 새로운 저희 앱은 호텔들에 대해 더 신속한 예약 서비스를 제공합니다.
해설 3인칭 단수주어 Our new app과 수 일치되는 현재시제 일반동사의 형태인 provides가 정답이다.
어휘 provide ~을 제공하다 booking 예약

9.
정답 will open
해석 그 은행은 상업 중심 지구에 신규 지점을 개장할 것이다.
해설 주어 The bank가 3인칭 단수이므로 주어와 상관없이 사용할 수 있는 조동사를 포함한 will open이 정답이다.
어휘 branch 지점, 지사 district 지구, 지역

10.
정답 reviewing
해석 인사부에서 새로운 직책에 대한 지원서를 검토하고 있다.
해설 be동사 is와 어울려야 하므로 is와 함께 현재진행시제 동사를 구성하는 현재분사의 형태인 reviewing이 정답이다.
어휘 HR 인사(부), 인적 자원 department ~부, 부서 review ~을 검토하다, ~을 살펴 보다 application 지원(서), 신청(서) position 직책, 일자리

PRACTICE 2

1.
정답 focus
해석 다음 회의는 분기 판매 수치에 초점을 맞출 것입니다.
해설 will 같은 조동사 다음은 동사원형이 쓰여야 하는 자리이므로 focus가 정답이다.
어휘 focus on ~에 초점을 맞추다, ~에 중점을 두다 quarterly 분기의 sales 판매(량), 영업, 매출 figure 수치, 숫자

2.
정답 consider
해석 그 은행은 영업 시간을 연장하는 것을 고려해야 한다.
해설 should 같은 조동사 다음은 동사원형이 쓰여야 하는 자리이므로 consider가 정답이다. The bank가 3인칭 단수 주어라고 해서 무작정 considers를 고르면 안된다.
어휘 consider -ing ~하는 것을 고려하다 extend ~을 연장하다 business hours 영업 시간

3.
정답 expire
해석 쿠폰이 3월 15일에 만료될 것이므로, 그 날짜에 앞서 사용하시기 바랍니다.
해설 바로 뒤에 목적어 없이 전치사구 on March 15가 위치해 있어 목적어를 필요로 하지 않는 자동사가 쓰여야 알맞으므로 expire가 정답이다. offer는 목적어를 필요로 하는 타동사이다.
어휘 expire 만료되다 offer ~을 제공하다

4.
정답 risen
해석 재택 근무하는 사람들의 숫자가 지난 몇 년 동안에 걸쳐 상승해 왔다.
해설 has와 함께 현재완료시제 동사를 구성하는 과거분사의 형태인 risen이 정답이다.
어휘 work from home 재택 근무하다 rise 상승하다, 오르다 over ~ 동안에 걸쳐

5.
정답 available
해석 설문 조사의 결과가 다음 주에 이용 가능하게 될 것입니다.
해설 동사 become은 형용사 보어 또는 명사 보어와 함께 사용하는데, 이 문장에서는 설문 조사 결과의 이용 가능 상태와 관련된 의미를 나타내야 하므로 형용사 available이 정답이다. 명사 보어가 쓰이려면 주어와 동격이 되어야 한다.
어휘 result 결과 survey 설문 조사(지) become 형용사: ~한 상태가 되다 available (사물) 이용 가능한, 구입 가능한, (사람) 시간이 있는 availability (사물) 이용 가능성, 구입 가능성, (사람) 시간 활용 가능성

6.
정답 greatly
해석 새로운 공항이 문을 연 이후로 관광 산업이 크게 증대되어 왔다.
해설 현재완료시제로 쓰여진 자동사 has increased와 접속사 since 사이에는 자동사를 뒤에서 수식할 부사가 쓰여야 알맞은 자리이므로 greatly가 정답이다.
어휘 tourism 관광 산업 incerase 증대되다, 증가하다 greatly 크게, 대단히 since ~한 이후로

7.
정답 identical
해석 비록 그 두 제품들이 다르게 가격이 책정되어 있기는 하지만, 그것들은 동일한 것처럼 보인다.
해설 동사 look은 형용사 보어와 함께 '~한 것처럼 보이다, ~한 것 같다'라는 의미를 나타내므로 identical이 정답이다.
어휘 although 비록 ~이기는 하지만 priced 가격이 책정된 look 형용사: ~한 것처럼 보이다, ~한 것 같다 identical 동일한, 똑같은 identity 신분, 신원, 정체

8.
정답 competitive
해석 그 회사는 경기 불황에도 불구하고 계속 경쟁력 있는 상태로 유지되어 왔다.
해설 현재완료시제로 쓰여진 동사 remain은 형용사 보어와 함께 '계속 ~한 상태로 남아 있다, 여전히 ~한 상태이다'라는 의미를 나타내므로 competitive가 정답이다.
어휘 remain 형용사: 계속 ~한 상태로 유지되다, 여전히 ~한 상태이다 competitive 경쟁력 있는, 경쟁적인 competitively 경쟁력 있게, 경쟁적으로 despite ~에도 불구하고 economic 경제의, 경제학의 slowdown 불황, 둔화

9.
정답 significantly
해석 고객 불만의 숫자가 올해 상당히 감소했다.
해설 과거시제로 쓰여진 자동사 decreased와 부사구 this year 사이에는 자동사를 뒤에서 수식할 부사가 쓰여야 알맞은 자리이므로 significantly가 정답이다.
어휘 complaint 불만, 불평 decrease 감소하다 significant 상당한, 많은, 중요한 significantly 상당히, 많이

10.

정답 respond

해석 고객 지원팀은 반드시 24시간 내에 고객 불만 사항에 대응해야 한다.

해설 바로 뒤에 위치한 전치사 to와 어울리는 자동사가 필요하므로 to와 함께 '~에 대응하다, ~에 응답하다'라는 의미를 나타내는 자동사 respond가 정답이다.

어휘 support 지원, 지지, 후원 respond to ~에 대응하다, ~에 응답하다 complaint 불만, 불평 within (범위, 기간 등) ~ 내에

PRACTICE 3

1.

정답 offers

해석 그 회사는 금요일마다 직원들에게 무료 점심 식사를 제공한다.

해설 바로 뒤에 두 개의 명사(구) employees와 free lunch가 나란히 쓰여 있어 두 개의 목적어를 취하는 동사 offer가 「offer + 목적어1 + 목적어2」의 구조로 쓰여야 알맞으므로 offers가 정답이다.

어휘 offer A B: A에게 B를 제공하다 employee 직원 free 무료의

2.

정답 showed

해석 그 가이드는 관광객들에게 박물관 안내도를 보여 주었다.

해설 바로 뒤에 두 개의 명사구 the tourists와 the museum map이 나란히 쓰여 있어 두 개의 목적어를 취하는 동사 show가 「show + 목적어1 + 목적어2」의 구조로 쓰여야 알맞으므로 showed가 정답이다.

어휘 show A B: A에게 B를 보여 주다

3.

정답 considered

해석 그 이사회는 그 도면을 아주 효과적인 것으로 여겼다.

해설 바로 뒤에 위치한 명사구 the plan과 형용사구 very effective가 각각 목적어와 목적격보어의 역할을 해야 알맞으므로 「consider + 목적어 + 목적격보어」를 구성하는 considered가 정답이다.

어휘 board 이사회 consider A 형용사: A를 ~한 것으로 여기다 plan 도면, 설계도, 계획 effective 효과적인

4.

정답 attractive

해석 많은 고객들께서 새로운 디자인을 매력적이라고 생각하셨습니다.

해설 동사 find(found는 과거형)는 「find + 목적어 + 목적격보어(형용사)」의 구조로 쓰여 '~을 …하다고 생각하다'라는 의미를 나타내므로 형용사 attractive가 정답이다.

어휘 find A 형용사: A를 ~하다고 생각하다 attract ~을 끌어들이다 attractive 매력적인

5.

정답 keeps

해석 그 새로운 소프트웨어가 온라인 거래 중에 데이터를 안전한 상태로 유지해 준다.

해설 바로 뒤에 위치한 명사구 the data와 형용사 safe가 각각 목적어와 목적격보어의 역할을 해야 알맞으므로 「keep + 목적어 + 목적격보어」를 구성하는 keeps가 정답이다.

어휘 keep A 형용사: A를 ~하게 유지해 주다 transaction 거래

6.

정답 left

해석 조 씨- 어젯밤에 그 문을 잠겨 있지 않은 채로 두었습니다.

해설 바로 뒤에 위치한 명사구 the door와 형용사 unlocked가 각각 목적어와 목적격보어의 역할을 해야 알맞으므로 「leave + 목적어 + 목적격보어」를 구성하는 keeps가 정답이다.

어휘 leave A 형용사: A를 ~한 채로 두다, A를 ~한 상태로 있게 만들다 unlocked 잠겨 있지 않은

7.

정답 to use

해석 매니저는 모든 직원들이 유연 근무 시간을 이용할 것을 장려했다.

해설 동사 encourage는 「encourage + 목적어 + 목적격보어(to부정사)」의 구조로 쓰여 '~가 …하도록 장려하다'라는 의미를 나타내므로 to부정사인 to use가 정답이다.

어휘 enccurage A to do: A가 ~하도록 장려하다 flexible 유연한, 융통성 있는

8.

정답 named

해석 위원회는 리 씨를 신임 위원장으로 임명했다.

해설 바로 뒤에 두 개의 명사구 Mr. Lee와 the new chairperson이 'Mr. Lee = the new chairperson'인 목적어와 목적격보어의 역할을 해야 알맞으므로 「name + 목적어 + 목적격보어」를 구성하는 named가 정답이다.

어휘 committee 위원회 name A B: A를 B로 임명하다
chairperson 위원장, 의장

9.
정답 makes
해석 우리가 지난주에 구입한 새로운 소프트웨어가 우리의 일일 업무를 더 쉽게 만들어 줍니다.
해설 바로 뒤에 위치한 명사구 our daily task와 비교급 형용사 easier가 각각 목적어와 목적격보어의 역할을 해야 알맞으므로 「make + 목적어 + 목적격보어」를 구성하는 makes가 정답이다.
어휘 purchase ~을 구입하다 make A 형용사: A를 ~하게 만들다 task 업무, 일

10.
정답 reached
해석 그 두 회사는 새로운 기술에 대해 협업하기 위한 합의에 도달했다.
해설 reach는 목적어를 필요로 하는 타동사로서 명사구 목적어 an agreement 앞에 to 같은 전치사를 사용하지 않으므로 reached가 정답이다.
어휘 reach ~에 도달하다, ~에 이르다 agreement 합의(서), 계약(서) collaborate on ~에 대해 협업하다, ~에 대해 공동 작업하다

실전 TEST

1. (B)	2. (C)	3. (D)	4. (B)	5. (A)
6. (A)	7. (D)	8. (C)	9. (B)	10. (D)
11. (A)	12. (A)	13. (B)	14. (A)	

1.
정답 (B)
해석 요즘은, 많은 항공사들이 승객들에게 미리 특별 식사를 주문할 수 있는 선택사항을 제공한다.
해설 빈칸 뒤에 명사 passengers와 명사구 the option이 나란히 쓰여 있어 각각 목적어1과 목적어2의 역할을 해야 하므로 두 개의 목적어를 취하는 동사 (B) give가 정답이다.
오답 (A) move: 하나의 목적어만 취하는 타동사이므로 오답이다.
(C) treat: 하나의 목적어만 취하는 타동사이므로 오답이다.
(D) choose: 하나의 목적어만 취하는 타동사이므로 오답이다.
어휘 passenger 승객 option 선택(권), 선택사항 order ~을 주문하다 in advance 미리, 사전에 treat ~을 대하다, ~을 다루다, ~을 치료하다, ~에게 대접하다 choose ~을 선택하다

2.
정답 (C)
해석 시장 내에서 그 회사의 명성은 100년 동안 한결같은 상태로 유지되어 왔다.
해설 현재완료시제로 쓰여 있는 동사 remain은 형용사 보어와 함께 '계속 ~한 상태로 유지되다, 여전히 ~한 상태이다'라는 의미를 나타내므로 형용사 (C) consistent가 정답이다.
오답 (A) consist: 동사이므로 오답이다.
(B) consistency: 명사이므로 오답이다.
(D) consistently: 부사이므로 오답이다.
어휘 reputation 명성, 평판 remain 형용사: 계속 ~한 상태로 유지되다, 여전히 ~한 상태이다 consist (of): (~로) 구성되어 있다, 이루어져 있다 consistency 한결같음, 일관성 consistent 한결같은, 일관된 consistently 한결같이, 일관되게

3.
정답 (D)
해석 시 의회는 현재 시티 센트럴 파크를 개조하기 위해 여러 가지 제안을 고려하고 있다.
해설 빈칸 앞에는 be동사 is가, 빈칸 뒤에는 명사구 several proposals가 쓰여 있다. 따라서, is와 함께 현재진행시제 동사를 구성해 명사구 several proposals를 목적어로 취하는 구조가 되어야 알맞으므로 현재분사 (D) considering이 정답이다.
오답 (A) considers: be동사와 나란히 쓰일 수 없는 동사의 형태이므로 오답이다.
(B) considerate: be동사 뒤에 보어로 쓰일 수 있는 형용사이지만, 명사구 several proposals와 연결되지 않으며, 의미도 어울리지 않으므로 오답이다.
(C) consideration: be동사 뒤에 보어로 쓰일 수 있는 명사이지만, 명사구 several proposals와 연결되지 않으며, 의미도 어울리지 않으므로 오답이다.
어휘 council 의회 currently 현재 several 여럿의, 몇몇의 proposal 제안(서) renovate ~을 개조하다, ~을 보수하다 consider ~을 고려하다, ~을 …라고 여기다 considerate 신중한, 사려 깊은 consideration 고려 (사항), 숙고, 사려

4.
정답 (B)
해석 새로운 보너스 프로그램이 직원들에게 생산성을 높일 수 있는 동기를 제공해 주었다.
해설 현재완료시제로 쓰여 있는 동사 give는 두 개의 목적어를 취해 「give + 목적어1 + 목적어2」의 구조로 쓰이는 동사이다. 따라서, 명사 employees 뒤에 위치한 빈칸에 목적어2의 역할을 할 명사가 쓰여야 알맞으므로 (B) motivation이 정답이

다.
오답 (A) motivate: 목적어2의 역할을 할 수 없는 동사이므로 오답이다.
(C) motivative: 목적어2의 역할을 할 수 없는 형용사이므로 오답이다.
(D) motivated: 목적어2의 역할을 할 수 없는 동사의 과거형 또는 과거분사형이므로 오답이다.
어휘 increase ~을 높이다, ~을 증가시키다 productivity 생산성 motivate ~에게 동기를 부여하다 motivation 동기 (부여) motivative 동기를 부여하는

5.
정답 (A)
해석 무료 셔틀 버스 서비스가 호텔 고객들에게 편리하게 공항에 접근할 수 있게 해 줍니다.
해설 빈칸 앞에 위치한 동사 allow는 「allow + 목적어 + to부정사」의 구조로 쓰여 '~에게 …할 수 있게 해 주다, ~에게 …하도록 허용하다'라는 의미를 나타낸다. 따라서, 목적어 hotel guests 뒤에 위치한 빈칸에 to부정사가 쓰여야 알맞으므로 (A) to access가 정답이다.
오답 (B) should access: 「조동사 + 동사원형」이므로 오답이다.
(C) accessing: 동명사 또는 현재분사이므로 오답이다.
(D) accessed: 동사의 과거형 또는 과거분사형이므로 오답이다.
어휘 free 무료의 conveniently 편리하게 access v. ~에 접근하다, ~을 이용하다 n. 접근 (권한), 이용 (권한)

6.
정답 (A)
해석 법무팀이 그 계약서를 검토해 금요일까지 의견을 제공해 줄 것입니다.
해설 조동사 will 다음은 동사원형이 쓰여야 하는 자리이므로 (A) examine이 정답이다.
오답 (B) examined: 동사의 과거형 또는 과거분사형이므로 오답이다.
(C) examines: 3인칭 단수주어와 수 일치되는 현재시제 동사의 형태이므로 오답이다.
(D) examining: 동명사 또는 현재분사이므로 오답이다.
어휘 legal 법률과 관련된, 합법적인 contract 계약(서) provide ~을 제공하다 feedback 의견 by (기한) ~까지 examine ~을 검토하다, ~을 점검하다

7.
정답 (D)
해석 다음 교육 시간은 새로운 회계 소프트웨어 이용 방법을 배우는 것에 초점을 맞출 것입니다.
해설 명사구 주어 The next training session 뒤로 빈칸과 on 전치사구만 쓰여 있어 빈칸이 문장의 동사 자리임을 알 수 있으므로 주어와 상관없이 사용 가능한 「조동사 + 동사원형」의 형태인 (D) will focus가 정답이다.
오답 (A) focus: 3인칭 단수주어 The next training session과 수 일치되지 않는 현재시제 동사의 형태이므로 오답이다.
(B) focusing: 동명사 또는 현재분사이므로 오답이다.
(C) to be focused: to부정사이므로 오답이다.
어휘 how to do ~하는 방법 accounting 회계 focus (on): (~에) 초점을 맞추다, 중점을 두다

8.
정답 (C)
해석 영업팀이 국제 회의를 위해 이번 주 초에 런던에 도착했습니다.
해설 명사구 주어 The sales team와 빈칸 뒤로 in 전치사구와 시점 부사구, 그리고 for 전치사구만 쓰여 있어 빈칸이 문장의 동사 자리임을 알 수 있으므로 과거시제 동사의 형태인 (C) arrived가 정답이다.
오답 (A) to arrive: to부정사이므로 오답이다.
(B) having arrived: 완료동사구 또는 완료분사의 형태이므로 오답이다.
(D) arriving: 동명사 또는 현재분사이므로 오답이다.
어휘 sales 영업, 판매(량), 매출 arrive 도착하다

9.
정답 (B)
해석 그 회사는 온라인 교육 프로그램을 통해 직원들에게 교육 기회를 제공한다.
해설 동사 offer는 「offer + 목적어1 + 목적어2」 또는 「offer + 목적어2 + to + 목적어1」의 구조로 쓰이므로 전치사 (B) to가 정답이다.
오답 (A) in: offer와 어울려 쓰이는 전치사가 아니므로 오답이다.
(C) at: offer와 어울려 쓰이는 전치사가 아니므로 오답이다.
(D) on: offer와 어울려 쓰이는 전치사가 아니므로 오답이다.
어휘 opportunity 기회 employee 직원 through (이동, 방법 등) ~을 통해, ~을 거쳐 training 교육, 훈련

10.
정답 (D)
해석 관광객 안내 센터를 방문하시면 무료 안내도를 받으실 것입니다.
해설 빈칸 뒤에 위치한 명사구 the tourist information center를 목적어로 취할 타동사가 필요하므로 (D) visit이 정답이다.
오답 (A) go: 목적어를 취할 수 없는 자동사이므로 오답이다.
(B) arrive: 목적어를 취할 수 없는 자동사이므로 오답이다.

(C) stay: 목적어를 취할 수 없는 자동사이므로 오답이다.

어휘 receive ~을 받다 free 무료의 arrive 도착하다

11-14 다음 편지를 참조하시오.

> 레인 씨께,
>
> 저희는 귀하의 최근 **11** 구매품인 무선 블루투스 스피커와 관련해 연락 드립니다. 이 제품은 내부 배터리 과열 문제로 인해 리콜되었습니다. 이 스피커의 특정 제품들이 적절한 안전 테스트 없이 유통되었습니다. **12** 그것들은 화상 또는 화재 위험을 초래할 수도 있습니다. 귀하의 스피커가 리콜 목록에 올라 있는지 **13** 확인해 보시기 바랍니다. 기기 하단에 있는 태그에서 일련번호를 확인하셔서 이렇게 하실 수 있습니다. 일련번호가 8000번에서 8999번 사이에 해당하는 경우, 제품을 저희 본사로 **14** 반품하셔야 합니다. 당연히, 저희가 무료로 수리해 드릴 것입니다.

어휘 contact ~에게 연락하다 regarding ~와 관련해 recent 최근의 recall v. (결함 제품을) 리콜하다, 회수하다 n. 리콜, 회수 due to ~로 인해, ~ 때문에 internal 내부의 overheating 과열 certain 특정한, 일정한 unit 제품 한 개, 기구, 장치, 구성 단위 distribute ~을 유통시키다, ~을 나눠 주다 proper 적절한, 제대로 된 by (방법) ~해서, ~함으로써 tag 태그, 꼬리표, 번호표 bottom 하단, 밑부분 device 기기, 장치 between A and B: A와 B 사이에 fix ~을 고치다, ~을 바로잡다 at no cost 무료로

11.
정답 (A)
해설 뒤에 이어지는 문장에 무선 블루투스 스피커를 This product로 지칭해 배터리 과열 문제로 인해 리콜되었다는 말이 쓰여 있다. 따라서, 상대방인 고객이 최근에 구입한 제품과 관련해 연락한다는 의미를 나타내야 자연스러우므로 '구매(품)'을 뜻하는 (A) purchase가 정답이다.
어휘 purchase 구매(품) review 후기, 평가, 검토

12.
정답 (A)
해설 (A) 그것들은 화상 또는 화재 위험을 초래할 수도 있습니다.
    (B) 영업일로 5일 내에 배송될 것입니다.
해설 빈칸 앞 문장에 과열로 인한 제품 리콜 및 일부 제품들이 안전 테스트 없이 유통된 사실과 관련된 내용이 쓰여 있다. 따라서, 그에 따른 영향과 관련된 문제로서 화상 및 화재 위험을 초래할 가능성이 있음을 언급하는 (A)가 정답이다.
어휘 cause ~을 초래하다 burn n. 화상 hazard 위험 (요소) within (범위, 기간 등) ~ 내에

13.
정답 (B)
해설 빈칸 앞에 위치한 Please와 어울려 「Please + 동사원형」으로 시작하는 명령문 구조를 만들어야 하므로 동사원형인 (B) check가 정답이다.

14.
정답 (A)
해설 조동사 should 다음은 동사원형이 쓰여야 하는 자리이므로 (A) return이 정답이다.
어휘 return ~을 반품하다, ~을 반납하다

오늘의 필수 구문 분석

1. The coupon [S] will expire [V] / on March 15, / so please use [V] it / before that date.

해석 그 쿠폰은 만료될 것입니다 / 3월 15일에 / 그러니 그것(쿠폰)을 사용하세요 / 그 날짜 전에

2. The number of people [S] / working from home / has risen [V] / over the last few years.

해석 사람들의 수가 / 재택근무하는 / 증가했다 / 지난 몇 년간

3. Tourism [S] has increased [V] / greatly / since the new airport opened.

해석 관광업이 증가했다 / 크게 / 새 공항이 문을 연 이래로

4. The company [S] has remained [V] competitive / despite the economic slowdown.

해석 회사는 경쟁력을 유지하고 있다 / 경제 침체에도 불구하고

5. Nowadays, / many airlines [S] give [V] / passengers / the option to order special meals / in advance.

해석 요즘 / 많은 항공사들이 준다 / 승객들에게 / 특별한 식사를 주문할 선택권을 / 미리

6. The free shuttle service [S] allows [V] / hotel guests / to access the airport / conveniently.

해석 무료 셔틀 서비스가 가능하게 한다 / 호텔 투숙객들이 / 공항에 접근하는 것을 / 편리하게

7. The next training session / will focus / on learning /
      S   V
   how to use the new accounting software.

해석 다음 교육 시간은 / 초점을 맞출 것이다 / 배우는 것에 / 새 회계 소프트웨어를 이용하는 법을

8. The company offers / educational opportunities /
         S   V
   to employees / through online training programs.

해석 회사는 제공한다 / 교육 기회들을 / 직원들에게 / 온라인 교육 프로그램을 통해

오늘의 필수 어휘 Quiz

1. focus on — ~에 초점을 맞추다
2. quarterly — 분기의
3. sales figures — 매출액
4. consider -ing — ~할 것을 고려하다
5. business hours — 영업 시간
6. expire — 만료되다
7. rise — 오르다
8. look + 형용사 — ~하게 보이다
9. remain + 형용사 — ~한 채로 남아 있다
10. competitive — 경쟁력 있는
11. despite — ~에도 불구하고
12. complaint — 불만, 불만사항
13. within 24 hours — 24시간 내에
14. respond to — ~에 응답하다
15. show A B — A에게 B를 보여주다
16. consider A B — A를 B라고 생각하다
17. keep A B — A를 B의 상태로 유지하다
18. transaction — 거래, 매매
19. committee — 위원회
20. collaborate on — ~에 대해 협력하다

UNIT 06 동사의 수 일치

PRACTICE 1

1.
정답 were
해석 직원들이 회사 정책에 있어 갑작스러운 변경에 놀라워했다.
해설 복수주어 The employees와 수 일치되는 복수동사가 필요하므로 were가 정답이다.
어휘 be surprised at ~에 놀라워하다 sudden 갑작스러운 policy 정책, 방침

2.
정답 are
해석 서명하기 전에 달튼 씨와 제가 계약서를 검토하는 중입니다.
해설 Mr. Dalton and I가 복수주어이므로 수 일치되는 복수동사 are가 정답이다.
어휘 review ~을 검토하다, ~을 살펴 보다 contract 계약(서) sign ~에 서명하다

3.
정답 sells
해석 글로우 코즈메틱스 사는 민감한 피부를 지닌 고객들을 위해 다양한 제품을 판매한다.
해설 회사명에 해당하는 주어 Glow Cosmetics는 단수이므로 3인칭 단수주어와 수 일치되는 현재시제 동사의 형태인 sells가 정답이다.
어휘 a variety of 다양한 sensitive 민감한, 예민한

4.
정답 show
해석 설문 조사 결과는 대부분의 직원들이 탄력적인 근무 시간을 선호한다는 한다는 것을 보여준다.
해설 복수주어 The survey results와 수 일치되는 복수동사가 필요하므로 show가 정답이다.
어휘 survey 설문 조사(지) result 결과 show that ~임을 나타내다 prefer ~을 선호하다 flexible 탄력적인, 유연한

5.
정답 allow
해석 귀하의 주문품이 배송되는 데 3일의 시간을 감안해 주시기 바랍니다.

UNIT 06 동사의 수 일치 **37**

해설 「Please + 동사원형」으로 시작하는 명령문을 구성해야 알맞으므로 동사원형인 allow가 정답이다.
어휘 allow ~을 감안하다, ~을 허용하다 order 주문(품)

6.
정답 reduces
해석 프라스틱과 병들을 재활용하는 것이 환경 오염을 줄여 준다.
해설 Recycling plastics and bottles 같은 동명사구 주어는 단수 취급하므로 3인칭 단수주어와 수 일치되는 현재시제 동사의 형태인 reduces가 정답이다.
어휘 recycle ~을 재활용하다 reduce ~을 줄여 주다, ~을 감소시키다 environmental 환경의 pollution 오염(물질), 공해

7.
정답 offers
해석 오로라 리걸 솔루션즈는 복잡한 문제를 해결하는 데 있어 신뢰할 수 있는 전략을 제공한다.
해설 회사명에 해당하는 주어 Aurora Legal Solutions는 단수이므로 3인칭 단수주어와 수 일치되는 현재시제 동사의 형태인 offers가 정답이다.
어휘 offer ~을 제공하다 reliable 신뢰할 수 있는 strategy 전략 resolve ~을 해결하다 complex 복잡한

8.
정답 are pleased
해석 저희 글로벌 피트니스는 일요일 오전 강좌를 추가했다는 사실을 알려 드리게 되어 기쁩니다.
해설 문장의 주어가 복수대명사 We이므로 수 일치되는 복수동사의 형태인 are pleased가 정답이다.
어휘 be pleased to do ~해서 기쁘다 announce that ~임을 알리다, ~라고 발표하다 add ~을 추가하다

9.
정답 manages
해석 홍보 담당 이사가 모든 언론 문의를 관리한다.
해설 주어가 The public relations manager로 3인칭 단수이므로 현재시제 동사 manage는 manages로 쓰여야 한다.
어휘 public relations 홍보 director 이사 manage ~을 다루다, 관리하다

10.
정답 was
해석 콜마 씨는 일부 정보가 회사 웹사이트에 잘못되어 있다는 사실을 알게 되었다.

해설 that절의 주어 some infomation처럼 「some + 셀 수 없는 명사」는 단수 취급하므로 수 일치되는 단수동사 was가 정답이다.
어휘 find that ~임을 알게 되다 incorrect 잘못된, 틀린, 부정확한

PRACTICE 2

1.
정답 work
해석 IT팀의 여러 구성원들이 바쁜 시기에 늦게까지 근무한다.
해설 of 전치사구의 수식을 받는 복수명사구 Several members가 문장의 주어이므로 복수주어와 수 일치되는 복수동사의 형태인 work가 정답이다.
어휘 several 여럿의, 몇몇의

2.
정답 need
해석 그 직책에 대한 지원자들은 뛰어난 의사 소통 능력을 발휘해야 합니다.
해설 for 전치사구의 수식을 받는 복수명사 Applicants가 문장의 주어이므로 복수주어와 수 일치되는 복수동사의 형태인 need가 정답이다.
어휘 applicant 지원자, 신청자 position 직책, 일자리 demonstrate ~을 발휘하다, ~을 보여 주다, ~을 설명하다 communication 의사 소통 skill 능력, 기술

3.
정답 is
해석 모든 고객께서는 간단한 의견 설문 조사지를 작성 완료하시도록 요청됩니다.
해설 「Every + 단수명사」는 단수 취급하므로 수 일치되는 단수동사 is가 정답이다.
어휘 be asked to do ~하도록 요청되다 complete ~을 완료하다 feedback 의견 survey 설문 조사(지)

4.
정답 receive
해석 저희 잡지를 구독하시는 모든 고객들께서는 특별 제공 서비스를 받습니다.
해설 who절의 수식을 받는 복수명사구 All customers가 문장의 주어이므로 복수주어와 수 일치되는 복수동사의 형태인 receive가 정답이다.
어휘 subscribe to ~을 구독하다 receive ~을 받다 offer n. 제공(되는 것)

5.
정답 wants

해석 넥소 모터스 사의 대표이사는 회사의 연구개발팀을 강화하기를 원한다.

해설 of 전치사구의 수식을 받는 단수명사구 The CEO가 문장의 주어이므로 단수주어와 수 일치되는 단수동사의 형태인 wants가 정답이다.

어휘 strengthen ~을 강화하다, ~을 더 튼튼하게 하다

6.
정답 are

해석 카탈로그에 보이는 제품들 중 일부는 더 이상 생산되지 않습니다.

해설 「Some + of the 복수명사」는 복수 취급하므로 수 일치되는 복수동사 are가 정답이다. 「Some + of the 불가산명사」는 단수 취급한다.

어휘 item 제품, 품목, 항목 display ~을 보여 주다, ~을 진열하다, ~을 전시하다 catalog 카탈로그(제품 정보를 담은 책자) no longer 더 이상 ~ 않다 produce ~을 생산하다, ~을 제작하다

7.
정답 has

해석 지원자들 각각이 해당 분야 내에서 관련 근무 경력을 지니고 있습니다.

해설 「Each + of the 복수명사」는 단수 취급하므로 수 일치되는 단수동사 has가 정답이다.

어휘 candidate 지원자, 후보자 relevant 관련된 experience 경력, 경험 field 분야

8.
정답 have signed

해석 많은 우리 고객들께서 우리와 장기 계약을 체결하셨습니다.

해설 「A number of + 복수명사」는 복수 취급하므로 수 일치되는 복수동사 have signed가 정답이다.

어휘 a number of 많은 (수의) sign ~에 서명하다 long-term 장기간의 contract 계약(서)

9.
정답 is increasing

해석 잠재 고객들의 숫자가 지속적으로 증가하고 있습니다.

해설 '~의 숫자'를 의미하는 「The number of + 복수명사」는 단수명사구 The number에 맞춰 수 일치하므로 단수동사인 is increasing이 정답이다.

어휘 the number of ~의 숫자 potential 잠재적인, 가능성 있는 increase 증가하다, ~을 증가시키다 steadily 지속적으로, 꾸준히

10.
정답 are required

해석 모든 방문객들께서는 안내 데스크에서 서명하셔야 합니다.

해설 「All + of the 복수명사」는 복수 취급하므로 수 일치되는 복수동사 are required가 정답이다. 「All + of the 불가산명사」는 단수 취급한다.

어휘 be required to do ~해야 하다, ~할 필요가 있다 sign 서명하다 reception desk 안내 데스크, 접수 데스크

실전 TEST

1. (B)	2. (D)	3. (D)	4. (B)	5. (A)
6. (B)	7. (C)	8. (B)	9. (B)	10. (A)
11. (A)	12. (B)	13. (A)	14. (A)	

1.
정답 (B)

해석 저희 청소 서비스와 관련된 여러분의 의견을 환영하며, 저희가 향상되도록 도움을 줄 것입니다.

해설 접속사 and 앞 부분에 주어와 concerning 전치사구 뒤로 빈칸과 형용사 welcome만 쓰여 있으므로 빈칸이 주절의 동사 자리임을 알 수 있다. 또한, 복수주어 Your opinions와 수 일치되는 복수동사가 필요하므로 (B) are가 정답이다.

오답 (A) is: 복수주어 Your opinions와 수 일치되지 않는 단수주어이므로 오답이다.
(C) to be: 동사 자리에 쓰일 수 없는 to부정사이므로 오답이다.
(D) being: 동사 자리에 쓰일 수 없는 동명사 또는 현재분사이므로 오답이다.

어휘 opinion 의견 concerning ~와 관련된, ~에 관한 cleaning 청소, 세척 help A do: A가 ~하도록 도움을 주다

2.
정답 (D)

해석 메이슨 씨의 결혼 피로연 초대 손님 명단은 이전 회사의 여러 동료 직원들을 포함하고 있다.

해설 명사구 주어와 for 전치사구 뒤로 빈칸과 명사구, 그리고 from 전치사구만 쓰여 있으므로 빈칸이 문장의 동사 자리임을 알 수 있다. 또한, 단수명사구 주어 The guest list와 수 일치되는 단수동사가 필요하므로 (D) includes가 정답이다.

오답 (A) inclusion: 동사 자리에 쓰일 수 없는 명사이므로 오답이다.
(B) include: 복수주어와 수 일치되는 복수동사의 형태이므로 오답이다.

(C) including: 동사 자리에 쓰일 수 없는 전치사이므로 오답이다.

어휘 reception 축하 연회, 환영회 several 여럿의, 몇몇의 colleague 동료 (직원) former 이전의, 과거의, 전직 ~의 inclusion 포함(된 것) include ~을 포함하다 including prep. ~을 포함해

3.
정답 (D)

해석 그 두 회사들 사이의 협업은 개방적인 의사 소통을 필요로 한다.

해설 명사구 주어와 between 전치사구 뒤로 빈칸과 명사구만 쓰여 있으므로 빈칸은 문장의 동사 자리이다. 또한, 명사구 open communication을 목적어로 취할 수 있도록 require가 능동태로 쓰여야 하며, 단수명사구 주어 The collaboration과 수 일치되어야 하므로 능동태 단수동사의 형태인 (D) requires가 정답이다.

오답 (A) be required: 조동사 뒤에 쓰일 수 있는 수동태 동사원형이므로 오답이다.
(B) require: 복수주어와 수 일치되는 복수동사의 형태이므로 오답이다.
(C) requirement: 동사 자리에 쓰일 수 없는 명사이므로 오답이다.

어휘 collaboration 협업, 공동 작업 between (A and B): (A와 B) 사이에 communication 의사 소통 require ~을 필요로 하다, ~을 요구하다 requirement 필요 조건, 요건

4.
정답 (B)

해석 그린핑거스 조경회사는 모든 신규 고객을 대상으로 1시간 동안 무료 상담을 제공한다.

해설 주어와 빈칸 뒤로 명사구와 to 전치사구만 있으므로 빈칸은 문장의 동사 자리이다. 또한, 회사명인 Greenfingers Landscaping은 단수 취급하므로 수 일치되는 단수동사 (B) provides가 정답이다.

오답 (A) provider: 동사 자리에 쓰일 수 없는 명사이므로 오답이다.
(C) providing: 동사 자리에 쓰일 수 없는 동명사 또는 현재분사이므로 오답이다.
(D) provide: 복수주어와 수 일치되는 복수동사의 형태이므로 오답이다.

어휘 landscaping 조경 free 무료의 consultation 상담, 상의 provider 제공업체, 제공업자 provide ~을 제공하다

5.
정답 (A)

해석 지역 업체 소유주들은 새롭게 개장되는 테마 파크가 관광 산업을 증진할 것으로 예측하고 있다.

해설 주어와 빈칸 뒤로 that절이 이어져 있어 빈칸이 주절의 동사 자리임을 알 수 있다. 또한, 복수주어 Local business owners와 수 일치되는 복수동사가 필요하므로 (A) predict가 정답이다.

오답 (B) predicts: 단수주어와 수 일치되는 단수동사의 형태이므로 오답이다.
(C) prediction: 동사 자리에 쓰일 수 없는 명사이므로 오답이다.
(D) predicting: 동사 자리에 쓰일 수 없는 동명사 또는 현재분사이므로 오답이다.

어휘 local 지역의, 현지의 owner 소유주 boost ~을 증진하다, ~을 촉진하다 tourism 관광 산업 predict (that) (~임을) 예측하다 prediction 예측

6.
정답 (B)

해석 블루스파크 시스템즈는 미래에 시카고에서 가장 성공한 전자제품 회사가 될 생각이다.

해설 주어와 빈칸 뒤로 to부정사구와 in 전치사구만 쓰여 있으므로 빈칸은 문장의 동사 자리이다. 또한, 회사명에 해당하는 주어 BlueSpark Systems는 단수이므로 수 일치되는 단수동사의 형태인 (B) intends가 정답이다.

오답 (A) intend: 복수주어와 수 일치되는 복수동사의 형태이므로 오답이다.
(C) intention: 동사 자리에 쓰일 수 없는 명사이므로 오답이다.
(D) intending: 동사 자리에 쓰일 수 없는 형태이므로 오답이다.

어휘 successful 성공한, 성공적인 electronics 전자제품 intend (to do) (~할) 생각이다, 작정이다 intention 의도, 의향, 목적

7.
정답 (C)

해석 노바 일렉트로닉스의 마케팅 이사인, 힐즈 씨는 전 직원이 제품 출시회에 참석해야 한다고 제안한다.

해설 주어와 동격의 명사구 뒤로 빈칸과 that절만 쓰여 있으므로 빈칸은 주절의 동사 자리이다. 또한, 주어 Ms. Hills는 단수이므로 수 일치되는 단수동사의 형태인 (C) suggests가 정답이다.

오답 (A) suggestion: 동사 자리에 쓰일 수 없는 명사이므로 오답이다.
(B) suggest: 복수주어와 수 일치되는 복수동사의 형태이므로 오답이다.
(D) suggesting: 동사 자리에 쓰일 수 없는 동명사 또는 현재분사이므로 오답이다.

어휘 attend ~에 참석하다 launch 출시(회) suggest (that) (~라고) 제안하다, 암시하다 suggestion 제안, 의견

8.

정답 (B)

해석 9월호에 필요한 기사들이 편집장에 의해 신중히 검토되었다.

해설 빈칸 뒤에 위치한 과거분사 reviewed와 수동태 동사를 구성할 be동사가 빈칸에 쓰여야 알맞으며, 주어 Articles가 복수명사이므로 수 일치되는 복수동사인 (B) were가 정답이다.

오답 (A) was: 단수주어와 수 일치되는 단수동사의 형태이므로 오답이다.
(C) be: 조동사 뒤에 사용하는 동사원형이므로 오답이다.
(D) being: 동명사 또는 현재분사의 형태이므로 오답이다.

어휘 article (신문 등의) 기사 issue (출판물의) 호 carefully 신중히, 조심스럽게 review ~을 검토하다, ~을 살펴 보다 editor-in-chief 편집장

9.

정답 (B)

해석 저희 하버뷰 트래블은 새로운 패키지 여행을 소개해 드리게 되어 기쁩니다.

해설 빈칸 뒤에 위치한 형용사 pleased 및 to부정사와 함께 '~해서 기쁘다'를 뜻하는 「be pleased to do」를 구성할 be동사가 빈칸에 쓰여야 한다. 또한, 복수주어 We와 어울리는 복수동사가 필요하므로 (B) are가 정답이다.

오답 (A) is: 단수주어와 수 일치되는 현재시제 단수동사의 형태이므로 오답이다.
(C) was: 단수주어와 수 일치되는 과거시제 단수동사의 형태이므로 오답이다.
(D) to be: be동사 자리인 빈칸에 쓰일 수 없는 to부정사이므로 오답이다.

어휘 be pleased to do ~해서 기쁘다 introduce ~을 소개하다, ~을 도입하다

10.

정답 (A)

해석 그 점장이 책임지고 있는 것들 중 하나는 직원 일정을 관리하는 일이다.

해설 단수동사 is와 수 일치되는 단수대명사가 빈칸에 쓰여야 알맞으므로 (A) One이 정답이다.

오답 (B) Many: 단수동사 is와 수 일치되지 않는 복수대명사이므로 오답이다.
(C) Some: 「Some + of the 복수명사」는 복수 취급하므로 오답이다.
(D) Several: 단수동사 is와 수 일치되지 않는 복수대명사이므로 오답이다.

어휘 responsibility 책임(지고 있는 것), 책임감 several 여러 개, 여러 명

11-14 다음 편지를 참조하시오.

넬슨 씨께,

저희 뉴로볼트 테크놀로지 사는 결함이 있는 제품과 관련된 귀하의 요청 사항을 **11 접수했습니다**. **12 불편함**에 대해 사과 드립니다. 귀하의 제품이 품질 보증 기간에 해당하기 때문에, 저희는 기꺼이 무료 교체품을 보내 드릴 것입니다. 하지만, 저희는 결함이 있는 제품을 저희에게 다시 보내 주시기를 정중히 요청 드립니다. **13 귀하의 영수증 사본 및 품질 보증 카드를 포함해 주시기 바랍니다.** 귀하의 구매 및 품질 보증 자격을 확인하는 데 그것들이 필요합니다. 저희가 모든 것을 받은 후에, **14 즉시** 교체품을 보내드리겠습니다.

어휘 claim 요청, 청구, 주장 defective 결함이 있는 apologize for ~에 대해 사과하다 under (영향, 진행 등) ~ 하에 있는, ~ 중인 warranty 품질 보증(서) free 무료의 replacement 교체(품), 대체(품) however 하지만, 그러나 ask A to do: A에게 ~하도록 요청하다 item 제품, 품목, 항목 verify ~을 확인하다, ~을 인증하다 purchase 구매(품) eligibility 자격이 있음, 적격임 receive ~을 받다

11.

정답 (A)

해설 문장의 주어 We가 복수대명사이므로 수 일치되는 복수동사의 형태인 (A) have received가 정답이다.

12.

정답 (B)

해설 전치사 for의 목적어 자리인 빈칸에 사과하는 이유에 해당하는 명사가 쓰여야 한다. 앞뒤 문장에 결함 제품으로 인해 무료 교체품을 보내 주겠다는 내용이 쓰여 있어 그러한 번거로움에 대해 사과하는 문장이어야 자연스러우므로 '불편함'을 뜻하는 (B) inconvenience가 정답이다.

어휘 delay 지연, 지체 inconvenience 불편함

13.

정답 (A)

해석 (A) 귀하의 영수증 사본 및 품질 보증 카드를 포함해 주시기 바랍니다.
(B) 문제 해결 팁을 위해 제품 설명서를 확인해 보시기 바랍니다.

해설 빈칸 앞 문장에 제품 교체와 관련해 결함이 있는 제품을 회사에 다시 보내 주기를 정중히 요청한다는 말이 쓰여 있다. 따라서, 결함이 있는 제품을 회사에 다시 보낼 때 해야 하는 일을 설명하는 (A)가 정답이다.

어휘 include ~을 포함하다 receipt 영수(증), 수취, 수령 manual 설명서, 안내서 troubleshooting 문제 해결

14.

정답 (A)

해설 조동사 will과 동사원형 send 사이에 위치한 빈칸은 동사를 앞에서 수식할 부사가 필요한 자리이므로 (A) promptly가 정답이다.

어휘 promptly 즉시, 지체 없이　prompt a. 즉각적인, 지체 없는 v. ~을 촉발하다

오늘의 필수 구문 분석

1. Glow Cosmetics sells / a variety of products / for customers / with sensitive skin.
   - S V

   해석 글로우 코스메틱 사는 판매한다 / 다양한 제품들을 / 고객들을 위한 / 민감한 피부를 가진

2. The survey results show / that most employees prefer / flexible working hours.
   - S V

   해석 설문조사 결과가 보여준다 / 대부분의 직원들이 좋아한다고 / 유연 근무 시간을

3. We at Global Fitness are pleased / to announce / that we added Sunday morning classes.
   - S V

   해석 우리 글로벌 피트니스는 기쁩니다 / 발표하게 되어 / 일요일 오전 수업을 추가하게 되었음을

4. Mr. Colmar found / that some information was incorrect / on the company Web site.
   - S V

   해석 콜마 씨는 발견했다 / 일부 정보가 부정확했다고 / 회사 웹사이트에 있는

5. All customers / who subscribe to our magazine / receive a special offer.
   - S V

   해석 모든 고객들 / 우리 잡지를 구독하는 / 특별 혜택을 받는다

6. Some of the items / displayed on the catalog / are (no longer) produced.
   - S V

   해석 제품들 중 일부는 / 카탈로그에 제시된 / 더 이상 생산되지 않는다

7. Your opinions / concerning our cleaning service / are welcome / and will help / us improve.
   - S V1 V2

   해석 당신의 의견 / 우리 청소 서비스에 대한 / 환영받는다 / 그리고 도움을 줄 것이다 / 우리가 개선하는데

8. Ms. Hills, / the marketing director at Nova Electronics, / suggests / that all staff should attend the product launch.
   - S V

   해석 힐스 씨는 / 노바 일렉트로닉스 사의 마케팅 디렉터 / 제안한다 / 모든 직원들이 제품 출시 행사에 참석할 것을

오늘의 필수 어휘 Quiz

1.	company policy	회사 정책
2.	review	~을 검토하다
3.	contract	계약서
4.	a variety of	다양한
5.	survey	설문조사
6.	result	결과
7.	recycle	~을 재활용하다
8.	reduce	~을 줄이다
9.	environmental	환경의
10.	field	분야
11.	reliable	믿을 수 있는
12.	steadily	꾸준히
13.	resolve	~을 해결하다
14.	potential	잠재적인
15.	boost	~을 증진시키다
16.	incorrect	틀린, 부정확한
17.	demonstrate	~을 보여주다
18.	subscribe to	~을 구독하다
19.	special offer	특가 상품, 특가 행사
20.	strengthen	~을 강화하다

UNIT 07 동사의 시제

PRACTICE 1

1.
정답 visited
해석 우리 부장님께서 지난 금요일에 본사를 방문하셨다.
해설 '지난 금요일에'라는 의미로 과거 시점을 나타내는 부사구 last Friday와 어울리는 과거시제 동사가 쓰여야 알맞으므로 visited가 정답이다.
어휘 main office 본사

2.
정답 completed
해석 테일러 씨는 1시간 전에 자신의 영업 보고서를 완료했다.
해설 '1시간 전에'라는 의미로 과거 시점을 나타내는 부사구 an hour ago와 어울리는 과거시제 동사가 쓰여야 알맞으므로 completed가 정답이다.
어휘 complete ~을 완료하다 sales 영업, 판매(량), 매출

3.
정답 are
해석 직원들은 현재 새 구내식당 메뉴에 만족하고 있습니다.
해설 '현재'라는 의미로 현재 시점을 나타내는 부사 currently와 어울리는 현재시제 동사가 쓰여야 알맞으므로 are가 정답이다.
어휘 be satisfied with ~에 만족하다 currently 현재 cafeteria 구내식당

4.
정답 announced
해석 그 회사는 최근 유럽으로의 사업 확장을 발표했다.
해설 '최근'이라는 의미로 가까운 과거 시점을 나타내는 부사 recently와 어울리는 과거시제 동사가 쓰여야 알맞으므로 announced가 정답이다.
어휘 recently 최근 announce ~을 발표하다, ~을 공지하다 expansion 확장, 확대 into (이동) ~ 안으로, (변화) ~한 상태로

5.
정답 offers
해석 IT부는 보안을 보장하기 위해 주기적으로 시스템 업데이트를 제공한다.
해설 '주기적으로'를 뜻하는 regularly는 규칙적으로 반복되는 일을 나타낼 때 사용하는 현재시제 동사와 어울려 쓰이므로 offers가 정답이다.
어휘 offer ~을 제공하다 regularly 주기적으로, 규칙적으로 ensure ~을 보장하다, 반드시 ~하도록 하다 security 보안

6.
정답 serves
해석 그 구내식당은 매일 신선한 샐러드와 샌드위치를 제공한다.
해설 '매일'을 뜻하는 every day는 규칙적으로 반복되는 일을 나타낼 때 사용하는 현재시제 동사와 어울려 쓰이므로 serves가 정답이다.
어휘 cafeteria 구내식당 serve ~을 제공하다

7.
정답 now
해석 저희 자전거 투어에 관해 더 많은 것을 알아 보시려면, 지금 저희에게 연락 주십시오.
해설 동사원형(contact)으로 시작하는 명령문은 현재 또는 미래에 할 일을 알리는 것이므로 '지금'이라는 의미로 현재 시점을 나타내는 부사 now가 정답이다.
어휘 find out more about ~에 관해 더 많은 것을 알아 보다 contact ~에게 연락하다 recently 최근

8.
정답 travel
해석 <더 뉴 옵저버>에서 근무하는 기자들은 자주 해외로 출장을 떠난다.
해설 '자주'를 뜻하는 frequently는 규칙적으로 반복되는 일을 나타낼 때 사용하는 현재시제 동사와 어울려 쓰이므로 travel이 정답이다.
어휘 work for ~에서 근무하다 frequently 자주, 빈번히 overseas ad. 해외로, 해외에 a. 해외의

9.
정답 was
해석 우리 사무실 건물은 이전에 창고로 쓰였다.
해설 '이전에, 과거에'라는 의미로 과거 시점을 나타내는 부사 previously와 어울리는 과거시제 동사가 쓰여야 알맞으므로 was가 정답이다.
어휘 previously 이전에, 과거에 as (기능, 자격, 신분 등) ~로, ~로서 warehouse 창고

10.
정답 completed
해석 재무팀은 어제 연간 예산 보고서를 완료했다.

해설 '어제'라는 의미로 과거 시점을 나타내는 부사 yesterday와 어울리는 과거시제 동사가 쓰여야 알맞으므로 completed가 정답이다.

어휘 finance 재무, 재정, 금융 department ~부, 부서 complete ~을 완료하다 annual 연간의, 연례적인, 해마다의 budget 예산

PRACTICE 2

1.
정답 will launch
해석 KLM 일렉트로닉스는 다음 달에 새 스마트폰 모델을 출시할 것이다.
해설 '다음 달에'라는 의미로 미래 시점을 나타내는 부사구 next month와 어울리는 미래시제 동사가 쓰여야 알맞으므로 will launch가 정답이다.
어휘 launch ~을 출시하다, ~을 시작하다

2.
정답 have held
해석 저희는 저희 회사가 시작된 이후로 매년 벼룩 시장 행사를 개최해 오고 있습니다.
해설 '~한 이후로'라는 의미로 과거의 시작점을 나타내는 「since + 주어 + 과거시제 동사」는 '~해 왔다'를 뜻하는 현재완료시제 동사와 어울려 쓰이므로 have held가 정답이다.
어휘 hold ~을 개최하다, ~을 열다 flea market 벼룩 시장 since conj. ~한 이후로, ~하기 때문에 prep. ~ 이후로 ad. 그 이후로

3.
정답 will visit
해석 그 관리자는 이번 주 후반에 생산 현장을 방문할 것이다.
해설 '이번 주 후반에'라는 의미로 미래 시점을 나타내는 부사구 later this week과 어울리는 미래시제 동사가 쓰여야 알맞으므로 will visit이 정답이다.
어휘 production 생산, 제작 site 현장, 부지, 장소

4.
정답 have just arrived
해석 샘플들이 막 도착했으며, 영업팀에 배부될 것입니다.
해설 and절에 미래시제 동사(will be distributed)를 통해 영업팀에 배부될 것이라는 말이 쓰여 있어, 샘플들이 막 도착한 상태를 나타내는 현재완료시제 동사가 쓰여야 알맞으므로 have just arrived가 정답이다.

어휘 arrive 도착하다 distribute ~을 나눠 주다, ~을 배부하다, ~을 유통시키다 sales 영업, 판매(량), 매출

5.
정답 will complete
해석 저희 팀이 곧 그 개조 공사 프로젝트를 완료할 것입니다.
해설 '곧, 머지 않아'라는 의미로 미래 시점을 나타내는 부사 soon과 어울리는 미래시제 동사가 쓰여야 알맞으므로 will complete이 정답이다.
어휘 complete ~을 완료하다 renovation 개조, 보수 soon 곧, 머지 않아

6.
정답 have finished
해석 제가 재무 보고서를 끝마쳤으므로, 제출될 준비가 되어 있습니다.
해설 so절에 the financial report를 it으로 지칭해 제출될 준비가 되어 있다는 말이 쓰여 있어 그것을 끝마친 상태임을 나타내는 현재완료시제 동사가 쓰여야 알맞으므로 have finished가 정답이다.
어휘 financial 재무의, 재정의, 금융의 be ready to do ~할 준비가 되다 submit ~을 제출하다

7.
정답 have attended
해석 그 직원들은 최근 여러 안전 교육 시간에 참석했다.
해설 '최근'을 뜻하는 부사 lately는 가까운 과거 시점에 완료된 일의 상태가 현재까지 유지되고 있음을 나타내는 현재완료시제 동사와 어울려 쓰이므로 have attended가 정답이다.
어휘 employee 직원 attend ~에 참석하다 several 여럿의, 몇몇의 lately 최근

8.
정답 has represented
해석 클락 씨가 지난 3개월 동안에 걸쳐 회사를 대표해 왔다.
해설 over the last 3 months처럼 '지난 ~ 동안에 걸쳐'라는 의미를 나타내는 전치사구 「over + 과거 기간」은 과거에서 현재까지 일정 기간 계속되어 온 일과 어울리는 현재완료시제 동사와 어울려 쓰이므로 has represented가 정답이다.
어휘 represent ~을 대표하다 over ~ 동안에 걸쳐

9.
정답 launched
해석 지난달에, 그 회사는 환경 친화적인 신제품 라인을 출시했다.
해설 '지난달에'라는 의미로 과거 시점을 나타내는 부사구 Last month와 어울리는 과거시제 동사가 쓰여야 알맞으므로

launched가 정답이다.
어휘 launch ~을 출시하다, ~을 시작하다 eco-friendly 환경 친화적인

10.
정답 since
해석 그 회사가 자사의 가격을 인상한 이후로 판매량이 하락해 왔다.
해설 have decreased처럼 주절의 현재완료시제 동사가 '계속(~해 왔다)'을 나타낼 때, '~한 이후로'라는 의미로 과거의 시작점을 나타내는 「since + 주어 + 과거시제 동사」가 함께 쓰여야 알맞으므로 since가 정답이다.
어휘 sales 판매(량), 영업, 매출 decrease 하락하다, 감소하다 since conj. ~한 이후로, ~하기 때문에 prep. ~ 이후로 ad. 그 이후로 raise ~을 인상하다, ~을 올리다

실전 TEST

1. (A)	2. (B)	3. (C)	4. (C)	5. (A)
6. (C)	7. (A)	8. (A)	9. (D)	10. (A)
11. (B)	12. (A)	13. (B)	14. (A)	

1.
정답 (A)
해석 귀하께서 검토해 보실 수 있도록 저희가 내일 오전에 업데이트된 계약서를 보내 드리겠습니다.
해설 접속사 so that 앞에 위치한 주절에, 주어 We와 빈칸 뒤로 명사구와 to 전치사구, 그리고 미래 시점 부사구만 쓰여 있으므로 빈칸이 주절의 동사 자리임을 알 수 있다. 또한, 미래 시점 부사구 tomorrow morning과 어울리는 미래시제 동사가 필요하므로 (A) will send가 정답이다.
오답 (B) sent: 미래 시점 부사구와 어울리지 않는 과거시제 동사이므로 오답이다.
(C) send: 미래 시점 부사구와 어울리지 않는 현재시제 동사이므로 오답이다.
(D) sending: 동사 자리에 쓰일 수 없는 동명사 또는 현재분사이므로 오답이다.
어휘 contract 계약(서) so that (목적) ~하도록, (결과) 그러므로, 그래서 review ~을 검토하다, ~을 살펴 보다

2.
정답 (B)
해석 다음 달부터, 저희 회사는 모든 지역에 배송 서비스를 제공해 드릴 것입니다.
해설 선택지가 모두 능동태 동사의 형태이고 시제만 다르므로, 시점 관련 단서를 찾아 알맞은 동사를 골라야 한다. 문장 시작 부분에 미래 시점을 나타내는 Starting next month(다음 달부터)가 쓰여 있어 미래시제 동사가 함께 쓰여야 알맞으므로 (B) will provide가 정답이다.
오답 (A) has provided: 미래 시점을 나타내는 Starting next month와 어울리지 않는 현재완료시제 동사이므로 오답이다.
(C) provided: 미래 시점을 나타내는 Starting next month와 어울리지 않는 과거시제 동사이므로 오답이다.
(D) are providing: 미래 시점을 나타내는 Starting next month와 어울리지 않는 현재진행시제 동사이므로 오답이다.
어휘 starting + 시점: ~부터 region 지역, 지방 provide ~을 제공하다

3.
정답 (C)
해석 모든 회사 차량이 안전을 보장하기 위해 주기적으로 점검되고 있습니다.
해설 선택지가 모두 부사이므로 문장의 의미에 어울리는 것을 찾아야 한다. 현재시제 수동태 동사 are checked 사이에 빈칸이 위치해 있으므로 '주기적으로, 규칙적으로'라는 의미로 현재시제 동사와 함께 사용하는 부사 (C) regularly가 정답이다.
어휘 vehicle 차량 ensure ~을 보장하다, 반드시 ~하도록 하다 recently 최근 expressively 표현적으로 regularly 주기적으로, 규칙적으로 wrongly 잘못되게, 틀리게

4.
정답 (C)
해석 스크라이브 어카운팅 사가 자사의 최신 소프트웨어 업데이트를 출시한 이후로 6개월이 되었다.
해설 접속사 since 앞에 위치한 주절에 주어 It과 빈칸, 그리고 기간 부사구 six months만 쓰여 있으므로 빈칸이 주절의 동사 자리임을 알 수 있다. 또한, '~한 이후로'라는 의미로 과거의 시작점을 나타내는 「since + 주어 + 과거시제 동사」는 '~해 왔다'를 뜻하는 현재완료시제 동사와 어울려 쓰이며, 3인칭 단수 주어 it과 수 일치되는 has p.p.의 형태여야 하므로 (C) has been이 정답이다.
오답 (A) is being: 현재진행시제 수동태를 구성하는 일부 요소이므로 오답이다.
(B) have been: 3인칭 단수주어 it과 수 일치되는 형태가 아니므로 오답이다.
(D) to be: 동사 자리에 쓰일 수 없는 to부정사이므로 오답이다.
어휘 since conj. ~한 이후로, ~하기 때문에 prep. ~ 이후로 ad. 그 이후로 release ~을 출시하다, ~을 발매하다 latest 최신의

5.

정답 (A)

해석 그 회사는 새로운 캠페인 이후로 이미 온라인 판매량의 증가를 겪기 시작했다.

해설 현재완료시제 동사 has begun 사이에 빈칸이 위치해 있으므로 현재완료시제 동사 사이에 위치해 '이미, 벌써'라는 의미를 나타내는 부사 (A) already가 정답이다.

어휘 begin to do ~하기 시작하다 see ~을 겪다, ~을 경험하다 increase in ~의 증가 sales 판매(량), 영업, 매출 exactly 정확히 hardly 거의 ~ 않다 closely 면밀히, 자세히, 단단히, 접근하여, 밀접하게

6.

정답 (C)

해석 존슨 씨는 지난 10년 동안 브라이트 솔루션즈 사에서 계속 근무해 왔으며, 곧 은퇴할 계획이다.

해설 접속사 and 앞에 위치한 주절에 주어와 빈칸, 그리고 for 전치사구들만 쓰여 있으므로 빈칸이 주절의 동사 자리임을 알 수 있다. 또한, for the last 10 years처럼 '지난 ~ 동안'이라는 의미를 나타내는 전치사구 「for + 과거 기간」은 과거에서 현재까지 일정 기간 계속되어 온 일을 나타내는 현재완료시제 동사와 어울려 쓰이므로 (C) has worked가 정답이다.

오답 (A) works: 현재 상태나 일반적인 사실, 주기적으로 반복되는 일 등을 나타내는 현재시제 동사이므로 오답이다.
(B) is working: 현재 시점에 진행 중인 일을 나타내는 현재진행시제 동사이므로 오답이다.
(D) to work: 동사 자리에 쓰일 수 없는 to부정사이므로 오답이다.

어휘 plan to do ~할 계획이다 retire 은퇴하다, 퇴직하다 work for ~에서 근무하다

7.

정답 (A)

해석 인사부가 비어 있는 여러 직책을 충원하기 위해 가까운 미래에 면접을 실시할 것이다.

해설 선택지가 모두 능동태 동사의 형태이고 시제만 다르므로, 시점 관련 단서를 찾아 알맞은 동사를 골라야 한다. 빈칸 뒤에 미래 시점을 나타내는 전치사구 in the near future(가까운 미래에)가 쓰여 있어 미래시제 동사가 함께 쓰여야 알맞으므로 (A) will conduct가 정답이다.

오답 (B) has conducted: 미래 시점을 나타내는 전치사구와 어울리지 않는 현재완료시제 동사이므로 오답이다.
(C) conducted: 미래 시점을 나타내는 전치사구와 어울리지 않는 과거시제 동사이므로 오답이다.
(D) is conducting: 미래 시점을 나타내는 전치사구와 어울리지 않는 현재진행시제 동사이므로 오답이다.

어휘 HR 인사(부), 인적 자원 department ~부, 부서 fill ~을 충원하다, ~을 채우다 several 여럿의, 몇몇의 vacant 비어 있는 posiiton 직책, 일자리 conduct ~을 실시하다, ~을 수행하다

8.

정답 (A)

해석 가구 조립 가이드가 현재 저희 웹사이트를 통해 다운로드용으로 이용 가능합니다.

해설 be동사 are와 형용사 보어 available 사이에 위치할 수 있는 부사가 필요하며, 현재시제 동사 are와 의미가 어울려야 하므로 '현재'를 뜻하는 (A) now가 정답이다.

어휘 assembly 조립 available (사물) 이용 가능한, 구입 가능한, (사람) 시간이 있는 through (방법, 이동 등) ~을 통해, ~을 거쳐, ~을 통과해 soon 곧, 머지 않아 then 그때, 그런 다음, 그러면, 그래서

9.

정답 (D)

해석 현재, 스타인 파이낸셜 서비스 사는 여름 인턴십 직책에 대해 지원자를 받고 있다.

해설 주어와 빈칸 뒤로 명사와 for 전치사구만 쓰여 있으므로 빈칸이 문장의 동사 자리임을 알 수 있다. 또한, '현재'를 뜻하는 부사 Currently와 어울리는 현재시제 또는 현재진행시제 동사가 쓰여야 알맞으므로 현재진행시제 동사인 (D) is accepting이 정답이다.

오답 (A) accepted: 부사 Currently와 어울리지 않는 과거시제 동사이므로 오답이다.
(B) accepting: 동사 자리에 쓰일 수 없는 동명사 또는 현재분사의 형태이므로 오답이다.
(C) was acceptable: 부사 Currently와 어울리지 않는 과거시제 동사 was를 포함하고 있으므로 오답이다.

어휘 currently 현재 applicant 지원자, 신청자 position 직책, 일자리 accept ~을 받다, ~을 수락하다 acceptable 받아들일 수 있는, 용인할 수 있는

10.

정답 (A)

해석 그 교육 프로그램은 이전에 오직 영어로만 제공되었지만, 지금은 한국어로도 이용 가능하다.

해설 과거시제 수동태 동사 was offered와 어울려 과거 시점을 나타낼 부사가 쓰여야 알맞으므로 '이전에, 과거에'를 뜻하는 (A) previously가 정답이다.

어휘 offer ~을 제공하다 available (사물) 이용 가능한, 구입 가능한, (사람) 시간이 있는 finally 마침내, 결국, 마지막으로 regularly 주기적으로, 규칙적으로 carefully 신중하게

11-14 다음 이메일을 참조하시오.

수신: 레이먼 와일리 <rwiley@navers.com>
발신: 줄리 양 <Julie.y@journeyandculture.com>
제목: 구독
날짜: 9월 1일

와일리 씨께,

저희 <저니 & 컬처 매거진>이 만족스러우시기를 바랍니다. 이 이메일은 귀하의 구독이 9월 25일에 **11** 만료될 것이라는 사실을 알려 드리기 위한 것입니다. 종료되기 전에 귀하의 구독을 **12** 갱신하시는 경우, 귀하의 다음 번 연간 약정에 대해 20퍼센트 할인을 받으시게 될 것입니다. 이 특가 제공 서비스는 오직 **13** 한정된 기간에만 이용 가능합니다. 이는 귀하의 만료일까지 지속될 것입니다. **14** 그러므로, 지금 조치를 취하셔서 이 이메일에 곧장 답장해 주시기 바랍니다.

어휘 subscription 구독 be satisfied with ~에 만족하다 inform A that: A에게 ~라고 알리다 receive ~을 받다 annual 연간의, 연례적인, 해마다의 offer n. 제공(되는 것) available (사물) 이용 가능한, 구입 가능한, (사람) 시간이 있는 last v. 지속되다 expiration 만료, 만기

11.
정답 (B)
해설 빈칸 뒤에 제시된 날짜 25 September가 상단의 이메일 작성 날짜 Date: September 1보다 미래 시점이므로 미래시제 동사 (B) will expire가 정답이다.
어휘 expire 만료되다, 만기가 되다

12.
정답 (A)
해설 잡지 구독 기간이 종료되기 전에 그 구독 서비스와 관련해 할 수 있는 일을 나타낼 동사가 쓰여야 하므로 '~을 갱신하다'를 뜻하는 (A) renew가 정답이다.
어휘 renew ~을 갱신하다 attract ~을 끌어들이다

13.
정답 (B)
해설 부정관사 a와 명사 period 사이에 위치한 빈칸은 명사를 수식할 형용사가 쓰여야 알맞은 자리이므로 (B) limited가 정답이다. limit은 동사 또는 명사로 쓰이며, 명사일 경우에 period와 복합명사를 구성하지 않으므로 오답이다.
어휘 limit v. ~을 한정하다, ~을 제한하다 n. 한도, 제한, 허용치 limited 한정된, 제한적인

14.
정답 (A)
해석 (A) 그러므로, 지금 조치를 취하셔서 이 이메일에 곧장 답장해 주시기 바랍니다.
(B) 저희 잡지에 관한 귀하의 의견에 감사 드립니다.
해설 빈칸 앞 문장에 특가 제공 서비스를 이용할 수 있는 기간과 관련해 설명하는 내용이 쓰여 있다. 따라서, 그러한 특징으로 인해 신속히 조치하도록 당부하면서 조치 방법을 알려 주는 (A)가 정답이다.
어휘 act 조치를 취하다, 움직이다 respond to ~에 답장하다, ~에 대응하다 directly 곧장, 즉시, 직접적으로 feedback 의견

오늘의 필수 구문 분석

1. Reporters / working for The New Observer / (frequently) travel / overseas.
   S   V
해석 기자들 / 뉴 옵저버 지에서 근무하는 / 자주 여행한다 / 해외로

2. We have held / a flea market event / every year / since our company began.
   S   V
해석 우리는 열어왔다 / 벼룩시장 행사를 / 매년 / 우리 회사가 시작된 이래로

3. We will send the updated contract / to you / tomorrow morning / so that you can review it.
   S   V
해석 우리는 업데이트된 계약서를 보낼 것이다 / 당신에게 / 내일 오전에 / 당신이 검토할 수 있도록

4. It has been six months / since Scribe Accounting released / its latest software update.
   S   V
해석 6개월이 되었다 / 스크라이브 어카운팅 사가 출시한 이래로 / 최신 소프트웨어 업데이트를

5. The company has (already) begun / to see an increase / in online sales / after the new campaign.
   S   V
해석 회사는 벌써 시작했다 / 증가를 보기 / 온라인 매출에 / 새 캠페인 후에

6. The HR department will conduct interviews /
                 S   V
   in the near future / to fill several vacant positions.

   해석 인사부가 면접을 실시할 것이다 / 가까운 장래에 / 공석을 채우기 위해

7. Furniture assembly guides are now available / for
                   S   V
   download / through our Web site.

   해석 가구 조립 안내서가 이제 이용 가능하다 / 다운로드를 위해 / 우리 웹사이트를 통해

8. The training program was (previously) offered /
             S   V
   only in English, / but now / it is also available in
                                        S V
   Korean.

   해석 그 교육 프로그램은 예전에 제공되었다 / 오직 영어로만 / 하지만 이제는 / 한국어로도 이용 가능하다

오늘의 필수 어휘 Quiz

1.	main office	본사
2.	complete	~을 완성하다
3.	currently	현재
4.	be satisfied with	~에 만족하다
5.	recently	최근에
6.	expansion	확장
7.	regularly	정기적으로
8.	ensure	~을 보장하다
9.	security	보안
10.	contact	~에게 연락하다
11.	frequently	자주
12.	previously	이전에
13.	warehouse	창고
14.	annual	연간의
15.	budget report	예산 보고서
16.	launch	~을 출시하다
17.	distribute	~을 배부하다
18.	renovation	개조 공사
19.	submit	을 제출하다
20.	represent	~을 대표하다

UNIT 08 동사의 태

PRACTICE 1

1.
정답 contains
해석 그 보고서는 여러 재무 관련 차트와 그래프를 포함하고 있다.
해설 바로 뒤에 위치한 명사구 several financial charts and graphs를 목적어 취할 능동태 동사가 쓰여야 하므로 contains가 정답이다.
어휘 contain ~을 포함하다, ~을 담고 있다 several 여럿의, 몇몇의 financial 재무의, 재정의, 금융의

2.
정답 were sent
해석 초대장이 인사부에 의해 전 직원에게 발송되었다.
해설 바로 뒤에 목적어 없이 to 전치사구가 쓰여 있어 타동사 send가 수동태로 쓰여야 알맞으므로 were sent가 정답이다.
어휘 invitation 초대(장) employee 직원 HR 인사(부), 인적 자원 department ~부, 부서

3.
정답 launched
해석 그 회사는 여러 해외 시장에서 신제품을 출시했다.
해설 바로 뒤에 위치한 명사구 a new product를 목적어 취할 능동태 동사가 쓰여야 하므로 launched가 정답이다.
어휘 launch ~을 출시하다 international market 해외 시장

4.
정답 departed
해석 그 항공편은 5번 탑승구에서 일정대로 출발했다.
해설 목적어를 필요로 하지 않는 자동사 depart는 수동태로 쓰일 수 없으므로 능동태인 departed가 정답이다.
어휘 flight 항공편 depart 출발하다, 떠나다 on schedule 예정대로, 일정대로

5.
정답 was announced
해석 새로운 정책이 월간 직원 회의 시간에 발표되었다.
해설 바로 뒤에 목적어 없이 at 전치사구가 쓰여 있어 타동사 announce가 수동태로 쓰여야 알맞으므로 was announced가 정답이다.

어휘 policy 정책, 방침 announce ~을 발표하다, ~을 공지하다 monthly 월간의, 달마다의 staff 직원들

6.
정답 completed
해석 저희 팀은 빡빡한 마감 기한에도 불구하고 그 프로젝트를 제때 완료했습니다.
해설 바로 뒤에 위치한 명사구 the project를 목적어 취할 능동태 동사가 쓰여야 하므로 completed가 정답이다.
어휘 complete ~을 완료하다 on time 제때 despite ~에도 불구하고 tight (일정, 비용 등이) 빡빡한, 빠듯한 deadline 마감 기한

7.
정답 was delivered
해석 그 배송품은 오늘 아까 해당 고객의 사무실로 전달되었습니다.
해설 바로 뒤에 목적어 없이 to 전치사구가 쓰여 있어 타동사 deliver가 수동태로 쓰여야 알맞으므로 was delivered가 정답이다.
어휘 package 배송품, 소포, 꾸러미

8.
정답 has remained
해석 그 회사는 여러 해 동안 재정적으로 안정적인 상태로 계속 유지되어 왔다.
해설 형용사 보어와 함께 사용하는 자동사 remain은 수동태로 쓰일 수 없으므로 능동태인 has remained가 정답이다.
어휘 remain 형용사: 계속 ~한 상태로 유지되다, 여전히 ~한 상태이다 financially 재정적으로 stable 안정적인

9.
정답 included
해석 그 이메일은 업데이트된 다음 주 교육 일정표를 포함하고 있었다.
해설 바로 뒤에 위치한 명사구 the updated training schedule을 목적어로 취할 능동태 동사가 쓰여야 하므로 included가 정답이다.
어휘 include ~을 포함하다

10.
정답 expired
해석 그 계약은 3년 간의 이용 끝에 지난달에 만료되었습니다.
해설 목적어를 필요로 하지 않는 자동사 expire는 수동태로 쓰일 수 없으므로 능동태인 expired가 정답이다.
어휘 contract 계약(서) expire 만료되다, 만기가 되다

PRACTICE 2

1.
정답 was constructed
해석 새로운 연구 센터가 시내 지역에 2년 전에 지어졌다.
해설 바로 뒤에 목적어 없이 과거 시점을 나타내는 부사구 two years ago가 쓰여 있어 타동사 construct가 수동태로 쓰여야 알맞으므로 was constructed가 정답이다.
어휘 research 연구, 조사 construct ~을 짓다, ~을 건설하다 downtown 시내의

2.
정답 are given
해석 무료 와이파이 비밀번호가 체크인 즉시 호텔 고객들께 제공됩니다.
해설 바로 뒤에 목적어 없이 to 전치사구가 쓰여 있어 타동사 give가 수동태로 쓰여야 알맞으므로 are given이 정답이다.
어휘 free 무료의 upon ~ 즉시, ~하자마자

3.
정답 must be submitted
해석 모든 출장 비용 보고서가 반드시 이번 주말까지 제출되어야 합니다.
해설 바로 뒤에 목적어 없이 by 전치사구가 쓰여 있어 타동사 submit이 수동태로 쓰여야 알맞으므로 must be submitted가 정답이다.
어휘 expense (지출) 비용, 경비 submit ~을 제출하다 by (기한) ~까지

4.
정답 will be installed
해석 여러 대의 새 컴퓨터가 오늘 IT 연구실에 설치될 것이다.
해설 바로 뒤에 목적어 없이 in 전치사구가 쓰여 있어 타동사 install이 수동태로 쓰여야 알맞으므로 will be installed가 정답이다.
어휘 several 여럿의, 몇몇의 install ~을 설치하다 lab 실험실, 연구실

5.
정답 have been removed
해석 오래된 파일들이 서버에서 제거되었다.
해설 바로 뒤에 목적어 없이 from 전치사구가 쓰여 있어 타동사 remove가 수동태로 쓰여야 알맞으므로 have been removed가 정답이다.
어휘 remove ~을 제거하다, ~을 없애다

UNIT 08 동사의 태

6.
정답 will be introduced

해석 새로운 소프트웨어 프로그램이 다음 컨퍼런스에서 소개될 것이다.

해설 바로 뒤에 목적어 없이 at 전치사구가 쓰여 있어 타동사 introduce가 수동태로 쓰여야 알맞으므로 will be introduced가 정답이다.

어휘 introduce ~을 소개하다, ~을 도입하다

7.
정답 to

해석 참석자 수가 각 시간에 대해 50명의 참가자로 제한되어 있습니다.

해설 바로 앞에 위치한 is limited와 어울려 '~로 제한되어 있다'를 뜻하는 「be limited to」를 구성해야 하므로 전치사 to가 정답이다.

어휘 attendance 참석, 참석자 수, 참석률 participant 참가자 session (특정 활동을 하는) 시간

8.
정답 based on

해석 그 영화는 실제 이야기를 기반으로 하고 있다.

해설 '~을 기반으로 하다, ~을 바탕으로 하다'를 뜻하는 「be based on」을 구성해야 하므로 based on이 정답이다.

9.
정답 to

해석 그 자원 봉사자들은 지역 사회를 돕는 데 전념하고 있다.

해설 바로 앞에 위치한 are committed와 어울려 '~하는 데 전념하다'를 뜻하는 「be committed to -ing」를 구성해야 하므로 전치사 to가 정답이다.

어휘 volunteer 자원 봉사자 local 지역의, 현지의 community 지역 사회, 지역 공동체

10.
정답 with

해석 루이스 씨는 고객 지원팀의 신속한 대응에 만족했다.

해설 바로 앞에 위치한 was satisfied와 어울려 '~에 만족하다'를 뜻하는 「be satisfied with」를 구성해야 하므로 전치사 with가 정답이다.

어휘 quick 신속한, 빠른 response 대응, 반응, 응답 support 지원, 지지, 후원

실전 TEST

1. (A)	2. (C)	3. (D)	4. (D)	5. (A)
6. (D)	7. (D)	8. (B)	9. (D)	10. (A)
11. (B)	12. (B)	13. (A)	14. (A)	

1.
정답 (A)

해석 그 새로운 로고는 잘 알려진 디자인 에이전시에 의해 만들어졌습니다.

해설 빈칸 뒤에 디자인 에이전시를 의미하는 명사구 a well-known design agency가 쓰여 있어 새 로고가 이 업체에 의해 만들어졌다는 것을 알 수 있으므로 수동태 동사 뒤에서 행위 주체를 나타낼 때 사용하는 전치사 (A) by가 정답이다.

오답 (B) from: 수동태 동사 뒤에서 행위 주체를 나타낼 때 사용하는 전치사가 아니므로 오답이다.
(C) on: 수동태 동사 뒤에서 행위 주체를 나타낼 때 사용하는 전치사가 아니므로 오답이다.
(D) to: 수동태 동사 뒤에서 행위 주체를 나타낼 때 사용하는 전치사가 아니므로 오답이다.

어휘 create ~을 만들어 내다 well-known 잘 알려진 agency 대행사, 대리점, 중개소

2.
정답 (C)

해석 소여 씨가 인사부장님의 요청에 따라 회사 야유회를 준비하고 있습니다.

해설 be동사 is와 명사구 a company picnic 사이에 빈칸이 있으므로 be동사와 어울리면서 명사구를 목적어로 취할 수 있는 능동태 현재진행시제를 구성하는 현재분사 (C) organizing이 정답이다.

오답 (A) organize: 동사원형이므로 be동사 is와 함께 사용할 수 없다.
(B) organized: 과거분사로서 be동사 is와 함께 수동태 동사를 구성할 수는 있지만, 수동태 동사는 명사구를 목적어로 취할 수 없으므로 오답이다.
(D) organization: 주어 Mr. Sawyer와 동격이 될 수 없어 be동사 is 뒤에 보어로 쓰일 수 없으므로 오답이다.

어휘 at the request of ~의 요청에 따라 HR 인사(부), 인적 자원 director 부장, 이사, 책임자, 감독 organize ~을 준비하다, ~을 조직하다 organization 준비, 구성, 조직(체), 단체

3.
정답 (D)

해석 좋지 못한 날씨 때문에, 그 야외 콘서트는 9월까지 연기되었다.

해설 선택지가 모두 동사의 형태이고 시제와 태가 다르므로 이에 대한 단서를 찾아야 한다. 빈칸 뒤에 목적어 없이 until 전치사구만 쓰여 있어 목적어를 필요로 하는 타동사 postpone이 수동태로 쓰여야 하므로 선택지에서 유일하게 수동태 동사의 형태인 (D) has been postponed가 정답이다.

오답 (A) postponed: 과거시제 능동태 동사의 형태이므로 오답이다.
(B) will postpone: 미래시제 능동태 동사의 형태이므로 오답이다.
(C) is postponing: 현재진행시제 능동태 동사의 형태이므로 오답이다.

어휘 postpone ~을 연기하다, ~을 미루다

4.
정답 (D)
해석 그 회사는 자사의 빠르게 성장하는 사업을 지원하기 위해 신입 직원들을 계속 모집해 오고 있다.
해설 주어와 빈칸 뒤로 명사구와 to부정사구만 쓰여 있으므로 빈칸이 문장의 동사 자리임을 알 수 있다. 또한, 3인칭 단수주어 The company와 수 일치되는 형태이면서 명사구 new staff를 목적어로 취할 능동태 동사가 필요하므로 현재완료진행시제 능동태 동사의 형태인 (D) has been recruiting이 정답이다.

오답 (A) recruit: 현재시제 능동태 동사이기는 하지만, 3인칭 단수 주어와 수 일치되는 형태가 아니므로 오답이다.
(B) recruitment: 동사 자리에 쓰일 수 없는 명사이므로 오답이다.
(C) to recruit: 동사 자리에 쓰일 수 없는 to부정사이므로 오답이다.

어휘 support ~을 지원하다, ~을 지지하다, ~을 후원하다 rapidly 빠르게 grow 성장하다, 자라다 recruit ~을 모집하다, ~을 채용하다 recruitment 모집, 채용

5.
정답 (A)
해석 이사회가 마침내 내년을 위해 제안된 예산 계획을 승인했다.
해설 주어와 부사 뒤로 빈칸과 명사구, 그리고 for 전치사구만 쓰여 있으므로 빈칸이 문장의 동사 자리임을 알 수 있다. 또한, 빈칸 뒤에 위치한 명사구 the proposed budget plan을 목적어로 취할 능동태 동사가 필요하며, 부사 finally(마침내)와 어울려 최종적으로 승인했음을 나타내는 과거시제가 쓰여야 자연스러우므로 과거시제 능동태 동사인 (A) approved가 정답이다.

오답 (B) was approved: 목적어를 취할 수 없는 수동태 동사이므로 오답이다.
(C) approves: 현재의 사실이나 일반적인 사실, 규칙적으로 반복되는 일 등을 나타내는 현재시제 동사이므로 오답이다.
(D) approval: 동사 자리에 쓰일 수 없는 명사이므로 오답이다.

어휘 board of directors 이사회 finally 마침내, 결국, 마지막으로 propose ~을 제안하다 budget 예산 approve ~을 승인하다, ~에 찬성하다 approval 승인, 찬성

6.
정답 (D)
해석 모든 면접이 실시된 후, 최종 결정 사항들이 직원 회의 시간에 공지될 것입니다.
해설 접속사 After가 이끄는 절에 명사구 주어 all interviews와 빈칸만 있으므로 빈칸이 After절의 동사 자리임을 알 수 있다. 또한, After절에서 빈칸 뒤에 목적어가 쓰여 있지 않아 목적어를 필요로 하는 타동사 conduct가 수동태로 쓰여야 하므로 선택지에서 유일하게 수동태 동사의 형태인 (D) have been conducted가 정답이다.

오답 (A) to conduct: 동사 자리에 쓰일 수 없는 to부정사이므로 오답이다.
(B) are conducting: 현재진행시제 능동태 동사이므로 오답이다.
(C) had conducted: 과거완료시제 능동태 동사이므로 오답이다.

어휘 decision 결정 (사항) announce ~을 공지하다, ~을 발표하다 conduct ~을 실시하다, ~을 수행하다

7.
정답 (D)
해석 프랑코 씨는 30년 넘게 이스틀레이 에너지 사에서 수석 안전 관리 담당관으로 고용되어 왔다.
해설 주어와 빈칸 뒤로 as와 at, 그리고 for가 각각 이끄는 전치사구들만 쓰여 있으므로 빈칸이 문장의 동사 자리임을 알 수 있다. 또한, 빈칸 뒤에 목적어 없이 전치사구만 쓰여 있어 목적어를 필요로 하는 타동사 employ가 수동태로 쓰여야 하므로 선택지에서 유일하게 수동태 동사의 형태인 (D) has been employed가 정답이다.

오답 (A) employ: 현재시제 능동태 동사의 형태이므로 오답이다.
(B) to be employed: 동사 자리에 쓰일 수 없는 to부정사이므로 오답이다.
(C) is employing: 현재진행시제 능동태 동사의 형태이므로 오답이다.

어휘 more than ~ 넘게, ~보다 많이 employ ~을 고용하다

8.
정답 (B)
해석 여러 대의 정보 안내용 단말기가 그 자동차 무역 박람회의 로비에 다음 달에 설치될 것입니다.

해설 명사구 주어와 빈칸 뒤로 in 전치사구와 시간 부사구만 쓰여 있으므로 빈칸이 문장의 동사 자리임을 알 수 있다. 또한, 빈칸 뒤에 목적어 없이 전치사구만 쓰여 있어 목적어를 필요로 하는 타동사 install이 수동태로 쓰여야 하므로 선택지에서 유일하게 수동태 동사의 형태인 (B) will be installed가 정답이다.

오답 (A) being installed: 동사 자리에 쓰일 수 없는 수동태 동명사의 형태이므로 오답이다.
 (C) to install: 동사 자리에 쓰일 수 없는 to부정사이므로 오답이다.
 (D) installed: 과거시제 능동태 동사의 형태이므로 오답이다.

어휘 several 여럿의, 몇몇의 kiosk 단말기 automobile 자동차 trade show 무역 박람회 install ~을 설치하다

9.

정답 (D)

해석 신임 인사부장님께서 다음 달 직원 교육 워크숍 시간에 소개되실 것입니다.

해설 선택지가 모두 동사의 형태이고 시제와 태가 다르므로 이에 대한 단서를 찾아야 한다. 빈칸 뒤에 목적어 없이 전치사구만 쓰여 있어 목적어를 필요로 하는 타동사 introduce가 수동태로 쓰여야 하며, at 전치사구에 다음 달에 있을 워크숍임을 알리는 시점 표현(next month)이 제시되어 있어 미래시제 수동태가 동사가 필요하므로 (D) will be introduced가 정답이다.

오답 (A) is introducing: 현재진행시제 능동태 동사의 형태이므로 오답이다.
 (B) introduce: 현재시제 능동태 동사의 형태이므로 오답이다.
 (C) was introduced: 과거시제 수동태 동사의 형태이므로 오답이다.

어휘 personnel 인사부, 전 직원 staff 직원들 introduce ~을 소개하다, ~을 도입하다

10.

정답 (A)

해석 그 강의 오염 수준이 2022년 이후로 정부에 의해 관찰되어 왔다.

해설 선택지가 모두 동사의 형태이고 시제와 태가 다르므로 이에 대한 단서를 찾아야 한다. 빈칸 뒤에 목적어 없이 전치사구만 쓰여 있어 목적어를 필요로 하는 타동사 monitor가 수동태로 쓰여야 하므로 선택지에서 유일하게 수동태 동사의 형태인 (A) have been monitored가 정답이다.

오답 (B) monitors: 현재시제 능동태 동사의 형태이므로 오답이다.
 (C) is monitoring: 현재진행시제 능동태 동사의 형태이므로 오답이다.
 (D) will monitor: 미래시제 능동태 동사의 형태이므로 오답이다.

어휘 pollution 오염, 공해, 오염 물질 government 정부 since prep. ~ 이후로 conj. ~한 이후로, ~하기 때문에 ad. 그 이후로 monitor v. ~을 추적 관찰하다, ~을 감시하다

11-14 다음 회람을 참조하시오.

> 저희 실버라인 테크놀로지 사에서는, 새로운 고객 **11** 지원 시스템을 추가함으로써 저희의 서비스를 개선하기 위해 노력하고 있습니다.
>
> 실버라인의 스마트케어 시스템은 고객들에 의해 실시간으로 각자의 서비스 요청 사항을 파악하는 데 **12** 이용될 수 있습니다. **13** 이는 또한 고객들께 직원과 직접 채팅도 하게 해 드립니다. 이 시스템은 고객 만족도에 있어 업계 선두 주자로서 우리의 명성을 유지하도록 도움을 줄 것입니다.
>
> 이 스마트케어 시스템 덕분에, 고객들께서는 긴 대기 시간 없이 **14** 즉각적인 지원을 받으실 수 있습니다. 일단 이 시스템이 시작되고 나면, 저희 서비스는 더욱 신속해지고 더욱 신뢰할 수 있게 될 것입니다.

어휘 improve ~을 개선하다, ~을 향상시키다 by (방법) ~함으로써, ~해서 add ~을 추가하다 track v. ~을 파악하다, ~을 추적하다 request 요청, 요구 in real time 실시간으로 maintain ~을 유지하다 reputation 명성, 평판 industry 업계, 산업 satisfaction 만족(도) thanks to ~ 덕분에, ~ 때문에 assistance 지원, 도움 without ~ 없이, ~하지 않고 once 일단 ~하고 나면, ~하는 대로 reliable 신뢰할 수 있는

11.

정답 (B)

해설 빈칸 앞뒤에 위치한 명사 customer 및 system과 복합명사를 구성해 회사의 서비스를 개선하기 위해 어떤 시스템을 추가하는지 나타내야 한다. 따라서, '새로운 고객 지원 시스템'을 의미해야 자연스러우므로 '지원, 지지, 후원'을 뜻하는 (B) support가 정답이다.

어휘 support 지원, 지지, 후원 installation 설치

12.

정답 (B)

해설 빈칸 바로 뒤에 목적어 없이 by 전치사구가 쓰여 있어 타동사 use가 수동태로 쓰여야 알맞으므로 (B) can be used가 정답이다.

13.
정답 (A)

해석 (A) 이는 또한 고객들께 직원과 직접 채팅도 하게 해 드립니다.
(B) 반드시 다른 고객들의 후기를 읽어 보시기 바랍니다.

해설 빈칸 앞 문장에 Silverline's SmartCare System이 지닌 특징을 설명하는 내용이 쓰여 있어 추가적인 특징이나 이용 방법 등과 관련된 정보를 담은 문장이 이어져야 흐름이 자연스러우므로 이 시스템을 It으로 지칭해 또 다른 특징을 언급하는 (A)가 정답이다.

어휘 let A do: A에게 ~하게 하다 chat 채팅하다, 이야기하다 directly 직접, 곧장 representative n. 직원, 대표자 be sure to do 반드시 ~하다, 꼭 ~하다 review 후기, 평가, 검토

14.
정답 (A)

해설 동사 get과 명사 목적어 assistance 사이에 위치한 빈칸은 명사를 수식할 형용사가 쓰여야 알맞은 자리이므로 (A) immediate이 정답이다.

어휘 immediate 즉각적인 immediately 즉각적으로, 즉시

오늘의 필수 구문 분석

1. <u>Our team</u> <u>completed</u> the project / on time /
   S   V
   despite the tight deadline.

해석 우리팀이 프로젝트를 마쳤다 / 제때 / 빠듯한 마감기한에도 불구하고

2. <u>The contract</u> <u>expired</u> / last month / after three
   S   V
   years of use.

해석 계약이 만료되었다 / 지난 달에 / 3년 사용 후에

3. <u>Attendance</u> <u>is limited</u> / to 50 participants / for
   S   V
   each session.

해석 참석이 제한된다 / 50명의 참석자로 / 각 세션에 대해

4. <u>Mr. Lewis</u> <u>was satisfied</u> / with the quick response /
   S   V
   from the customer support team.

해석 루이스 씨는 만족했다 / 빠른 반응에 / 고객 지원팀으로 부터의

5. <u>Mr. Sawyer</u> <u>is organizing</u> / a company picnic /
   S   V
   at the request of the HR director.

해석 소여 씨는 준비중이다 / 회사 야유회를 / 인사부장의 요청으로

6. <u>Mr. Franco</u> <u>has been employed</u> / as Senior Safety
   S   V
   Officer / at Eastleigh Energy / for more than 30
   years.

해석 프랑코 씨는 고용되어왔다 / 선임 보안 담당관으로 / 이스트레이 에너지 사에서 / 30년에 넘게

7. <u>Several information kiosks</u> / <u>will be installed</u> / in
   S   V
   the lobby / of the automobile trade show / next
   month.

해석 몇몇 정보 키오스크들이 / 설치될 것이다 / 로비에 / 자동차 박람회의 / 다음 달에

8. <u>The pollution levels</u> / in the river / <u>have been</u>
   S   V
   <u>monitored</u> / by the government / since 2022.

해석 오염 수준이 / 강물의 / 추적 관찰되어 왔다 / 정부에 의해 / 2022년 이후로

오늘의 필수 어휘 Quiz

1. contain — ~을 포함하다
2. financial — 재무의, 재정의
3. invitation — 초대, 초대장
4. depart — 출발하다
5. on schedule — 일정대로
6. monthly — 월간의, 월별의
7. tight — 빠듯한
8. stable — 안정된
9. include — ~을 포함하다
10. construct — ~을 건설하다
11. upon + 명사 — ~하자마자
12. travel expense — 출장비
13. community — 공동체
14. install — ~을 설치하다
15. remove — ~을 제거하다

16.	attendance	참석, 참석자 수
17.	be limited to	~로 한정되다
18.	be based on	~에 기초하다, 기반을 두다
19.	volunteer	자원봉사자
20.	be committed to + 명사	~에 전념하다

REVIEW TEST 2 Unit 5~8

1. (C)	2. (C)	3. (B)	4. (D)	5. (A)
6. (A)	7. (B)	8. (B)	9. (D)	10. (C)
11. (A)	12. (A)	13. (B)	14. (A)	15. (C)
16. (C)	17. (A)	18. (A)	19. (A)	20. (B)

1.
정답 (C)
해석 그 버스는 경로를 따라 세 곳의 주요 역에서 정차할 것이다.
해설 will 같은 조동사 다음은 동사원형이 쓰여야 하는 자리이므로 (C) make가 정답이다.
오답 (A) makes: 조동사 뒤에 쓰이는 동사원형이 아니므로 오답이다.
(B) made: 조동사 뒤에 쓰일 수 없는 과거시제 동사의 형태이므로 오답이다.
(D) making: 조동사 뒤에 쓰일 수 없는 동명사 또는 현재분사의 형태이므로 오답이다.
어휘 along (길 등) ~을 따라 route 경로, 노선 make a stop 정차하다

2.
정답 (C)
해석 내년에, 오리온 컴퍼니는 새로운 친환경 자동차 제품군을 제조할 것이다.
해설 주어 Orion Company와 빈칸 뒤로 명사구와 of 전치사구만 있으므로 빈칸이 문장의 동사 자리이다. 또한, 미래 시점을 나타내는 Next year와 어울리는 미래시제 동사가 쓰여야 하므로 (C) will manufacture가 정답이다.
오답 (A) manufacturer: 동사 자리에 쓰일 수 없는 명사이므로 오답이다.
(B) manufacturing: 동사 자리에 쓰일 수 없는 동명사 또는 현재분사의 형태이므로 오답이다.
(D) had to manufacture: 과거시제 조동사와 동사원형이 결합한 형태이므로 오답이다.
어휘 eco-friendly 친환경의 manufacturer 제조사, 제조자 manufacture ~을 제조하다 had to do ~해야 했다

3.
정답 (B)
해석 라슨 씨는 그 프로젝트가 일정보다 앞서 완료되었다고 보고했다.
해설 주어 Mr. Larson과 빈칸 뒤로 that절이 쓰여 있으므로 빈칸이 주절의 동사 자리임을 알 수 있다. 또한, 주어 Mr. Larson이 3인칭 단수이므로 수 일치와 상관없이 사용할 수 있는 과거시제 동사 (B) reported가 정답이다.
오답 (A) report: 복수주어와 어울리는 현재시제 동사 또는 명사이므로 오답이다.
(C) reporter: 동사 자리에 쓰일 수 없는 명사이므로 오답이다.
(D) reporting: 동사 자리에 쓰일 수 없는 동명사 또는 현재분사의 형태이므로 오답이다.
어휘 complete ~을 완료하다 ahead of ~보다 앞서, ~ 전에, ~ 앞에

4.
정답 (D)
해석 선호하시는 배송 시간을 양식에 명시해 주시기 바랍니다.
해설 Please로 시작하는 명령문 「Please + 동사원형」을 구성하는 동사원형이 빈칸에 쓰여야 하므로 (D) specify가 정답이다.
오답 (A) specification: 동사원형 자리에 쓰일 수 없는 명사이므로 오답이다.
(B) specifically: 동사원형 자리에 쓰일 수 없는 부사이므로 오답이다.
(C) specific: 동사원형 자리에 쓰일 수 없는 형용사이므로 오답이다.
어휘 preferred 선호하는 form 양식, 서식 specification 설명서, 명세서, (제품) 사양 specifically 특히, 구체적으로 specific 구체적인, 특정한 specify ~을 명시하다

5.
정답 (A)
해석 귀하의 거래내역서에 한 가지 작은 오류가 있었지만, 저희가 귀하를 위해 수월하게 바로잡을 수 있습니다.
해설 조동사 can과 부사 easily 뒤에 빈칸이 위치해 있어 부사의 수식을 받으면서 조동사 뒤에 위치할 동사원형이 쓰여야 알맞으므로 (A) correct가 정답이다.
오답 (B) to correct: 조동사 뒤에 쓰일 수 없는 to부정사이므로 오답이다.
(C) correction: 조동사 뒤에 쓰일 수 없는 명사이므로 오답이다.
(D) correcting: 조동사 뒤에 쓰일 수 없는 동명사 또는 현재분사이므로 오답이다.

어휘 invoice 거래내역서 correct v. ~을 바로잡다, ~을 정정하다 a. 옳은, 정확한, 알맞은 correction 정정, 수정

6.
정답 (A)
해석 귀하의 모든 쇼핑 관련 필요 사항들을 위해 지속적으로 저희 웹사이트를 이용하시기를 바랍니다.
해설 접속사 that과 주어 you 뒤로 빈칸과 to부정사구, 그리고 for 전치사구만 쓰여 있으므로 빈칸이 that절의 동사 자리임을 알 수 있다. 또한, 주어가 you일 때 일반동사의 현재시제는 동사원형으로 나타나므로 (A) continue가 정답이다.
오답 (B) continues: 3인칭 단수주어와 수 일치되는 현재시제 동사의 형태이므로 오답이다.
(C) continuation: 동사 자리에 쓰일 수 없는 명사이므로 오답이다.
(D) continuing: 동사 자리에 쓰일 수 없는 동명사 또는 현재분사이므로 오답이다.
어휘 continue to do 지속적으로 ~하다, 계속 ~하다 continuation 지속, 계속, 연속

7.
정답 (B)
해석 신입 직원들 각각이 첫 주 중에 교육을 받습니다.
해설 주어 Each of the new employees와 빈칸 뒤로 명사와 during 전치사구만 있으므로 빈칸이 문장의 동사 자리임을 알 수 있다. 또한, 빈칸 뒤에 위치한 명사 training을 목적어로 취할 능동태 동사여야 하며, 문장의 주어인 단수대명사 Each와 수 일치되어야 하므로 (B) receives가 정답이다.
오답 (A) receive: 단수대명사 Each와 수 일치되지 않는 동사이므로 오답이다.
(C) to receive: 동사 자리에 쓰일 수 없는 to부정사이므로 오답이다.
(D) is received: 명사를 목적어로 취할 수 없는 수동태 동사이므로 오답이다.
어휘 during ~ 중에, ~ 동안 receive ~을 받다

8.
정답 (B)
해석 귀하의 배송품이 어제 특급 배송 서비스를 통해 발송되었으며, 곧 도착할 것입니다.
해설 빈칸에 동사가 쓰여 또 다른 동사 was shipped와 and로 연결되는 구조가 되어야 알맞으며, '곧, 머지 않아'라는 의미로 가까운 미래를 나타내는 부사 soon과 어울리는 미래시제 동사가 쓰여야 알맞으므로 (B) will arrive가 정답이다.
오답 (A) arrives: 부사 soon과 어울리지 않는 현재시제 동사이므로 오답이다.
(C) has arrived: 부사 soon과 어울리지 않는 현재완료시제 동사이므로 오답이다.
(D) arriving: 동명사 또는 현재분사이므로 또 다른 동사 was shipped와 and로 연결되지 않는 오답이다.
어휘 package 배송품, 소포, 꾸러미 ship ~을 발송하다, ~을 선적하다 via ~을 통해 express a. 특급의, 급행의 arrive 도착하다

9.
정답 (D)
해석 현재, 넥스트웨이브 광고회사가 자사의 창작팀에 필요한 디자이너 및 카피라이터를 모집하고 있다.
해설 주어 NextWave Advertising과 빈칸 뒤로 명사구와 for 전치사구만 있으므로 빈칸이 문장의 동사 자리임을 알 수 있다. 또한, '현재'를 뜻하는 부사 currently와 어울리는 현재시제 또는 현재진행시제 동사가 필요하므로 (D) is recruiting이 정답이다.
오답 (A) recruited: 부사 currently와 어울리지 않는 과거시제 동사이므로 오답이다.
(B) recruiting: 동사 자리에 쓰일 수 없는 동명사 또는 현재분사이므로 오답이다.
(C) was recruiting: 부사 currently와 어울리지 않는 과거진행시제 동사이므로 오답이다.
어휘 currently 현재 creative 창작의, 창의적인 recruit ~을 모집하다, ~을 채용하다

10.
정답 (C)
해석 작년에, 배런스 컴퍼니는 법학과 학생들을 위해 인턴십 프로그램을 만들었다.
해설 주어 the Barrons Company와 빈칸 뒤로 명사구와 for 전치사구만 있으므로 빈칸이 문장의 동사 자리임을 알 수 있다. 또한, '작년에'를 뜻하는 부사구 Last year와 어울리는 과거시제 동사가 필요하며, 빈칸 뒤에 위치한 명사구 an internship program를 목적어로 취할 능동태 동사여야 하므로 (C) created가 정답이다.
오답 (A) create: 부사구 Last year와 어울리지 않는 현재시제 동사이므로 오답이다.
(B) creates: 부사구 Last year와 어울리지 않는 현재시제 동사이므로 오답이다.
(D) was created: 명사구를 목적어로 취할 수 없는 수동태 동사이므로 오답이다.
어휘 create ~을 만들어 내다

11.
정답 (A)

해석 참가자 명단이 입구 근처에 있는 게시판에 게시되어 있습니다.

해설 과거분사 posted과 어울려 「be p.p.」 형태의 수동태 동사를 구성해야 하며, 문장의 주어인 The list가 단수이므로 단수 be동사인 (A) is가 정답이다.

오답 (B) are: 복수주어와 어울리는 be동사이므로 오답이다.
  (C) be: 조동사 뒤에 쓰이거나 명령문을 이끄는 be동사원형이므로 오답이다.
  (D) were: 복수주어와 어울리는 be동사이므로 오답이다.

어휘 participant 참가자 post v. ~을 게시하다
bulletin board 게시판, 공고판 entrance 입구

12.
정답 (A)

해석 주간 판매 수치는 우리의 신제품 라인이 매우 성공적이었음을 보여줍니다.

해설 주어 The weekly sales figures와 빈칸 뒤로 that절이 쓰여 있으므로 빈칸이 주절의 동사 자리임을 알 수 있다. 또한, 주어 The weekly sales figures가 복수명사구이므로 수 일치되는 현재시제 동사의 형태인 (A) show가 정답이다.

오답 (B) shows: 3인칭 단수주어와 수 일치되는 현재시제 동사의 형태이므로 오답이다.
  (C) showing: 동사 자리에 쓰일 수 없는 동명사 또는 현재분사이므로 오답이다.
  (D) to show: 동사 자리에 쓰일 수 없는 to부정사이므로 오답이다.

어휘 sales 판매(량), 영업, 매출 figure 수치, 숫자 successful 성공적인 show that ~임을 나타내다

13.
정답 (B)

해석 환급을 받기 위해서는 모든 출장 비용 보고서가 반드시 원본 영수증과 함께 제출되어야 합니다.

해설 must 같은 조동사 다음은 동사원형이 쓰여야 하며, 빈칸 뒤에 목적어 없이 with 전치사구만 위치해 있어 타동사 submit이 수동태로 쓰여야 알맞으므로 (B) be submitted가 정답이다.

오답 (A) submit: 능동태 동사이므로 오답이다.
  (C) submitting: 동사 자리에 쓰일 수 없는 동명사 또는 현재분사이므로 오답이다.
  (D) submits: 동사원형이 아니므로 오답이다.

어휘 expense (지출) 비용, 경비 original 원본의, 원래의 receipt 영수(증), 수취, 수령 in order to do ~하려면, ~하기 위해서 receive ~을 받다 reimbursement (비용) 환급 submit ~을 제출하다

14.
정답 (A)

해석 그 회사는 연말에 직원들에게 특별 보너스를 제공했다.

해설 빈칸 뒤에 사람명사 employees와 사물명사구 a special bonus가 나란히 쓰여 있어 '~에게 …을'을 뜻하는 「목적어1 + 목적어2」의 구조임을 알 수 있으므로 이렇게 두 개의 목적어를 취하는 동사 (A) offered가 정답이다.

오답 (B) suggested: 두 개의 목적어를 취하지 않는 동사이므로 오답이다.
  (C) introduced: 두 개의 목적어를 취하지 않는 동사이므로 오답이다.
  (D) provided: 두 개의 목적어를 취하지 않는 동사이므로 오답이다.

어휘 suggest ~을 제안하다, ~을 암시하다 introduce ~을 소개하다, ~을 도입하다 provide ~을 제공하다

15.
정답 (C)

해석 귀하의 구입품에 만족하시지 못하는 경우, 30일 내에 반품하실 수 있습니다.

해설 빈칸 앞뒤에 각각 위치한 be동사 are 및 전치사 with와 함께 '~에 만족하다'를 뜻하는 「be satisfied with」를 구성해야 알맞으므로 형용사 (C) satisfied가 정답이다.

오답 (A) satisfaction: be동사 및 전치사 with와 어울리는 표현을 구성하지 않으므로 오답이다.
  (B) satisfying: be동사 및 전치사 with와 어울리는 표현을 구성하지 않으므로 오답이다.
  (D) satisfy: be동사 및 전치사 with와 어울리는 표현을 구성하지 않으므로 오답이다.

어휘 purchase 구입(품) return ~을 반품하다, ~을 반납하다 within (범위, 기간 등) ~ 내에 satisfaction 만족(도) satisfying (사람을) 만족시키는 satisfy ~을 만족시키다

16.
정답 (C)

해석 전 씨는 2008년의 설립 이후로 헬릭슨 컴퍼니에서 시스템 엔지니어로 근무해 오고 있다.

해설 주어와 빈칸 뒤로 for와 as, since, 그리고 in이 각각 이끄는 전치사구들만 쓰여 있으므로 빈칸이 문장의 동사 자리임을 알 수 있다. 또한, '~ 이후로'라는 의미로 과거의 시작점을 나타내는 since 전치사구는 현재완료시제 동사와 어울려 쓰이므로 (C) has worked가 정답이다.

오답 (A) works: 과거의 시작점을 나타내는 since 전치사구와 어울리지 않는 현재시제 동사이므로 오답이다.
  (B) is working: 과거의 시작점을 나타내는 since 전치사구와 어울리지 않는 현재진행시제 동사이므로 오답이다.

(D) to work: 동사 자리에 쓰일 수 없는 to부정사이므로 오답이다.

어휘 since prep. ~ 이후로 conj. ~한 이후로, ~하기 때문에 ad. 그 이후로 foundation 설립, 토대, 기반, 재단

17.

정답 (A)

해석 인사부가 영업팀에 있는 여러 빈 직책을 충원하기 위해 다음 달에 면접을 실시할 것입니다.

해설 선택지가 모두 능동태 동사의 형태이고 시제만 다르므로 시점 관련 단서를 찾아야 한다. 빈칸 뒤에 '다음 달에'라는 의미로 미래 시점을 나타내는 next month가 쓰여 있어 미래시제 동사가 필요하므로 (A) will conduct가 정답이다.

오답 (B) has conducted: 미래 시점을 나타내는 next month와 어울리지 않는 현재완료시제 동사이므로 오답이다.
(C) conducted: 미래 시점을 나타내는 next month와 어울리지 않는 과거시제 동사이므로 오답이다.
(D) is conducting: 미래 시점을 나타내는 next month와 어울리지 않는 현재진행시제 동사이므로 오답이다.

어휘 HR 인사(부) department ~부, 부서 fill ~을 충원하다, ~을 채우다 several 여럿의, 몇몇의 vacant 빈, 비어 있는 position 직책, 일자리 sales 영업, 판매(량), 매출 conduct ~을 실시하다, ~을 수행하다

18.

정답 (A)

해석 패션 업계에서 저희 매장의 명성은 100년 동안 안정적인 상태로 계속 유지되어 왔습니다.

해설 빈칸 앞에 현재완료시제로 쓰여 있는 동사 remain은 형용사 보어와 함께 '계속 ~한 상태로 유지되다, 여전히 ~한 상태이다'라는 의미를 나타내므로 형용사 (A) stable이 정답이다.

오답 (B) stably: 부사이므로 오답이다.
(C) stability: 명사이므로 오답이다.
(D) stabilize: 동사이므로 오답이다.

어휘 reputation 명성, 평판 industry 업계, 산업 stable 안정적인 stably 안정적으로 stability 안정(감) stabilize 안정되다, ~을 안정시키다

19.

정답 (A)

해석 시장 분석가들은 판매량이 연휴 시즌 동안 상당히 증가할 것으로 예측하고 있다.

해설 주어 Market analysts와 빈칸 뒤로 that절이 쓰여 있으므로 빈칸이 주절의 동사 자리임을 알 수 있다. 또한, 주어 Market analysts가 복수명사구이므로 수 일치되는 현재시제 동사의 형태인 (A) predict가 정답이다.

오답 (B) predicts: 3인칭 단수 주어와 수 일치되는 현재시제 동사의 형태이므로 오답이다.
(C) prediction: 동사 자리에 쓰일 수 없는 명사이므로 오답이다.
(D) predicting: 동사 자리에 쓰일 수 없는 동명사 또는 현재분사이므로 오답이다.

어휘 analyst 분석가 sales 판매(량), 영업, 매출 increase 증가하다, ~을 증가시키다 significantly 상당히, 많이 during ~ 동안, ~ 중에 predict ~을 예측하다 prediction 예측

20.

정답 (B)

해석 미랜디스 요리 학원이 현재 주말마다 엄격한 채식을 위한 제과제빵 강좌를 제공하고 있다.

해설 주어와 부사 now 뒤로 빈칸과 명사구, 그리고 on 전치사구만 쓰여 있으므로 빈칸이 문장의 동사 자리임을 알 수 있다. 또한, '현재'를 뜻하는 부사 now와 어울리는 현재시제 동사가 쓰여야 하며, 주어 The Mirandis Culinary Institute이 3인칭 단수이므로 수 일치되는 현재시제 동사의 형태인 (B) offers가 정답이다.

오답 (A) offering: 동사 자리에 쓰일 수 없는 동명사 또는 현재분사이므로 오답이다.
(C) offered: 부사 now와 어울리지 않는 과거시제 동사이므로 오답이다.
(D) offer: 복수주어와 수 일치되는 현재시제 동사의 형태이므로 오답이다.

어휘 culinary 요리의 institute 학원, 기관, 협회 vegan 엄격한 채식주의자 offer ~을 제공하다

UNIT 09 to부정사

PRACTICE ❶

1.
정답 to finish
해석 저희는 금요일까지 그 프로젝트를 끝마치기를 바라고 있습니다.
해설 현재진행시제로 쓰여 있는 동사 hope는 to부정사를 목적어로 취하므로 to finish가 정답이다.
어휘 hope to do ~하기를 바라다 by (기한) ~까지

2.
정답 to confirm
해석 그 편지의 목적은 지불액이 수납되었음을 확인해 드리기 위한 것입니다.
해설 be동사 is 뒤에서 보어 역할을 할 to부정사가 쓰여야 알맞으므로 to confirm이 정답이다.
어휘 purpose 목적 confirm that ~임을 확인해 주다 payment 지불(액) receive ~을 받다

3.
정답 to improve
해석 그 회사는 자사의 서비스를 개선하겠다고 약속했다.
해설 동사 promise는 to부정사를 목적어로 취하므로 to improve가 정답이다.
어휘 promise to do ~하겠다고 약속하다 improvement 개선, 향상 improve ~을 개선하다, ~을 향상시키다

4.
정답 to track
해석 이 앱은 고객들이 각자의 주문품을 추적할 수 있게 해 드립니다.
해설 동사 allow는 「allow + 목적어 + to부정사」의 구조로 쓰여 목적어와 목적격보어를 취하므로 목적어 customers 뒤에 위치할 단어로 to부정사인 to track이 정답이다.
어휘 allow A to do: A에게 ~할 수 있게 해 주다, A가 ~하는 것을 허용하다 track v. ~을 추적하다, ~을 파악하다 order 주문(품)

5.
정답 to arrange
해석 파커 씨께서 가능한 한 빨리 회의 시간을 마련하고자 하십니다.
해설 동사 would like는 to부정사를 목적어로 취하므로 to arrange가 정답이다.
어휘 would like to do ~하고자 하다, ~하고 싶어 하다 arrange ~을 마련하다, ~을 조치하다, ~을 정리하다 as soon as possible 가능한 한 빨리

6.
정답 to pay
해석 많은 사람들이 신용카드로 결제하는 것을 선호한다.
해설 동사 prefer는 to부정사를 목적어로 취하므로 to pay가 정답이다.
어휘 prefer to do ~하는 것을 선호하다

7.
정답 to train
해석 로스 씨는 신입 직원을 교육하도록 요청받았다.
해설 빈칸 앞에 과거시제로 쓰여 있는 be asked는 to부정사와 어울려 '~하도록 요청받다'라는 의미를 나타내는 「be asked to do」의 구조로 쓰이므로 to부정사 to train이 정답이다.
어휘 train v. ~을 교육하다, ~을 훈련시키다

8.
정답 to ask
해석 모든 참가자들께서는 질문하시도록 권장됩니다.
해설 빈칸 앞에 현재시제로 쓰여 있는 be encouraged는 to부정사와 어울려 '~하도록 권장되다'라는 의미를 나타내는 「be encouraged to do」의 구조로 쓰이므로 to부정사 to ask가 정답이다.
어휘 participant 참가자

9.
정답 to increase
해석 저희는 판매량이 다음 분기에 증가할 것으로 예상합니다.
해설 동사 expect는 「expect + 목적어 + to부정사」의 구조로 쓰여 to 부정사를 목적격보어로 취하므로, 목적어 the sales 뒤에 위치할 단어로 to부정사인 to increase가 정답이다.
어휘 expect A to do: A가 ~할 것으로 예상하다 sales 판매(량), 영업, 매출 increase 증가하다 quarter 분기

10.
정답 to enjoy
해석 저희 호텔은 고객들께 무료 아침 식사를 즐기실 수 있게 해 드리고 있습니다.
해설 동사 enable은 「enable + 목적어 + to부정사」의 구조로 쓰여 to부정사를 목적격보어로 취하므로, 목적어 guests 뒤에 위치할 단어로 to부정사인 to enjoy가 정답이다.

어휘 **enable A to do**: A에게 ~할 수 있게 해 주다 **free** 무료의

PRACTICE 2

1.
정답 to join
해석 저희는 저희 팀과 함께 하실 마케팅 전문가를 찾고 있습니다.
해설 명사구 a marketing specialist를 뒤에서 수식해 '~할 마케팅 전문가'라는 의미를 나타낼 to부정사가 쓰여야 알맞으므로 to join이 정답이다. 문장 내에 이미 동사 are looking이 있으므로 또 다른 동사 will join은 쓰일 수 없다.
어휘 **look for** ~을 찾다 **specialist** 전문가 **join** ~와 함께 하다, ~에 합류하다

2.
정답 to
해석 첸 씨가 그 세미나를 진행하도록 선택되셨습니다.
해설 바로 뒤에 위치한 동사원형 lead와 결합해 to부정사를 구성하는 to가 정답이다. for 같은 전치사 뒤에는 동명사가 목적어로 쓰여야 한다.
어휘 **choose** ~을 선택하다 **lead** ~을 진행하다, ~을 이끌다

3.
정답 to fix
해석 기사 한 분이 프린터를 고치기 위해 여기로 오실 겁니다.
해설 주어와 동사(will be), 그리고 부사(here)로 구성되어 문장이 완전한 상태이다. 따라서, 부가적인 요소인 부사와 같은 역할을 하는 to부정사가 쓰여 '~하기 위해'라는 의미로 기사가 방문하는 목적을 나타내야 알맞으므로 to fix가 정답이다.
어휘 **technician** 기사, 기술자 **fix** ~을 고치다, ~을 바로잡다

4.
정답 in order to
해석 그 매장은 더 많은 고객을 끌어들이기 위해 가격을 내렸다.
해설 바로 뒤에 동사원형 attract가 쓰여 있으므로 동사원형과 결합해 '~하기 위해'라는 의미를 나타내는 in order to가 정답이다. so that은 주어와 동사를 포함한 절을 이끄는 접속사이다.
어휘 **lower** v. ~을 내리다, ~을 낮추다 **so that** (목적) ~하도록, (결과) 그래서, 그러므로 **attract** ~을 끌어들이다

5.
정답 to ensure
해석 저희 팀은 고객 만족을 보장하기 위해 부지런히 일하고 있습니다.

해설 주어와 자동사(works), 그리고 부사(diligently)로 구성되어 문장이 완전한 상태이다. 따라서, 부가적인 요소인 부사와 같은 역할을 하는 to부정사가 쓰여 '~하기 위해'라는 의미로 부지런히 일하는 목적을 나타내야 알맞으므로 to ensure가 정답이다.
어휘 **diligently** 부지런히, 성실히 **ensure** ~을 보장하다, 반드시 ~하도록 하다 **satisfaction** 만족(도)

6.
정답 to upgrade
해석 우리의 보안 시스템을 업그레이드할 때가 되었습니다.
해설 명사 time을 뒤에서 수식할 to부정사가 쓰여 '~할 때가 되었다'를 뜻하는 「It is time to do」를 구성해야 알맞으므로 to upgrade가 정답이다.
어휘 **security** 보안, 경비

7.
정답 plans
해석 그 회사는 자사의 생산 시설을 확장하려는 계획을 발표했다.
해설 뒤에 위치한 to부정사 to expand의 수식을 받아 '~하려는 계획'을 뜻하는 「a plan to do」 구조가 만들어져야 알맞으므로 명사 plans가 정답이다.
어휘 **announce** ~을 발표하다, ~을 공지하다 **expand** ~을 확장하다, ~을 확대하다 **facility** 시설(물)

8.
정답 to celebrate
해석 우리는 우리의 성과를 기념하기 위해 대규모 파티를 개최할 것입니다.
해설 이미 주어와 동사(will hold), 그리고 명사구 목적어(a big party)로 구성되어 문장이 완전한 상태이다. 따라서, 부가적인 요소인 부사와 같은 역할을 하는 to부정사가 쓰여 '~하기 위해'라는 의미로 파티를 개최하는 목적을 나타내야 알맞으므로 to celebrate이 정답이다.
어휘 **hold** ~을 개최하다, ~을 열다 **celebrate** ~을 기념하다, ~을 축하하다 **achievement** 업적, 성취, 달성

9.
정답 to save
해석 시간을 절약하기 위한 노력의 일환으로, 저희는 보고 과정을 자동화했습니다.
해설 명사 effort를 뒤에서 수식할 to부정사가 쓰여 '~하기 위한 노력의 일환으로'를 뜻하는 「in an effort to do」를 구성해야 알맞으므로 to save가 정답이다.
어휘 **automate** ~을 자동화하다 **reporting** 보고, 신고 **process** 과정

10.

정답 to win

해석 모든 방문객들은 무료 선물을 받을 기회를 가질 것입니다.

해설 명사 opportunity를 뒤에서 수식할 to부정사가 쓰여 '~할 기회를 갖다'를 뜻하는 「have the opportunity to do」를 구성해야 알맞으므로 to win이 정답이다.

어휘 win (상 등) ~을 받다, ~을 타다 free 무료의

실전 TEST

1. (C)	2. (C)	3. (D)	4. (B)	5. (D)
6. (D)	7. (C)	8. (A)	9. (D)	10. (B)
11. (A)	12. (B)	13. (A)	14. (B)	

1.

정답 (C)

해석 저희는 모든 분께 준비할 시간을 더 많이 제공해 드리기 위해 다음 주에 회의를 개최하기로 결정했습니다.

해설 빈칸 뒤에 동사원형 hold가 쓰여 있어 to부정사를 목적어로 취하는 동사 decide의 목적어 역할을 할 to부정사를 구성해야 하므로 (C) to가 정답이다.

오답 (A) for: 동사원형과 결합할 수 없는 전치사이므로 오답이다.
(B) toward: 동사원형과 결합할 수 없는 전치사이므로 오답이다.
(D) before: 동사원형과 결합할 수 없는 전치사 또는 접속사이므로 오답이다.

어휘 decide to do ~하기로 결정하다 hold ~을 개최하다, ~을 열다 prepare ~을 준비하다 toward (이동, 방향 등) ~을 향해, ~ 쪽으로, (목적) ~을 위해, (시간) ~ 무렵, ~쯤

2.

정답 (C)

해석 그 회사는 바쁜 연휴 시즌 중에 쇼핑몰에서 고객들을 돕기 위해 추가 직원을 고용했다.

해설 빈칸 앞에 이미 문장의 동사 hired가 쓰여 있어 빈칸은 동사 자리가 아니다. 또한, '고객들을 돕기 위해'라는 의미로 추가 직원을 고용한 목적을 나타낼 to부정사가 쓰여야 알맞으므로 (C) to assist가 정답이다.

오답 (A) assisted: 과거시제 동사 또는 과거분사이므로 오답이다.
(B) assists: 현재시제 동사이므로 오답이다.
(D) have assisted: 현재완료시제 동사이므로 오답이다.

어휘 hire ~을 고용하다 extra 추가의, 별도의, 여분의 during ~ 중에, ~ 동안 assist ~을 돕다, ~을 지원하다

3.

정답 (D)

해석 방문객들께서는 전시홀에 입장하시기 전에 등록 양식을 작성 완료하시도록 요청됩니다.

해설 빈칸 앞에 위치한 are asked와 어울려 '~하도록 요청되다'를 뜻하는 「be asked to do」를 구성해야 알맞으므로 to부정사인 (D) to complete이 정답이다.

오답 (A) be completed: 동사의 수동태 형태이므로 오답이다.
(B) completion: 명사이므로 오답이다.
(C) completing: 동명사 또는 현재분사의 형태이므로 오답이다.

어휘 registration 등록 form 양식, 서식 enter ~에 입장하다, ~에 참가하다 exhibition 전시(회) complete ~을 완료하다 completion 완료, 완성

4.

정답 (B)

해석 그 매장은 인근 지역에서 더 많은 신규 고객을 끌어들이기 위한 노력의 일환으로 할인을 제공하고 있다.

해설 빈칸 앞에 위치한 in an effort와 어울려 '~하기 위한 노력의 일환으로'를 뜻하는 「in an effort to do」를 구성해야 알맞으므로 to부정사인 (B) to attract가 정답이다.

오답 (A) will be attracting: 미래진행시제 동사이므로 오답이다.
(C) is attracting: 현재진행시제 동사이므로 오답이다.
(D) attracted: 과거시제 동사 또는 과거분사이므로 오답이다.

어휘 offer ~을 제공하다 nearby 인근의, 근처의 neighborhood 지역, 이웃, 인근 attract ~을 끌어들이다

5.

정답 (D)

해석 상승하는 원유 가격으로 인해 휘발유 가격이 다음 달에 인상될 것으로 예상된다.

해설 빈칸 앞에 위치한 are expected와 어울려 '~할 것으로 예상되다'를 뜻하는 「be expected to do」를 구성해야 알맞으므로 to부정사인 (D) to increase가 정답이다.

오답 (A) increase: 동사원형이므로 오답이다.
(B) increases: 현재시제 동사이므로 오답이다.
(C) increasing: 동명사 또는 현재분사의 형태이므로 오답이다.

어휘 gas 휘발유(=gasoline) due to ~로 인해, ~ 때문에 rising 상승하는, 오르는 increase 인상되다, 증가하다

6.

정답 (D)

해석 켄우드 도서관은 학생들에게 한 번에 최대 5권까지 책을 빌릴 수 있도록 허용한다.

해설 빈칸 앞에 위치한 동사 permit은 「permit + 목적어 + to부정사」의 구조로 쓰여 '~에게 …하도록 허용하다'라는 의미를 나타내므로 to부정사인 (D) to borrow가 정답이다.

오답 (A) borrow: 동사원형이므로 오답이다.
(B) borrowed: 과거시제 동사 또는 과거분사이므로 오답이다.
(C) will borrow: 미래시제 동사이므로 오답이다.

어휘 up to 최대 ~까지 borrow ~을 빌리다

7.
정답 (C)

해석 그 호텔은 고객들에게 바다가 내려다보이는 옥외 테라스에서 아침 식사를 즐길 수 있게 해 준다.

해설 빈칸 앞에 위치한 동사 allow는 「allow + 목적어 + to부정사」의 구조로 쓰여 '~에게 …할 수 있게 해 주다, ~에게 …하도록 허용하다'라는 의미를 나타내므로 to부정사인 (C) to enjoy가 정답이다.

오답 (A) enjoyment: 명사이므로 오답이다.
(B) enjoyable: 형용사이므로 오답이다.
(D) are enjoying: 현재진행시제 동사이므로 오답이다.

어휘 overlook (건물 등이) ~을 내려다보다 enjoyment 즐거움, 기쁨 enjoyable 즐거운

8.
정답 (A)

해석 그 도시는 강변 공원 근처에 있는 새로운 스포츠 센터를 관리할 누군가를 찾고 있다.

해설 빈칸 앞에 이미 문장의 동사 is looking이 쓰여 있어 빈칸은 동사 자리가 아니다. 또한, 빈칸 뒤에 위치한 명사구 a new sports center를 목적어로 취하면서 '새로운 스포츠 센터를 관리할'이라는 의미로 앞에 위치한 대명사 someone을 수식할 to부정사가 쓰여야 알맞으므로 (A) to manage가 정답이다.

오답 (B) managed: 과거시제 동사 또는 과거분사이므로 오답이다.
(C) managerial: 형용사이므로 오답이다.
(D) manager: 명사이므로 오답이다.

어휘 look for ~을 찾다 someone 누군가 near ~ 근처에 manage ~을 관리하다 managerial 관리의, 경영의

9.
정답 (D)

해석 그 프로젝트는 정부 지원 및 추가 자금 없이 실행하기에는 너무 많은 돈이 든다.

해설 빈칸 앞에 위치한 too expensive와 어울려 '~하기에는 너무 …한'을 뜻하는 「too 형용사 to do」를 구성해야 알맞으므로 to부정사인 (D) to implement가 정답이다.

오답 (A) implement: 동사원형이므로 오답이다.
(B) implemented: 과거시제 동사 또는 과거분사이므로 오답이다.
(C) will be implementing: 미래진행시제 동사이므로 오답이다.

어휘 expensive 많은 돈이 드는, 비싼 without ~ 없이, ~하지 않고 support 지원, 지지, 후원 additional 추가적인 funding 자금 (제공) implement ~을 실행하다

10.
정답 (B)

해석 저희 신규 서비스는 소기업들의 요구를 충족하기 위해 고안되었습니다.

해설 빈칸 앞에 위치한 was designed와 어울려 '~하기 위해 고안되다, ~하도록 만들어지다'를 뜻하는 「be designed to do」를 구성해야 알맞으므로 to부정사인 (B) to meet이 정답이다.

오답 (A) meet: 동사원형이므로 오답이다.
(C) is meeting: 현재진행시제 동사이므로 오답이다.
(D) meetings: 명사이므로 오답이다.

어휘 need n. 요구, 필요(한 것) meet (요구, 조건 등) ~을 충족하다

11-14 다음 이메일을 참조하시오.

> 김 씨께,
>
> 저희 로터스 요가 센터는 새로운 봄철 요가 프로그램을 소개해 드리게 되어 **11** 기쁩니다. 각 강좌에는 강사들이 더 많이 직접적인 관심을 기울일 수 있도록 오직 6명의 참가자만 있을 것입니다. 저희 웹사이트에서 전체 강좌 일정표를 확인해 보실 수 있습니다. **12** 초급자와 고급반 수강생 모두를 위한 것이 있습니다.
>
> 저희 강사들은 친절하고 경험이 많으며, 여러분의 건강을 향상시키도록 도와 드릴 준비가 되어 있습니다. 무료 체험 강좌 **13** 일정을 잡으실 수 있도록 오늘 555-0123번으로 저희에게 연락 주시기 바랍니다. 저희 프로그램은 이미 저희 센터에 가입하셨던 분들을 비롯해 등록하시는 대로 신규 **14** 회원들께도 열려 있습니다.

어휘 introduce ~을 소개하다, ~을 도입하다 participant 참가자 so that (목적) ~하도록, (결과) 그러므로, 그래서 attention 관심, 주의, 주목 experienced 경험 많은 be ready to do ~할 준비가 되다 help A do: ~하도록 A를 돕다 improve ~을 향상시키다, ~을 개선하다 free 무료의 trial 체험, 시험, 시도 those who ~하는 사람들 join ~에 가입하다, ~에 합류하다 once ~하는 대로, 일단 ~하면 sign up 등록하다, 신청하다

11.
정답 (A)

해설 빈칸 앞뒤에 각각 위치한 be동사 are 및 to부정사와 어울려 '~해서 기쁘다'를 뜻하는 「be happy to do」를 구성해야 알 맞으므로 형용사 (A) happy가 정답이다.

12.
정답 (B)

해석 (A) 안타깝게도, 이번에는 이용 가능한 자리가 없습니다.
(B) 초급자와 고급반 수강생 모두를 위한 것이 있습니다.

해설 빈칸 앞 문장에 강좌별 참가자 숫자 및 전체 강좌 일정 확인 방법을 알리는 말이 쓰여 있어 강좌 이용 및 대상자 등과 관련된 문장이 쓰여야 흐름이 자연스럽다. 따라서, 누가 강좌를 이용할 수 있는지와 관련해 설명하는 (B)가 정답이다.

어휘 unfortunately 안타깝게도, 유감스럽게도 available (사물) 이용 가능한, 구입 가능한, (사람) 시간이 있는 both A and B: A와 B 둘 모두 advanced 고급의, 발전된, 진보한

13.
정답 (A)

해설 빈칸 앞에 이미 문장의 동사 call(명령문을 이끄는 동사원형)이 쓰여 있으므로 빈칸은 동사 자리가 아니다. 따라서, '~의 일정을 잡기 위해'라는 의미로 오늘 전화하도록 요청하는 목적을 나타내는 to부정사가 쓰여야 알맞으므로 (A) to schedule이 정답이다.

어휘 schedule v. ~의 일정을 잡다

14.
정답 (B)

해설 전치사 to의 목적어 자리인 빈칸에 쓰일 명사는 앞에 and로 연결된 to those와 마찬가지로 로터스 요가 센터에 새로 등록하는 사람들, 즉 신규 회원을 가리켜야 알맞으므로 (B) members가 정답이다.

어휘 employee 직원

오늘의 필수 구문 분석

1. The purpose of the letter is / to confirm / that the
   S   V
   payment was received.

   해석 이 편지의 목적은 / 확인해 주기 위한 것이다 / 결제 금액이 수납되었음을

2. Ms. Parker would like / to arrange a meeting / as
   S   V
   soon as possible.

   해석 파커 씨는 원한다 / 회의 시간을 마련하기를 / 가능한 한 빨리

3. The company hired extra staff / to assist
   S   V
   customers / during the busy holiday season / at the mall.

   해석 그 회사는 추가 직원을 고용했다 / 고객들을 도울 / 바쁜 연휴 시즌 중에 / 쇼핑몰에서

4. Visitors are asked / to complete the registration
   S   V
   form / before entering the exhibition hall.

   해석 방문객들은 요청받는다 / 등록 양식을 작성 완료하도록 / 전시홀에 입장하기 전에

5. The store is offering discounts / in an effort
   S   V
   to attract more new customers / from nearby neighborhoods.

   해석 그 매장은 할인을 제공하고 있다 / 더 많은 신규 고객을 끌어들이기 위한 노력으로 / 근처의 지역들로부터

6. The hotel allows guests / to enjoy breakfast / on
   S   V
   the outdoor terrace / overlooking the ocean.

   해석 그 호텔은 손님들에게 허용한다 / 아침 식사를 즐기도록 / 옥외 테라스에서 / 바다가 내려다보이는

7. The city is looking for someone / to manage a
   S   V
   new sports center / near the river park.

   해석 시에서는 누군가를 찾고 있다 / 새로운 스포츠 센터를 관리할 / 강변 공원 근처에 있는

8. The project is too expensive / to implement /
   S   V
   without government support and additional funding.

   해석 그 프로젝트는 너무 많은 비용이 든다 / 실행하기에 / 정부 지원 및 추가 자금 없이는

오늘의 필수 어휘 Quiz

1. confirm that — ~임이 사실임을 확인해주다
2. payment — 지불, 납입
3. promise to do — ~하기로 약속하다
4. arrange a meeting — 회의를 잡다
5. as soon as possible — 가능한 한 빨리
6. be encouraged to do — ~하도록 권유 받다
7. expect A to do — A가 ~할 것으로 기대하다
8. enable A to do — A가 ~할 수 있도록 하다
9. specialist — 전문가
10. join — ~에 합류하다
11. lower — ~을 낮추다
12. expand — ~을 확장하다
13. celebrate — ~을 축하다, 기념하다
14. production facility — 생산 시설
15. achievement — 성과, 성취
16. in an effort to do — ~하고자 하는 노력으로
17. save — ~을 아끼다, 절약하다
18. lead — ~을 이끌다
19. process — 과정
20. an opportunity to do — ~할 기회

UNIT 10 동명사

PRACTICE ①

1.
정답 taking
해석 많은 전문가들이 투자에 대해 신중한 접근법을 취하는 것을 권장한다.
해설 현재시제로 쓰여 있는 동사 recommend는 동명사를 목적어로 취하므로 taking이 정답이다.
어휘 expert 전문가 recommend -ing ~하는 것을 권장하다, ~하도록 추천하다 careful 신중한, 조심스러운 approach 접근(법) investment 투자(금)

2.
정답 opening
해석 도쿄에 사무소를 하나 여는 것으로, 우리는 더 많은 고객에게 다가갈 수 있습니다.
해설 명사구 an office를 목적어로 취하면서 전치사 By의 목적어 역할을 할 동명사가 쓰여야 알맞으므로 opening이 정답이다.
어휘 by (방법) ~하는 것으로, ~함으로써 reach ~에게 다가가다, ~에 이르다

3.
정답 expanding
해석 저희는 영업부를 확대하는 것을 고려하고 있습니다.
해설 현재진행시제로 쓰여 있는 동사 consider는 동명사를 목적어로 취하므로 expanding이 정답이다.
어휘 consider -ing ~하는 것을 고려하다 expand ~을 확대하다, ~을 확장하다 sales 영업, 판매(량), 매출 department ~부, 부서

4.
정답 holding
해석 그 관리자는 온라인으로 회의를 개최하는 것을 제안했다.
해설 과거시제로 쓰여 있는 동사 suggest는 동명사를 목적어로 취하므로 holding이 정답이다.
어휘 suggest -ing ~하는 것을 제안하다, ~하도록 권하다 hold ~을 개최하다, ~을 열다 online ad. 온라인으로

5.
정답 without

해석 그들은 사전 공지도 하지 않고 주문을 취소했다.
해설 동명사 giving이 이끄는 동명사구를 목적어로 취할 전치사가 쓰여야 알맞으므로 without이 정답이다.
어휘 cancel ~을 취소하다 order 주문(품) without -ing ~하지 않고, ~하지 않은 채로 prior 사전의, 앞선 notice 공지, 통보, 주의, 주목

6.
정답 interviewing
해설 여러 후보자들을 면접 본 후에, 인사부장님께서 존스 씨를 고용하기로 결정하셨습니다.
해설 명사구 several candidates를 목적어로 취하면서 전치사 After의 목적어 역할을 할 동명사가 쓰여야 알맞으므로 interviewing이 정답이다.
어휘 several 여럿의, 몇몇의 candidate 후보자, 지원자 HR 인사(부), 인적 자원 decide to do ~하기로 결정하다 hire ~을 고용하다

7.
정답 working
해설 존 씨는 특별 프로젝트에 대해 작업한 것으로 인해 보너스를 받았다.
해설 전치사 for 뒤에서 목적어 역할을 할 동명사가 쓰여야 알맞으므로 working이 정답이다.
어휘 receive ~을 받다 work on ~에 대해 작업하다

8.
정답 using
해설 회의 중에는 전화기를 사용하시는 것을 피해 주시기 바랍니다.
해설 동사 avoid는 동명사를 목적어로 취하므로 using이 정답이다.
어휘 avoid -ing ~하는 것을 피하다 during ~ 중에, ~ 동안

9.
정답 providing
해설 저희는 더 신속한 서비스를 제공함으로써 고객 만족도를 개선했습니다.
해설 명사구 faster service를 목적어로 취하면서 전치사 by의 목적어 역할을 할 동명사가 쓰여야 알맞으므로 providing이 정답이다.
어휘 improve ~을 개선하다, ~을 향상시키다 satisfaction 만족(도) by (방법) ~함으로써, ~하는 것으로 provide ~을 제공하다

10.
정답 experiencing
해석 그 시스템 업데이트 후에, 우리 고객들께서 더 적은 오류를 겪기 시작했습니다.
해설 과거시제로 쓰여 있는 동사 begin은 동명사를 목적어로 취하므로 experiencing이 정답이다.
어휘 experience v. ~을 겪다, ~을 경험하다 fewer 더 적은 (few의 비교급)

PRACTICE 2

1.
정답 learning
해석 대니얼은 새로운 기술을 배우면서 여가 시간을 보내는 것을 즐긴다.
해설 「spend 시간 -ing」는 '~하면서 시간을 보내다'라는 의미의 표현이다. 숙어처럼 덩어리째 외워두는 것이 좋다.
어휘 enjoy -ing ~하는 것을 즐기다 spend time -ing ~하면서 시간을 보내다 skill 기술, 능력

2.
정답 replacement
해석 교체를 위해 전화기를 서비스 센터로 가져오시기 바랍니다.
해설 replacing은 타동사 replace의 동명사이므로 목적어 없이 쓰일 수 없다. 따라서, 명사 목적어가 전치사 for 뒤에 쓰여야 하므로 replacement가 정답이다.
어휘 replacement 교체(품), 대체(품) replace ~을 교체하다, ~을 대체하다

3.
정답 actively
해석 적극적으로 의견에 귀 기울임으로써, 우리는 더 나은 결정을 내릴 수 있습니다.
해설 전치사 By와 목적어인 동명사 listening 사이에 동명사를 앞에서 수식할 부사가 쓰여야 알맞으므로 actively가 정답이다.
어휘 by (방법) ~함으로써, ~하는 것으로 active 적극적인 actively 적극적으로 feedback 의견 make a decision 결정을 내리다

4.
정답 patiently
해석 인내심을 갖고 예산 보고서를 검토해 주셔서 감사합니다.
해설 전치사 for와 목적어인 동명사 reviewing 사이에 동명사를 앞에서 수식할 부사가 쓰여야 알맞으므로 patiently가 정답이다.

어휘 patient a. 인내심 있는, 참을성 있는 n. 환자 patiently 인내심을 갖고, 참을성 있게 review ~을 검토하다, ~을 살펴보다 budget 예산

5.
정답 Attending
해석 안전 교육에 참석하는 것은 전 직원에게 의무입니다.
해설 명사구 the safety training를 목적어로 취하면서 동사 is 앞에서 주어 역할을 할 동명사구를 구성해야 알맞으므로 동명사 Attending이 정답이다.
어휘 attend ~에 참석하다 attendance 참석, 참석자 수, 참석률 mandatory 의무적인

6.
정답 signing
해석 서명하시기 전에 반드시 계약서를 신중히 읽어 보시기 바랍니다.
해설 대명사 it을 목적어로 취하면서 전치사 before의 목적어 역할을 할 동명사가 쓰여야 알맞으므로 signing이 정답이다.
어휘 contract 계약(서) carefully 신중히, 조심스럽게 sign ~에 서명하다 signature 서명

7.
정답 seeing
해석 저희는 가까운 미래에 귀하를 다시 뵐 수 있기를 고대하고 있습니다.
해설 are looking forward to는 동명사와 함께 '~하기를 고대하다'를 뜻하는 「look forward to -ing」의 구조로 쓰이므로 seeing이 정답이다. to가 전치사이기 때문에 뒤에 동명사가 필요하다는 점을 꼭 기억해 두는 것이 좋다.
어휘 look forward to -ing ~하기를 고대하다

8.
정답 approving
해석 시 의회가 새 건축 프로젝트들을 승인하는 일을 책임지고 있다.
해설 명사구 new building projects를 목적어로 취하면서 전치사 for의 목적어 역할을 할 동명사가 쓰여야 알맞으므로 approving이 정답이다.
어휘 council 의회 be responsible for ~을 책임지고 있다 approve ~을 승인하다, ~에 찬성하다 approval 승인, 찬성

9.
정답 to providing
해석 저희 IT부는 신뢰할 수 있는 기술 지원을 제공하는 데 전념하고 있습니다.
해설 is dedicated는 전치사 to 및 동명사와 함께 '~하는 데 전념하다'를 뜻하는 「be dedicated to -ing」의 구조로 쓰이므로 to providing이 정답이다. to가 전치사이기 때문에 뒤에 동명사가 필요하다는 점을 꼭 기억해 두는 것이 좋다.
어휘 provide ~을 제공하다 reliable 신뢰할 수 있는 support 지원, 지지, 후원

10.
정답 analysis
해석 그 관리자는 프로젝트 비용에 대한 상세한 분석을 요청했다.
해설 형용사 detailed와 전치사 of 사이에는 형용사의 수식을 받고 전치사로 다른 명사와 연결될 수 있는 명사가 쓰여야 알맞으므로 analysis가 정답이다. analyzing은 타동사 analyze의 동명사이므로 뒤에 목적어를 필요로 한다.
어휘 request ~을 요청하다 detailed 상세한 analysis 분석 analyze ~을 분석하다 expense 비용

실전 TEST

1. (A)	2. (C)	3. (B)	4. (B)	5. (A)
6. (B)	7. (A)	8. (D)	9. (B)	10. (B)
11. (B)	12. (A)	13. (A)	14. (B)	

1.
정답 (A)
해석 판매 보고서를 신중히 검토한 후, 그 관리자는 마케팅 전략을 조정하기로 결정했다.
해설 전치사 After와 동명사구 목적어 reviewing the sales reports 사이에 위치한 빈칸은 동명사를 앞에서 수식할 부사가 필요한 자리이므로 (A) carefully가 정답이다.
오답 (B) to care: to부정사이므로 오답이다.
(C) careful: 형용사이므로 오답이다.
(D) most careful: 최상급 형용사이므로 오답이다.
어휘 review ~을 검토하다, ~을 살펴 보다 sales 판매(량), 영업, 매출 decide to do ~하기로 결정하다 adjust ~을 조정하다, ~을 조절하다 strategy 전략 carefully 신중히, 조심스럽게 care v. 걱정하다, 신경 쓰다, 상관하다, 좋아하다 n. 걱정, 주의, 관리, 돌봄 careful 신중한, 조심스러운

2.
정답 (C)
해석 저희 하버뷰 리조트에서는, 저희 고객들께 최고의 휴가 경험을 제공해 드리기를 고대합니다.
해설 빈칸 앞에 위치한 look forward to는 동명사와 어울려 '~하

기를 고대하다'를 뜻하는 「look forward to -ing」의 구조로 쓰이므로 (C) providing이 정답이다.

오답 (A) provided: 과거시제 동사 또는 과거분사이므로 오답이다.
(B) provide: 동사원형이므로 오답이다.
(D) provides: 3인칭 단수주어와 수 일치되는 현재시제 동사이므로 오답이다.

어휘 vacation 휴가 experience 경험 provide A with B: A에게 B를 제공하다

3.
정답 (B)
해석 직원들은 회사 포털을 통해 각자의 프로필에 접속함으로써 상세 연락 정보를 업데이트할 수 있습니다.
해설 빈칸은 명사구 their profile을 목적어로 취하면서 전치사 by 뒤에서 목적어 역할을 할 동명사가 쓰여야 알맞은 자리이므로 (B) accessing이 정답이다.
오답 (A) accessed: 과거시제 동사 또는 과거분사이므로 오답이다.
(C) access: 동사원형이므로 오답이다.
(D) accesses: 3인칭 단수주어와 수 일치되는 현재시제 동사이므로 오답이다.
어휘 contact details 상세 연락 정보 through (방법, 이동 등) ~을 통해, ~을 거쳐, ~을 통과해 access v. ~에 접근하다, ~을 이용하다 n. 접근 (권한), 이용 (권한)

4.
정답 (B)
해석 새롭게 고용된 보조 직원의 업무는 경영팀을 위해 주간 판매 보고서를 준비하는 일을 포함한다.
해설 빈칸 뒤에 위치한 명사구 weekly sales reports를 목적어로 취하면서 동사 include 뒤에서 목적어 역할을 할 동명사가 쓰여야 알맞으므로 (B) preparing이 정답이다.
오답 (A) prepare: 동사원형이므로 오답이다.
(C) prepared: 과거시제 동사 또는 과거분사이므로 오답이다.
(D) preparation: 명사이므로 오답이다. 다른 명사(구)와 연결되려면 전치사가 필요하다.
어휘 hire ~을 고용하다 assistant n. 보조, 조수 duty 업무, 임무 include ~을 포함하다 sales 판매(량), 영업, 매출 management 경영(진), 관리(진) prepare ~을 준비하다 preparation 준비

5.
정답 (A)
해석 레스토랑을 개조하는 대신, 그 소유주는 새로운 곳으로 이전하기를 원한다.
해설 빈칸 뒤에 위치한 동명사구 renovating the restaurant을 목적어로 취할 수 있는 전치사 (A) Instead of가 정답이다.
오답 (B) Because: 주어와 동사를 포함한 절을 이끄는 접속사이므로 오답이다.
(C) In order to: 동사원형과 결합해야 하므로 오답이다.
(D) In fact: 앞뒤 문장의 의미 흐름을 나타내는 접속부사의 역할을 하므로 오답이다.
어휘 renovate ~을 개조하다, ~을 보수하다 owner 소유주, 주인 location 곳, 위치, 지점 instead of ~ 대신 in order to do ~하기 위해, ~하려면 in fact 사실, 실제로

6.
정답 (B)
해석 경영팀은 신입 직원들을 위해 교육 프로그램을 개설하는 것을 고려하고 있다.
해설 빈칸 앞에 현재진행시제로 쓰여 있는 동사 consider는 동명사를 목적어로 취하므로 (B) opening이 정답이다.
오답 (A) to open: to부정사이므로 오답이다.
(C) opens: 3인칭 단수주어와 수 일치되는 현재시제 동사이므로 오답이다.
(D) opened: 과거시제 동사 또는 과거분사이므로 오답이다.
어휘 management 경영(진), 관리(진) consider -ing ~하는 것을 고려하다 new hire 신입 직원

7.
정답 (A)
해석 참석률을 향상시키기 위해, 세미나 주최자는 잘 알려진 연사를 섭외하는 것을 제안했다.
해설 빈칸 앞에 현재완료시제로 쓰여 있는 동사 suggest는 동명사를 목적어로 취하므로 (A) casting이 정답이다.
오답 (B) to cast: to부정사이므로 오답이다.
(C) cast: 현재/과거시제 동사 또는 과거분사이므로 오답이다.
(D) casts: 3인칭 단수주어와 수 일치되는 현재시제 동사이므로 오답이다.
어휘 improve ~을 개선하다, ~을 향상시키다 attendance 참석률, 참석, 참가자 수 organizer 주최자, 조직자 suggest -ing ~하는 것을 제안하다, ~하도록 권하다 well-known 잘 알려진 cast (출연자 등) ~을 섭외하다

8.
정답 (D)
해석 그 매장은 고객들에게 위치 이전 계획도 알리지 않고 지난달에 문을 닫았다.
해설 빈칸 뒤에 위치한 명사 customers를 목적어로 취하면서 전

치사 without의 목적어 역할을 할 명사가 쓰여야 알맞으므로 (D) notifying이 정답이다.

오답 (A) notification: 명사이므로 오답이다. 다른 명사(구)와 연결되려면 전치사가 필요하다.
(B) notify: 동사원형이므로 오답이다.
(C) to notify: to부정사이므로 오답이다.

어휘 without -ing ~하지 않고, ~하지 않은 채로 relocation (위치) 이전, 재배치 notification 알림, 통지(서) notify A of B: A에게 B를 알리다

9.

정답 (B)

해석 오리온 일렉트로닉스는 고객 불만 사항들을 지체 없이 처리하는 것으로 칭찬받고 있다.

해설 전치사 for와 동명사 목적어 handling 사이에 위치한 빈칸은 동명사를 앞에서 수식할 부사가 쓰여야 알맞은 자리이므로 (B) promptly가 정답이다.

오답 (A) prompt: 형용사 또는 동사이므로 오답이다.
(C) promptness: 명사이므로 오답이다.
(D) prompted: 과거시제 동사 또는 과거분사이므로 오답이다.

어휘 praise A for B: B에 대해 A를 칭찬하다 handle ~을 처리하다, ~을 다루다 complaint 불만, 불평 prompt a. 지체 없는, 즉각적인 v. ~을 촉발하다 promptly 지체 없이, 즉각적으로 promptness 신속함

10.

정답 (B)

해석 삭제된 파일을 복원하는 것은 많은 비용이 들 수 있습니다.

해설 명사구 deleted files를 목적어로 취하면서 조동사 may 앞에서 주어 역할을 할 동명사구를 구성해야 알맞으므로 동명사 (B) Recovering이 정답이다.

오답 (A) Recovery: 명사이므로 오답이다. 다른 명사(구)와 연결되려면 전치사가 필요하다.
(C) Recover: 동사원형이므로 오답이다.
(D) Recovered: 과거시제 동사 또는 과거분사이므로 오답이다.

어휘 delete ~을 삭제하다 cost A B: A에게 B의 돈이 들게 하다 recovery 복원, 복구, 회복 recover ~을 복원하다, ~을 복구하다, ~을 회복시키다

11-14 다음 공지를 참조하시오.

> 주민 여러분께 알립니다!
>
> 올해의 도시 퍼레이드에 작은 변동 사항이 한 가지 있습니다. 메인 스트리트를 따라 이동하는 대신, 이 퍼레이드는 **11** 이제 시커모어 스트리트로 옮겨질 것입니다. 이 변동 사항은 시내 지역에서 교통 혼잡을 **12** 피하고 모든 분을 위해 행사 참여를 더욱 수월하게 만들기 위한 것입니다.
>
> 저희는 모든 방문객들께서 대중 교통을 **13** 이용하는 것을 고려하시도록 요청 드립니다. 이는 도로 위의 자동차를 줄이고 행사를 환경 친화적으로 유지하는 데 도움을 줄 것입니다.
>
> **14** 퍼레이드는 7월 8일 토요일, 오후 1시에 시작될 것입니다.
> 이 퍼레이드는 함께 우리 도시를 축하하는 즐거운 방법이 될 것입니다.

어휘 resident 주민 instead of ~ 대신 along (길 등) ~을 따라 traffic congestion 교통 혼잡, 교통 정체 make A 형용사: A를 ~하게 만들다 ask A to do: A에게 ~하도록 요청하다 consider -ing ~하는 것을 고려하다 public transportation 대중 교통 help do: ~하는 데 도움을 주다 reduce ~을 줄이다, ~을 감소시키다 keep A 형용사: A를 ~하게 유지하다 eco-friendly 환경 친화적인 way to do ~하는 방법 celebrate ~을 축하하다, ~을 기념하다

11.

정답 (B)

해설 빈칸이 속한 문장은 퍼레이드에 적용되는 변동 사항으로서 메인 스트리트를 따라 이동하는 대신, 시커모어 스트리트로 옮겨질 것임을 알리는 의미를 지니고 있다. 이는 지금부터 발생하는 변화를 말하는 것이므로 '이제, 지금(부터)'를 뜻하는 (B) now가 정답이다.

어휘 still 여전히, 그럼에도 불구하고

12.

정답 (A)

해설 빈칸이 속한 to부정사구는 변동 사항의 목적을 나타내야 한다. 따라서, 빈칸 뒤에 위치한 명사구 traffic congestion과 어울려 '교통 혼잡을 피하기 위한 것'이라는 의미를 나타내야 자연스러우므로 '~을 피하다'를 뜻하는 (A) avoid가 정답이다.

어휘 avoid ~을 피하다 create ~을 만들어 내다

13.

정답 (A)

해설 빈칸 앞에 to부정사로 쓰여 있는 동사 consider는 동명사를 목적어로 취하므로 (A) taking이 정답이다.
어휘 take (교통편, 도로 등) ~을 이용하다, ~을 타다

14.
정답 (B)
해석 (A) 저희는 이 변동 사항이 초래한 모든 불편함에 대해 사과드립니다.
(B) 퍼레이드는 7월 8일 토요일, 오후 1시에 시작될 것입니다.
해설 지문 전체적으로 더 나은 퍼레이드 개최를 위한 변동 사항을 설명하고 있고, 빈칸 뒤에는 퍼레이드 행사의 의의를 알리는 문장이 쓰여 있다. 따라서, 퍼레이드 개최와 관련해 긍정적인 정보를 담은 문장이 쓰여야 알맞으므로 개최 날짜 및 시간을 알리는 (B)가 정답이다.
어휘 apologize for ~에 대해 사과하다 inconvenience 불편함 cause ~을 초래하다

오늘의 필수 구문 분석

1. John received a bonus / for working / on the special project.
　　　S　　V
해석 존은 보너스를 받았다 / 일한 것으로 인해 / 특별 프로젝트에 대해

2. Daniel enjoys / spending his free time / learning new skills.
　　　S　　V
해석 대니얼은 즐긴다 / 여유 시간을 보내는 것을 / 새로운 기술을 배우면서

3. The manager requested / a detailed analysis / of the project's expenses.
　　　　S　　　　V
해석 그 관리자는 요청했다 / 상세 분석 내용을 / 그 프로젝트의 지출 비용에 대한

4. At Harborview Resorts, / we look forward / to providing our guests / with the best vacation experience.
　　　　　　　　　　　　　　S　　V
해석 하버뷰 리조트에서 / 저희는 고대합니다 / 손님들께 제공해 드리기를 / 최고의 휴가 경험을

5. Employees may update / their contact details / by accessing their profile / through the company portal.
　　　S　　　V
해석 직원들은 업데이트할 수 있다 / 각자의 연락처를 / 각자의 프로필에 접속해서 / 회사 포털을 통해

6. To improve attendance, / the seminar organizer has suggested / casting a well-known speaker.
　　　　　　　　　　　　　　　　S　　　　V
해석 참석률을 향상시키기 위해 / 그 세미나 주최자는 제안했다 / 잘 알려진 연사를 섭외할 것을

7. The store closed / last month / without notifying customers / of its relocation plans.
　　　S　　V
해석 그 매장은 문을 닫았다 / 지난달에 / 고객들에게 통보하지 않고 / 자사의 이전 계획을

8. Orion Electronics is praised / for promptly handling customer complaints.
　　　　S　　　　V
해석 오리온 일렉트로닉스는 칭찬받는다 / 지체 없이 고객 불만 사항을 처리하는 것에 대해

오늘의 필수 어휘 Quiz

1.	investment	투자
2.	reach	~에게 다가가다, ~에 이르다
3.	analysis	분석
4.	suggest -ing	~할 것을 제안하다
5.	without -ing	~하지 않고
6.	give prior notice	사전 고지를 하다
7.	candidate	후보자, 지원자
8.	HR manager	인사팀장, 인사부장
9.	look forward to -ing	~하기를 고대하다
10.	avoid -ing	~하는 것을 피하다, 삼가다
11.	in the near future	가까운 장래에
12.	approve	~을 승인하다
13.	spend 시간 -ing	~하면서 시간을 보내다
14.	be dedicated to -ing	~하는 것에 전념하다
15.	replace	~을 교체하다

16. actively — 적극적으로
17. make a decision — 결정을 내리다
18. thank A for -ing — A에게 ~한 것에 대해 감사하다
19. patiently — 참을성 있게
20. mandatory — 의무적인

UNIT 11 분사

PRACTICE 1

1.
정답 standing
해석 입구 근처에 서 있는 그 사람들은 내 동료들이다.
해설 문장에 이미 동사 are가 쓰여 있어 분사가 뒤에서 명사구 The people을 수식하는 구조를 만들어야 알맞으므로 현재분사인 standing이 정답이다.

2.
정답 written
해석 유 씨에 의해 쓰여진 보고서는 내일 논의될 것입니다.
해설 명사구 The report를 뒤에서 수식할 분사를 골라야 하는데, 보고서는 사람(유 씨)에 의해 쓰여지는 것이므로 '쓰여진'이라는 수동의 의미를 나타내는 과거분사 written이 정답이다.
어휘 discuss ~을 논의하다, ~을 이야기하다

3.
정답 requesting
해석 그 호텔은 조기 체크인을 요청하는 고객들을 위해 라운지를 제공한다.
해설 명사 guests를 뒤에서 수식할 분사를 골라야 하는데, 사람인 고객들이 조기 체크인을 요청하는 것이므로 '요청하는'이라는 능동의 의미를 나타내는 현재분사 requesting이 정답이다.
어휘 offer ~을 제공하다 request ~을 요청하다, ~을 요구하다

4.
정답 motivated
해석 그 새로운 정책이 우리 직원들을 동기가 부여된 상태로 유지해 줄 것입니다.
해설 동사 keep은 「keep + 목적어 + 목적격보어」의 구조로 쓰이며, 목적격보어 자리에 형용사 또는 분사가 쓰이므로 과거분사 motivated가 정답이다.
어휘 policy 정책, 방침 motivate ~에게 동기부여를 하다 motivated 동기가 부여된

5.
정답 satisfied
해석 그 고객은 지원 센터의 느린 대응에 만족하지 못했다.
해설 be동사 was 뒤에 보어 역할을 할 단어가 쓰여야 하므로 과거

분사인 satisfied가 정답이다. satisfy는 동사이므로 be동사 was 뒤에 나란히 쓰일 수 없다.

어휘 **be satisfied with** (사람이) ~에 만족하다 **satisfy** ~을 만족시키다 **response** 대응, 반응, 응답 **support** 지원, 지지, 후원

6.
정답 uploaded

해석 어제 서버에 업로드된 파일들은 더 이상 이용 가능하지 않습니다.

해설 명사구 The files를 뒤에서 수식할 분사를 골라야 하는데, 파일은 사람에 의해 업로드되는 것이므로 '업로드된'이라는 수동의 의미를 나타내는 과거분사 uploaded가 정답이다.

어휘 **no longer** 더 이상 ~ 않다 **available** (사물) 이용 가능한, 구입 가능한, (사람) 시간이 있는

7.
정답 revised

해석 계약서에 서명하시기 전에 수정된 문서를 살펴 보시기 바랍니다.

해설 명사 document를 앞에서 수식할 분사를 골라야 하는데, 문서는 사람에 의해 수정되는 것이므로 '수정된'이라는 수동의 의미를 나타내는 과거분사 revised가 정답이다.

어휘 **review** ~을 살펴 보다, ~을 검토하다 **revise** ~을 수정하다, ~을 변경하다

8.
정답 damaged

해석 그 공장은 생산을 재개하기 전에 반드시 손상된 장비를 수리해야 한다.

해설 명사 equipment를 앞에서 수식할 분사를 골라야 하는데, 장비는 어떤 원인에 의해 손상되는 것이므로 '손상된'이라는 수동의 의미를 나타내는 과거분사 damaged가 정답이다.

어휘 **repair** ~을 수리하다 **damage** ~을 손상시키다, ~에 피해를 입히다 **equipment** 장비 **restart** ~을 재개하다, ~을 다시 시작하다 **production** 생산, 제작

9.
정답 printed

해석 그 포장에 인쇄된 설명은 따라 하기 아주 쉽다.

해설 명사구 The instructions를 뒤에서 수식할 분사를 골라야 하는데, 설명이나 안내는 사람에 의해 인쇄되는 것이므로 '인쇄된'이라는 수동의 의미를 나타내는 과거분사 printed가 정답이다.

어휘 **instructions** 설명, 안내, 지시 **package** 포장, 포장물, 소포, 꾸러미 **easy to do** ~하기 쉬운 **follow** ~을 따라

하다, ~에 따르다

10.
정답 achieved

해석 영업팀이 일정보다 앞서 월간 목표를 달성했다.

해설 has와 어울려 「has p.p.」 형태의 현재완료시제 동사를 구성할 과거분사가 쓰여야 알맞으므로 achieved가 정답이다.

어휘 **sales** 영업, 판매(량), 매출 **achieve** ~을 달성하다, ~을 이루다 **monthly** 월간의, 달마다의 **ahead of** ~보다 앞서, ~보다 빨리

PRACTICE 2

1.
정답 attached

해석 여러분의 지원서를 제출하시기 전에 첨부된 파일들을 확인해 보시기 바랍니다.

해설 명사 files를 앞에서 수식할 분사를 골라야 하는데, 파일은 사람에 의해 첨부되는 것이므로 '첨부된'이라는 수동의 의미를 나타내는 과거분사 attached가 정답이다.

어휘 **attach** ~을 첨부하다, ~을 부착하다 **submit** ~을 제출하다 **application** 지원(서), 신청(서)

2.
정답 limited

해석 그 매장은 오직 한정된 기간에만 할인을 제공하고 있다.

해설 명사 time을 앞에서 수식할 분사를 골라야 하는데, 할인 제공 기간은 사람에 의해 한정되는 것이므로 '한정된'이라는 수동의 의미를 나타내는 과거분사 limited가 정답이다.

어휘 **offer** ~을 제공하다 **limit** ~을 한정하다, ~을 제한하다

3.
정답 detailed

해석 그 안내 책자는 신제품에 관한 상세 정보를 제공한다.

해설 명사 information을 앞에서 수식할 분사를 골라야 하는데, 제품 정보는 사람에 의해 상세히 설명되는 것이므로 '상세히 설명된'이라는 수동의 의미를 나타내는 과거분사 detailed가 정답이다.

어휘 **brochure** 안내 책자 **provide** ~을 제공하다 **detail** v. ~을 상세히 설명하다

4.
정답 boring

해석 그 강연은 너무 지루해서 많은 사람들이 일찍 나갔다.

해설 강연(The lecture)이 사람을 지루하게 만드는 원인이므로 '(사람을) 지루하게 만드는'을 뜻하는 현재분사 boring이 정답이다.
어휘 so A that B: 너무 A해서 B하다 boring (사람을) 지루하게 만드는 bored (사람이) 지루해진 leave 나가다, 떠나다

5.
정답 remaining
해석 그 팀은 금요일이 되기 전에 남아 있는 일을 완료해야 한다.
해설 명사 work을 앞에서 수식할 분사를 골라야 하는데, remain 같은 자동사는 현재분사의 형태로만 명사를 수식할 수 있으므로 remaining이 정답이다.
어휘 complete ~을 완료하다 remain 남아 있다

6.
정답 shocked
해석 그 직원들은 대표이사의 예기치 못한 사임에 충격을 받았다.
해설 직원들이 대표이사의 사임 소식에 충격을 받은 것이므로 '(사람이) 충격을 받은'을 뜻하는 과거분사 shocked가 정답이다.
어휘 shocking (사람에게) 충격을 주는 shocked (사람이) 충격을 받은 unexpected 예기치 못한, 뜻밖의 resignation 사임, 사직

7.
정답 increasing
해석 그 회사는 환경 친화적인 제품들에 대해 증가하는 수요를 충족하기 위해 노력하고 있다.
해설 정관사 the와 명사 demand 사이에 명사를 수식할 형용사가 쓰여야 하므로 이 역할이 가능한 분사의 형태인 increasing이 정답이다.
어휘 try to do ~하기 위해 노력하다 meet (요구, 조건 등) ~을 충족하다 increasing 증가하는, 늘어나는 increasingly 점점 더 demand 수요, 요구 eco-friendly 환경 친화적인

8.
정답 surprising
해석 그 일정의 갑작스러운 변경은 전 직원에게 놀라운 일이었다.
해설 갑작스러운 일정 변경(The sudden change in the schedule)이 사람을 놀라게 하는 원인이므로 '(사람을) 놀라게 하는'을 뜻하는 현재분사 surprising이 정답이다.
어휘 sudden 갑작스러운 surprising (사람을) 놀라게 하는 surprised (사람이) 놀란

9.
정답 confused
해석 그 고객은 제품 설명서가 명확하지 않았기 때문에 혼란스러워 보였다.
해설 고객이 제품 설명서가 명확하지 않다는 이유로 인해 혼란스러워진 것이므로 '(사람이) 혼란스러워진'을 뜻하는 과거분사 confused가 정답이다.
어휘 look 형용사: ~한 것처럼 보이다, ~한 것 같다 confusing (사람을) 혼란스럽게 만드는 confused (사람이) 혼란스러워진 manual 설명서, 안내서 clear 명확한, 분명한

10.
정답 rising
해석 많은 소비자들이 쌀과 우유 같은 기본적인 식료품의 상승하는 가격에 대해 우려하고 있다.
해설 명사 prices를 앞에서 수식할 분사를 골라야 하는데, rise 같은 자동사는 현재분사의 형태로만 명사를 수식할 수 있으므로 rising이 정답이다.
어휘 consumer 소비자 be concerned about ~에 대해 우려하다 rise 상승하다, 오르다 groceries 식료품

실전 TEST

1. (B)	2. (A)	3. (C)	4. (B)	5. (C)
6. (B)	7. (C)	8. (C)	9. (D)	10. (D)
11. (B)	12. (A)	13. (A)	14. (A)	

1.
정답 (B)
해석 가전 제품 분야의 선도적인 회사, 그린라인 일렉트로닉스가 부산에 신규 지점을 개장합니다.
해설 부정관사 a와 명사 company 사이에 위치한 빈칸은 명사를 수식할 단어가 필요한 자리이므로 이 역할이 가능한 현재분사 또는 과거분사 중에서 하나를 골라야 한다. 또한, 회사(company)가 업계를 선도하는 주체이므로 '선도하는(선도적인)'이라는 능동의 의미를 나타내는 현재분사 (B) leading이 정답이다.
오답 (A) led: '이끌린, 진행된' 등과 같이 수동의 의미를 나타내는 과거분사이므로 오답이다.
(C) leader: 명사 company와 복합 명사를 구성하지 않는 명사이므로 오답이다.
(D) leadership: 명사 company와 복합 명사를 구성하지 않는 명사이므로 오답이다.
어휘 home appliance 가전 제품 branch 지점, 지사 lead 선도하다, 앞장서다, ~을 진행하다, ~을 이끌다

2.
정답 (A)

UNIT 11 분사 71

해석 새로운 회계 소프트웨어는 개선된 보안 기능 및 더 신속한 처리를 제공해 줍니다.
해설 동사 provides와 명사구 목적어 security features 사이에 위치한 빈칸은 명사구를 수식할 단어가 필요한 자리이므로 이 역할이 가능한 과거분사 (A) improved가 정답이다.
오답 (B) improvement: 명사구 security features와 복합 명사를 구성하지 않는 명사이므로 오답이다.
(C) improve: 동사로서 다른 동사와 나란히 쓰일 수 없으므로 오답이다.
(D) improves: 동사로서 다른 동사와 나란히 쓰일 수 없으므로 오답이다.
어휘 accounting 회계 provide ~을 제공하다 feature 기능, 특징 processing 처리 improve ~을 개선하다, ~을 향상시키다 improvement 개선, 향상

3.
정답 (C)
해석 컨퍼런스 참가자들은 기조 연설자의 새로운 연구 결과물에 대해 흥분했다.
해설 빈칸 앞에 위치한 be동사 were와 어울리는 단어가 필요한데, 이 문장에서는 컨퍼런스 참가자들의 기분을 나타낼 과거분사가 were 뒤에 보어로 쓰여야 알맞으므로 (C) excited가 정답이다.
오답 (A) excitedly: be동사 뒤에 보어로 쓰일 수 없는 부사이므로 오답이다.
(B) excitement: be동사 뒤에 보어로 쓰일 수 있는 명사이기는 하지만, 주어인 Conference participants와 동격에 해당하지 않는 명사이므로 오답이다.
(D) excites: be동사와 나란히 쓰일 수 없는 동사이므로 오답이다.
어휘 participant 참가자 keynote speaker 기조 연설자 research 연구, 조사 findings 결과물 excitedly 흥분하여, 들떠서 excitement 흥분(감), 들뜸 excited (사람이) 흥분한, 들뜬 excite ~을 흥분시키다, ~을 들뜨게 만들다

4.
정답 (B)
해석 그 영화는 부정적인 평가를 받았는데, 많은 관람객들이 결말을 실망스럽다고 생각했기 때문이었다.
해설 빈칸 앞에 위치한 동사 find(found는 과거형)는 「find + 목적어 + 목적격보어(분사/형용사)」의 구조로 쓰여 '~을 …하다고 생각하다'라는 의미를 나타낸다. 따라서, 목적어 the ending 뒤에 위치한 빈칸에 목적격보어로 쓰일 분사가 필요한데, the ending이 사람들을 실망시키는 원인이므로 '(사람을) 실망시키는'을 뜻하는 현재분사 (B) disappointing이 정답이다.
오답 (A) disappointed: '(사람이) 실망한'을 뜻하는 과거분사로서 실망감을 느낀 사람에 대해 사용하므로 오답이다.
(C) disappoints: find의 목적어 뒤에 목적격보어로 쓰일 수 없는 동사이므로 오답이다.
(D) disappointment: find의 목적어 뒤에 목적격보어로 쓰일 수 없는 명사이므로 오답이다.
어휘 receive ~을 받다 several 여럿의, 몇몇의 negative 부정적인 review 평가, 후기, 검토 viewer 관람객, 시청자, 보는 사람 ending 결말 disappointed (사람이) 실망한 disappoint ~을 실망시키다 disappointment 실망(감)

5.
정답 (C)
해석 파텔 씨는 지난달에 영업부장으로 선택되셨습니다.
해설 be동사 was와 어울리는 현재분사 또는 과거분사 중에서 하나를 골라야 하는데, 빈칸 뒤에 목적어 없이 as 전치사구가 위치해 있어 「be p.p.」 형태의 수동태 동사를 구성할 과거분사가 빈칸에 쓰여야 알맞으므로 (C) chosen이 정답이다.
오답 (A) chose: be동사와 나란히 쓰일 수 없는 과거시제 동사이므로 오답이다.
(B) choose: be동사와 나란히 쓰일 수 없는 동사원형이므로 오답이다.
(D) choosing: be동사 was와 함께 능동태 과거진행시제 동사를 구성하는 현재분사로서, 타동사 choose가 능동태로 쓰일 때 목적어를 필요로 하므로 오답이다.
어휘 head ~장, 책임자 sales 영업, 판매(량), 매출 department ~부, 부서 choose ~을 선택하다

6.
정답 (B)
해석 고객들은 우리 제품 포장재의 새로워진 디자인을 칭찬했다.
해설 정관사 the와 명사 design 사이에 위치한 빈칸은 명사를 수식할 단어가 필요한 자리이므로 이 역할이 가능한 현재분사 또는 과거분사 중에서 골라야 한다. 디자인은 사람에 의해 새로 바뀌는 것이므로 '새롭게 바뀐, 업데이트된'이라는 수동의 의미를 나타내는 과거분사 (B) updated가 정답이다.
오답 (A) updating: 능동의 의미를 나타내는 현재분사이므로 오답이다.
(C) update: 동사 또는 명사 형태로, 명사의 경우 design과 함께 복합명사로 쓰이지 않으므로 오답이다.
(D) updates: 3인칭 단수 현재시제 동사 또는 복수형 명사 형태이므로 오답이다.
어휘 praise ~을 칭찬하다 updated 새로워진, 업데이트된 packaging 포장, 포장재

7.

정답 (C)

해석 노바 마케팅 사는 현재 경험 많은 디자이너 및 소셜 미디어 전문가를 고용하고 있다.

해설 동사 is hiring과 명사 목적어 designers 사이에 위치한 빈칸은 명사를 수식할 단어가 필요한 자리이므로 이 역할이 가능한 현재분사 또는 과거분사 중에서 하나를 골라야 한다. 또한, 디자이너는 외부적인 요인에 의해 경험을 얻는 것이므로 '경험을 얻은, 숙련된'이라는 수동의 의미를 나타내는 과거분사 (C) experienced가 정답이다. 참고로, experienced는 흔히 '경험 많은'으로 해석한다.

오답 (A) experience: 명사 또는 동사이며, 명사일 때 designers와 복합 명사를 구성하지 않으므로 오답이다.
(B) experiences: 명사 또는 동사이며, 명사일 때 designers와 복합 명사를 구성하지 않으므로 오답이다.
(D) experiencing: 능동의 의미를 나타내는 현재분사이므로 오답이다.

어휘 currently 현재 hire ~을 고용하다 specialist 전문가 experience n. 경험 v. ~을 경험하다, ~을 겪다 experienced 경험 많은, 숙련된

8.

정답 (C)

해석 여러 공급업체들이 새로운 시청 개조 공사 프로젝트를 위해 이미 제안서를 제출했습니다.

해설 빈칸 앞에 have와 부사 already가 쓰여 있어 already의 수식을 받으면서 have와 결합할 수 있는 과거분사가 빈칸에 쓰여 현재완료시제 동사(have p.p.)를 구성해야 알맞으므로 (C) submitted가 정답이다.

오답 (A) submit: 동사원형이므로 오답이다.
(B) submission: 명사이므로 오답이다.
(D) submitting: 현재분사이므로 오답이다.

어휘 several 여럿의, 몇몇의 supplier 공급업체, 공급업자 proposal 제안(서) renovation 개조, 보수 submit ~을 제출하다 submission 제출(되는 것)

9.

정답 (D)

해석 바닥이 마를 때까지는 새롭게 페인트칠된 보관 구역에 출입하는 것을 피하시기 바랍니다.

해설 빈칸은 부사 newly의 수식을 받으면서 명사 storage를 수식할 단어가 필요한 자리이므로 이 역할이 가능한 현재분사 또는 과거분사 중에서 하나를 골라야 한다. 또한, 보관 구역은 사람에 의해 페인트칠되는 것이므로 '페인트칠된'이라는 수동의 의미를 나타내는 과거분사 (D) painted가 정답이다.

오답 (A) painting: 능동의 의미를 나타내는 현재분사이므로 오답이다.
(B) painter: 명사구 storage area와 복합 명사를 구성하지 않는 명사이므로 오답이다.
(C) paints: 동사이므로 오답이다.

어휘 avoid -ing ~하는 것을 피하다 newly 새롭게 storage 보관, 저장 until (지속) ~할 때까지

10.

정답 (D)

해석 IT 인력 모집을 전문으로 하는 채용 대행사가 다음 주에 취업 박람회를 주최할 것입니다.

해설 빈칸 뒤에 이미 문장의 동사 will host가 있으므로 빈칸은 동사 자리가 아니며, 빈칸과 in IT recruitment가 분사구를 구성해 주어 An employment agency를 뒤에서 수식하는 구조를 만들어야 알맞으므로 현재분사 (D) specializing이 정답이다.

오답 (A) specialty: 명사로서 다른 명사(구)를 뒤에서 수식할 수 없으므로 오답이다.
(B) specializes: 동사로서 동사 자리가 아닌 빈칸에 쓰일 수 없으므로 오답이다.
(C) specialists: 명사로서 다른 명사(구)를 뒤에서 수식할 수 없으므로 오답이다.

어휘 employment agency 채용 대행사 recruitment (인력) 모집, 채용 host ~을 주최하다 job fair 취업 박람회 specialty 전문 분야, 특제품, 특가품 specialize (in) (~을) 전문으로 하다 specialist 전문가

11-14 다음 이메일을 참조하시오.

> 테일러 씨께,
>
> 알고 계실 수도 있겠지만, 이번 달은 저희 피트니스 강좌들이 메이플 스트리트 빌딩에서 열리는 마지막 시간이 될 것입니다. 이미 다음 시간에 **11** 등록하셨다면, 귀하께서는 오크 애비뉴에 위치한 새로운 저희 센터에서 먼저 자리를 얻으시게 될 것입니다. **12** 이 새로운 시설에는 더욱 현대적인 장비 및 널찍한 공간이 있습니다. 저희는 이 개선된 공간이 저희가 제공해 드리는 강좌들의 수준을 향상시킬 것으로 확신합니다.
>
> **13** 동봉된 안내 책자는 새로운 강좌 일정 및 업데이트된 회비에 관한 정보를 제공해 드립니다. 귀하의 지속된 지지에 감사 드리며, 새로운 저희 **14** 지점에서 곧 뵐 수 있기를 바랍니다.

어휘 hold ~을 열다, ~을 개최하다 register for ~에 등록하다 session (특정 활동을 위한) 시간 be confident that ~임을 확신하다 improve ~을 개선하다, ~을 향상시키다 enhance ~을 향상시키다, ~을 강화하다 quality 수준, 질, 품질 offer ~을 제공하다 brochure 안내 책자 fee 요금, 수수료 continue ~을 지속하다 support 지지, 지원, 후원

11.

정답 (B)

해설 빈칸 뒤에 주어(you)와 동사(have registered)를 포함한 절이 쓰여 있어 이 절을 이끌 접속사가 필요하므로 (B) If가 정답이다. (A) Then은 부사이므로 주어와 동사를 포함한 절을 이끌 수 없다.

어휘 then 그때, 그런 다음, 그렇다면, 그래서

12.

정답 (A)

해석 (A) 이 새로운 시설에는 더욱 현대적인 장비 및 널찍한 공간이 있습니다.
(B) 저희가 유지 관리 작업으로 인해 2주 동안 문을 닫을 것입니다.

해설 빈칸 앞뒤에 각각 위치한 문장이 오크 애비뉴에 위치한 새로운 센터와 관련해 이야기하고 있으므로 이 센터와 관련된 정보를 담은 문장이 쓰여야 흐름이 자연스럽다. 또한 빈칸의 뒷문장에서 this improved space(이 개선된 공간)라고 언급한 것으로 보아 해당 센터를 The new facility로 지칭해 그곳의 장점을 설명하는 (A)가 정답임을 알 수 있다.

어휘 facility 시설(물) equipment 장비 spacious 널찍한 maintenance 유지 관리, 시설 관리

13.

정답 (A)

해설 빈칸 뒤에 위치한 brochure(안내 책자)가 사람에 의해 동봉되는 것이므로 '동봉된'이라는 수동의 의미를 나타내는 과거분사 (A) enclosed가 정답이다.

어휘 enclose ~을 동봉하다

14.

정답 (A)

해설 빈칸에 쓰일 명사는 바로 앞에 위치한 our와 new의 수식을 받아 상대방인 고객을 만나기를 바라는 새로운 곳, 즉 앞서 언급된 새로운 센터를 가리켜야 하므로 '지점, 위치, 장소'를 뜻하는 (A) location이 정답이다.

어휘 location 지점, 위치, 장소 product 제품

오늘의 필수 구문 분석

1. The report / written by Ms. Yu / will be discussed / tomorrow.
   S   V

해석 그 보고서는 / 유 씨에 의해 쓰여진 / 논의될 것이다 / 내일

2. The hotel offers a lounge / for guests / requesting early check-in.
   S   V

해석 호텔은 라운지를 제공한다 / 손님들을 위해 / 이른 체크인을 요청하는

3. The files / uploaded to the server yesterday / are no longer available.
   S   V

해석 그 파일들은 / 어제 서버에 업로드된 / 더 이상 이용 가능하지 않다

4. The company is trying / to meet the increasing demand / for eco-friendly products.
   S   V

해석 그 회사는 노력하고 있다 / 늘어나는 수요를 충족하기 위해 / 친환경 제품들에 대해

5. Many consumers are concerned / about the rising prices / of basic groceries / such as rice and milk.
   S   V

해석 많은 소비자들이 우려한다 / 상승하는 가격에 대해 / 기본 식료품들의 / 쌀과 우유 같은

6. Greenline Electronics, / a leading company in home appliances, / is opening a new branch / in Busan.
   S   V

해석 그린라인 일렉트로닉스는 / 가전기기 분야의 선도적인 회사인 / 신규 지점을 개장한다 / 부산에

7. An employment agency / specializing in IT recruitment / will host a job fair / next week.
   S   V

해석 한 채용 대행사가 / IT 인력 모집을 전문으로 하는 / 취업 박람회를 주최할 것이다 / 다음 주에

8. The film received negative reviews / because many viewers found the ending disappointing.
   S   V

해석 그 영화는 부정적인 평가를 받았다 / 많은 관객들이 결말이 실망스럽다고 생각했기 때문에

오늘의 필수 어휘 Quiz

1. keep A 형용사   A를 ~하게 유지하다

2.	motivated	동기부여가 된
3.	meet the demand	수요를 충족시키다
4.	response	반응, 대응
5.	support	지지, 지원
6.	no longer	더 이상 ~않다
7.	revise	~을 수정하다
8.	unexpected	예상치 못한
9.	repair	~을 수리하다
10.	damaged	손상된
11.	equipment	기구, 장비
12.	instruction	설명, 지시
13.	follow	~을 따르다
14.	achieve	~을 달성하다
15.	ahead of schedule	예정보다 일찍
16.	attach	~을 첨부하다
17.	for a limited time only	한정된 기간 동안만
18.	detailed	상세한
19.	boring	지루한, 지루하게 하는
20.	remaining	남아 있는

REVIEW TEST 3 Unit 9~11

1. (C)	2. (A)	3. (D)	4. (B)	5. (D)
6. (C)	7. (A)	8. (A)	9. (D)	10. (D)
11. (B)	12. (A)	13. (C)	14. (A)	15. (C)
16. (C)	17. (B)	18. (D)	19. (C)	20. (C)

1.

정답 (C)

해석 오래된 가구를 판매하기를 원하시는 주민들께서는 무료 수거 서비스를 위해 시티 무버스에 연락하실 수 있습니다.

해설 빈칸 앞에 위치한 동사 want의 목적어 역할을 할 to부정사를 구성해야 한다. 따라서, to 뒤에 위치한 빈칸에 동사원형이 쓰여야 알맞으므로 (C) sell이 정답이다.

오답 (A) seller: 동사원형 자리에 쓰일 수 없는 명사이므로 오답이다.
(B) sold: 동사원형 자리에 쓰일 수 없는 과거시제 동사 또는 과거분사이므로 오답이다.
(D) selling: 동사원형 자리에 쓰일 수 없는 동명사 또는 현재분사이므로 오답이다.

어휘 resident 주민 contact ~에게 연락하다 free 무료의 pickup 수거, 가져가기[오기]

2.

정답 (A)

해석 경영진이 내년에 회사의 온라인 서비스를 확장하기로 결정했다.

해설 선택지가 모두 동사이므로 문장 구조 또는 의미에 어울리는 것을 찾아야 한다. 빈칸 뒤에 to부정사 to expand가 쓰여 있어 to부정사를 목적어로 취할 수 있는 동사가 필요하므로 (A) decided가 정답이다.

오답 (B) finalized: to부정사를 목적어로 취하지 않는 동사이므로 오답이다.
(C) submitted: to부정사를 목적어로 취하지 않는 동사이므로 오답이다.
(D) examined: to부정사를 목적어로 취하지 않는 동사이므로 오답이다.

어휘 management 경영(진), 관리(진) expand ~을 확대하다, ~을 확장하다 decide to do ~하기로 결정하다 finalize ~을 최종 확정하다 submit ~을 제출하다 examine ~을 점검하다, ~을 검사하다

3.

정답 (D)

해석 영양학 분야에서 존경받는 전문가이신, 레이먼 하비 박사님께서 이번 주 금요일에 강연하실 것입니다.

해설 부정관사 a와 명사 expert 사이에 위치한 빈칸은 명사를 앞에서 수식할 단어가 필요한 자리이므로 이 역할이 가능한 형용사 (D) respected가 정답이다.

오답 (A) respect: 명사이며, expert와 복합명사를 구성하지 않으므로 오답이다.
(B) respectfully: 명사를 수식할 수 없는 부사이므로 오답이다.
(C) respecting: 동명사 또는 현재분사이며, 현재분사일 때 명사를 수식하지 않으므로 오답이다.

어휘 expert 전문가 nutrition 영양(학) give a lecture 강연하다 respect n. 존경, 존중 v. ~을 존경하다, ~을 존중하다 respectfully 공손하게, 정중하게 respected 존경받는, 높이 평가되는

4.

정답 (B)

해석 누리 패키징 사는 플라스틱 쓰레기를 줄이기 위해 내년에 환경 친화적인 용기를 포함할 계획이다.

해설 빈칸 앞에 현재시제로 쓰여 있는 동사 plan은 to부정사를 목적어로 취하므로 (B) to include가 정답이다.

REVIEW TEST 3 75

오답 (A) included: 과거시제 동사 또는 과거분사이므로 오답이다.
(C) is including: 현재진행시제 동사이므로 오답이다.
(D) includes: 3인칭 단수주어와 수 일치되는 현재시제 동사이므로 오답이다.

어휘 eco-friendly 환경 친화적인 container 용기, 그릇 reduce ~을 줄이다, ~을 감소시키다 waste 쓰레기, 폐기물 include ~을 포함하다

5.
정답 (D)
해석 에코팩 주식회사는 환경적인 영향을 최소화하기 위해 자사의 생산 과정 전체에 걸쳐 재활용품을 이용한다.
해설 동사 uses와 명사 목적어 materials 사이에 위치한 빈칸은 명사를 수식할 단어가 필요한 자리이며, 물품은 사람에 의해 재활용되는 것이므로 이러한 수동의 의미를 나타내는 과거분사로서 '재활용된'을 뜻하는 (D) recycled가 정답이다.
오답 (A) recycle: 동사와 명사 목적어 사이에 쓰일 수 없는 동사이므로 오답이다.
(B) of recycling: 동사와 명사 목적어 사이에 쓰일 수 없는 전치사구이므로 오답이다.
(C) to recycle: 동사와 명사 목적어 사이에 쓰일 수 없는 to부정사이므로 오답이다.

어휘 material 물품, 재료, 자료, 내용 throughout ~ 전체에 걸쳐 production 생산, 제작 process 과정 minimize ~을 최소화하다 impact 영향, 충격 recycle ~을 재활용하다

6.
정답 (C)
해석 호수의 주변 구역이 최근 인기 있는 피크닉 장소로 개발되었다.
해설 정관사 The와 명사 area 사이에 위치한 빈칸은 명사를 앞에서 수식할 단어가 필요한 자리이므로 이 역할이 가능한 현재분사 (C) surrounding이 정답이다.
오답 (A) surround: 명사를 수식할 수 없는 동사이므로 오답이다.
(B) surrounds: 명사를 수식할 수 없는 동사이므로 오답이다.
(D) have surrounded: 명사를 수식할 수 없는 동사이므로 오답이다.

어휘 recently 최근 develop ~을 개발하다, ~을 발전시키다 into (상태 변화 등) ~로, (이동) ~ 안으로 popular 인기 있는 site 장소, 부지, 현장 surround ~을 둘러싸다 surrounding 주변의, 인근의

7.
정답 (A)
해석 사이먼 박사에 의해 진행된 강연들이 근처 대학교에서 많은 학생들을 끌어들였다.

해설 빈칸과 by Dr. Simon이 주어진 명사구 The lectures를 뒤에서 수식하는 역할을 해야 알맞다. 또한, 행위 주체를 나타내는 by 전치사구와 어울려 '사이먼 박사에 의해 진행된'이라는 수동의 의미를 나타내는 과거분사가 쓰여야 알맞으므로 (A) presented가 정답이다.
오답 (B) presentation: 명사(구)를 뒤에서 수식하는 역할을 할 수 없는 명사이므로 오답이다.
(C) to present: 명사(구)를 뒤에서 수식하는 역할을 할 수 있는 to부정사이기는 하지만, 수동의 의미를 나타내지 않으므로 오답이다.
(D) presenters: 명사(구)를 뒤에서 수식하는 역할을 할 수 없는 명사이므로 오답이다.

어휘 attract ~을 끌어들이다 nearby a. 근처의 ad. 근처에 present ~을 진행하다, ~을 제공하다, ~을 발표하다 presentation 진행, 제공, 발표(회) presenter 진행자, 발표자

8.
정답 (A)
해석 다음 주 수요일로 예정된 교육 시간에 참석할 수 있도록 등록하시기 바랍니다.
해설 빈칸 앞 부분이 이미 「Please + 동사원형」의 구조로 구성이 완전한 상태이므로 빈칸 이하 부분은 등록하도록 요청하는 목적을 나타내는 to부정사구를 구성해야 알맞다. 또한, 빈칸 뒤에 위치한 명사구 the training session을 목적어로 취해야 하므로 능동태 to부정사인 (A) to attend가 정답이다.
오답 (B) attendance: 목적을 나타낼 수 없는 명사이므로 오답이다.
(C) attending: 목적을 나타낼 수 없는 동명사 또는 현재분사이므로 오답이다.
(D) to be attended: 수동태 to부정사이므로 오답이다.

어휘 sign up 등록하다, 신청하다 scheduled for 시점: ~로 예정된 attend ~에 참석하다 attendance 참석, 참석자 수, 참석률

9.
정답 (D)
해석 그 계약서를 신중히 검토한 후, 변호사는 그 조항들에 대해 여러 가지 사소한 변경 사항들을 제안했다.
해설 빈칸 뒤에 위치한 명사구 the contract를 목적어로 취하면서 전치사 After 뒤에서 목적어 역할을 할 동명사가 빈칸에 쓰여야 알맞으므로 (D) reviewing이 정답이다.
오답 (A) reviews: 3인칭 단수주어와 수 일치되는 현재시제 동사이므로 오답이다.
(B) reviewed: 과거시제 동사 또는 과거분사이므로 오답이다.
(C) to review: to부정사이므로 오답이다.

어휘 contract 계약(서) carefully 신중히 lawyer 변호사 suggest ~을 제안하다, ~을 암시하다 several 여럿의, 몇몇의 minor (중요도 등이) 작은, 사소한 term 조항, 조건, 용어, 기간 review ~을 검토하다, ~을 살펴 보다

10.
정답 (D)

해석 회원들께서는 로그인 페이지에서 ID와 비밀번호를 제공함으로써 각자의 온라인 계정을 이용하실 수 있습니다.

해설 전치사 by 뒤에 위치한 빈칸에 by의 목적어 역할을 할 동명사가 쓰여야 알맞으며, 빈칸 뒤에 위치한 명사구 their ID and password를 목적어로 취할 수 있는 능동태 동명사가 필요하므로 (D) providing이 정답이다.

오답 (A) being provided: 목적어를 취할 수 없는 수동태 동명사이므로 오답이다.
(B) provides: 3인칭 단수주어와 수 일치되는 현재시제 동사이므로 오답이다.
(C) provided: 과거시제 동사 또는 과거분사이므로 오답이다.

어휘 access ~을 이용하다, ~에 접근하다 account 계정, 계좌 by (방법) ~함으로써, ~하는 것으로 provide ~을 제공하다

11.
정답 (B)

해석 경험 많은 기술자들로 구성된 저희 팀은 장비 설치 작업에 대해 고객들을 지원해 드릴 준비가 되어 있습니다.

해설 전치사 of와 명사 목적어 technicians 사이에 위치한 빈칸은 명사를 수식할 단어가 필요한 자리이므로 이 역할이 가능한 과거분사 (B) experienced가 정답이다.

오답 (A) experience: 동사 또는 명사이며, 명사일 때 technicians와 복합명사를 구성하지 않으므로 오답이다.
(C) experiencing: 동명사 또는 현재분사이며, 현재분사일 때 명사를 수식하지 않으므로 오답이다.
(D) experiences: 동사 또는 명사이며, 명사일 때 technicians와 복합명사를 구성하지 않으므로 오답이다.

어휘 technician 기술자, 기사 be ready to do ~할 준비가 되다 assist A with B: B에 대해 A를 지원하다[돕다] equipment 장비 installation 설치 experience v. ~을 경험하다, ~을 겪다 n. 경험 experienced 경험 많은, 숙련된

12.
정답 (A)

해석 고객들께서는 회사의 공식 모바일 앱을 통해 각자의 주문 상태를 확인해 보시도록 권장됩니다.

해설 선택지에 제시된 동사 encourage는 '~에게 …하도록 권하다'를 뜻하는 「encourage + 목적어 + to do」 또는 사람명사를 주어로 '~하도록 권장되다'를 의미하는 「be encouraged to do」의 구조로 쓰인다. 따라서, 빈칸 뒤에 위치한 to부정사와 어울리는 (A) are encouraged가 정답이다.

오답 (B) encouraging: 빈칸 뒤에 위치한 to부정사와 어울려 쓰이는 형태가 아니므로 오답이다.
(C) will encourage: 빈칸 뒤에 위치한 to부정사와 어울려 쓰이는 형태가 아니므로 오답이다.
(D) encourages: 빈칸 뒤에 위치한 to부정사와 어울려 쓰이는 형태가 아니므로 오답이다.

어휘 order 주문(품) status 상태, 현황 through (방법, 이동 등) ~을 통해, ~을 거쳐, ~을 통과해 official 공식적인, 정식의

13.
정답 (C)

해석 그 호텔은 손님들에게 모든 객실에서 아름다운 바다 경관을 즐길 수 있게 해 준다.

해설 빈칸 앞에 현재시제로 쓰여 있는 동사 enable은 「enable + 목적어 + to do」의 구조로 쓰여 '~에게 …할 수 있게 해 주다'라는 의미를 나타낸다. 따라서, 목적어 guests 뒤에 위치한 빈칸에 to부정사가 쓰여야 알맞으므로 (C) to enjoy가 정답이다.

오답 (A) enjoyment: enable과 목적어 뒤에 위치할 수 없는 명사이므로 오답이다.
(B) enjoyable: enable과 목적어 뒤에 위치할 수 없는 형용사이므로 오답이다.
(D) are enjoying: enable과 목적어 뒤에 위치할 수 없는 현재진행시제 동사이므로 오답이다.

어휘 view 경관, 전망 enjoyment 즐거움, 기쁨 enjoyable 즐거운, 즐길 수 있는

14.
정답 (A)

해석 직원들은 다른 이들을 방해하는 것을 피하기 위해 회의 중에 각자의 전화기를 끄도록 요청받는다.

해설 선택지가 모두 동사이므로 문장 구조 또는 의미에 어울리는 것을 찾아야 한다. 빈칸 뒤에 동사 disturbing이 쓰여 있어 동명사를 목적어로 취할 수 있는 동사가 필요하므로 (A) avoid가 정답이다.

오답 (B) view: 동명사를 목적어로 취하지 않는 동사이므로 오답이다.
(C) remove: 동명사를 목적어로 취하지 않는 동사이므로 오답이다.
(D) listen: 주로 전치사 to와 함께 사용하는 자동사로서 목적어를 취할 수 없으므로 오답이다.

어휘 employee 직원 be asked to do ~하도록 요청받다

turn off ~을 끄다 during ~ 중에, ~ 동안 disturb ~을 방해하다, ~에 지장을 주다 avoid -ing ~하는 것을 피하다 view ~을 보다 remove ~을 제거하다, ~을 없애다

15.

정답 (C)

해석 새로운 마케팅 전략은 그 회사에게 단 6개월만에 자사의 수익을 상당히 증가시킬 수 있게 해 주었다.

해설 to부정사를 구성하는 to와 동사원형 increase 사이에 위치한 빈칸은 동사원형을 앞에서 수식할 부사가 쓰여야 알맞은 자리이므로 (C) significantly가 정답이다.

오답 (A) signify: to부정사를 구성하는 to와 동사원형 사이에 위치할 수 없는 동사이므로 오답이다.
(B) signified: to부정사를 구성하는 to와 동사원형 사이에 위치할 수 없는 과거시제 동사 또는 과거분사이므로 오답이다.
(D) significance: to부정사를 구성하는 to와 동사원형 사이에 위치할 수 없는 명사이므로 오답이다.

어휘 strategy 전략 allow A to do: A에게 ~할 수 있게 해 주다, A에게 ~하도록 허용하다 increase ~을 증가시키다 profit 수익, 수입 signify ~을 의미하다, ~을 나타내다 significantly 상당히, 많이 significance 의미, 의의, 중요성

16.

정답 (C)

해석 새로운 보안 시스템은 심지어 정전 중에도 믿을 수 있을 정도로 작동하도록 설계되었다.

해설 to부정사로 쓰인 자동사 work과 부사 even 사이에 위치한 빈칸은 자동사 work을 뒤에서 수식할 부사가 쓰여야 알맞은 자리이므로 (C) reliably가 정답이다.

오답 (A) relies: 부사 자리에 쓰일 수 없는 동사이므로 오답이다.
(B) reliant: 부사 자리에 쓰일 수 없는 형용사이므로 오답이다.
(D) reliable: 부사 자리에 쓰일 수 없는 형용사이므로 오답이다.

어휘 security 보안, 경비 be designed to do ~하도록 설계되다, ~하도록 고안되다 work (기계 등이) 작동하다 even 심지어 (~도) power outage 정전 rely (on) (~에) 의존하다 reliant 의존하는, 의지하는 reliably 믿을 수 있을 정도로, 신뢰할 수 있을 정도로 reliable 믿을 수 있는, 신뢰할 수 있는

17.

정답 (B)

해석 그 회사는 데이터 처리 속도를 개선하기 위해 자사의 컴퓨터 네트워크를 업그레이드했다.

해설 빈칸 뒤에 동사원형 improve가 쓰여 있으므로 동사원형과 결합해 '~하기 위해'라는 의미를 나타낼 때 사용하는 (B) in order to가 정답이다.

오답 (A) instead of: 동명사 또는 명사(구)를 목적어로 취하는 전치사이므로 오답이다.
(C) as a result of: 동명사 또는 명사(구)를 목적어로 취하는 전치사이므로 오답이다.
(D) owing to: 동명사 또는 명사(구)를 목적어로 취하는 전치사이므로 오답이다.

어휘 improve ~을 개선하다, 개선되다 processing 처리 instead of ~ 대신 as a result of ~에 따른 결과로 owing to ~ 때문에

18.

정답 (D)

해석 컨퍼런스 홀 내에 페인트칠 된 선들은 비상구 경로를 나타낸다.

해설 정관사 The와 명사 lines 사이에 위치한 빈칸은 명사를 수식할 단어가 필요한 자리이며, 선은 사람에 의해 페인트칠 되는 것이므로 이러한 수동의 의미를 나타내는 과거분사로서 '페인트칠 된'을 뜻하는 (D) painted가 정답이다.

오답 (A) paints: 정관사 The와 명사 lines 사이에 위치할 수 없는 동사이므로 오답이다.
(B) painting: 정관사 The와 명사 lines 사이에 위치할 수 없는 동명사, 현재분사 또는 명사이며, 명사일 때 lines와 복합명사를 구성하지 않으므로 오답이다.
(C) painter: 명사 lines와 복합명사를 구성하지 않는 명사이므로 오답이다.

어휘 mark ~을 나타내다, ~을 표시하다 emergency exit 비상구 route 경로, 노선

19.

정답 (C)

해석 그 여행 일정은 지난주에 변경되었으며, 수정된 일정표가 이미 모든 참가자들에게 발송되었습니다.

해설 정관사 The와 명사 schedule 사이에 위치한 빈칸은 명사를 수식할 단어가 필요한 자리이며, 일정은 사람에 의해 변경되는 것이므로 이러한 수동의 의미를 나타내는 과거분사로서 '수정된'을 뜻하는 (C) revised가 정답이다.

오답 (A) revise: 정관사 The와 명사 lines 사이에 위치할 수 없는 동사이므로 오답이다.
(B) revises: 정관사 The와 명사 lines 사이에 위치할 수 없는 동사이므로 오답이다.
(D) revising: 동명사 또는 현재분사이며, 현재분사일 때 명사를 수식하지 않으므로 오답이다.

어휘 itinerary 일정(표) participant 참가자 revise ~을 수정하다, ~을 변경하다

20.

정답 (C)

해석 자격 있는 아주 많은 지원자들 때문에, 고용 과정이 예상보다 더 오래 걸릴 수 있습니다.

해설 전치사 of와 명사 목적어 applicants 사이에 위치한 빈칸은 명사를 수식할 단어가 필요한 자리이므로 이 역할이 가능한 과거분사 (C) qualified가 정답이다.

오답 (A) qualify: 전치사 뒤에 위치할 수 없는 동사원형이므로 오답이다.
(B) qualifier: 명사로서, 뒤에 위치한 명사 applicants 와 복합명사를 구성하지 않으므로 오답이다.
(D) qualifies: 주어가 3인칭 단수일 때 쓰는 현재시제 동사이며, 전치사 뒤에 위치할 수 없으므로 오답이다.

어휘 the large number of 아주 많은 (수의) applicant 지원자, 신청자 hiring 고용 process 과정 take ~의 시간이 걸리다 than expected 예상보다 qualify ~에게 자격을 주다, 자격을 얻다 qualifier 자격을 주는 사람, 예선 통과자 qualified 자격 있는, 적격인

UNIT 12 전치사

PRACTICE 1

1.

정답 at

해석 그 컨퍼런스가 오전 10시에 시작할 것이므로, 일찍 도착하시기 바랍니다.

해설 10 A.M.처럼 구체적인 시간을 나타낼 때 사용하는 전치사 at이 정답이다.

어휘 arrive 도착하다

2.

정답 throughout

해석 새로운 회계 소프트웨어에 관한 교육 시간이 그 달 내내 제공될 것입니다.

해설 the month가 교육 시간이 제공되는 기간에 해당하므로 '~동안 내내'라는 의미로 지속 기간에 대해 사용하는 전치사 throughout이 정답이다.

어휘 accounting 회계 offer ~을 제공하다 throughout (기간) ~ 동안 내내

3.

정답 in

해석 그 회사는 2024년에 신제품 라인을 소개했으며, 판매량이 빠르게 증가했다.

해설 2024처럼 연도를 나타낼 때 사용하는 전치사 in이 정답이다.

어휘 introduce ~을 소개하다, ~을 도입하다 sales 판매(량), 영업, 매출 grow 증가하다, 성장하다 rapidly 빠르게

4.

정답 on, for

해석 그 교육 프로그램은 4월 10일에 시작되어 2주 동안 지속될 것입니다.

해설 April 10th 같은 날짜 앞에는 전치사 on을 사용하며, two weeks처럼 숫자를 포함한 기간을 나타낼 때는 전치사 for를 사용한다.

어휘 last v. 지속되다

5.

정답 by

해석 전 직원은 반드시 다음 주 금요일까지 각자의 지출 보고서를

제출해야 합니다.
- 해설 next Friday가 보고서 제출을 완료하는 기한에 해당하므로 '~까지'라는 의미로 완료 기한을 나타낼 때 사용하는 전치사 by가 정답이다. until도 '~까지'를 의미하기는 하지만, 특정 시점까지 지속되는 일을 나타낼 때 사용하므로 오답이다.
- 어휘 employee 직원 submit ~을 제출하다 expense 지출(비용), 경비

6.
- 정답 until
- 해석 그 매장은 휴일 쇼핑객들을 수용하기 위해 자정까지 계속 문을 열 것이다.
- 해설 midnight까지 문을 연 상태가 지속되는 것을 의미해야 하므로 '~까지'라는 의미로 특정 시점까지 지속되는 일을 나타낼 때 사용하는 until이 정답이다. by도 '~까지'를 의미하기는 하지만, 어떤 일이 완료되는 기한을 나타낼 때 사용하므로 오답이다.
- 어휘 remain 형용사: 계속 ~한 상태를 유지하다, 여전히 ~한 상태로 있다 accommodate ~을 수용하다

7.
- 정답 for
- 해석 그 관리자는 긴급한 보고서를 끝마치기 위해 추가로 3시간 동안 사무실에 머물러 있었다.
- 해설 three extra hours처럼 숫자를 포함한 지속 시간을 나타낼 때 사용하는 전치사 for가 정답이다. since는 '~ 이후로'라는 의미로 과거의 시작점을 나타낼 때 사용한다.
- 어휘 extra 추가의, 별도의, 여분의 urgent 긴급한

8.
- 정답 within
- 해석 고객들께서는 구입 후 7일 이내에 전액 환불을 요청하실 수 있습니다.
- 해설 seven days처럼 기간을 나타내는 명사(구)와 어울리는 전치사로서 '~ 이내에'를 뜻하는 전치사 within이 정답이다. since는 '~ 이후로'라는 의미로 과거의 시작점을 나타내므로 기간이 아니라 시점을 나타내는 명사(구)와 함께 사용한다.
- 어휘 request ~을 요청하다 refund 환불(액) purchase 구입(품)

9.
- 정답 from
- 해석 그 전시회는 3월 1일부터 3월 15일까지 시립 미술관에서 진행될 것입니다.
- 해설 바로 뒤에 위치한 to March 15th와 어울려 시작 시점과 종료 시점을 나타내는 「from A to B」의 전치사구를 구성해야 알맞으므로 from이 정답이다.
- 어휘 exhibition 전시(회) run 진행되다, 운영되다

10.
- 정답 before
- 해석 그 대표이사는 정식 계약서에 서명하기 전에 보고서를 신중하게 검토했다.
- 해설 문장을 읽어 보면, '정식 계약서에 서명하기 전에 보고서를 신중히 검토했다'와 같은 의미로 일의 앞뒤 순서를 나타내는 것이 자연스러우므로 '~ 전에'를 뜻하는 전치사 before가 정답이다.
- 어휘 review ~을 검토하다, ~을 살펴 보다 carefully 신중히, 조심스럽게 sign v. ~에 서명하다 official 정식의, 공식적인 agreement 계약(서), 합의(서)

PRACTICE 2

1.
- 정답 in
- 해석 저희 회사는 캐나다와 미국에 여러 지사를 보유하고 있습니다.
- 해설 Canada와 the United States 같이 국가에 해당하는 넓은 장소를 나타낼 때 사용하는 전치사 in이 정답이다.
- 어휘 several 여럿의, 몇몇의 branch 지사, 지점

2.
- 정답 in
- 해석 그 회의는 2층에 있는 대회의실에서 개최될 것입니다.
- 해설 회의가 개최되는 곳으로서 the conference room 같은 공간의 내부를 의미할 때 사용하는 전치사 in이 정답이다.
- 어휘 hold ~을 개최하다, ~을 열다

3.
- 정답 in front of
- 해석 그 지원자는 안내 데스크 앞에 서 있습니다.
- 해설 한 곳의 장소인 the reception desk를 기준으로 하는 위치를 나타내야 하므로 '~ 앞에'를 뜻하는 in front of가 정답이다. '~ 사이에'를 뜻하는 전치사 between은 흔히 「between A and B」의 구조로 두 곳의 위치 기준을 나타내는 명사구를 목적어로 취하거나 둘에 해당하는 복수명사(구)를 목적어로 취한다.
- 어휘 candidate 지원자, 후보자 reception desk 안내 데스크, 접수 데스크

4.

정답 along

해석 파인브룩 강을 따라 몇몇 유적지들을 방문하실 수 있습니다.

해설 바로 뒤에 장소 명사구 the Pinebrook River가 쓰여 있으므로 그 강변에 위치한 유적지들을 의미해야 알맞다. 따라서, 강이나 도로, 거리 등 길게 이어지는 장소와 관련된 위치를 나타내는 전치사로서 '~을 따라 (이어지는), ~을 끼고'를 뜻하는 along이 정답이다.

어휘 historic site 유적지

5.

정답 across

해석 에이펙스 타워는 루마 아트 센터 바로 맞은편에 위치해 있습니다.

해설 앞뒤에 각각 위치한 부사 right 및 기준점을 나타내는 from 전치사구와 함께 '~ 바로 맞은편에'를 의미할 때 사용하는 전치사 across가 정답이다.

어휘 during ~ 동안, ~ 중에

6.

정답 between

해석 안내 부스는 박물관과 시청 사이에 위치해 있습니다.

해설 바로 뒤에 두 곳의 위치를 나타내는 명사구가 「A and B」로 쓰여 있으므로 이 구조와 어울려 'A와 B 사이에'라는 의미를 나타내는 전치사 between이 정답이다. 참고로, between은 「A and B」 외에 복수 명사(구)도 목적어로 취할 수 있다.

어휘 booth (행사장 등에서 임시로 짓는) 부스, 칸막이 공간 be located 위치해 있다 into (이동) ~ 안으로, (상태 변화 등) ~로, ~한 상태로

7.

정답 in

해석 그 판매 보고서는 온라인 제품 구매의 급격한 증가를 나타내고 있다.

해설 명사 increase와 어울려 증가 대상을 나타낼 때 사용하는 전치사 in이 정답이다.

어휘 sales 판매(량), 영업, 매출 sharp 급격한, 날카로운 purchase 구매(품)

8.

정답 over

해석 IT팀은 앞으로 2주 동안에 걸쳐 회사의 네트워크를 업그레이드할 것이다.

해설 기간을 나타내는 명사구 the next two weeks와 어울리는 전치사가 필요하므로 '~ 동안에 걸쳐'라는 의미로 기간 명사(구) 앞에 사용하는 전치사 over가 정답이다. 전치사 by는 기간이 아니라 시점을 나타내는 명사(구)와 함께 '~까지'라는 의미로 완료 기한을 나타낼 때 사용한다.

9.

정답 during

해석 그 회사는 지난 2년 동안 증가된 판매량을 보고했다.

해설 기간을 나타내는 명사구 the last two years가 바로 뒤에 쓰여 있으므로 '~ 동안, ~ 중에'라는 의미로 기간 명사구를 목적어로 취하는 전치사 during이 정답이다.

어휘 increase ~을 증가시키다, ~을 늘리다 sales 판매(량), 영업, 매출 under (위치) ~ 아래에, (수량 등) ~ 미만인, (진행) ~ 중인, (영향) ~ 하에 있는

10.

정답 through

해석 고객들은 새로운 우리 은행 앱을 통해 수표를 예금할 수 있다.

해설 바로 뒤에 위치한 명사구 our new banking app은 예금을 위한 수단에 해당한다. 따라서, '~을 통해'라는 의미로 수단을 나타낼 때 사용하는 전치사 through가 정답이다.

어휘 deposit v. ~을 예금하다, ~을 놓다 check n. 수표 through (방법) ~을 통해, (이동 등) ~을 통해, ~을 거쳐, (장소) ~을 여기저기, (기간) ~ 동안 내내, ~까지 along (길 등) ~을 따라 (이어지는), ~을 끼고

PRACTICE ❸

1.

정답 regarding

해석 그 팀은 마케팅 캠페인과 관련해 여러 가지 아이디어를 논의했다.

해설 명사구 the marketing campaign을 주제로 아이디어를 논의한 것이므로 '~와 관련해'라는 의미로 주제나 관련성을 나타낼 때 사용하는 전치사 regarding이 정답이다. across는 '~을 가로질러, ~ 전역에, ~ 전체에 걸쳐' 등의 의미로 장소나 범위를 나타낼 때 사용한다.

어휘 discuss ~을 논의하다, ~을 이야기하다 several 여럿의, 몇몇의

2.

정답 about

해석 그 관리자는 새로운 프로젝트에 관한 제안서를 제출했다.

해설 명사구 the new project가 제안서의 주제에 해당하므로 '~에 관해'라는 의미로 주제나 관련성을 나타낼 때 사용하는 전치사 about이 정답이다. without은 '~ 없이, ~하지 않고' 등의 의미로 제외 대상을 나타낼 때 사용한다.

어휘 submit ~을 제출하다 proposal 제안(서)

3.
정답 According to
해석 최근의 설문 조사에 따르면, 고객 만족도가 개선되어 왔다.
해설 명사구 the latest survey가 고객 만족도와 관련된 정보를 파악할 수 있는 일종의 자료에 해당하므로 '~에 따르면'이라는 의미로 출처를 밝힐 때 사용하는 전치사 According to가 정답이다.
어휘 latest 최근의 survey 설문 조사(지) satisfaction 만족(도) improve 개선되다, ~을 개선하다

4.
정답 by
해석 우리는 세 명의 추가 보조 직원을 고용함으로써 직원 규모를 늘릴 계획입니다.
해설 동명사 hiring이 이끄는 동명사구 hiring three more assistants이 직원 규모를 늘리는 방법을 나타내므로 '~함으로써, ~하는 것으로' 등의 의미로 방법을 나타낼 때 사용하는 전치사 by가 정답이다.
어휘 plan to do ~할 계획이다 increase ~을 늘리다, ~을 증가시키다 staff 직원들 hire ~을 고용하다 assistant n. 보조, 조수

5.
정답 due to
해석 그 레스토랑은 에어컨에 생긴 문제들로 인해 오늘 문을 닫은 상태이다.
해설 명사구 problems with its air conditioner가 레스토랑이 문을 닫은 이유에 해당하므로 '~로 인해, ~ 때문에'라는 의미로 이유를 나타낼 때 사용하는 전치사 due to가 정답이다. without은 '~ 없이, ~하지 않고' 등의 의미로 제외 대상을 나타낼 때 사용한다.
어휘 air conditioner 에어컨

6.
정답 by
해석 점심 식사가 행사 주최측에 의해 추가 비용 없이 제공될 것입니다.
해설 바로 뒤에 위치한 명사구 the event organizers가 무료로 점심 식사를 제공하는 주체인 것으로 볼 수 있으므로 '~에 의해'라는 의미로 행위 주체를 나타낼 때 사용하는 전치사 by가 정답이다.
어휘 provide ~을 제공하다 into (이동) ~ 안으로, (상태 변화 등) ~로, ~한 상태로 organizer 주최자, 조직자 at no extra cost 추가 비용 없이

7.
정답 Despite
해석 높은 비용에도 불구하고, 그 회사는 그 프로젝트를 진행하기로 결정했다.
해설 콤마 뒤에 '그 회사는 그 프로젝트를 진행하기로 결정했다'는 말이 쓰여 있어 '높은 비용'을 뜻하는 명사구 the high cost와 어울리려면 '높은 비용에도 불구하고'라는 의미를 나타내야 자연스러우므로 '~에도 불구하고'를 뜻하는 전치사 Despite이 정답이다.
어휘 because of ~ 때문에 decide to do ~하기로 결정하다 proceed with ~을 진행하다

8.
정답 Without
해석 유효한 입장권 없이는, 극장에 입장하실 수 없습니다.
해설 콤마 뒤에 '극장에 입장할 수 없다'는 말이 쓰여 있어 '유효한 입장권'을 뜻하는 명사구 a valid ticket과 어울리려면 '유효한 입장권 없이는'이라는 의미를 나타내야 자연스러우므로 '~ 없이' 등을 뜻하는 전치사 Without이 정답이다.
어휘 without ~ 없이, ~하지 않고, ~하지 않은 채로 valid 유효한

9.
정답 instead of
해석 직원들은 출력하는 대신 온라인으로 보고서를 제출해야 합니다.
해설 '온라인으로 보고서를 제출해야 한다'는 말이 쓰여 있는데, 이는 보고서를 출력하는 대신 이용하는 제출 방법에 해당하므로 '~ 대신, ~가 아니라'를 뜻하는 전치사 instead of가 정답이다.
어휘 submit ~을 제출하다 electronically 온라인으로, 전자식으로 according to ~에 따르면, ~에 따라 print A out: A를 출력하다, A를 인쇄하다

10.
정답 for
해석 베일리 씨가 영업부장 직책에 최고의 후보자입니다.
해설 '베일리 씨가 최고의 후보자이다'라는 말이 쓰여 있어 영업부장 직책에 대한 최고의 후보자임을 의미해야 자연스러우므로 '~에 (대해), ~을 위해'라는 뜻으로 대상이나 목적 등을 나타낼 때 사용하는 전치사 for가 정답이다.
어휘 candidate 후보자, 지원자 by (기한) ~까지, (위치) ~ 옆에, (방법, 수단) ~함으로써, ~으로, (차이) ~만큼, ~ 정도, (주체) ~에 의해 sales 영업, 판매(량), 매출 position 직책, 일자리

실전 TEST

1. (B)	2. (C)	3. (A)	4. (C)	5. (D)
6. (D)	7. (B)	8. (A)	9. (D)	10. (C)
11. (B)	12. (A)	13. (A)	14. (B)	

1.
정답 (B)

해석 직원들은 관리자의 승인 없이 물품을 구매하도록 허용되지 않습니다.

해설 빈칸 앞에 직원들에게 허용되지 않는 일이 언급되어 있어 빈칸 이하 부분이 '관리자의 승인 없이'와 같은 의미로 갖추지 못한 것을 나타내야 알맞으므로 '~ 없이, ~하지 않고'를 뜻하는 전치사 (B) without이 정답이다.

어휘 be allowed to do ~하도록 허용되다 make a purchase 구매하다 approval 승인, 찬성 supervisor 관리자, 상사, 감독 above (위치) ~보다 높이, ~보다 위에, (수량, 정도, 지위 등) ~을 넘는, ~보다 뛰어난 during ~ 중에, ~ 동안 since prep. ~ 이후로 conj. ~한 이후로, ~하기 때문에 ad. 그 이후로

2.
정답 (C)

해석 시립 도서관은 매주 평일 오전 9시부터 오후 6시까지 문을 열 것입니다.

해설 바로 뒤에 위치한 to 전치사구와 짝을 이뤄 「from A to B」의 구조로 도서관이 문을 열기 시작하는 시점을 나타내야 알맞으므로 (C) from이 정답이다.

어휘 remain 형용사: 계속 ~한 상태를 유지하다, 여전히 ~한 상태이다 between (A and B): (A와 B) 사이에 by (기한) ~까지, (위치) ~ 옆에, (방법, 수단) ~함으로써, ~으로, (차이) ~만큼, ~ 정도, (주체) ~에 의해 as (자격, 기능) ~로(서), (유사성) ~처럼

3.
정답 (A)

해석 원자재의 배송이 극심한 눈보라로 인해 지연되었습니다.

해설 빈칸 뒤에 위치한 명사구 heavy snowstorms이 원자재의 배송이 지연된 이유에 해당하므로 '~로 인해, ~ 때문에'라는 의미로 이유를 나타낼 때 사용하는 전치사 (A) due to가 정답이다.

어휘 shipment 배송(품) raw 원료 그대로의, 가공하지 않은 material 자재, 재료, 물품, 자료, 내용 delay ~을 지연시키다 heavy (수량, 정도 등이) 심한, 많은 instead of ~ 대신 toward (방향, 이동 등) ~ 쪽으로, ~을 향해, (목적) ~을 위해, (시간) ~ 무렵 despite ~에도 불구하고

4.
정답 (C)

해석 고려 대상이 되기 위해서는 모든 구직 지원서가 반드시 5월 10일까지 접수되어야 합니다.

해설 빈칸 뒤에 위치한 날짜 May 10이 접수 기한인 것으로 볼 수 있으므로 '~까지'라는 의미로 완료 기한을 나타낼 때 사용하는 전치사 (C) by가 정답이다.

어휘 application 지원(서), 신청(서) receive ~을 받다 in order to do ~하기 위해, ~할 수 있도록 consider ~을 고려하다 into (이동) ~ 안으로, (상태 변화 등) ~로

5.
정답 (D)

해석 임대 계약서에 서명하시기 전에, 모든 계약 조항들을 신중히 살펴 보시기 바랍니다.

해설 동명사 signing이 이끄는 동명사구 signing the rental agreement를 이끌 전치사가 빈칸에 쓰여야 하며, '서명하기 전에'라는 의미로 행동의 앞뒤 순서를 나타내야 자연스러우므로 '~ 전에'를 뜻하는 전치사 (D) Before가 정답이다.

오답 (A) During: 전치사이기는 하지만, 의미가 맞지 않으므로 오답이다.
(B) Unless: 주어와 동사를 포함한 절을 이끌어야 하는 접속사이므로 오답이다.
(C) Once: 접속사 또는 부사로 쓰이므로 오답이다.

어휘 sign v. ~에 서명하다 rental 임대, 대여 agreement 계약(서), 합의(서) review ~을 살펴 보다, ~을 검토하다 contract 계약(서) term 조항, 조건, 용어, 기간 carefully 신중히, 조심스럽게 unless ~하지 않는다면, ~가 아니라면 during ~ 중에, ~ 동안

6.
정답 (D)

해석 그 웹사이트는 유지 관리 작업 때문에 이번 주말까지 이용할 수 없을 것입니다.

해설 빈칸 뒤에 위치한 시점 the end of this week까지 이용할 수 없는 상태가 지속되는 것을 의미해야 하므로 '~까지'라는 의미로 특정 시점까지 지속되는 일을 나타낼 때 사용하는 (D) until이 정답이다. (B) by도 '~까지'를 의미하기는 하지만, 행위가 완료되는 기한을 나타낼 때 사용되므로 오답이다.

어휘 available (사물) 이용 가능한, 구입 가능한, (사람) 시간이 있는 due to ~ 때문에, ~로 인해 maintenance 유지 관리, 시설 관리 by (기한) ~까지, (위치) ~ 옆에, (방법, 수단) ~함으로써, ~으로, (차이) ~만큼, ~ 정도, (주체) ~에 의해 since prep. ~ 이후로 conj. ~한 이후로, ~하기 때문에 ad. 그 이후로

UNIT 12 전치사

7.
정답 (B)

해석 그 약국은 병원과 쇼핑몰 사이에 위치해 있다.

해설 빈칸 뒤에 and로 연결된 두 개의 장소 명사구가 약국의 위치를 파악할 수 있는 기준에 해당하므로 「A and B」의 구조와 어울려 '~ 사이에'라는 의미로 위치 기준을 나타낼 때 사용하는 전치사 (B) between이 정답이다.

어휘 pharmacy 약국 be located 위치해 있다 under (위치) ~ 아래에, (수량 등) ~ 미만인, (진행) ~ 중인, (영향) ~ 하에 있는 through (이동 등) ~을 통해, ~을 거쳐, (방법) ~을 통해, (장소) ~ 을 여기저기, (기간) ~ 동안 내내, ~까지

8.
정답 (A)

해석 그 디자인팀은 새로운 소프트웨어 프로그램을 이용함으로써 생산성을 개선했다.

해설 동명사 using이 이끄는 동명사구 using a new software program이 생산성을 개선한 방법에 해당하는 것으로 볼 수 있으므로 '~함으로써, ~하는 것으로'라는 의미로 방법을 나타낼 때 사용하는 전치사 (A) by가 정답이다.

어휘 improve ~을 개선하다, 개선되다 productivity 생산성 during ~ 중에, ~ 동안 across ~을 가로질러, ~ 맞은편에, ~ 전역에, ~ 전체에 걸쳐

9.
정답 (D)

해석 우리는 이제 종이 양식을 작성하는 대신 온라인으로 비용 청구서를 제출하고 있다.

해설 빈칸 뒤에 위치한 동명사구 filling out a paper form을 목적어로 취할 전치사가 빈칸에 쓰여야 한다. 또한, 현재 온라인으로 비용 청구서를 제출하고 있다는 말이 쓰여 있어 종이 양식을 작성하는 대신 이용하는 방식임을 의미해야 알맞으므로 '~ 대신'을 뜻하는 (D) instead of가 정답이다.

오답 (A) although: 주어와 동사를 포함한 절을 이끌어야 하는 접속사이므로 오답이다.
(B) except for: 전치사이기는 하지만, 의미가 맞지 않으므로 오답이다.
(C) because: 주어와 동사를 포함한 절을 이끌어야 하는 접속사이므로 오답이다.

어휘 submit ~을 제출하다 expense 지출 (비용), 경비 claim 요청(서), 청구(서) fill out ~을 작성하다 form 양식, 서식 except for ~을 제외하고 although 비록 ~하기는 하지만, ~함에도 불구하고

10.
정답 (C)

해석 외국인 방문객의 수가 지난 10년에 걸쳐 꾸준히 증가해왔다.

해설 기간을 나타내는 명사구 the past decade와 어울리는 전치사가 필요하므로 '~동안에 걸쳐'라는 의미로 기간 명사(구) 앞에 사용하는 전치사 (C) over가 정답이다.

어휘 the number of ~의 수 steadily 꾸준히 since prep. ~ 이후로 conj. ~한 이후로, ~하기 때문에 ad. 그 이후로 around prep. ~ 주위에, ~을 빙 둘러, ~ 여기저기 ad. 주위에, 빙 둘러, 여기저기

11-14 다음 이메일을 참조하시오.

> 회원 여러분께,
>
> 저희가 제공해 드리는 **11** 서비스의 수준을 향상시키기 위해, 저희 프라임핏 피트니스 센터가 5월 3일과 4일에 2층에 있는 두 곳의 운동 공간을 개조할 예정입니다. 이 공간들은 이 기간 **12** 중에 이용하실 수 없을 것이라는 사실에 유의하시기 바랍니다. **13** 그 결과, 애초에 이 공간들에 계획된 모든 피트니스 강좌들이 취소되어 새로운 날짜로 옮겨질 것입니다.
>
> 저희는 이 일이 초래할 수 있는 모든 불편함에 대해 진심으로 사과 드리며, 여러분의 인내심에 감사드립니다. **14** 업데이트된 강좌 일정표가 곧 저희 웹사이트에 게시될 것입니다.
>
> 프라임핏 피트니스 센터

어휘 enhance ~을 향상시키다, ~을 강화하다 quality 수준, 질, 품질 offer ~을 제공하다 renovate ~을 개조하다, ~을 보수하다 exercise 운동 note that ~라는 사실에 유의하다 unavailable (사물) 이용할 수 없는, 구입할 수 없는, (사람) 시간이 없는 originally 애초에, 원래 cancel ~을 취소하다 sincerely 진심으로 apologize for ~에 대해 사과하다 inconvenience 불편함 cause ~을 초래하다 patience 인내심, 참을성

11.
정답 (B)

해설 전치사 of 뒤에 목적어 역할을 할 명사가 쓰여야 알맞으므로 (B) service가 정답이다. (A) serve는 동사원형이므로 전치사 of 뒤에 쓰일 수 없다.

어휘 serve (음식 등) ~을 제공하다, ~을 내오다

12.
정답 (A)

해설 빈칸 뒤에 위치한 명사구 this period와 어울려 기간을 나타내는 전치사가 쓰여야 알맞으므로 '~ 중에, ~ 동안'을 뜻하는

(A) during이 정답이다.
어휘 without ~ 없이, ~하지 않고

13.
정답 (A)
해설 빈칸 앞에는 개조 공사로 인해 두 곳의 특정 공간이 이용할 수 없을 것이라는 말이 언급되어 있고, 빈칸 뒤에는 그 공간들로 계획된 강좌들이 새로운 날짜로 옮겨질 것이라고 알리는 내용이 쓰여 있다. 이는 그 공간들을 이용할 수 없다는 원인에 따른 결과에 해당하므로 '그 결과, 결과적으로'를 뜻하는 (A) As a result가 정답이다.
어휘 however 하지만, 그러나

14.
정답 (B)
해설 (A) 저희 회원권에 관심이 있으실 경우, 직원들 중 한 명과 이야기하시기 바랍니다.
(B) 업데이트된 강좌 일정표가 곧 저희 웹사이트에 게시될 것입니다.
해설 빈칸 앞 문장은 개조 공사로 인해 두 곳의 특정 공간들로 계획된 강좌들이 새로운 날짜로 옮겨질 것이라고 알리는 내용이 쓰여 있다. 따라서, 그러한 변동과 관련된 정보를 담은 문장으로서 새로운 강좌 일정표를 확인할 방법을 알리는 (B)가 정답이다.
어휘 be interested in ~에 관심이 있다 staff 직원들 post ~을 게시하다 shortly 곧, 머지 않아

오늘의 필수 구문 분석

1. Training sessions / on the new accounting software / will be offered / throughout the month.
   해석 교육 시간들이 / 새로운 회계 소프트웨어에 관한 / 제공될 것입니다 / 한 달 내내

2. The training program will start / on April 10th / and last / for two weeks.
   해석 그 교육 프로그램은 시작될 것입니다 / 4월 10일에 / 그리고 지속될 것입니다 / 2주 동안

3. The manager stayed / in the office / for three extra hours / to finish the urgent report.
   해석 그 관리자는 머물렀다 / 사무실에 / 추가로 세 시간 동안 / 긴급한 보고서를 끝마치기 위해

4. Employees are not allowed / to make purchases / without approval / from a supervisor.
   해석 직원들은 허용되지 않습니다 / 구입하도록 / 승인 없이 / 상사로부터의

5. The Web site will not be available / until the end of this week / due to maintenance.
   해석 그 웹사이트는 이용할 수 없을 것이다 / 이번 주말까지 / 유지 보수 작업으로 인해

6. The pharmacy is located / between the hospital and the shopping mall.
   해석 그 약국은 위치해 있다 / 병원과 쇼핑몰 사이에

7. We now submit / expense claims / online / instead of filling out a paper form.
   해석 우리는 이제 제출한다 / 비용 청구서를 / 온라인으로 / 종이 양식을 작성하는 대신

8. The number of international visitors / has increased / steadily / over the past decade.
   해석 해외 방문객들의 숫자가 / 증가해 왔다 / 지속적으로 / 지난 10년 동안에 걸쳐

오늘의 필수 어휘 Quiz

1. according to — ~에 따르면
2. latest — 가장 최근의, 최신의
3. grow — 성장하다
4. rapidly — 빠르게
5. due to — ~ 때문에
6. regarding — ~에 관하여
7. remain open — 계속 영업하다
8. accommodate — ~을 수용하다
9. extra — 여분의, 추가의
10. urgent — 긴급한

11.	a full refund	전액 환불
12.	within seven days of purchase	구입 후 7일 이내에
13.	exhibition	전시
14.	official	공식적인
15.	agreement	합의, 계약
16.	branch	지점
17.	be held	열리다, 개최되다
18.	candidate	후보자, 지원자
19.	reception desk	안내 데스크
20.	instead of	~ 대신에

UNIT 13 등위접속사, 명사절 접속사

PRACTICE ①

1.
정답 but
해석 그 신규 지점은 작지만, 아주 다양한 금융 서비스를 제공한다.
해설 but과 so 모두 등위접속사이므로 의미가 알맞은 것을 찾아야 한다. 이 문장은 '그 신규 지점은 작지만, 아주 다양한 금융 서비스를 제공한다'와 같은 의미를 나타내야 자연스러우므로 '하지만, 그러나'를 뜻하는 but이 정답이다.
어휘 **branch office** 지점, 지사 **offer** ~을 제공하다 **a wide range of** 아주 다양한 **financial** 금융의, 재정의, 재무의

2.
정답 so
해석 황 씨가 초과 근무하기로 결정했으므로, 금요일 전에 제안서를 완료할 수 있었다.
해설 so와 yet 모두 등위접속사이므로 의미가 알맞은 것을 찾아야 한다. '황 씨가 초과 근무하기로 결정했다'와 '금요일 전에 제안서를 완료할 수 있었다'는 내용이 연결되려면, '그러므로, 그래서'라는 의미를 나타내는 접속사가 필요하므로 so가 정답이다.
어휘 **decide to do** ~하기로 결정하다 **work overtime** 초과 근무하다, 야근하다 **complete** ~을 완료하다 **proposal** 제안(서)

3.
정답 or
해석 온라인으로 주문하시거나 직접 저희 매장들 중 한 곳을 방문하실 수 있습니다.
해설 but과 or 모두 등위접속사이므로 의미가 알맞은 것을 찾아야 한다. 이 문장은 '온라인으로 주문하시거나 직접 저희 매장들 중 한 곳을 방문하실 수 있습니다'와 같은 선택의 의미를 나타내야 자연스러우므로 '~하거나, 또는'을 뜻하는 or가 정답이다.
어휘 **place an order** 주문하다 **online** ad. 온라인으로 **in person** 직접 (가서)

4.
정답 and
해석 그 제품은 고품질이며 합리적으로 가격이 책정되어 있어서, 많은 고객들이 계속해서 그것을 구매합니다.

해설 and와 for 모두 등위접속사이므로 의미가 알맞은 것을 찾아야 한다. 앞에 위치한 형용사 high-quality와 형용사구 reasonably priced가 모두 제품의 특징으로서 '고품질이고 합리적으로 가격이 책정되어 있는'을 의미해야 알맞으므로 '그리고, ~와'를 뜻하는 and가 정답이다.

어휘 high-quality 고품질의 reasonably 합리적으로 priced 가격이 책정된 continue to do 계속해서 ~하다

5.
정답 or

해설 김 씨 또는 한 씨 둘 중 한 사람이 다음 달에 싱가포르에서 열리는 무역 박람회에 참석할 것입니다.

해설 Either와 짝을 이뤄 'A 또는 B 둘 중 하나'를 의미하는 「either A or B」를 구성해야 하므로 or가 정답이다.

어휘 attend ~에 참석하다 trade show 무역 박람회

6.
정답 but

해설 마케팅팀뿐만 아니라 디자인팀도 그 캠페인의 성공에 기여했습니다.

해설 Not only와 짝을 이뤄 'A뿐만 아니라 B도'를 의미하는 「not only A but (also) B」를 구성해야 하므로 but이 정답이다.

어휘 contribute to ~에 기여하다, ~에 공헌하다 success 성공

7.
정답 both

해설 저희 회사는 국내와 해외 배송 선택권 둘 모두를 제공합니다.

해설 바로 뒤에 두 개의 형용사 domestic과 international이 「A and B」의 구조로 연결되어 있어 and와 짝을 이뤄 'A와 B 둘 모두'를 의미하는 「both A and B」를 구성해야 하므로 both가 정답이다.

어휘 offer ~을 제공하다 domestic 국내의 either (A or B): (A 또는 B) 둘 중 하나

8.
정답 either

해설 기술 지원이 필요하시면 이메일 또는 전화 둘 중 하나로 한 씨에게 연락하시면 됩니다.

해설 바로 뒤에 by 전치사구를 구성하는 두 개의 명사 e-mail과 mobile phone이 「A or B」의 구조로 연결되어 있어 or와 짝을 이뤄 'A 또는 B 둘 중 하나'를 의미하는 「either A or B」를 구성해야 하므로 either가 정답이다.

어휘 contact ~에게 연락하다 neither (A nor B): (A도 B도) 둘 다 아닌 support 지원, 지지, 후원

9.
정답 but

해설 해리슨 일렉트릭 사는 우리와의 계약을 갱신했지만, 다이센 라이팅 사는 그렇지 않았습니다.

해설 so와 but 모두 등위접속사이므로 의미가 알맞은 것을 찾아야 한다. 이 문장은 '해리슨 일렉트릭 사는 우리와의 계약을 갱신했지만, 다이센 라이팅 사는 그렇지 않았다'와 같은 의미를 나타내야 자연스러우므로 '하지만, 그러나'를 뜻하는 but이 정답이다.

어휘 renew ~을 갱신하다 contract 계약(서)

10.
정답 are

해설 인사부장님과 이사님 두 분 모두 새로운 고용 정책을 검토하고 계십니다.

해설 Both the HR manager and the director처럼 「both A and B」가 주어로 쓰일 때 복수 취급하므로 수 일치되는 복수동사 are가 정답이다.

어휘 both A and B: A와 B 둘 모두 HR 인사(부), 인적 자원 review ~을 검토하다, ~을 살펴 보다 hiring 고용 policy 정책, 방침

PRACTICE 2

1.
정답 What

해설 그 회사가 작년에 한정된 자원으로 이룬 것이 많은 투자자들에게 깊은 인상을 남겼다.

해설 바로 뒤에 위치한 절 the company achieved last year with limited resources가 타동사 achieved의 목적어가 빠진 불완전한 구조이므로 불완전한 절을 이끄는 명사절 접속사 What이 정답이다.

어휘 achieve ~을 이루다, ~을 달성하다, ~을 성취하다 limited 한정된, 제한된 resource 자원, 재원 impress ~에게 깊은 인상을 남기다 investor 투자자

2.
정답 that

해설 그 관리자는 모든 직원들이 반드시 새로운 보안 교육을 완료해야 한다고 설명했다.

해설 바로 뒤에 위치한 절 all staff members must complete the new security training이 주어와 동사(must complete), 그리고 명사구 목적어(the new security training)로 구성된 완전한 구조이므로 완전한 절을 이끄는 명사절 접속사 that이 정답이다.

어휘 explain ~을 설명하다 staff member 직원 complete ~을 완료하다 security 보안, 경비

3.
정답 What
해석 한 씨가 회의 중에 발표한 것이 새로운 마케팅 전략을 이해하도록 그 팀에게 도움을 주었다.
해설 바로 뒤에 위치한 절 Mr. Han presented during the meeting이 타동사 presented의 목적어가 빠진 불완전한 구조이므로 불완전한 절을 이끄는 명사절 접속사 What이 정답이다.
어휘 present ~을 발표하다, ~을 제시하다, ~을 제공하다 help A do: ~하도록 A에게 도움을 주다 strategy 전략

4.
정답 that
해석 우리 회사가 온라인 광고에 더 많이 투자해야 한다는 것이 분명하다.
해설 It is clear와 어울려 '~하다는 것이 분명하다'를 뜻하는 「It is clear + that절」 구조의 가주어/진주어 문장을 구성해야 알맞으므로 that이 정답이다.
어휘 clear 분명한, 명확한 invest A in B: A를 B에 투자하다 advertising 광고 (활동)

5.
정답 that
해석 문제는 일부 직원들이 아직 분기 보고서를 제출하지 않았다는 점이다.
해설 바로 뒤에 위치한 절 some employees have not yet submitted their quarterly reports가 주어와 동사(have not yet submitted), 그리고 명사구 목적어(their quarterly reports)로 구성된 완전한 구조이므로 완전한 절을 이끄는 명사절 접속사 that이 정답이다.
어휘 issue 문제, 사안 employee 직원 submit ~을 제출하다 quarterly 분기의

6.
정답 whether
해석 나는 그 새로운 결제 시스템이 3월까지 출시 준비가 될 것인지 잘 모르겠다.
해설 바로 뒤에 위치한 절 the new payment system will be ready to launch by March가 주어와 동사(will be), 형용사 보어(ready)로 구성된 완전한 구조이므로 완전한 절을 이끄는 명사절 접속사 whether이 정답이다. 형용사 ready를 수식하는 to부정사와 전치사구는 부가적인 요소이므로 필수 문장 성분에 해당하지 않는다.

어휘 whether ~인지 (아닌지) payment 결제(액), 지불(액) be ready to do ~할 준비가 되다 launch 출시되다, 시작되다 by (기한) ~까지

7.
정답 whether
해석 이사진은 회사의 서비스를 해외로 확대할 것인지 논의했다.
해설 바로 뒤에 위치한 to부정사구와 어울려 '~할 것인지'를 의미하는 「whether to do」 구조를 만들어야 알맞으므로 whether가 정답이다. if는 to부정사와 함께 사용하지 않는다.
어휘 board member 이사, 임원 discuss ~을 논의하다, ~을 이야기하다 whether ~인지 (아닌지) expand ~을 확대하다, ~을 확장하다 overseas ad. 해외로, 해외에

8.
정답 Whether
해석 그 새로운 프로젝트가 추가 자금을 받을 것인지는 여전히 불확실한 상태이다.
해설 문장의 동사 remains 앞에서 주어 역할을 할 명사절이 구성되어야 하므로 주어 역할을 하는 명사절을 이끌 수 있는 Whether가 정답이다. If가 이끄는 명사절은 주어로 쓰일 수 없다.
어휘 whether ~인지 (아닌지) receive ~을 받다 funding 자금 (제공) remain 형용사: 여전히 ~한 상태로 있다, 계속 ~한 상태로 유지되다 uncertain 불확실한

9.
정답 that
해석 그 건설 프로젝트가 좋지 못한 날씨 때문에 지연되었다는 사실은 놀랍지 않다.
해설 It is not surprising과 어울려 '~하다는 것이 놀랍지 않다'를 뜻하는 「It is not surprising + that절」 구조의 가주어/진주어 문장을 구성해야 알맞으므로 that이 정답이다.
어휘 surprising (사람을) 놀라게 하는 delay ~을 지연시키다 because of ~ 때문에

10.
정답 what
해석 그 관리자는 팀에게 시스템 업그레이드 후에 무엇을 해야 하는지 논의하도록 요청했다.
해설 바로 뒤에 위치한 절 needs to be done이 주어가 빠진 불완전한 구조이므로 불완전한 절을 이끄는 명사절 접속사 what이 정답이다.
어휘 ask A to do: A에게 ~하도록 요청하다 discuss ~을 논의하다, ~을 이야기하다

실전 TEST

1. (B)	2. (B)	3. (C)	4. (A)	5. (D)
6. (A)	7. (B)	8. (C)	9. (B)	10. (D)
11. (A)	12. (B)	13. (B)	14. (A)	

1.
정답 (B)

해석 우리 판매량이 심지어 비수기에도 증가했다는 사실이 놀랍다.

해설 빈칸 앞에 위치한 It is surprising과 어울려 '~하다는 것이 놀랍다'를 뜻하는 「It is surprising + that절」 구조의 가주어/진주어 문장을 구성해야 알맞으므로 (B) that이 정답이다.

오답 (A) what: It is surprising과 어울리는 가주어/진주어 문장을 구성할 수 없으므로 오답이다.
(C) where: It is surprising과 어울리는 가주어/진주어 문장을 구성할 수 없으므로 오답이다.
(D) because: It is surprising과 어울리는 가주어/진주어 문장을 구성할 수 없으므로 오답이다.

어휘 surprising (사람을) 놀라게 하는 sales 판매(량), 영업, 매출 increase 증가하다 even 심지어 (~도) slow season 비수기

2.
정답 (B)

해석 멜리사 씨는 자신의 의사 소통 능력을 향상시키기를 원했으므로, 한 대중 연설 강좌를 수강하기로 결정했다.

해설 선택지가 모두 접속사이므로 문장의 의미에 어울리는 것을 골라야 한다. 멜리사 씨가 의사 소통 능력을 향상시키기를 원한 것에 따라 대중 연설 강좌를 수강하기로 결정한 것이므로 '그러므로, 그래서'라는 의미로 결과를 나타낼 때 사용하는 (B) so가 정답이다.

어휘 improve ~을 향상시키다, 향상되다 communication 의사 소통 skill 능력, 기술 decide to do ~하기로 결정하다 take a course 강좌를 수강하다 public speaking 대중 연설 but 하지만, 그러나 while ~하는 반면, ~하는 동안

3.
정답 (C)

해석 방문객들께서는 그 관광 웹사이트에서 상세 안내도와 여행 정보 두 가지를 모두 다운로드하실 수 있습니다.

해설 빈칸 뒤에 두 개의 명사구 a detailed map과 travel information이 「A and B」의 구조로 연결되어 있어 and와 짝을 이뤄 'A와 B 둘 모두'를 의미하는 「both A and B」를 구성해야 하므로 (C) both가 정답이다.

오답 (A) neither: 「neither A nor B」의 구조로 쓰여 'A도 B도 둘 다 ~ 아닌'을 의미하므로 오답이다.
(B) either: 「either A or B」의 구조로 쓰여 'A 또는 B 둘 중의 하나'를 의미하므로 오답이다.
(D) or: 「A and B」의 구조와 어울리는 상관접속사를 구성하지 않으므로 오답이다.

어휘 detailed 상세한 tourism 관광(업)

4.
정답 (A)

해석 창 씨는 경험 많은 엔지니어이면서 능력 있는 프로젝트 관리자이다.

해설 빈칸 앞뒤에 각각 위치한 두 개의 명사구 an experienced engineer와 a talented project manager를 연결할 등위 접속사가 필요하며, '경험 많은 엔지니어이면서 능력 있는 프로젝트 관리자'를 의미해야 자연스러우므로 '~이면서, ~와, 그리고'를 뜻하는 (A) and가 정답이다.

어휘 experienced 경험 많은 talented 능력 있는, 재능 있는 but 하지만, 그러나 yet 그러나

5.
정답 (D)

해석 직원들은 업무 시간 외에는 고객들께 연락하는 것이 허용되지 않으며, 권장되지도 않습니다.

해설 빈칸 뒤에 두 개의 과거분사 allowed와 encouraged가 「A nor B」의 구조로 연결되어 있어 nor와 짝을 이뤄 'A도 B도 둘 다 아닌'을 의미하는 「neither A nor B」를 구성해야 하므로 (D) neither가 정답이다.

어휘 be allowed to do ~하는 것이 허용되다 be encouraged to do ~하는 것이 권장되다 contact ~에게 연락하다 outside ~ 외에, ~을 제외하고 even 심지어 (~도) seldom ad. 좀처럼 ~ 않다

6.
정답 (A)

해석 베가 씨는 이번 주말에 뉴질랜드로 떠나 그곳에서 신규 지사를 관리할 것입니다.

해설 빈칸 앞뒤에 각각 위치한 두 개의 동사구 will leave for New Zealand this weekend와 will manage the new branch there를 연결할 등위접속사가 필요하므로 (A) and가 정답이다.

오답 (B) since: 부사절 접속사로서 주어와 동사를 포함한 절을 이끌어야 하므로 오답이다.
(C) after: 부사절 접속사로서 주어와 동사를 포함한 절을 이끌어야 하므로 오답이다.
(D) unless: 부사절 접속사로서 주어와 동사를 포함한 절을 이끌어야 하므로 오답이다.

어휘 leave for ~로 떠나다 branch 지사, 지점 since conj. ~한 이후로, ~하기 때문에 prep. ~ 이후로 ad. 그 이후로 unless ~하지 않는다면, ~가 아니라면

7.
정답 (B)
해석 신규 고객들께서는 각자의 회원 자격을 확인하실 수 있도록 이메일 또는 전화 둘 중 하나로 저희 서비스팀에 연락하셔야 합니다.
해설 빈칸 뒤에 전치사 by의 목적어로 두 명사 e-mail과 phone이 「A or B」의 구조로 연결되어 있어 or와 짝을 이뤄 'A 또는 B 둘 중 하나'를 의미하는 「either A or B」를 구성해야 하므로 (B) either가 정답이다.
어휘 contact ~에게 연락하다 confirm ~을 확인하다, ~을 확정하다 both (A and B): (A와 B) 둘 모두

8.
정답 (C)
해석 이사회는 새로운 정책이 내년에 시행되어야 하는지의 문제를 논의할 것이다.
해설 전치사 of 뒤로 빈칸이 있고, 그 뒤에 주어와 동사(should be implemented)를 포함한 절이 이어지는 구조이다. 따라서, 빈칸 이하 부분이 전치사 of의 목적어 역할을 하는 명사절을 구성해야 하므로 '~인지 (아닌지)'라는 의미로 명사절을 이끄는 접속사 (C) whether가 정답이다.
어휘 board 이사회 discuss ~을 논의하다 issue 문제, 사안 policy 정책, 방침 implement ~을 시행하다 although 비록 ~하기는 하지만, ~함에도 불구하고

9.
정답 (B)
해석 브리즈 레스토랑의 모든 점심 세트는 수프 또는 빵 둘 중 하나에 대한 선택을 포함한다.
해설 빈칸 앞에 위치한 either와 짝을 이뤄 'A 또는 B 둘 중 하나'를 의미하는 「either A or B」를 구성해야 하므로 (B) or가 정답이다.
어휘 come with ~을 포함하다, ~가 딸려 있다 choice 선택(권) both (A and B): (A와 B) 둘 모두

10.
정답 (D)
해석 타카지안 씨는 신입이지만, 벌써 훌륭한 리더십 능력을 보여주었습니다.
해설 선택지가 모두 접속사이므로 문장의 의미에 어울리는 것을 찾아야 한다. 빈칸 앞뒤에 각각 위치한 절들이 '타카지안 씨는 회사에 새로 들어 왔지만, 이미 훌륭한 리더십 능력을 보여주었다'와 같은 의미를 나타내야 자연스러우므로 '하지만, 그러나'를 뜻하는 (D) but이 정답이다.
어휘 be new to ~가 처음이다 excellent 훌륭한, 우수한 skill 능력, 기술

11-14 다음 이메일을 참조하시오.

스탠리 씨께,

저희 웹사이트에서 찾으신 세 곳의 아파트와 관련해 연락 주셔서 감사합니다. 우선, 귀하께서는 다음 주에 이 아파트들을 방문하는 것이 **11** 가능할지 여쭤 보셨습니다. 유감스럽게도, 제가 그때 휴가를 떠날 것이기는 **12** 하지만, 귀하의 전화번호를 제 동료인 릴리안 후버 씨에게 전송해 드리겠습니다. 이분이 방문 일정을 마련할 수 있도록 귀하께 연락 드릴 것입니다.

세 곳의 아파트 모두 완전히 **13** 설비가 갖춰져 있는 상태입니다. 파크사이드 아파트의 임대료가 나머지 것들보다 약간 더 높은데, 보안 및 주차를 포함하기 때문입니다. **14** 저는 이 서비스들이 그 비용만한 가치가 있다고 생각합니다. 어떤 추가 질문이든 있으시면, 제가 기꺼이 도와 드리겠습니다.

어휘 contact ~에게 연락하다 regarding ~와 관련해 it would be possible to do ~하는 것이 가능할 것이다 unfortunately 유감스럽게도, 안타깝게도 on vacation 휴가 중인 then 그때, 그러면, 그런 다음, 그래서 forward ~을 전송하다 coworker 동료 (직원) arrange ~을 마련하다, ~을 조치하다 fully 완전히, 전적으로, 전부, 최대로 rent 임대료 a little 약간, 조금 the others (특정 범위 내에서 일부를 제외한) 나머지 것들 cover ~을 포함하다, ~을 충당하다 security 보안, 경비 parking 주차(장) further 추가의, 더 깊이 있는, 한층 더 한

11.
정답 (A)
해설 빈칸 앞에 과거시제로 쓰여 있는 동사 ask는 whether 명사절과 that 명사절을 모두 목적어로 취할 수 있으므로 문장의 의미를 파악해야 한다. 빈칸 뒤에 위치한 절을 읽어 보면, '다음 주에 이 아파트들을 방문하는 것이 가능할지'라는 의미를 나타내야 자연스러우므로 '~인지 (아닌지)'를 뜻하는 (A) whether가 정답이다.

12.
정답 (B)
해설 선택지가 모두 등위접속사이므로 문장의 의미에 알맞은 것을 골라야 한다. 빈칸 앞뒤에 각각 위치한 문장들을 읽어 보면, '제가 그때 휴가를 떠날 것입니다. 하지만, 귀하의 전화번호를 ~에게 전송해 드리겠습니다'를 의미해야 자연스러우므로 '하지만, 그러나'를 뜻하는 접속사 (B) but이 정답이다.

13.

정답 (B)

해설 빈칸 뒤에 목적어가 쓰여 있지 않아 목적어를 필요로 하는 타동사 furnish가 수동태로 쓰여야 한다는 것을 알 수 있으므로 be동사인 are와 수동태를 구성하는 과거분사 (B) furnished가 정답이다.

어휘 furnish (설비 등) ~을 갖춰 주다, ~을 설치하다

14.

정답 (A)

해석 (A) 저는 이 서비스들이 그 비용만한 가치가 있다고 생각합니다.
(B) 그 아파트들에 대한 견학을 위해 내일 뵙겠습니다.

해설 빈칸 앞 문장에 파크사이드 아파트의 임대료가 나머지 것들보다 약간 더 높다는 사실과 함께 그 이유로 보안 및 주차를 포함하기 때문이라고 알리는 내용이 쓰여 있다. 따라서, 약간 더 높은 임대료를 the price로 지칭해 그만한 가치가 있다고 생각한다는 말로 그에 대한 의견을 밝히는 (A)가 정답이다.

어휘 make it worth the 명사: ~만한 가치가 있다

오늘의 필수 구문 분석

1. You can place an order / online / or visit one of our stores / in person.
   - S V1   V2

해석 주문하실 수 있습니다 / 온라인으로 / 또는 저희 매장들 중 하나를 방문하실 수 있습니다 / 직접

2. What the company achieved / last year / with limited resources / impressed / many investors.
   - S   V

해석 그 회사가 달성한 것이 / 작년에 / 제한적인 자원으로 / 깊은 인상을 주었다 / 많은 투자자들에게

3. What Mr. Han presented / during the meeting / helped the team / understand the new marketing strategy.
   - S   V

해석 한 씨가 발표한 것이 / 회의 중에 / 그 팀을 도왔다 / 새 마케팅 전략을 이해하도록

4. The board members discussed / whether to expand the company's service overseas.
   - S   V

해석 이사회 임원들은 논의했다 / 회사의 서비스를 해외로 확장할 것인지

5. Whether the new project will receive additional funding / remains uncertain.
   -                            S   V

해석 그 새로운 프로젝트가 추가 자금을 받을 것인지는 / 여전히 불확실한 상태이다

6. Employees are neither allowed nor encouraged / to contact clients / outside business hours.
   - S   V

해석 직원들은 허용되지도 권장되지도 않는다 / 고객들에게 연락하도록 / 업무 시간 외에

7. The board will discuss the issue / of whether the new policy should be implemented / next year.
   - S   V

해석 이사회는 문제를 논의할 것이다 / 새 정책이 시행되어야 하는지 / 내년에

8. All lunch sets at Breeze Restaurant come / with a choice of either soup or bread.
   - S   V

해석 브리즈 레스토랑의 모든 런치 세트는 포함한다 / 수프 또는 빵 둘 중 하나에 대한 선택을

오늘의 필수 어휘 Quiz

1.	a wide range of	다양한 ~
2.	work overtime	초과 근무를 하다
3.	proposal	제안서
4.	place an order	주문하다
5.	in person	직접
6.	reasonably	합리적으로
7.	continue to do	계속해서 ~하다
8.	either A or B	A나 B 둘 중의 하나
9.	trade show	무역 박람회
10.	not only A but (also) B	A뿐만 아니라 B도
11.	contribute to	~에 기여하다
12.	both A and B	A와 B 둘 다
13.	domestic	국내의
14.	renew	~을 갱신하다

15. limited　　제한된, 한정된
16. impress　　~에게 깊은 인상을 주다
17. investor　　투자자
18. present　　~을 제시하다, 발표하다
19. be ready to do　　~할 준비가 되다
20. overseas　　해외로, 해외의

UNIT 14 부사절 접속사

PRACTICE 1

1.
정답 before
해석 전 직원은 오리엔테이션 시간에 참석하기 전에 반드시 안전 가이드라인을 읽어 보셔야 합니다.
해설 before와 since가 모두 부사절 접속사이므로 문장의 의미에 어울리는 것을 골라야 한다. '오리엔테이션 시간에 참석하기 전에 반드시 안전 가이드라인을 읽어 봐야 한다'와 같은 의미를 구성해야 자연스러우므로 '~하기 전에'를 뜻하는 before가 정답이다.
어휘 employee 직원　since conj. ~한 이후로, ~하기 때문에 prep. ~ 이후로 ad. 그 이후로　attend ~에 참석하다　session (특정 활동을 하는) 시간

2.
정답 once
해석 일단 신제품이 이용 가능해지는 대로 저희가 발표할 것입니다.
해설 once와 while이 모두 부사절 접속사이므로 문장의 의미에 어울리는 것을 골라야 한다. '일단 신제품이 이용 가능해지는 대로 저희가 발표할 것입니다'와 같은 의미를 구성해야 자연스러우므로 '일단 ~하는 대로, ~하자마자'를 뜻하는 once가 정답이다.
어휘 make an announcement 발표하다, 공지하다　while ~하는 동안, ~하는 반면　become 형용사: ~한 상태가 되다　available (사물) 이용 가능한, 구입 가능한, (사람) 시간이 있는

3.
정답 after
해석 모든 사람이 건물에서 나간 후에 보안 직원들이 출입문들을 잠글 것입니다.
해설 after와 until이 모두 부사절 접속사이므로 문장의 의미에 어울리는 것을 골라야 한다. '모든 사람이 건물에서 나간 후에 보안 직원들이 사무실 출입문들을 잠글 것이다'와 같은 의미를 구성해야 자연스러우므로 '~한 후에'를 뜻하는 after가 정답이다.
어휘 staff 직원들　lock ~을 잠그다　until conj. (지속) ~할 때까지 prep. ~까지　leave ~에서 나가다, ~에서 떠나다

4.
정답 until

해석 고객께서 취소하거나 연기하기로 결정하실 때까지 그 프로젝트는 계획대로 지속될 것입니다.

해설 until과 while이 모두 부사절 접속사이므로 문장의 의미에 어울리는 것을 골라야 한다. '고객이 취소하거나 연기하기로 결정할 때까지 그 프로젝트는 계획대로 지속될 것이다'와 같은 의미를 구성해야 자연스러우므로 '~할 때까지'를 뜻하는 until이 정답이다.

어휘 continue 지속되다, ~을 지속하다 as planned 계획대로 until conj. (지속) ~할 때까지 prep. ~까지 while ~하는 동안, ~하는 반면 decide to do ~하기로 결정하다 cancel ~을 취소하다 postpone ~을 연기하다, ~을 미루다

5.
정답 As soon as

해석 교육 프로그램이 종료되는 대로, 참가자들은 수료증을 받을 것입니다.

해설 As soon as와 While이 모두 부사절 접속사이므로 문장의 의미에 어울리는 것을 골라야 한다. '교육 프로그램이 종료되는 대로, 참가자들이 수료증을 받을 것이다'와 같은 의미를 구성해야 자연스러우므로 '~하는 대로, ~하자마자'를 뜻하는 As soon as가 정답이다.

어휘 while ~하는 동안, ~하는 반면 participant 참가자 receive ~을 받다 certificate 수료증, 자격증, 인증서

6.
정답 Once

해석 일단 조 씨가 공항에 도착하는 대로, 기사가 그를 차량에 태워 호텔로 모시고 갈 것입니다.

해설 Once와 Until이 모두 부사절 접속사이므로 문장의 의미에 어울리는 것을 골라야 한다. '일단 조 씨가 공항에 도착하는 대로, 기사가 그분을 차량에 태워 호텔로 모시고 갈 것이다'와 같은 의미를 구성해야 자연스러우므로 '일단 ~하는 대로, ~하자마자'를 뜻하는 Once가 정답이다.

어휘 until conj. (지속) ~할 때까지 prep. ~까지 arrive 도착하다 pick A up: A를 차로 태우러 가다 take A to B: A를 B로 데리고 가다

7.
정답 Since

해석 그 회사는 2015년에 설립된 이후로, 유럽으로 자사의 사업을 확장해 왔다.

해설 Since와 When이 모두 부사절 접속사이므로 문장의 의미에 어울리는 것을 골라야 한다. '그 회사는 2015년에 설립된 이후로, 유럽으로 자사의 사업을 확장해 왔다'와 같은 의미를 구성해야 자연스러우므로 '~한 이후로'를 뜻하는 Since가 정답이다. 참고로, 주절의 동사가 has expanded처럼 현재완료시제이고 부사절이 과거시제 동사와 함께 과거의 시작점을 나타내는 경우에 접속사 since를 고르면 된다.

어휘 since conj. ~한 이후로, ~하기 때문에 prep. ~ 이후로 ad. 그 이후로 found ~을 설립하다 expand ~을 확장하다, ~을 확대하다

8.
정답 arrive

해석 교체용 부품들이 저희 매장에 도착하면 저희가 연락 드리겠습니다.

해설 주절의 동사가 will contact처럼 미래시제일 때, 접속사 when이 이끄는 시간 부사절에 현재시제 동사를 사용하므로 arrive가 정답이다.

어휘 contact ~에게 연락하다 replacement 교체(품), 대체(품) part 부품 arrive 도착하다

9.
정답 unless

해석 원본 영수증이 제시되지 않는다면, 제품에 대한 환불은 처리될 수 없습니다.

해설 unless와 whereas가 모두 부사절 접속사이므로 문장의 의미에 어울리는 것을 골라야 한다. '원본 영수증이 제시되지 않는다면 제품에 대한 환불은 처리될 수 없다'와 같은 의미를 구성해야 자연스러우므로 '~하지 않는다면, ~가 아니라면'을 뜻하는 unless가 정답이다.

어휘 refund 환불(액) item 제품, 물품, 항목, 품목 process v. ~을 처리하다 whereas ~하는 반면 original 원본의, 원래의 receipt 영수(증), 수령, 수취 present v. ~을 제시하다, ~을 제공하다, ~을 발표하다

10.
정답 if

해석 귀하의 예약과 관련해 어떤 질문이든 있으시면 호텔 안내 데스크로 전화 주시기 바랍니다.

해설 바로 뒤에 주어(you)와 동사(have)를 포함한 절이 쓰여 있어 이 절을 이끌 접속사가 필요하므로 if가 정답이다. besides는 전치사 또는 부사로 쓰인다.

어휘 reception desk 안내 데스크, 접수 데스크 besides prep. ~ 외에(도), ~뿐만 아니라 ad. 게다가 reservation 예약

PRACTICE 2

1.
정답 Although

해석 비록 일기예보에서 비를 예측하기는 했지만, 그 야외 콘서트는

UNIT 14 부사절 접속사 93

예정대로 개최되었다.
해설 Although와 Because가 모두 부사절 접속사이므로 문장의 의미에 어울리는 것을 골라야 한다. '비록 일기 예보에서 비를 예측하기는 했지만, 그 야외 콘서트는 예정대로 개최되었다'와 같은 의미를 구성해야 자연스러우므로 '비록 ~하기는 하지만'을 뜻하는 Although가 정답이다.
어휘 forecast 예보 predict ~을 예측하다 take place 개최되다, 진행되다 as scheduled 예정대로

2.
정답 although
해석 비록 예산이 줄어들기는 했지만 영업팀이 기록적인 수익을 달성했다.
해설 although와 as가 모두 부사절 접속사이므로 문장의 의미에 어울리는 것을 골라야 한다. '비록 예산이 줄어들기는 했지만 영업팀이 기록적인 수익을 달성했다'와 같은 의미를 구성해야 자연스러우므로 '비록 ~하기는 하지만'을 뜻하는 although가 정답이다.
어휘 sales 영업, 판매(량), 매출 achieve ~을 달성하다, ~을 이루다 profit 수익, 수입 as ~할 때, ~하면서, ~하기 때문에, ~함에 따라 budget 예산

3.
정답 even if
해석 회사는 올해 매출이 줄어들더라도 직원들에게 보너스를 줄 것이다.
해설 even if와 because 모두 부사절 접속사이므로 문장의 의미에 어울리는 것을 골라야 한다. '설사 매출이 줄어들더라도 보너스를 줄 것이다'와 같은 의미를 구성해야 자연스러우므로 '설사 ~한다 하더라도'를 뜻하는 even if가 정답이다.
어휘 even if 설사 ~한다 하더라도 sales 매출 decrease 감소하다

4.
정답 While
해석 우리 경쟁사들 중 대부분이 유료 광고에 의존하고 있는 반면, 우리는 소셜 미디어 홍보에 초점을 맞추고 있습니다.
해설 While과 Since가 모두 부사절 접속사이므로 문장의 의미에 어울리는 것을 골라야 한다. '경쟁사들 중 대부분이 유료 광고에 의존하고 있는 반면, 우리는 소셜 미디어 홍보에 초점을 맞추고 있다'와 같은 의미를 구성해야 자연스러우므로 '~하는 반면'을 뜻하는 While이 정답이다.
어휘 since conj. ~한 이후로, ~하기 때문에 prep. ~ 이후로 ad. 그 이후로 competitor 경쟁사, 경쟁자 paid 유료의, 유급의 advertising 광고 (활동) focus on ~에 초점을 맞추다, ~에 중점을 두다 promotion 홍보, 판촉, 촉진, 승진

5.
정답 because
해석 그 프로젝트는 여러 핵심 직원들이 휴가 중이었기 때문에 지연되었습니다.
해설 바로 뒤에 주어(several key employees)와 동사(were)를 포함한 절이 쓰여 있어 이 절을 이끌 접속사가 쓰여야 알맞으므로 because가 정답이다. due to는 전치사이므로 명사(구)나 동명사를 목적어로 취한다.
어휘 delay ~을 지연시키다 due to ~로 인해, ~ 때문에 several 여럿의, 몇몇의 employee 직원 on vacation 휴가 중인

6.
정답 so that
해석 그 회사는 주문 사항들이 더 신속히 처리될 수 있도록 추가 직원을 고용했다.
해설 바로 뒤에 주어(orders)와 동사(could be handled)를 포함한 절이 쓰여 있어 이 절을 이끌 접속사가 쓰여야 알맞으므로 so that이 정답이다. because of는 전치사이므로 명사(구)나 동명사를 목적어로 취한다.
어휘 hire ~을 고용하다 additional 추가적인 staff 직원들 because of ~ 때문에 so that (목적) ~하도록, (결과) 그러므로, 그래서 order 주문(품) handle ~을 처리하다, ~을 다루다 quickly 신속히, 빨리

7.
정답 so
해석 그 발표는 너무 인상적이어서 모든 사람이 기립 박수를 보냈다.
해설 바로 뒤에 형용사 impressive와 that절이 이어져 있어 '너무 ~해서 …하다'를 의미하는 「so + 형용사 + that절」을 구성해야 알맞으므로 so가 정답이다.
어휘 presentation 발표(회) impressive 인상적인 standing ovation 기립 박수

8.
정답 during
해석 방문객들께서는 개인 음식을 가지고 오셔서 박물관 야외 행사 중에 즐기셔도 됩니다.
해설 바로 뒤에 명사구 the museum's outdoor event가 쓰여 있으므로 명사구를 목적어로 취하는 전치사 during이 정답이다. while은 주어와 동사를 포함한 절을 이끄는 접속사이므로 오답이다.
어휘 bring in ~을 가지고 오다, ~을 챙겨 오다 one's own 자신만의 while ~하는 동안, ~하는 반면

9.

정답 Despite

해석 일정상의 일부 변동 사항에도 불구하고, 모든 세미나가 계획대로 오후 5시까지 끝날 것입니다.

해설 문장 중간에 위치한 콤마를 기준으로, 바로 앞에 명사구 some changes와 in 전치사구만 쓰여 있어 이 명사구를 목적어로 취할 전치사가 쓰여야 알맞으므로 Despite이 정답이다. Although는 주어와 동사를 포함한 절을 이끄는 접속사이므로 오답이다.

어휘 despite ~에도 불구하고 although 비록 ~하기는 하지만 by (기한) ~까지 as planned 계획대로

10.

정답 so that

해석 그 레스토랑은 더 많은 고객을 끌어들일 수 있도록 새로운 메뉴 항목을 추가했다.

해설 so that과 when이 모두 부사절 접속사이므로 문장의 의미에 어울리는 것을 골라야 한다. '그 레스토랑은 더 많은 고객을 끌어들일 수 있도록 새로운 메뉴 항목을 추가했다'와 같은 의미를 구성해야 자연스러우므로 '~하도록'을 뜻하는 so that이 정답이다.

어휘 add ~을 추가하다 item 항목, 품목, 제품, 물품 so that (목적) ~하도록, (결과) 그러므로, 그래서 attract ~을 끌어들이다

실전 TEST

1. (A)	2. (C)	3. (D)	4. (D)	5. (B)
6. (A)	7. (D)	8. (A)	9. (D)	10. (C)
11. (B)	12. (A)	13. (B)	14. (B)	

1.

정답 (A)

해석 그 여객선은 날씨가 개선되는 대로 하버 시티 항구에서 출발할 것이다.

해설 빈칸 뒤에 주어와 동사(improves)를 포함한 절이 쓰여 있으므로 이 절을 이끌 접속사가 필요하며, '그 여객선은 날씨가 개선되는 대로 ~에서 출발할 것이다'와 같은 의미를 나타내야 자연스러우므로 '~하는 대로, ~하자마자'를 뜻하는 접속사 (A) as soon as가 정답이다.

오답 (B) though: 접속사이기는 하지만, 의미가 맞지 않으므로 오답이다.
(C) because of: 명사(구)나 동명사를 목적어로 취하는 전치사이므로 오답이다.
(D) despite: 명사(구)나 동명사를 목적어로 취하는 전치사이므로 오답이다.

어휘 depart 출발하다, 떠나다 improve 개선되다, ~을 개선하다 though 비록 ~하기는 하지만 because of ~ 때문에 despite ~에도 불구하고

2.

정답 (C)

해석 존스 씨가 판매량을 높인 것에 대해 입증된 실적을 지니고 계시기 때문에 구직 지원자들 중에서 가장 뛰어납니다.

해설 선택지가 모두 접속사이므로 문장의 의미에 어울리는 것을 골라야 한다. '존스 씨가 판매량을 높인 것에 대해 입증된 실적을 지니고 있기 때문에 구직 지원자들 중에서 가장 뛰어나다'와 같은 의미를 구성해야 자연스러우므로 '~하기 때문에'를 뜻하는 (C) because가 정답이다.

어휘 strongest (strong의 최상급) 가장 뛰어난, 가장 강력한 candidate 지원자, 후보자 proven 입증된, 증명된 increase ~을 높이다, ~을 증가시키다 sales 판매(량), 영업, 매출 while ~하는 동안, ~하는 반면 so (목적) ~하도록, (결과) 그러므로, 그래서 however conj. 아무리 ~해도 ad. 하지만, 그러나

3.

정답 (D)

해석 저희 에르고 트래블을 통해 예약하시면 해외로 떠나시는 여행이 스트레스 없는 경험이 되실 것입니다.

해설 빈칸 뒤에 주어와 동사(book)를 포함한 절이 쓰여 있으므로 이 절을 이끌 접속사가 필요하며, '에르고 트래블을 통해 예약하면 해외로 떠나는 여행이 ~한 경험이 될 것이다'와 같은 의미를 나타내야 자연스러우므로 '~하면, ~할 때'를 뜻하는 접속사 (D) when이 정답이다.

오답 (A) even if: 접속사이기는 하지만, 의미가 맞지 않으므로 오답이다.
(B) despite: 명사(구)나 동명사를 목적어로 취하는 전치사이므로 오답이다.
(C) whereas: 접속사이기는 하지만, 의미가 맞지 않으므로 오답이다.

어휘 abroad ad. 해외로, 해외에 A-free: A가 없는 experience 경험 book v. 예약하다 even if 설사 ~하더라도 despite ~에도 불구하고 whereas ~하는 반면

4.

정답 (D)

해석 새 소프트웨어에 어떤 문제든 있으시면 IT부의 프랭크 씨에게 연락하시기 바랍니다.

해설 빈칸 뒤에 주어와 동사(have)를 포함한 절이 쓰여 있으므로 이 절을 이끌 접속사가 필요하며, '새 소프트웨어에 어떤 문제든 있으면 IT부의 프랭크 씨에게 연락하십시오'와 같은 의미를 나타내야 자연스러우므로 '~하면'을 뜻하는 조건 부사절 접속

사 (D) if가 정답이다.
오답 (A) and: 접속사이기는 하지만, 의미가 맞지 않으므로 오답이다.
(B) then: 주어와 동사를 포함한 절을 이끌 수 없는 부사이므로 오답이다.
(C) but: 접속사이기는 하지만, 의미가 맞지 않으므로 오답이다.
어휘 contact ~에게 연락하다 department ~부, 부서 then ad. 그때, 그러면, 그런 다음, 그래서

5.
정답 (B)
해석 그 호텔의 동쪽 부속 건물은 더 많은 고객들이 바다 전망을 볼 수 있도록 확장될 것입니다.
해설 선택지가 모두 접속사이므로 문장의 의미에 어울리는 것을 골라야 한다. '호텔의 동쪽 부속 건물이 더 많은 고객들이 바다 전망을 볼 수 있도록 확장될 것이다'와 같은 의미를 구성해야 자연스러우므로 '~하도록'을 뜻하는 (B) so that이 정답이다.
어휘 wing 부속 건물, (건물의) 동 expand ~을 확장하다, ~을 확대하다 view 전망, 경관 so that (목적) ~하도록, (결과) 그러므로, 그래서

6.
정답 (A)
해석 인턴 직원들이 도착하는 대로 윌리스 씨께서 기획 회의를 시작하실 것입니다.
해설 빈칸 뒤에 주어와 동사(have arrived)를 포함한 절이 쓰여 있으므로 이 절을 이끌 접속사가 필요하며, '인턴 직원들이 도착하는 대로 윌리스 씨가 기획 회의를 시작할 것이다'와 같은 의미를 나타내야 자연스러우므로 '일단 ~하면, ~하자마자'를 뜻하는 접속사 (A) once가 정답이다.
오답 (B) unlike: 명사(구)나 동명사를 목적어로 취하는 전치사이므로 오답이다.
(C) whereas: 접속사이기는 하지만, 의미가 맞지 않으므로 오답이다.
(D) during: 명사(구)를 목적어로 취하는 전치사이므로 오답이다.
어휘 planning 기획, 계획 (과정) arrive 도착하다 unlike ~와 달리 whereas ~하는 반면 during ~ 중에, ~ 동안

7.
정답 (D)
해석 그 회사는 높은 비용에도 불구하고 그 안전 장비를 구입하기로 결정했다.
해설 빈칸 뒤에 위치한 명사구 its high cost를 목적어로 취할 전치사가 쓰여야 하며, '높은 비용에도 불구하고 그 안전 장비를 구입하기로 결정했다'와 같은 의미를 나타내야 자연스러우므로 '~에도 불구하고'를 뜻하는 전치사 (D) despite이 정답이다.
오답 (A) even though: 주어와 동사를 포함한 절을 이끌어야 하는 접속사이므로 오답이다.
(B) whether: 주어와 동사를 포함한 절을 이끌어야 하는 접속사이므로 오답이다.
(C) until: 접속사 또는 전치사로 쓰이며, 전치사일 때 의미가 맞지 않으므로 오답이다.
어휘 decide to do ~하기로 결정하다 purchase ~을 구입하다 equipment 장비 even though 비록 ~하기는 하지만 whether ~인지 (아닌지) until conj. (지속) ~할 때까지 prep. ~까지 despite ~에도 불구하고

8.
정답 (A)
해석 귀하의 체육관 회원 자격은 취소가 요청되지 않았다면 자동으로 갱신될 것입니다.
해설 선택지가 모두 접속사이므로 문장의 의미에 어울리는 것을 골라야 한다. '취소가 요청되지 않았다면 체육관 회원 자격이 자동으로 갱신될 것이다'와 같은 의미를 구성해야 자연스러우므로 '~하지 않는다면, ~가 아니라면'을 뜻하는 (A) unless가 정답이다.
어휘 gym 체육관 automatically 자동으로 renew ~을 갱신하다 cancellation 취소 request ~을 요청하다 although 비록 ~하기는 하지만 while ~하는 동안, ~하는 반면 so that (목적) ~하도록, (결과) 그러므로, 그래서

9.
정답 (D)
해석 연휴 패키지 상품에 대한 높은 수요로 인해, 고객들은 일찍 예약하도록 권장됩니다.
해설 문장 중간에 위치한 콤마를 기준으로, 바로 앞에 명사구 the high demand와 for 전치사구만 쓰여 있어 이 명사구를 목적어로 취할 전치사가 쓰여야 알맞으므로 (D) Owing to가 정답이다.
오답 (A) Because: 주어와 동사를 포함한 절을 이끌어야 하는 접속사이므로 오답이다.
(B) Provided that: 주어와 동사를 포함한 절을 이끌어야 하는 접속사이므로 오답이다.
(C) While: 주어와 동사를 포함한 절을 이끌어야 하는 접속사이므로 오답이다.
어휘 demand 수요, 요구 be advised to do ~하도록 권장되다 make a reservation 예약하다 provided that 만일 ~한다면, ~한다는 조건 하에 while ~하는 동안, ~하는 반면

10.

정답 (C)

해석 산도발 씨는 비록 다른 약속 때문에 일찍 나가야 할 수도 있기는 하지만, 그 회의에 참석할 계획이다.

해설 선택지가 모두 접속사이므로 문장의 의미에 어울리는 것을 골라야 한다. '산도발 씨는 비록 다른 약속 때문에 일찍 나가야 할 수도 있기는 하지만, 그 회의에 참석할 계획이다'와 같은 의미를 구성해야 자연스러우므로 '비록 ~하기는 하지만'을 뜻하는 (C) although가 정답이다.

어휘 plan to do ~할 계획이다 attend ~에 참석하다 may have to do ~해야 할 수도 있다 leave 나가다, 떠나다 appointment 약속, 예약 as ~할 때, ~하면서, ~하기 때문에, ~함에 따라 so (목적) ~하도록, (결과) 그러므로, 그래서

11-14 다음 회람을 참조하시오.

> 수신: 카페 루 전 직원
>
> 지난 한 달 동안 수집된 고객 의견을 검토한 끝에, 우리 음료 메뉴를 업데이트하기로 결정했습니다. 많은 방문객들께서 우리의 새 음료 구성이 그렇게 **11** 매력적이지 않다고 언급해 주셨기 때문에, 우리 수석 바리스타께서 앞으로 며칠 동안에 걸쳐 여러 가지를 **12** 변경하실 것입니다. **13** 예를 들어, 여러 새로운 과일 기반의 음료가 도입될 것입니다.
>
> 여러분께서 새로운 음료에 익숙해져서 고객들께 그것들을 설명해 드릴 수 **14** 있도록, 카페가 월요일에 문을 열기 전에 이 변경 사항과 관련해 전 직원들께 알려 드리겠습니다.

어휘 review ~을 검토하다, ~을 살펴 보다 feedback 의견 collect ~을 수집하다, ~을 모으다 over ~ 동안에 걸쳐 decide to do ~하기로 결정하다 beverage 음료 mention that ~라고 언급하다 selection 선택(할 수 있는 종류) several 여럿의, 몇몇의 notify ~에게 알리다, ~에게 통지하다 staff member 직원 become 형용사: ~한 상태가 되다 familiar with ~에 익숙한, ~을 잘 아는 explain ~을 설명하다

11.

정답 (B)

해설 선택지가 모두 형용사이므로 문장의 의미에 어울리는 것을 골라야 한다. 빈칸이 속한 that절은 앞서 음료 메뉴를 업데이트한다고 알린 것과 관련해 고객들이 언급한 부정적인 의견을 나타내야 한다. 따라서, '그렇게 매력적이지 않다'라는 의미를 구성해야 자연스러우므로 '매력적인'을 뜻하는 (B) attractive가 정답이다.

어휘 affordable 가격이 알맞은, 감당할 수 있는

12.

정답 (A)

해설 빈칸은 형용사 several의 수식을 받으면서 타동사 make의 목적어 역할을 할 명사가 쓰여야 알맞으므로 (A) modifications가 정답이다.

어휘 modification 변경, 개조 modify ~을 변경하다, ~을 개조하다

13.

정답 (B)

해석 (A) 하지만, 카페가 업데이트 중에 문을 닫을 것입니다.
(B) 예를 들어, 여러 가지 새로운 과일 기반의 음료가 도입될 것입니다.

해설 빈칸 앞 쿠장에 고객들의 부정적인 의견에 따라 수석 바리스타가 여러 가지 변경할 것이라는 말이 쓰여 있어 이러한 제품 변경과 관련된 문장이 쓰여야 흐름이 자연스럽다. 따라서, 그에 대한 예시로서 새 음료가 도입된다는 사실을 밝히는 (B)가 정답이다.

어휘 however 하지만, 그러나 during ~ 중에, ~ 동안 for instance 예를 들어 A-based: A 기반의 introduce ~을 도입하다, ~을 소개하다

14.

정답 (B)

해설 선택지가 모두 접속사이므로 문장의 의미에 어울리는 것을 골라야 한다. 빈칸 앞뒤 부분이 '여러분이 새로운 음료에 익숙해져서 고객들에게 그것들을 설명할 수 있도록, ~하기 전에 이 변경 사항과 관련해 전 직원들에게 알리겠습니다'와 같은 의미를 나타내야 자연스러우므로 '~하도록'을 뜻하는 (B) so that이 정답이다.

어휘 although 비록 ~하기는 하지만 so that (목적) ~하도록, (결과) 그러므로, 그래서

오늘의 필수 구문 분석

1. The project will continue / as planned / until the client decides to cancel or postpone it.
   - S: The project
   - V: will continue

해석 그 프로젝트는 지속될 것입니다 / 계획대로 / 그 고객이 그것을 취소하거나 연기하기로 결정할 때까지

2. Once Mr. Cho arrives at the airport, / a driver will pick him up / and take him / to the hotel.
   - S: a driver
   - V1: will pick
   - V2: take

해석 조 씨가 공항에 도착하는 대로 / 기사가 그를 차에 태울 것입니다 / 그리고 모셔갈 것입니다 / 그 호텔로

3. Refunds of items cannot be processed / unless
           S   V
   the original receipt is presented.

해석 제품에 대한 환불은 처리될 수 없습니다 / 원본 영수증이 제시되지 않는다면

4. The sales team achieved record profits / although
       S   V
   their budget was reduced.

해석 영업팀이 기록적인 수익을 달성했습니다 / 예산이 줄어들었음에도 불구하고

5. While most of our competitors rely on paid advertising, / we focus / on social media promotion.
           S   V

해석 저희 경쟁사들의 대부분이 유료 광고에 의존하는 반면, / 저희는 초점을 맞춥니다 / 소셜 미디어 홍보에

6. The presentation was so impressive / that
        S   V
   everyone gave a standing ovation.

해석 그 발표는 너무 인상적이어서 / 모든 사람이 기립 박수를 보냈다

7. Ms. Jones is the strongest / of the job candidates / because she has a proven record / of increasing sales.
     S V

해석 존스 씨는 가장 뛰어나다 / 그 취업 지원자들 중에서 / 그녀가 / 입증된 기록을 보유하고 있기 때문에 / 판매량을 증가시킨 것에 대해

8. The east wing of the hotel will be expanded / so
       S   V
   that more guests will have an ocean view.

해석 그 호텔의 동쪽 부속건물이 확장될 것이다 / 더 많은 고객들이 바다 전망을 얻도록

오늘의 필수 어휘 Quiz

1. make an announcement — 공표하다, 발표하다
2. as planned — 계획대로
3. postpone — ~을 연기하다
4. certificate — 수료증
5. found — ~을 설립하다
6. replacement parts — 교체 부품
7. process — ~을 처리하다
8. unless — 만약 ~하지 않는다면
9. record — 기록적인
10. original — 원래의, 원본의
11. receipt — 영수증
12. reservation — 예약
13. predict — ~을 예측하다
14. outdoor — 야외의
15. take place — 열리다, 개최되다
16. handle — ~을 다루다, 처리하다
17. competitor — 경쟁사
18. rely on — ~에 의존하다
19. add — ~을 추가하다
20. focus on — ~에 초점을 맞추다

UNIT 15 형용사절 접속사 (관계사)

PRACTICE 1

1.
정답 who
해석 조 씨는 회사의 마케팅부를 총괄하는 관리자이다.
해설 바로 앞에 위치한 선행사 the manager가 사람명사이므로 사람명사를 수식할 때 사용하는 관계대명사 who가 정답이다. which는 선행사가 사물명사일 때 사용한다.
어휘 oversee ~을 총괄하다, ~을 감독하다 division (단체 등의) 부, 국, 과

2.
정답 which, has
해석 그 제과점은, 불과 3개월 전에 개업했으며, 이미 지역 내에서 인기 있는 상태가 되었다.
해설 바로 앞에 위치한 선행사 The bakery가 사물명사이므로 사물명사를 수식할 때 사용하는 관계대명사 which가 정답이다. who는 선행사가 사람명사일 때 사용한다. 또한 주어인 The bakery가 3인칭 단수명사이므로 동사 또한 단수동사인 has가 쓰여야 한다.
어휘 become 형용사: ~한 상태가 되다 neighborhood 지역, 인근, 이웃

3.
정답 whom
해석 저희가 그 무역 박람회에서 만난 컨설턴트가 저희에게 소중한 조언을 해 주었습니다.
해설 whom과 whose 모두 사람명사를 수식하는 관계대명사이므로 뒤에 이어지는 절의 구조를 파악해야 한다. 바로 뒤에 위치한 we met at the trade fair가 타동사 met의 목적어가 빠진 상태이므로, 목적어가 빠진 불완전한 절을 이끄는 목적격 관계대명사 whom이 정답이다.
어휘 consultant 컨설턴트, 상담 전문가 trade fair 무역 박람회 valuable 소중한, 귀중한, 가치 있는

4.
정답 that
해석 IT팀에 개발한 그 새로운 소프트웨어는 다음 달에 출시될 것입니다.
해설 바로 앞에 위치한 선행사 The new software가 사물명사이므로 사물명사를 수식할 때 사용하는 관계대명사 that이 정답이다. whom은 선행사가 사람명사일 때 사용한다.
어휘 develop ~을 개발하다, ~을 발전시키다 release ~을 출시하다, ~을 발매하다

5.
정답 whose
해석 저희는 자신의 사무실이 항구 근처에 위치해 있는 공급업자를 만났습니다.
해설 which와 whose 모두 사물명사를 수식하는 관계대명사이므로 뒤에 이어지는 절의 구조를 파악해야 한다. 바로 뒤에 위치한 office is located처럼 「주어(관사 없는 명사) + 동사」의 구조를 이끄는 관계대명사로서 선행사와의 소유 관계를 나타내 '주어(관사 없는 명사)'를 수식할 수 있는 소유격 관계대명사 whose가 정답이다.
어휘 supplier 공급업자, 공급업체 be located 위치해 있다 near ~ 근처에 port 항구

6.
정답 whose
해석 성과가 가장 인상적인 직원이 상을 받았다.
해설 who와 whose 모두 사람명사를 수식하는 관계대명사이므로 뒤에 이어지는 절의 구조를 파악해야 한다. 바로 뒤에 위치한 performance was처럼 「주어(관사 없는 명사) + 동사」의 구조를 이끄는 관계대명사로서 선행사와의 소유 관계를 나타내 '주어(관사 없는 명사)'를 수식할 수 있는 소유격 관계대명사 whose가 정답이다.
어휘 employee 직원 performance 성과, 실적, 수행 (능력), 공연, 연주(회) impressive 인상적인 receive ~을 받다 award 상

7.
정답 that
해석 시에서 최고의 이탈리아 음식을 제공하는 그 레스토랑은 항상 만원이다.
해설 바로 앞에 위치한 선행사 The restaurant가 사물명사이므로 사물명사를 수식할 때 사용하는 관계대명사 that이 정답이다. who는 선행사가 사람명사일 때 사용한다.
어휘 serve (음식 등) ~을 제공하다, ~을 내오다

8.
정답 whose
해석 저희는 최근에 로비가 개조된 호텔에 머물렀습니다.
해설 whose와 which 모두 사물명사를 수식하는 관계대명사이므로 뒤에 이어지는 절의 구조를 파악해야 한다. 바로 뒤에 위치한 lobby was recently renovated처럼 「주어(관사 없는 명사) + 동사」의 구조를 이끄는 관계대명사로서 선행사와의 소

유 관계를 나타내 '주어(관사 없는 명사)'를 수식할 수 있는 소유격 관계대명사 whose가 정답이다.

어휘 recently 최근에 renovate ~을 개조하다, ~을 보수하다

9.
정답 that, was

해석 당신이 추천해 준 그 책은 제 보고서에 매우 도움이 되었습니다.

해설 선행사 The book이 사물명사이므로 사물명사를 수식할 때 사용하는 관계대명사 that이 쓰여야 하며, 문장의 주어 The book이 단수명사구이므로 수 일치되는 단수동사 was가 필요하다.

어휘 recommend ~을 추천하다, ~을 권하다 helpful 도움이 되는

10.
정답 which

해석 알바레즈 씨가 자선 콘서트를 준비하고 있으며, 이는 여러 잘 알려진 지역 밴드들을 특징으로 할 것입니다.

해설 콤마 뒤에 이어지는 절을 이끌 관계대명사가 필요하므로 콤마 뒤에 사용할 수 있는 관계대명사 which가 정답이다. that은 콤마 뒤에 사용할 수 없다.

어휘 prepare ~을 준비하다 charity 자선 (단체) feature v. ~을 특징으로 하다, ~을 특별히 포함하다 several 여럿의, 몇몇의 well-known 잘 알려진 local 지역의, 현지의

PRACTICE 2

1.
정답 that

해석 그 책임자는 그 팀이 지난주에 제출한 제안서를 승인했다.

해설 바로 앞에 위치한 선행사 the proposal이 사물명사이고, 뒤에는 타동사 submitted의 목적어가 빠진 상태이다. 따라서, 사물명사를 수식하면서 목적어가 빠진 불완전한 절을 이끄는 목적격 관계대명사 that이 정답이다. who는 사람명사를 수식하면서 주어가 빠진 불완전한 절을 이끄는 주격 관계대명사이다.

어휘 approve ~을 승인하다 proposal 제안(서) submit ~을 제출하다

2.
정답 that

해석 그 보고서는 판매량이 2분기에 상당히 증가했음을 보여준다.

해설 타동사 shows 뒤에 주어(sales)와 동사(increased)를 포함한 절이 이어져 있어 이 절이 shows의 목적어 역할을 하는 명사절이 되어야 한다. 또한, sales increased significantly in the second quarter가 「주어 + 자동사」로 구성되어 있어 완전한 상태이므로 완전한 절을 이끄는 명사절 접속사 that이 정답이다.

어휘 sales 판매(량), 영업, 매출 increase 증가하다, ~을 증가시키다 significantly 상당히, 많이 quarter 분기

3.
정답 which

해석 제가 지난달에 구입한 노트북 컴퓨터에 이미 배터리 문제가 나타나고 있습니다.

해설 바로 앞에 위치한 선행사 The laptop computer가 사물명사이고, 뒤에는 타동사 bought의 목적어가 빠진 상태이다. 따라서, 사물명사를 수식하면서 목적어가 빠진 불완전한 절을 이끄는 목적격 관계대명사 which가 정답이다. when은 때를 나타내는 선행사를 수식하는 관계부사이다.

어휘 issue 문제, 사안

4.
정답 that

해석 내년 캠페인 전략을 결정 중인 마케팅팀이 더 많은 데이터를 요청했다.

해설 바로 앞에 위치한 선행사 The marketing team이 사물명사이고, 뒤에는 동사 is deciding의 주어가 빠진 상태이다. 따라서, 사물명사를 수식하면서 주어가 빠진 불완전한 절을 이끄는 주격 관계대명사 that이 정답이다. whom은 사람명사를 수식하면서 목적어가 빠진 불완전한 절을 이끄는 목적격 관계대명사이다.

어휘 decide ~을 결정하다 strategy 전략 request ~을 요청하다

5.
정답 when

해석 그 회사는 창업자가 업체를 설립한 날을 기념할 것이다.

해설 바로 앞에 위치한 the day처럼 때를 나타내는 선행사를 수식하는 관계부사 when이 정답이다. where는 장소를 나타내는 선행사를 수식하는 관계부사이다.

어휘 celebrate ~을 기념하다, ~을 축하하다 founder 설립자, 창업자 establish ~을 설립하다, ~을 확립하다

6.
정답 why

해석 그 책임자는 회의가 취소된 이유를 설명했다.

해설 선행사 the reason은 관계부사 why의 수식을 받아 '~하는 이유'라는 의미를 나타내므로 why가 정답이다.

어휘 explain ~을 설명하다 cancel ~을 취소하다

7.

정답 which

해석 대표이사가 SG 그룹과의 합병에 관한 소식을 전 직원에게 알렸으며, 이는 다음 달에 진행될 것이다.

해설 콤마 뒤에 이어지는 절을 이끌 관계대명사가 필요하므로 콤마 뒤에 사용할 수 있는 관계대명사 which가 정답이다. that은 콤마 뒤에 사용할 수 없다.

어휘 update A on B: A에게 B에 관한 소식을 알리다 merger 합병, 통합 take place 진행되다, 발생하다

8.

정답 which

해석 해당 시간 중에 참가자들이 발표 기술을 배운 워크숍은 매우 유익했다.

해설 바로 앞에 전치사 during이 쓰여 있으므로 전치사와 결합 가능한 관계대명사 which가 정답이다. that은 전치사와 함께 사용할 수 없다.

어휘 during ~ 중에, ~ 동안 participant 참가자 presentation 발표(회) skill 기술, 능력 informative 유익한, 유용한 정보를 주는

9.

정답 who

해석 새로운 회원 프로그램은 주기적으로 온라인에서 쇼핑하는 사람들에 특별 혜택을 제공해 준다.

해설 바로 앞에 위치한 선행사 those가 사람들을 가리키는 대명사이고, 뒤에는 동사 shop 의 주어가 빠진 상태이다. 따라서, 대명사 those를 수식하면서 주어가 빠진 불완전한 절을 이끄는 주격 관계대명사 who가 정답이다. 참고로, 「those + who 절」은 '~하는 사람들'이라는 의미로 자주 쓰이는 표현이다.

어휘 offer ~을 제공하다 benefit 혜택, 이점 regularly 주기적으로, 규칙적으로 shop v. 쇼핑하다

10.

정답 which

해석 저희는 그 회사 제품들의 대부분이 제조되는 공장을 방문했습니다.

해설 바로 앞에 전치사 in이 쓰여 있으므로 전치사와 결합 가능한 관계대명사 which가 정답이다. that은 전치사와 함께 사용할 수 없다.

어휘 product 제품 manufacture ~을 제조하다

실전 TEST

1. (A)	2. (B)	3. (C)	4. (B)	5. (C)
6. (C)	7. (B)	8. (A)	9. (A)	10. (A)
11. (B)	12. (A)	13. (A)	14. (B)	

1.

정답 (A)

해석 다음 달 전시회에서 작품을 전시하기를 바라는 미술가들은 젠킨스 씨께 연락해야 합니다.

해설 주격 관계대명사 who 바로 뒤에 위치한 빈칸은 who절의 동사가 쓰여야 하는 자리이다. 또한, who 뒤에 위치하는 동사는 선행사의 영향을 받는데, Artists가 복수명사이므로 수 일치되는 복수동사의 형태인 (A) wish가 정답이다.

오답 (B) wishes: 동사이기는 하지만, 3인칭 단수명사와 수 일치되는 단수동사의 형태이므로 오답이다.

(C) to wish: 동사 자리에 쓰일 수 없는 to부정사이므로 오답이다.

(D) wishing: 동사 자리에 쓰일 수 없는 동명사 또는 현재분사이므로 오답이다.

어휘 display v. ~을 전시하다, ~을 진열하다 n. 전시(품), 진열(품) work (글, 그림, 음악 등의) 작품 exhibition 전시(회) contact ~에게 연락하다 wish to do ~하기를 바라다

2.

정답 (B)

해석 100달러가 넘는 어떤 제품이든 구입하시는 고객들께 무료 선물이 제공됩니다.

해설 선택지가 모두 관계사이므로 선행사 및 빈칸 다음 부분의 구조를 파악해야 한다. 빈칸 앞에 위치한 명사(선행사) customers가 사람명사이고, 빈칸 뒤에 동사 purchase가 쓰여 있으므로 사람명사를 수식하면서 동사 앞에 위치할 수 있는 주격 관계대명사 (B) who가 정답이다.

오답 (A) whom: 동사 앞에 위치할 수 없는 목적격 관계대명사이므로 오답이다.

(C) whose: 동사 앞에 위치할 수 없는 소유격 관계대명사이므로 오답이다.

(D) which: 사물명사를 수식하는 관계대명사이므로 오답이다.

어휘 free 무료의 provide ~을 제공하다 purchase ~을 구입하다 item 제품, 물품, 품목, 항목 over ~이 넘는

3.

정답 (C)

해석 업무가 인사팀을 지원하는 것인 인턴 직원이 지난 월요일에

근무를 시작했다.

해설 선택지가 모두 관계사이므로 선행사 및 빈칸 다음 부분의 구조를 파악해야 한다. 빈칸 앞에 사람명사구(선행사) The intern이 쓰여 있고, 빈칸 뒤에 위치한 「주어(관사 없는 명사) + 동사」의 구조를 이끄는 관계대명사로서 선행사와의 소유 관계를 나타내 '주어(관사 없는 명사)'를 수식할 수 있는 소유격 관계대명사 (C) whose가 정답이다.

오답 (A) who: 주격 관계대명사로서 바로 뒤에 동사가 쓰여야 하므로 오답이다.
(B) which: 사물명사를 수식하는 관계대명사이므로 오답이다.
(D) when: 때를 나타내는 명사(구)를 수식하는 관계부사이므로 오답이다.

어휘 assist ~을 지원하다, ~을 돕다 HR 인사(부), 인적 자원

4.
정답 (B)

해석 케네스 씨는 JM 로지스틱스 주식회사와 계약을 맺었으며, 그곳의 지원이 그의 사업에 아주 중요하다.

해설 선택지가 모두 관계사이므로 선행사 및 빈칸 다음 부분의 구조를 파악해야 한다. 빈칸 앞에 회사명인 사물명사구(선행사) JM Logistics Co.가 쓰여 있고, 빈칸 뒤에 위치한 「주어(관사 없는 명사) + 동사」의 구조를 이끄는 관계대명사로서 선행사와의 소유 관계를 나타내 '주어(관사 없는 명사)'를 수식할 수 있는 소유격 관계대명사 (B) whose가 정답이다.

오답 (A) which: 사물명사(구)를 수식할 수는 있지만, 「주어(관사 없는 명사) + 동사」의 구조에 어울리지 않으므로 오답이다.
(C) that: 사물명사(구)를 수식할 수는 있지만, 「주어(관사 없는 명사) + 동사」의 구조에 어울리지 않으므로 오답이다.
(D) what: 선행사를 수식하는 역할을 하지 않으므로 오답이다.

어휘 sign ~에 서명하다 contract 계약(서) support 지원, 지지, 후원 crucial 아주 중요한

5.
정답 (C)

해석 시 의회는 국제 공항과 시내 지역들을 연결하는 새로운 지하철 노선을 개설하기로 결정했다.

해설 명사구(선행사) a new subway line을 수식하는 관계사 that 뒤로 빈칸과 명사구, 그리고 with 전치사구만 쓰여 있으므로 빈칸이 that절의 동사 자리임을 알 수 있다. 또한, 관계사 바로 뒤에 위치하는 동사는 선행사의 영향을 받는데, a new subway line이 단수명사구이므로 수 일치되는 단수동사의 형태인 (C) connects가 정답이다.

오답 (A) connection: 동사 자리에 쓰일 수 없는 명사이므로 오답이다.
(B) connecting: 동사 자리에 쓰일 수 없는 동명사 또는 현재분사이므로 오답이다.
(D) connect: 복수명사(구)와 수 일치되는 복수동사의 형태이므로 오답이다.

어휘 council 의회 decide to do ~하기로 결정하다 connection 연결, 연관(성) connect ~을 연결하다, ~을 연관 짓다

6.
정답 (C)

해석 그 연례 컨퍼런스는 싱가포르에서 개최되며, 매년 수백 명의 기업 경영인들을 끌어들인다.

해설 선택지가 모두 관계사이므로 선행사 및 빈칸 다음 부분의 구조를 파악해야 한다. 콤마와 동사 is 사이에 빈칸이 위치해 있으므로 콤마 뒤에 쓰일 수 있는 관계사로서 사물명사구 The annual conference를 수식할 수 있는 (C) which가 정답이다.

오답 (A) that: 콤마 뒤에 쓰일 수 없는 관계대명사이므로 오답이다.
(B) when: 콤마 뒤에 쓰일 수는 있지만, 때를 나타내는 명사구를 수식하는 관계부사이므로 오답이다.
(D) where: 콤마 뒤에 쓰일 수는 있지만, 장소를 나타내는 명사구를 수식하는 관계부사이므로 오답이다.

어휘 annual 연례적인, 해마다의 hold ~을 개최하다, ~을 열다 attract ~을 끌어들이다 hundreds of 수백 명의, 수백 개의

7.
정답 (B)

해석 도서관 카드는 어떤 주민이든 직접 요청하시는 분께 발급될 것입니다.

해설 주격 관계대명사 who 바로 뒤에 위치한 빈칸은 who절의 동사가 쓰여야 하는 자리이다. 또한, who 뒤에 위치하는 동사는 선행사의 영향을 받는데, any resident가 단수명사구이므로 수 일치되는 단수동사의 형태인 (B) requests가 정답이다.

오답 (A) request: 복수명사(구)와 수 일치되는 복수동사의 형태이므로 오답이다.
(C) to request: 동사 자리에 쓰일 수 없는 to부정사이므로 오답이다.
(D) requesting: 동사 자리에 쓰일 수 없는 동명사 또는 현재분사이므로 오답이다.

어휘 issue v. ~을 발급하다, ~을 지급하다 resident 주민 in person 직접 (가서) request ~을 요청하다

8.
정답 (A)

해석 회의를 열어야 하는 어떤 호텔 고객이든 저희 대회의실을 이용

하실 수 있습니다.

해설 빈칸 앞에 사람명사구 Any hotel guests가 선행사로 쓰여 있으므로 사람명사구를 수식할 수 있는 관계대명사 (A) who와 (B) whose 중에서 하나를 골라야 한다. 또한, 빈칸 뒤에 동사 need가 쓰여 있어 동사 앞에 위치할 수 있는 주격 관계대명사가 필요하므로 (A) who가 정답이다.

오답 (B) whose: 동사 앞에 위치할 수 없는 소유격 관계대명사이므로 오답이다.
(C) which: 사물명사를 수식하는 관계대명사이므로 오답이다.
(D) them: 선행사를 수식하는 형용사절을 이끄는 관계사가 아니므로 오답이다.

어휘 conduct ~을 실시하다, ~을 수행하다

9.

정답 (A)

해석 주주 총회가 개최될 대회의실은 5층에 위치해 있습니다.

해설 선택지가 모두 관계사이므로 선행사 및 빈칸 다음 부분의 구조를 파악해야 한다. 빈칸 앞에 장소를 나타내는 명사구(선행사) The conference room이 쓰여 있으므로 장소 명사구를 수식할 수 있는 (A) where와 (B) which 중에서 하나를 골라야 한다. 또한, 빈칸 뒤에 위치한 절 the shareholders' meeting will be held가 「주어 + 수동태 동사」로 이뤄져 있어 빠진 요소 없이 구성이 완전한 상태이므로 완전한 절을 이끄는 관계부사 (A) where가 정답이다.

오답 (B) which: 불완전한 절을 이끄는 관계대명사이므로 오답이다.
(C) whom: 사람명사를 수식하는 관계대명사이므로 오답이다.
(D) who: 사람명사를 수식하는 관계대명사이므로 오답이다.

어휘 shareholder 주주 hold ~을 개최하다, ~을 열다 be located 위치해 있다

10.

정답 (A)

해석 에이스 옵틱스 주식회사가 대부분의 소비자들에게 가격이 알맞은 새로운 디지털 카메라를 출시했다.

해설 빈칸 앞에 사물명사구 a new digital camera가 선행사로 쓰여 있으므로 사물명사구를 수식할 수 있는 관계대명사 (A) that이 정답이다.

오답 (B) who: 사람명사를 수식하는 관계대명사이므로 오답이다.
(C) them: 관계사가 아니므로 오답이다.
(D) where: 장소 명사(구)를 수식하는 관계부사이므로 오답이다.

어휘 launch ~을 출시하다, ~을 시작하다 affordable 가격이 알맞은, 감당할 수 있는 consumer 소비자

11-14 다음 이메일을 참조하시오.

> 웰즈 씨께,
>
> 귀하께서 지난 화요일에 저희에게 보내 주신 불만 사항과 관련해 이메일을 씁니다. 귀하의 편지를 받은 후, 제가 귀하의 에어컨 수리를 책임지고 있는 기사에게 **11 연락했습니다**. 그와 좋지 못한 수리 작업에 관해 이야기한 후, 이 문제를 운영부장님께 보고해 드렸으며, **12 이분께서** 그 기사에게 전체 보고서를 요청하셨습니다. 귀하께서 언급하신 바와 같이, 이 보고서에서 해당 작업이 제대로 이뤄지지 않은 사실이 확인되었습니다. 따라서, 귀하께서 지불하신 금액을 환불해 드리거나 해당 기기를 수리하도록 다른 기사를 보내 드릴 수 있습니다. **13 어느 선택 사항을 원하시는지 확인해 주시기 바랍니다**. 저는 이번 달 말까지 귀하의 결정을 알고자 합니다. 귀하께서 **14 겪으신** 문제들에 대해 사과 드립니다.

어휘 regarding ~와 관련해 complaint 불만, 불평 receive ~을 받다 in charge of ~을 책임지고 있는, ~을 맡고 있는 repair v. ~을 수리하다 n. 수리 air conditioner 에어컨 issue 문제, 사안 operation 운영, 영업, 작동, 가동 ask for ~을 요청하다 full 전체적인, 완전한, 최대의 confirm that ~임을 확인해 주다 properly 제대로, 적절히 mention 언급하다 therefore 따라서, 그러므로 either A or B: A 또는 B 둘 중 하나 refund v. ~을 환불해 주다 unit 기기, 장치, 구성 단위, 제품 한 개 would like to do ~하고자 하다, ~하고 싶다 decision 결정 by (기한) ~까지 apologize for ~에 대해 사과하다

11.

정답 (B)

해설 두 선택지 모두 능동태 동사의 형태이며, 시제만 다르므로 시제와 관련된 단서를 찾아야 한다. 빈칸 뒤에 이어지는 문장들을 읽어 보면, 담당 기사와 이야기한 후에 운영부장에게 알린 사실을 나타내기 위해 과거시제 동사 reported가 쓰여 있다. 따라서, 담당 기사에게 이야기하기 위해 연락한 시점도 과거임을 알 수 있으므로 과거시제 동사인 (B) contacted가 정답이다.

어휘 contact ~에게 연락하다

12.

정답 (A)

해설 두 선택지 모두 관계사이므로 선행사 및 빈칸 다음 부분의 구조를 파악해야 한다. 빈칸 앞에 사람명사구 the operations manager가 선행사로 쓰여 있으므로 사람명사(구)를 수식하는 관계대명사 (A) who가 정답이다.

13.

정답 (A)

해석 (A) 어느 선택 사항을 원하시는지 확인해 주시기 바랍니다.
(B) 저는 이것이 훌륭한 선택이 될 것이라고 생각합니다.

해설 빈칸 앞에 위치한 문장에 글쓴이가 제안하는 해결책으로 금액을 환불해 주거나 기기를 수리하도록 다른 기사를 보내는 방법이 언급되어 있다. 따라서, 이에 대한 선택과 관련된 문장이 쓰여야 흐름이 자연스러우므로 고객인 상대방의 선택에 대한 확인을 요청하는 (A)가 정답이다.

어휘 confirm ~을 확인해 주다 would prefer ~을 원하다 believe that ~라고 생각하다[믿다] choice 선택(권)

14.

정답 (B)

해설 전치사 for의 목적어 역할을 하는 명사구 the problems 뒤로 주어 you와 빈칸이 이어지는 구조이다. 따라서, 빈칸에 동사가 들어가 관계대명사가 생략된 채로 명사구(선행사) the problems를 뒤에서 수식하는 구조가 만들어져야 알맞으므로 (B) have experienced가 정답이다.

어휘 experience v. ~을 겪다, ~을 경험하다

오늘의 필수 구문 분석

1. The bakery, / which opened only three months ago, / has (already) become popular / in the neighborhood.
   - S: The bakery
   - V: has (already) become

해석 그 제과점은 / 불과 3개월 전에 개장한 곳으로서 / 이미 인기 있는 상태가 되었다 / 그 지역 내에서

2. The consultant / whom we met at the trade fair / gave us / valuable advice.
   - S: The consultant
   - V: gave

해석 그 상담 전문가가 / 우리가 무역 박람회에서 만난 / 우리에게 제공해 주었다 / 소중한 조언을

3. The employee / whose performance was most impressive / received an award.
   - S: The employee
   - V: received

해석 그 직원이 / 성과가 가장 인상적이었던 / 상을 받았다

4. The marketing team / that is deciding next year's campaign strategy / has requested more data.
   - S: The marketing team
   - V: has requested

해석 마케팅팀이 / 내년 캠페인 전략을 결정하고 있는 / 더 많은 자료를 요청했다

5. The CEO updated all staff / on the merger with SG Group, / which will take place next month.
   - S: The CEO
   - V: updated

해석 대표이사가 전 직원에게 소식을 알렸다 / SG 그룹과의 합병에 관해 / 이는 다음 달에 진행될 것이다

6. The workshop / during which participants learned presentation skills / was very informative.
   - S: The workshop
   - V: was

해석 그 워크숍은 / 그 시간 중에 참가자들이 발표 능력을 배운 / 매우 유익했다

7. We visited the factory / in which most of the company's products are manufactured.
   - S: We
   - V: visited

해석 우리는 공장을 방문했다 / 그 안에서 회사 제품의 대부분이 제조되는

8. The city council decided / to open a new subway line / that connects the international airport terminal / with downtown areas.
   - S: The city council
   - V: decided

해석 시 의회는 결정했다 / 새로운 지하철 노선을 개통하기로 / 국제 공항 터미널을 연결하는 / 시내 구역들과

오늘의 필수 어휘 Quiz

1.	oversee	~을 감독하다
2.	division	부서, 분과
3.	neighborhood	근처, 인근
4.	valuable	귀중한
5.	benefit	혜택
6.	release	~을 출시하다
7.	supplier	공급업자
8.	performance	성과
9.	impressive	인상적인
10.	award	상
11.	renovate	~을 개조하다
12.	charity	자선
13.	feature	~을 특별히 포함하다

14.	significantly	상당히
15.	founder	설립자
16.	update A on B	A에게 B에 대한 최신 소식을 알리다
17.	merger	합병
18.	establish	~을 설립하다
19.	informative	유익한
20.	manufacture	~을 제조하다

REVIEW TEST 4 Unit 12-15

1. (B)	2. (C)	3. (A)	4. (A)	5. (C)
6. (D)	7. (A)	8. (D)	9. (B)	10. (D)
11. (B)	12. (D)	13. (A)	14. (C)	15. (A)
16. (B)	17. (A)	18. (C)	19. (A)	20. (D)

1.
정답 (B)

해석 할리 백화점의 연례 겨울 세일이 12월 1일에 시작됩니다.

해설 선택지가 모두 전치사이므로 빈칸 뒤에 위치한 명사(구)와 어울리는 것을 찾아야 한다. 빈칸 뒤에 위치한 December 1 같은 날짜를 나타낼 때 전치사 on을 사용하므로 (B) on이 정답이다.

어휘 annual 연례적인, 해마다의

2.
정답 (C)

해석 그 도서관은 더 많은 방문객이 편안한 독서 공간을 즐길 수 있도록 확장될 것이다.

해설 선택지가 전치사와 부사, 그리고 접속사로 구성되어 있으므로 문장 구조부터 파악해야 한다. 빈칸 뒤에 주어와 동사(can enjoy)를 포함한 절이 쓰여 있어 이 절을 이끌 접속사가 필요하며, '그 도서관은 더 많은 방문객이 편안한 독서 공간을 즐길 수 있도록 확장될 것이다'를 의미해야 알맞으므로 '~하도록'을 뜻하는 접속사 (C) so that이 정답이다.

오답 (A) ahead of: 주어와 동사를 포함한 절을 이끌 수 없는 전치사이므로 오답이다.
(B) here: 주어와 동사를 포함한 절을 이끌 수 없는 부사이므로 오답이다.
(D) than: 접속사 또는 전치사로 쓰이며, 접속사일 때 의미가 맞지 않으므로 오답이다.

어휘 expand ~을 확장하다, ~을 확대하다 comfortable 편안한, 편한 ahead of (위치, 순서 등) ~보다 앞서, ~ 앞에

so that (목적) ~하도록, (결과) 그러므로, 그래서 than ~하는 것보다

3.
정답 (A)

해석 경비원이 정문을 열어 주지 않는다면 기사들이 배송할 수 없다.

해설 선택지가 접속사와 상관접속사로 구성되어 있으므로 문장 구조부터 파악해야 한다. 빈칸 뒤에 주어와 동사(opens)를 포함한 절이 쓰여 있어 이 절을 이끌 접속사가 필요하며, '경비원이 정문을 열어 주지 않는다면 기사들이 배송할 수 없다'를 의미해야 알맞으므로 '~하지 않는다면, ~가 아니라면'을 뜻하는 접속사 (A) unless가 정답이다.

오답 (B) or: 접속사이기는 하지만, 의미가 맞지 않으므로 오답이다.
(C) as if: 접속사이기는 하지만, 의미가 맞지 않으므로 오답이다.
(D) not only: 주어와 동사를 포함한 절을 이끌 수 없는 상관접속사이며, 「not only A but (also) B」의 구조로 쓰여 'A뿐만 아니라 B도'라는 의미를 나타낸다.

어휘 make a delivery 배송하다, 배달하다 or ~하거나, 또는 as if 마치 ~하는 것처럼

4.
정답 (A)

해석 새로 입사했음에도 불구하고, 한 씨가 올해의 직원으로 선정되었다.

해설 선택지가 전치사와 접속사로 구성되어 있으므로 문장 구조부터 파악해야 한다. 빈칸 뒤에 동명사 being이 이끄는 동명사구가 쓰여 있어 이 동명사구를 목적어로 취할 전치사가 필요하며, '회사에 새로 왔음에도 불구하고, 한 씨가 올해의 직원으로 선정되었다'를 의미해야 알맞으므로 '~에도 불구하고'를 뜻하는 전치사 (A) despite이 정답이다.

오답 (B) unless: 주어와 동사를 포함한 절을 이끄는 접속사이므로 오답이다.
(C) prior to: 전치사이기는 하지만, 의미가 맞지 않으므로 오답이다.
(D) whether: 주어와 동사를 포함한 절을 이끄는 접속사이므로 오답이다.

어휘 name A B: A를 B로 선정하다, A를 B라고 명명하다 unless ~하지 않는다면, ~가 아니라면 prior to ~ 전에, ~에 앞서 whether ~인지 (아닌지)

5.
정답 (C)

해석 훌륭한 판매 성과를 달성한 사람들의 공로를 인정하기 위해,

그 회사가 저녁 만찬을 개최할 예정이다.

해설 선택지가 모두 관계대명사로 구성되어 있으므로 선행사 및 빈칸 다음 부분의 구조를 파악해야 한다. 대명사 those와 동사 achieved 사이에 빈칸이 위치해 있는데, those가 훌륭한 판매 성과를 달성한 사람들을 가리키므로 사람을 나타내는 대명사를 수식하면서 동사 앞에 위치할 수 있는 주격 관계대명사 (C) who가 정답이다. 참고로,「those + who절」은 '~하는 사람들'이라는 의미로 토익에 자주 등장하는 표현이다.

오답 (A) what: 명사(선행사)를 수식하지 않는 관계사이므로 오답이다.

(B) which: 사물명사를 수식하는 관계사이므로 오답이다.

(D) whom: 사람명사를 수식하기는 하지만, 동사 앞에 위치할 수 없는 목적격 관계대명사이므로 오답이다.

어휘 recognize ~의 공로를 인정하다, ~을 표창하다 achieve ~을 달성하다, ~을 성취하다 excellent 훌륭한, 우수한 sales 판매(량), 영업, 매출 performance 성과, 실적, 수행 (능력), 공연, 연주(회) hold ~을 개최하다, ~을 열다

6.

정답 (D)

해설 다음 주에 면접을 보실 시간이 있으신지 제게 알려 주시기 바랍니다.

해설 선택지가 부사와 접속사로 구성되어 있으므로 문장 구조부터 파악해야 한다. 빈칸 뒤에 주어와 동사(are)를 포함한 절이 쓰여 있어 이 절을 이끌 접속사가 필요하므로 선택지에서 유일하게 접속사인 (D) whether가 정답이다.

오답 (A) almost: 주어와 동사를 포함한 절을 이끌 수 없는 부사이므로 오답이다.

(B) either:「either A or B」의 구조로 상관접속사를 구성하는 부사로 쓰이거나, 형용사 또는 대명사로 쓰이므로 접속사 자리에 위치할 수 없는 오답이다.

(C) then: 주어와 동사를 포함한 절을 이끌 수 없는 부사이므로 오답이다.

어휘 let A know: A에게 알리다 available (사람) 시간이 있는, (사물) 이용 가능한, 구입 가능한 either (A or B): (A 또는 B) 둘 중 하나 then 그때, 그러면, 그런 다음, 그래서

7.

정답 (A)

해설 마케팅팀은 새로운 캠페인을 계획할 때 고객 요구와 브랜드 이미지 둘 다 고려한다.

해설 선택지가 상관접속사의 한 요소에 해당하는 부사와 전치사로 구성되어 있으므로 문장 구조부터 파악해야 한다. 빈칸 뒤에 동사 considers의 목적어 역할을 하는 명사구 customer needs와 brand image가「A and B」로 연결되어 있으므로 이러한 구조와 어울려 'A와 B 둘 다'를 뜻하는 상관접속사 「both A and B」를 구성해야 알맞으므로 (A) both가 정답이다.

이다.

오답 (B) either:「either A or B」의 구조로 상관접속사를 구성하므로 오답이다.

(C) with: 타동사 considers와 명사구 목적어 사이에 쓰일 수 없는 전치사이므로 오답이다.

(D) before: 타동사 considers와 명사구 목적어 사이에 쓰일 수 없는 전치사 또는 접속사이므로 오답이다.

어휘 consider ~을 고려하다 either (A or B): (A 또는 B) 둘 중 하나

8.

정답 (D)

해석 지난 6개월 동안에 걸쳐, 메도우 식료품점은 세 곳의 새로운 도시로 자사의 서비스를 확대해 왔다.

해설 선택지가 모두 전치사이므로 빈칸 뒤에 위치한 명사(구)와 어울리는 것을 찾아야 한다. 빈칸 뒤에 위치한 the past six months가 기간을 나타내므로 '~ 동안에 걸쳐'라는 의미로 기간 명사(구)를 목적어로 취하는 전치사 (D) Over가 정답이다.

오답 (A) To: '~까지'라는 의미로 시점을 나타내는 명사(구)를 목적어로 취하므로 오답이다.

(B) From: '~부터'라는 의미로 시점을 나타내는 명사(구)를 목적어로 취하므로 오답이다.

(C) Among: '~ 사이에, ~ 중에서'라는 의미로 대상 범위를 나타내며, 복수명사(구)를 목적어로 취하므로 오답이다.

어휘 expand ~을 확대하다, ~을 확장하다 among ~ 사이에, ~ 중에서

9.

정답 (B)

해석 아쿠아월드 수영 센터는 여름에 오전 9시부터 오후 10시까지 개장할 것입니다.

해설 선택지가 접속사 또는 전치사로 구성되어 있으므로 문장 구조부터 파악해야 한다. 빈칸 뒤에 시점을 나타내는 명사구 10:00 P.M.이 쓰여 있으므로 빈칸은 이 명사구를 목적어로 취할 전치사 자리이며, 앞에 위치한 from 전치사구와 짝을 이뤄 '오후 10시까지'라는 의미로 지속 시점을 나타내야 알맞으므로 '~까지'를 뜻하는 전치사 (B) until이 정답이다.

오답 (A) since: 전치사, 접속사 또는 부사로 쓰이며, 전치사일 때 '~ 이후로'라는 의미로 과거의 시작점을 나타내므로 오답이다.

(C) during: 전치사이기는 하지만, 의미가 어울리지 않으므로 오답이다.

(D) except: 전치사이기는 하지만, 의미가 어울리지 않으므로 오답이다.

어휘 since conj. ~한 이후로 prep. ~ 이후로 ad. 그 이후로 during ~ 중에, ~ 동안 except ~을 제외하고

10.
정답 (D)

해석 롤랜드 씨는 자신이 받은 커피메이커가 손상되었기 때문에 환불을 요청했다.

해설 선택지가 전치사와 접속사로 구성되어 있으므로 문장 구조부터 파악해야 한다. 빈칸 뒤에 주어와 동사(was)를 포함한 절이 쓰여 있어 이 절을 이끌 접속사가 필요하며, '자신이 받은 커피메이커가 손상되었기 때문에 환불을 요청했다'를 의미해야 알맞으므로 '~하기 때문에'를 뜻하는 접속사 (D) because가 정답이다.

오답 (A) despite: 주어와 동사를 포함한 절을 이끌 수 없는 전치사이므로 오답이다.
(B) whereas: 접속사이기는 하지만, 의미가 맞지 않으므로 오답이다.
(C) before: 접속사 또는 전치사이며, 접속사일 때 의미가 맞지 않으므로 오답이다.

어휘 request ~을 요청하다 refund 환불(액) receive ~을 받다 damaged 손상된, 피해를 입은 despite ~에도 불구하고 whereas ~하는 반면

11.
정답 (B)

해석 밀포드 시에 있는 야구 경기장은 장내 전역에 걸쳐 새로운 LED 조명을 설치했다.

해설 선택지가 모두 전치사이므로 빈칸 뒤에 위치한 명사(구)와 어울리는 것을 찾아야 한다. 빈칸 앞뒤에 각각 쓰여 있는 명사구 The baseball stadium과 Milford City 사이의 위치 관계를 나타낼 전치사가 필요하며, Milford City 같은 넓은 장소를 나타낼 때 전치사 in을 사용하므로 (B) in이 정답이다.

어휘 install ~을 설치하다 throughout (장소) ~ 전역에 걸쳐, (기간) ~ 동안 내내

12.
정답 (D)

해석 박물관 투어가 진행되는 동안 휴대전화기의 사용을 피하시기 바랍니다.

해설 선택지가 접속사와 부사, 그리고 전치사로 구성되어 있으므로 문장 구조부터 파악해야 한다. 빈칸 뒤에 주어와 동사(is)를 포함한 절이 쓰여 있어 이 절을 이끌 접속사가 필요하며, '박물관 투어가 진행되는 동안 휴대전화기의 사용을 피하시기 바랍니다'를 의미해야 알맞으므로 '~하는 동안'을 뜻하는 접속사 (D) while이 정답이다.

오답 (A) and: 접속사이기는 하지만, 의미가 어울리지 않으므로 오답이다.
(B) again: 주어와 동사를 포함한 절을 이끌 수 없는 부사이므로 오답이다.
(C) except: 주어와 동사를 포함한 절을 이끌 수 없는 전치사이므로 오답이다.

어휘 avoid -ing ~하는 것을 피하다 underway 진행 중인 except ~을 제외하고 while ~하는 동안, ~하는 반면

13.
정답 (A)

해석 귀하의 온라인 예약이 성공적으로 처리되는 대로 이메일 확인서가 발송될 것입니다.

해설 선택지가 모두 접속사이므로 문장의 의미에 어울리는 것을 찾아야 한다. 빈칸 앞뒤에 각각 위치한 절이 '일단 귀하의 온라인 예약이 성공적으로 처리되는 대로 이메일 확인서가 발송될 것입니다'와 같은 의미를 나타내야 자연스러우므로 '~하는 대로, ~하자마자'를 뜻하는 (A) once가 정답이다.

어휘 confirmation 확인(서) booking 예약 successfully 성공적으로 process ~을 처리하다 while ~하는 동안, ~하는 반면 although 비록 ~하기는 하지만, ~함에도 불구하고 whether ~인지 (아닌지)

14.
정답 (C)

해석 주말 동안 A 주차장이 문을 닫을 것이므로, 대신 B 주차장을 이용하시기 바랍니다.

해설 선택지가 형용사절 접속사(또는 명사절 접속사)와 부사절 접속사로 구성되어 있으므로 문장 구조 및 의미에 어울리는 것을 찾아야 한다. 빈칸 앞뒤에 각각 위치한 절이 '주말 동안 A 주차장이 문을 닫을 것이므로, 대신 B 주차장을 이용하시기 바랍니다'와 같은 의미를 나타내야 자연스러우므로 '그러므로, 그래서'를 뜻하는 부사절 접속사 (C) so가 정답이다.

오답 (A) which: 명사(구)를 수식하는 형용사절 접속사 또는 주어/보어/목적어 역할을 하는 명사절 접속사로 쓰이므로 문장 구조 및 의미에 맞지 않는 오답이다.
(B) why: 명사(구)를 수식하는 형용사절 접속사 또는 주어/보어/목적어 역할을 하는 명사절 접속사로 쓰이므로 문장 구조 및 의미에 맞지 않는 오답이다.
(D) if: 부사절 접속사이지만, 문장의 의미에 맞지 않는 오답이다.

어휘 parking lot 주차장 during ~ 동안, ~ 중에 instead 대신

15.
정답 (A)

해석 그 콘서트가 매진되었지만, 몇몇 입장권이 막판에 취소되었기 때문에 구입 가능해졌다.

해설 선택지가 접속사와 부사로 구성되어 있으므로 문장 구조부터 파악해야 한다. 빈칸 뒤에 주어와 동사(became)를 포함한 절이 쓰여 있어 이 절을 이끌 접속사가 필요하며, '그 콘서트가

매진되었지만, 몇몇 입장권이 마지막 순간의 취소 때문에 구입 가능해졌다'를 의미해야 알맞으므로 '하지만, 그러나'를 뜻하는 접속사 (A) but이 정답이다.

오답 (B) if: 접속사이기는 하지만, 의미가 어울리지 않으므로 오답이다.
(C) nor: 「neither A nor B」의 구조로 상관접속사를 구성하는 부사로 쓰이므로 접속사 자리에 위치할 수 없는 오답이다.
(D) also: 주어와 동사를 포함한 절을 이끌 수 없는 부사이므로 오답이다.

어휘 **be sold out** 매진되다, 품절되다 **become** 형용사: ~한 상태가 되다 **available** (사물) 구입 가능한, 이용 가능한, (사람) 시간이 있는 **last-minute** 마지막 순간의 **cancellation** 취소 **nor** (neither와 짝을 이뤄) ~도 아닌

16.
정답 (B)

해석 개조 공사가 완료된 후, 그 호텔은 출장 여행객들 사이에서 더 많은 인기를 얻게 되었다.

해설 선택지가 접속사와 형용사로 구성되어 있으므로 문장 구조부터 파악해야 한다. 빈칸과 콤마 사이에 주어와 동사(was completed)를 포함한 절이 쓰여 있어 이 절을 이끌 접속사가 필요하며, '개조 공사가 완료된 후, 그 호텔은 ~ 사이에서 더 많은 인기를 얻게 되었다'를 의미해야 알맞으므로 '~한 후'를 뜻하는 접속사 (B) After가 정답이다.

오답 (A) That: 접속사(형용사절 접속사 또는 명사절 접속사)의 역할을 하기는 하지만, 문장 시작 부분에 쓰이지 않으므로 오답이다.
(C) How: 접속사(명사절 접속사)의 역할을 하기는 하지만, 문장 구조 및 의미에 어울리지 않으므로 오답이다.
(D) Every: 주어와 동사를 포함한 절을 이끌 수 없는 형용사이므로 오답이다.

어휘 **renovation** 개조, 보수 **complete** ~을 완료하다 **become** 형용사: ~한 상태가 되다 **popular** 인기 있는 **among** ~ 사이에, ~ 중에서

17.
정답 (A)

해석 정전으로 인해, 인트라넷 시스템이 일시적으로 이용 불가능합니다.

해설 선택지가 전치사와 접속사로 구성되어 있으므로 문장 구조부터 파악해야 한다. 빈칸과 콤마 사이에 명사구 a power outage가 쓰여 있어 이 명사구를 목적어로 취할 전치사가 필요하므로 선택지에서 유일하게 전치사인 (A) Due to가 정답이다.

오답 (B) As long as: 주어와 동사를 포함한 절을 이끄는 접속사이므로 오답이다.
(C) Even though: 주어와 동사를 포함한 절을 이끄는 접속

사이므로 오답이다.
(D) Because: 주어와 동사를 포함한 절을 이끄는 접속사이므로 오답이다.

어휘 **power outage** 정전 **temporarily** 일시적으로, 임시로 **unavailable** (사물) 이용 불가능한, 구입 불가능한, (사람) 시간이 없는 **due to** ~로 인해, ~ 때문에 **as long as** ~하는 한, ~하기만 하면 **even though** 비록 ~하기는 하지만

18.
정답 (C)

해석 월간 판매량 목표에 처음 도달하는 지사가 대표이사님으로부터 보상을 받을 것입니다.

해설 선택지가 관계대명사와 대명사로 구성되어 있으므로 문장 구조부터 파악해야 한다. 명사구 주어 The branch와 조동사 will 사이에 위치한 reaches the monthly sales target first가 주어를 뒤에서 수식하는 관계대명사절을 구성해야 알맞으며, 사물명사구 The branch를 수식할 수 있으면서 동사 reaches 앞에 위치할 수 있는 주격 관계대명사가 필요하므로 (C) that이 정답이다.

오답 (A) who: 사람명사를 수식하는 주격 관계대명사이므로 오답이다.
(B) it: 명사(구)를 뒤에서 수식하는 관계대명사절을 이끌 수 없는 대명사이므로 오답이다.
(D) whose: 사람명사를 수식하는 주격 관계대명사이므로 오답이다.

어휘 **branch** 지사, 지점 **reach** ~에 도달하다, ~에 이르다 **monthly** 월간의, 달마다의 **sales** 판매(량), 영업, 매출 **receive** ~을 받다 **reward** 보상

19.
정답 (A)

해석 호텔 고객들께서는 추가 요금을 지불하는 일을 피하기를 바라시는 경우에 반드시 오전 11시까지 체크아웃하셔야 합니다.

해설 선택지가 모두 전치사이므로 빈칸 뒤에 위치한 명사(구)와 어울리는 것을 찾아야 한다. 빈칸 뒤에 위치한 시간 11 A.M.가 추가 요금 지불을 피하기 위해 반드시 체크아웃해야 하는 기한에 해당하므로 '~까지'라는 의미로 완료 기한을 나타낼 때 사용하는 (A) by가 정답이다.

어휘 **wish to do** ~하기를 바라다 **avoid -ing** ~하는 것을 피하다 **additional** 추가적인 **charge** (청구) 요금 **up** prep. ~ 위로, ~의 높은 쪽으로, ~을 거슬러 올라가 ad. 위로, 높이, 올라가, 떠서, 가동 중인, 끝난, 완전히 **since** prep. ~ 이후로 conj. ~한 이후로 ad. 그 이후로 **under** (위치) ~ 아래에, (수량 등) ~ 미만인, (진행) ~ 중인, (영향) ~ 하에 있는

20.

정답 (D)

해석 매장 반품 정책이 그 슈퍼마켓의 입구에 있는 안내판에 게시되어 있다.

해설 선택지가 모두 전치사이므로 빈칸 뒤에 위치한 명사(구)와 어울리는 것을 찾아야 한다. 빈칸 뒤에 위치한 the entrance(입구)가 안내판이 있는 하나의 지점에 해당하므로 '~에'라는 의미로 정확한 특정 지점을 나타낼 때 사용하는 (D) at이 정답이다.

어휘 policy 정책, 방침 display ~을 게시하다, ~을 진열하다, ~을 전시하다

FINAL TEST

101. (B)	102. (D)	103. (B)	104. (C)	105. (D)
106. (A)	107. (C)	108. (B)	109. (A)	110. (A)
111. (D)	112. (A)	113. (D)	114. (C)	115. (C)
116. (A)	117. (D)	118. (B)	119. (D)	120. (B)
121. (B)	122. (B)	123. (C)	124. (D)	125. (D)
126. (A)	127. (A)	128. (A)	129. (D)	130. (A)
131. (D)	132. (B)	133. (C)	134. (B)	135. (D)
136. (B)	137. (D)	138. (B)	139. (D)	140. (C)
141. (B)	142. (A)	143. (D)	144. (A)	145. (D)
146. (B)				

101.

정답 (B)

해석 그 행사 전단의 제목이 잘못되어 있기는 하지만, 저희가 신속히 그것을 바로잡을 수 있습니다.

해설 빈칸이 속한 but절에 조동사 can과 부사 quickly 뒤로 빈칸과 대명사 it만 쓰여 있으므로 빈칸이 but절의 동사 자리임을 알 수 있다. 또한, can 같은 조동사 다음은 동사원형이 쓰여야 알맞으므로 (B) correct가 정답이다.

오답 (A) to correct: 동사 자리에 쓰일 수 없는 to부정사이므로 오답이다.
(C) correction: 동사 자리에 쓰일 수 없는 명사이므로 오답이다.
(D) correcting: 동사 자리에 쓰일 수 없는 동명사 또는 현재분사이므로 오답이다.

어휘 title 제목, 표제, 서적 flyer 전단 quickly 신속히, 빠르게 correct v. ~을 바로잡다, ~을 정정하다 a. 정확한, 옳은, 맞는 correction 정정, 수정

102.

정답 (D)

해석 모든 구독자들께 발송되기 전에 그 소식의 최종 버전을 신중히 교정 보시기 바랍니다.

해설 동사 proofread의 목적어 역할을 하는 명사구 the final version of the newsletter와 접속사 before 사이에 위치한 빈칸은 동사를 뒤에서 수식할 부사가 쓰여야 알맞은 자리이므로 (D) carefully가 정답이다.

오답 (A) care: 부사 자리에 쓰일 수 없는 명사 또는 동사이므로 오답이다.
(B) careful: 부사 자리에 쓰일 수 없는 형용사이므로 오답이다.
(C) caring: 부사 자리에 쓰일 수 없는 동명사 또는 현재분사

이므로 오답이다.

어휘 proofread ~을 교정 보다 subscriber (서비스 등의) 구독자, 가입자 care n. 걱정, 돌봄, 주의, 관리 v. 걱정하다, 좋아하다, 신경 쓰다, 상관하다 careful 신중한, 조심스러운 carefully 신중히, 조심스럽게

103.

정답 (B)

해석 플라자 스위트의 개별 회의실이 면접을 개최하시는 분들을 위해 예약되어 있습니다.

해설 빈칸 바로 뒤에 관계대명사 who가 이끄는 절이 쓰여 있으므로 who절의 수식을 받아 '~하는 사람들'이라는 의미를 나타낼 때 사용하는 대명사 (B) those가 정답이다.

오답 (A) this: who절의 수식을 받을 수 없는 대명사이므로 오답이다.
(C) them: who절의 수식을 받을 수 없는 대명사이므로 오답이다.
(D) which: who절의 수식을 받을 수 없는 관계대명사이므로 오답이다.

어휘 private 개별의, 개인의, 사적인 reserve ~을 예약하다 hold ~을 개최하다, ~을 열다

104.

정답 (C)

해석 노스스타 보험회사는 적절한 시점에 모든 청구 사항에 대응하겠다고 약속한다.

해설 빈칸 앞뒤에 각각 위치한 전치사 in과 부정관사 a, 그리고 명사 manner와 어울리는 형용사가 필요하며, '적절한 시점에, 늦지 않게 때 맞춰'라는 의미를 나타내는 in a timely manner를 구성해야 알맞으므로 (C) timely가 정답이다.

어휘 insurance 보험 promise to do ~하겠다고 약속하다 respond to ~에 대응하다, ~에 반응하다, ~에 응답하다 claim 청구(서), 요청(서), 주장 relative 상대적인, 비교적인 frequent 빈번한, 잦은 prevalent 널리 퍼진, 일반적인, 우세한

105.

정답 (D)

해석 테일윈드 아웃웨어 사의 반품 정책에 따르면, 결함이 있는 제품은 반드시 배송 후 14일 이내에 처리되어야 한다.

해설 According to 전치사구 뒤로 주어 defective items와 빈칸, 그리고 within 전치사구만 쓰여 있으므로 빈칸이 문장의 동사 자리임을 알 수 있다. 또한, 빈칸 뒤에 목적어 없이 전치사구가 쓰여 있어 타동사 process가 수동태로 쓰여야 하므로 「조동사 + 수동태 동사」의 형태인 (D) must be processed가 정답이다.

오답 (A) processes: 능동태 동사이므로 오답이다.
(B) processor: 동사 자리에 쓰일 수 없는 명사이므로 오답이다.
(C) to be processed: 동사 자리에 쓰일 수 없는 to부정사이므로 오답이다.

어휘 according to ~에 따르면, ~에 따라 return 반품, 반납 policy 정책, 방침 defective 결함이 있는 item 제품, 물품, 품목, 항목 within (범위, 기간 등) ~ 이내에 process v. ~을 처리하다 n. (처리) 과정 processor 처리 장치

106.

정답 (A)

해석 애셔튼 출판사 직원들은 채용 후 6개월이 지나면 해외 교육 프로그램에 대한 자격이 있다.

해설 빈칸 앞뒤에 각각 위치한 be동사 are 및 전치사 for와 어울리는 형용사가 필요하며, '~에 대한 자격이 있다, ~에 적격이다'를 뜻하는 「be eligible for」를 구성해야 알맞으므로 (A) eligible가 정답이다.

어휘 staff 직원들 overseas a. 해외의 ad. 해외로, 해외에 employment 고용, 취업 comfortable 편한, 편안한 advisable 바람직한, 권할 만한 possible 가능한

107.

정답 (C)

해석 트래블나우의 모든 구독자들께서는 저희 온라인 여행 가이드에 대한 무료 이용 서비스를 받습니다.

해설 형용사 All의 수식을 받으면서 동사 receive 앞에서 주어 역할을 할 명사가 빈칸에 쓰여야 하며, 무료 이용 서비스를 받을 수 있는 사람명사가 필요하다. 또한, All은 복수명사를 수식해야 하므로 복수 사람명사인 (C) subscribers가 정답이다.

오답 (A) subscription: 사람명사가 아니므로 오답이다.
(B) subscriber: 단수 사람명사이므로 오답이다.
(D) subscribe: 명사 자리에 쓰일 수 없는 동사이므로 오답이다.

어휘 receive ~을 받다 complimentary 무료의 access n. 이용 (권한), 접근 (권한) v. ~을 이용하다, ~에 접근하다 subscription (서비스 등의) 구독, 가입 subscriber (서비스 등의) 구독자, 가입자 subscribe (서비스 등) 구독하다, 가입하다

108.

정답 (B)

해석 주소 오류 문제로 인해, 귀하의 주문품이 이제 3월 2일에 배송될 것입니다.

해설 be동사 바로 뒤에 빈칸이 위치해 있으므로 be동사와 어울릴 수 있는 과거분사 (B) delivered와 명사 (C) delivery 중에서

하나를 골라야 하며, 수동태 동사를 구성해 미래 시점에 배송되는 일정을 알리는 의미를 나타내야 자연스러우므로 과거분사 (B) delivered가 정답이다.

오답 (A) deliver: be동사와 나란히 쓰일 수 없는 동사원형이므로 오답이다.
(C) delivery: be동사 뒤에 쓰이는 명사 보어는 주어와 동격이어야 하지만, 「your order = delivery」의 동격 관계가 아니므로 오답이다.
(D) delivers: 3인칭 단수주어와 수 일치되는 현재시제 동사의 형태로서 be동사와 나란히 쓰일 수 없으므로 오답이다.

어휘 due to ~로 인해, ~ 때문에 order 주문(품)

109.

정답 (A)

해석 싱 씨가 강연 시리즈를 편성하고 있으며, 이는 다음 주 화요일에 라이브로 온라인에서 방송될 것입니다.

해설 주절이 끝나는 부분에 콤마와 함께 빈칸이 위치해 있고, 그 뒤로 주어 없이 조동사 will로 시작하는 불완전한 절이 이어지는 구조이다. 따라서, 콤마 뒤에 위치할 수 있으면서 조동사부터 시작하는 불완전한 절을 이끌 수 있는 주격관계대명사 (A) which가 정답이다.

오답 (B) what: 불완전한 절을 이끄는 접속사이지만, 콤마 뒤에 위치할 수 없으므로 오답이다.
(C) such: 불완전한 절을 이끄는 접속사의 역할을 할 수 없는 형용사 또는 대명사이므로 오답이다.
(D) some: 불완전한 절을 이끄는 접속사의 역할을 할 수 없는 형용사 또는 대명사이므로 오답이다.

어휘 coordinate ~을 편성하다, ~을 조정하다 stream ~을 온라인에서 방송하다

110.

정답 (A)

해석 재무팀에서는 모든 보고서가 월말까지 제출되도록 요청한다.

해설 선택지가 모두 전치사이므로 문장의 의미에 어울리는 것을 찾아야 한다. 빈칸 뒤에 특정 시점을 나타내는 명사구가 쓰여 있어 보고서를 제출해야 하는 기한임을 알 수 있으므로 '~까지'라는 의미로 완료 기한을 나타낼 때 사용하는 (A) by가 정답이다.

어휘 finance 재무, 재정, 금융 department ~부, 부서 requires A to do: A가 ~하도록 요청하다 submit ~을 제출하다 by (기한) ~까지, (위치) ~ 옆에, (방법, 수단) ~함으로써, ~으로, (차이) ~만큼, ~ 정도, (주체) ~에 의해 along (길 등) ~을 따라 beside ~ 옆에 (나란히), ~에 비해 over (위치) ~ 위로 가로질러, (장소) ~ 전역에, (기간) ~ 동안에 걸쳐, (수량 등) ~을 넘어, (비교) ~보다, (주제 등) ~에 관해, ~을 두고

111.

정답 (D)

해석 새로운 쇼핑몰을 짓기 전에, 도시 기획자들은 반드시 주변 업체들에 미치는 잠재적인 영향을 평가해야 한다.

해설 선택지가 모두 형용사이므로 문장의 의미에 어울리는 것을 찾아야 한다. 빈칸에 쓰일 형용사는 명사 impact를 수식해 주변 업체들에게 어떤 영향을 미치는지를 나타내야 하는데, 새로운 쇼핑몰을 짓기 전에 평가하는 것이므로 예측이나 발생 가능성과 관련된 의미를 나타내야 알맞다. 따라서, '잠재적인, 가능성 있는'을 뜻하는 (D) potential이 정답이다.

어휘 urban 도시의 evaluate ~을 평가하다 impact on ~에 미치는 영향(력) surrounding 주변의, 인근의 business 업체, 회사 cautious 조심성 있는, 신중한 affordable 가격이 알맞은, 감당할 수 있는 careful 신중한, 조심스러운

112.

정답 (A)

해석 일단 결제 금액이 수납되면, 대로 호텔 예약에 대한 온라인 확인서가 이메일로 발송될 것입니다.

해설 빈칸 뒤에 주어와 동사(has been received)를 포함한 절이 쓰여 있으므로 이 절을 이끌 접속사가 필요하다. 또한, '일단 결제 금액이 수납되는 대로 ~에 대한 온라인 확인서가 이메일로 발송될 것이다'와 같은 의미를 나타내야 자연스러우므로 '일단 ~하는 대로, ~하자마자'를 뜻하는 접속사 (A) once가 정답이다.

오답 (B) so that: 접속사이기는 하지만, 의미가 맞지 않으므로 오답이다.
(C) additionally: 주어와 동사를 포함한 절을 이끌 수 없는 부사이므로 오답이다.
(D) for instance: 앞뒤 문장의 의미 흐름을 나타내는 접속부사로 쓰이며, 주어와 동사를 포함한 절을 이끌 수 없으므로 오답이다

어휘 electronic 온라인의, 전자 방식의 confirmation 확인(서) booking 예약 payment 결제(액), 지불(액) receive ~을 받다 so that (목적) ~하도록, (결과) 그러므로, 그래서 additionally 추가로, 게다가 for instance 예를 들어

113.

정답 (D)

해석 손님들께서는 체크인하시기 최소 24시간 전에 이뤄지는 취소에 대해 전액 환불을 요청하실 수 있습니다.

해설 부정관사 a 및 형용사 full과 전치사 for 사이에 위치한 빈칸은 부정관사 a와 형용사 full의 수식을 받을 단수명사 자리이므로 (D) refund가 정답이다.

오답 (A) refundable: 명사 자리에 쓰일 수 없는 형용사이므로 오답이다.

(B) refunded: 명사 자리에 쓰일 수 없는 과거시제 동사 또는 과거분사이므로 오답이다.
(C) refunds: 부정관사 a의 수식을 받을 수 없는 복수명사이므로 오답이다.

어휘 request ~을 요청하다 cancellation 취소 at least 최소한, 적어도 prior to ~에 앞서, ~ 전에 refundable 환불 가능한 refund n. 환불(액) v. ~을 환불해 주다

114.
정답 (C)

해석 리앙 씨는 자신의 렌터카가 고장 났기 때문에 그 교육 정상 회담의 개막 시간을 거의 놓칠 뻔했다.

해설 빈칸 뒤에 주어와 동사(broke down)를 포함한 절이 쓰여 있어 이 절을 이끌 접속사가 필요하므로 선택지에서 유일하게 접속사인 (C) because가 정답이다.

오답 (A) outside: 명사, 형용사, 부사 또는 전치사로 쓰이므로 오답이다.
(B) only: 부사이므로 오답이다.
(D) around: 부사 또는 전치사로 쓰이므로 오답이다.

어휘 miss ~을 놓치다, ~에 빠지다, ~을 지나치다 session (특정 활동을 하는) 시간 summit 정상 회담 rental 대여, 임대 break down 고장 나다 outside n. 바깥, 외부 a. 바깥의, 외부의 ad. 바깥에, 외부에 prep. ~의 바깥에, ~의 외부에, ~을 제외하고 around ad. 주위에, 빙 둘러, 여기저기에 prep. ~ 주위에, ~을 빙 둘러, ~의 여기저기에

115.
정답 (C)

해석 다가오는 달에 대한 워크숍 시간표가 회사 인트라넷에 게시되어 있습니다.

해설 선택지가 모두 형용사이므로 문장의 의미에 어울리는 것을 찾아야 한다. 현재시제 동사 are posted를 통해 시간표가 현재 게시되어 있는 상태를 나타내고 있어 앞으로 있을 워크숍에 대한 시간표임을 알 수 있으므로 '다가오는, 곧 있을'을 뜻하는 (C) upcoming이 정답이다.

어휘 timetable 시간표, 일정표 post v. ~을 게시하다 available (사물) 이용 가능한, 구입 가능한, (사람) 시간이 있는 urgent 긴급한 probable 가능성 있는, 있을 법한

116.
정답 (A)

해석 그 교육 시간의 각 참가자는 당일 일과 종료 시에 수료증을 받았습니다.

해설 빈칸 앞에 위치한 Each의 수식을 받는 셀 수 있는 명사의 단수형이 필요하며, 수료증을 받는 사람명사여야 하므로 '참가자'를 뜻하는 사람명사이자 셀 수 있는 명사의 단수형인 (A) participant가 정답이다.

오답 (B) participation: 사람명사가 아니며, 셀 수 없는 명사이므로 오답이다.
(C) participate: 명사 자리에 쓰일 수 없는 동사이므로 오답이다.
(D) participatory: 명사 자리에 쓰일 수 없는 형용사이므로 오답이다.

어휘 training 교육, 훈련 session (특정 활동을 위한) 시간 receive ~을 받다 certificate 수료증, 자격증, 인증서 completion 완료, 완성 participant 참가자 participation 참가 participate 참가하다 participatory 참가의, 참여적인

117.
정답 (D)

해석 도슨 씨가 회사의 디지털 광고 캠페인을 관찰하는 일을 담당하게 될 것입니다.

해설 빈칸은 바로 뒤에 위치한 명사구를 목적어로 취하면서 전치사 for의 목적어 역할을 할 동명사가 필요한 자리이므로 (D) monitoring이 정답이다.

오답 (A) will monitor: 미래시제 동사이므로 오답이다.
(B) monitors: 3인칭 단수주어와 수 일치되는 현재시제 동사이므로 오답이다.
(C) to monitor: to부정사이므로 오답이다.

어휘 be responsible for ~에 대한 책임이 있다, ~을 담당하다 advertising 광고 (활동) monitor v. ~을 관찰하다, ~을 감시하다

118.
정답 (B)

해석 창고에서 출발하는 배송품은 화물 트럭 부족 문제로 인해 이따금씩 지연됩니다.

해설 수동태 동사를 구성하는 be동사 are와 과거분사 delayed 사이에 위치한 빈칸은 수동태 동사를 중간에서 수식할 부사가 필요한 자리이므로 (B) occasionally가 정답이다.

오답 (A) occasion: 부사 자리에 쓰일 수 없는 명사이므로 오답이다.
(C) occasional: 부사 자리에 쓰일 수 없는 형용사이므로 오답이다.
(D) occasions: 부사 자리에 쓰일 수 없는 명사이므로 오답이다.

어휘 shipment 배송(품), 선적 warehouse 창고 delay ~을 지연시키다 due to ~로 인해, ~ 때문에 shortage 부족 cargo 화물 occasion 때, 경우, 행사 occasionally 이따금씩, 가끔 occasional 이따금씩 있는, 가끔 있는

119.
정답 (D)

해석 브레인트리 지사의 영업 직원들과 함께 하는 오늘 아침 교육 시간이 화요일 오후로 일정이 재조정될 것입니다.

해설 빈칸 뒤에 시점을 나타내는 for 전치사구가 쓰여 있어 전치사 for와 함께 '~로 일정이 재조정되다'를 뜻하는 「be rescheduled for + 시점」을 구성해야 알맞으므로 (D) rescheduled가 정답이다.

어휘 sales 영업, 판매(량), 매출 representative n. 직원, 대표자 branch 지사, 지점 maintain ~을 유지하다, ~을 유지 관리하다

120.
정답 (B)

해석 인턴십 지원서가 제출되는 대로, 채용 담당 매니저가 접수를 확인해 드릴 것입니다.

해설 빈칸 앞에 위치한 has been과 어울려야 하므로 과거분사 (B) submitted와 현재분사 (C) submitting 중에서 하나를 골라야 한다. 또한, 빈칸 뒤에 목적어 없이 콤마만 쓰여 있어 타동사 submit이 수동태로 쓰여야 한다는 것을 알 수 있으므로 현재완료 수동태 동사를 구성하는 과거분사인 (B) submitted가 정답이다.

오답 (A) submits: has been과 결합할 수 없는 동사의 형태이므로 오답이다.
(C) submitting: 목적어를 필요로 하는 능동태 동사를 구성하게 되므로 오답이다.
(D) submit: has been과 결합할 수 없는 동사의 형태이므로 오답이다.

어휘 once 일단 ~하면, ~하자마자 application 지원(서), 신청(서) hiring 고용, 채용 confirm ~을 확인해 주다 receipt 접수, 수취, 영수(증) submit ~을 제출하다

121.
정답 (B)

해석 최근의 주택 공급 전망에 관한 회의 시간 중에, 분석가들은 가격이 하락할 가능성이 있는지를 논의했다.

해설 빈칸 앞뒤에 be동사 were와 to부정사가 각각 쓰여 있으므로 이 둘과 어울려 '~할 가능성이 있다'를 뜻하는 「be likely to do」를 구성해야 알맞으므로 형용사 (B) likely가 정답이다.

오답 (A) likeness: 명사이며, be동사 및 to부정사와 어울리는 표현을 구성하지 않으므로 오답이다.
(C) likes: 3인칭 단수주어와 수 일치되는 현재시제 동사이며, be동사 및 to부정사와 어울리는 표현을 구성하지 않으므로 오답이다.
(D) liked: 과거시제 동사 또는 과거분사이며, be동사 및 to부정사와 어울리는 표현을 구성하지 않으므로 오답이다.

어휘 during ~ 중에, ~ 동안 latest 최근의, 최신의 housing 주택 (공급) forecast 전망, 예측 analyst 분석가 debate ~을 논의하다, ~을 토론하다 whether ~인지 (아닌지) fall 하락하다, 떨어지다 likeness 비슷함, 유사성, 닮음 liken ~을 비유하다

122.
정답 (B)

해석 연구실 내의 살균 장치가 제대로 수리되는 데 며칠이 걸릴 수 있습니다.

해설 빈칸 뒤에 위치한 복수명사 days를 수식할 수 있는 복수형용사가 필요하며, 동사 take의 목적어로서 장치가 수리되는 기간의 의미를 나타내야 하므로 '몇몇의, 여럿의'를 뜻하는 (B) several이 정답이다.

어휘 take ~의 시간이 걸리다 sterilizer 살균 장치 research 연구, 조사 laboratory 실험실 properly 제대로, 적절히 repair ~을 수리하다 practical 현실적인, 실용적인 certain 특정한, 일정한 spent 소비된, 이미 쓴

123.
정답 (C)

해석 저희 잔타라 컨설팅 사는 다양한 업계 내에서 운영 중인 업체 소유주들에게 전략적인 조언을 제공해 드릴 수 있습니다.

해설 빈칸 앞뒤에 be동사 is와 전치사 of가 각각 쓰여 있으므로 이 둘과 어울려 '~할 수 있다'를 뜻하는 「be capable of」를 구성해야 알맞으므로 형용사 (C) capable이 정답이다.

오답 (A) capably: 부사이며, be동사 및 전치사 of와 어울리는 표현을 구성하지 않으므로 오답이다.
(B) capability: 명사이며, be동사 및 전치사 of와 어울리는 표현을 구성하지 않으므로 오답이다.
(D) capableness: 명사이며, be동사 및 전치사 of와 어울리는 표현을 구성하지 않으므로 오답이다.

어휘 offer ~을 제공하다 strategic 전략적인 owner 소유주, 주인 operate 영업하다, 운영되다 within (범위, 기간 등) ~ 이내에 various 다양한 industry 업계, 산업 capably 유능하게 capability 능력, 역량 capableness 할 수 있음, 능력이 있음

124.
정답 (D)

해석 마케팅 팀은 향후 6개월에 걸쳐 온라인 캠페인을 확대할 계획이다.

해설 선택지가 모두 전치사이므로 문장의 의미에 어울리는 것을 찾아야 한다. 빈칸 뒤에 기간을 나타내는 명사구 the next six months가 쓰여 있으므로 '~ 동안에 걸쳐'라는 의미로 기간 명사구와 함께 사용하는 (D) over가 정답이다.

어휘 **expand** ~을 확대하다, ~을 확장하다 **off** prep. ~에서 떨어져, ~에서 벗어나, ~을 중단하고, ~을 할인해 ad. 떨어져, 벗어나, 분리되어, 끊긴, 할인하여 **up** prep. ~ 위로, ~의 높은 쪽으로, ~을 거슬러 올라가 ad. 위로, 높이, 올라가, 떠서, 가동 중인, 끝난, 완전히 **toward** (방향, 이동 등) ~ 쪽으로, ~을 향해, (목적) ~을 위해, (시간) ~ 무렵

125.
정답 (D)

해석 상임 위원장이 선출될 때까지 알바레즈 씨께서 고용 위원회를 일시적으로 이끌 것입니다.

해설 선택지가 모두 부사이므로 문장의 의미에 어울리는 것을 찾아야 한다. 상임 위원장이 선출될 때까지 이끄는 것은 일시적으로 맡은 일을 나타내므로 '일시적으로, 임시로'를 뜻하는 (D) temporarily가 정답이다.

어휘 **lead** ~을 이끌다, ~을 진행하다 **hiring** 고용 **panel** 위원회, 위원단 **permanent** 상임의, 종신의, 영구적인 **chairperson** 위원장, 의장, 회장 **choose** ~을 선택하다 **invariably** 변함없이, 불변하게 **slightly** 조금, 약간 **extensively** 광범위하게, 폭넓게 **temporarily** 일시적으로, 임시로

126.
정답 (A)

해석 귀하의 새 스마트홈 온도 조절 장치의 설정을 조정하시려면, 이 단계들을 따르시기 바랍니다.

해설 선택지가 모두 명사이므로 문장의 의미에 어울리는 것을 찾아야 한다. 장치의 설정을 조정하기 위해 따라야 하는 것을 나타내는 명사가 쓰여야 하므로 '단계, 조치' 등을 뜻하는 (A) steps가 정답이다.

어휘 **follow** ~을 따르다 **adjust** ~을 조정하다, ~을 조절하다 **settings** (기계 등의) 설정 **thermostat** 온도 조절 장치 **crowd** 군중, 인파

127.
정답 (A)

해석 우리 고객 의견 카드에 쓰여 있는 많은 제안들이 도움이 되었습니다.

해설 선택지가 모두 형용사이므로 문장의 의미에 어울리는 것을 찾아야 한다. be동사 were 뒤에 위치한 빈칸에 쓰일 형용사는 주어 Many of the suggestions on our customer comment cards의 특성이나 상태 등을 나타내야 하며, '고객 의견 카드의 많은 제안들이 도움이 되었다'를 의미해야 가장 자연스러우므로 '도움이 되는'을 뜻하는 (A) helpful이 정답이다.

어휘 **suggestion** 제안, 의견 **comment** 의견, 발언, 말 **helpful** 도움이 되는 **probable** 가능성 있는, 있을 법한 **numerous** 수많은, 다수의 **grateful** 감사하는

128.
정답 (A)

해석 에어컨 수리 기사가 결함이 있는 것으로 밝혀진 모든 부품을 교체했습니다.

해설 선택지가 모두 동사이므로 문장의 의미에 어울리는 것을 찾아야 한다. 빈칸에 쓰일 동사는 결함이 있는 것으로 밝혀진 부품에 대해 수리 기사가 할 수 있는 일을 나타내야 하므로 '~을 교체하다, ~을 대체하다'를 뜻하는 replace의 과거형 (A) replaced가 정답이다.

어휘 **air conditioning unit** 에어컨 (장치) **engineer** 수리 기사, 기술자 **component** 부품, 구성 요소 **be found to be** 형용사: ~한 것으로 밝혀지다 **defective** 결함이 있는 **avoid** ~을 피하다 **question** v. ~에게 질문하다, ~을 의심하다 **promote** ~을 홍보하다, ~을 촉진하다, ~을 승진시키다

129.
정답 (D)

해석 글로브 하퍼의 여행 가이드는 모든 유형의 여행객들을 대상으로 하는 숙박 시설 선택 사항에 대한 상세 설명을 포함하고 있다.

해설 선택지가 모두 명사이므로 문장의 의미에 어울리는 것을 찾아야 한다. 빈칸에 쓰일 명사는 여행 가이드가 숙박 시설과 관련해 상세하게 포함할 수 있는 내용과 관련되어야 하므로 '설명, 묘사'를 뜻하는 (D) descriptions가 정답이다.

어휘 **contain** ~을 포함하다, ~을 담고 있다 **detailed** 상세한 **accommodation** 숙박 시설, 숙소 **type** 유형, 종류 **destination** 목적지, 도착지

130.
정답 (A)

해석 레스토랑의 인기로 인해, 댄딜리 비스트로의 소유주는 최소 10일 전에 미리 예약하기를 권한다.

해설 선택지가 모두 명사이므로 문장의 의미에 어울리는 것을 찾아야 한다. 빈칸에 쓰일 명사는 레스토랑의 인기로 인해 최소 10일 전에 미리 하기를 권하는 일과 관련되어야 하므로 '예약'을 뜻하는 (A) reservations가 정답이다.

어휘 **due to** ~로 인해, ~ 때문에 **popularity** 인기 **owner** 소유주 **recommend -ing** ~하기를 권하다, ~하도록 추천하다 **at least** 최소한, 적어도 **in advance** 미리, 사전에 **observation** 관찰, 관측 **exception** 예외, 제외 **suggestion** 제안, 의견

131-134 다음 정보를 참조하시오.

여러분의 식수를 정화하는 가장 효과적이고 환경 친화적인 방법인, 클린웨이브를 선택해 주셔서 감사합니다. 저희 휴대용 정수 장치는 어떤 민물 식수원에서든 박테리아를 99.9% 제거하는 여과 시스템인, 고급 아쿠아클리어 기술로 **131 만들어집니다.**

처음으로 여러분의 클린웨이브 정수 장치를 사용하시기 전에, 어떤 먼지든 제거하도록 흐르는 차가운 물에 필터를 헹궈 주십시오. **132 그 후에는, 행주를 사용하시는 대신 자연 건조되도록 해 주시기 바랍니다.** 이는 처음부터 최적의 필터 성능을 보장해 드릴 것입니다. 지속적인 사용을 위해, 반드시 필터를 매달 세척하시기 바랍니다. **133 통풍**이 잘 되도록 항상 뚜껑을 분리한 상태로 이 장치를 보관하셔야 하는데, 미사용 시에 공기 흐름이 필터를 뛰어난 상태로 유지해 주기 때문입니다.

클린웨이브를 **134 사용하실 때**, 식수원에서 정수 장치를 수직으로 들고 계시기 바라며, 여러분의 식수가 반드시 계속 깨끗한 상태로 유지되도록 하기 위해 분출구 주변에 정화되지 않은 물이 닿는 것을 피하도록 주의를 기울여 주시기 바랍니다.

어휘 choose ~을 선택하다 effective 효과적인 eco-friendly 환경 친화적인 way to do ~하는 방법 purify ~을 정화하다 portable 휴대용의 purifier 정화 장치 advanced 고급의, 발전된, 진보한 filtration 여과, 정화 remove A from B: B에서 A를 제거하다[없애다] source 수원, 근원, 원천 for the first time 처음으로 rinse ~을 물에 헹구다 ensure (that) ~을 보장하다, 반드시 ~하도록 하다 optimal 최적의 performance 성능, 수행 (능력), 성과, 실적, 공연 ongoing 지속적인, 계속되는 make sure to do 반드시 ~하도록 하다 monthly 매달, 달마다 device 장치, 기기 with A off: A를 분리한 상태로 cap 뚜껑 allow for ~을 가능하게 하다, ~을 감안하다 flow 흐름 in good condition 상태가 좋은 between uses 미사용 시에 vertically 수직으로 take care to do ~하도록 주의를 기울이다 avoid -ing ~하는 것을 피하다 non-purified 정화되지 않은 spout 분출구 remain 형용사: 계속 ~한 상태로 유지되다, 여전히 ~한 상태이다 pure 깨끗한, 순수한

131.

정답 (D)

해설 선택지가 모두 동사의 형태이고 시제와 태가 다르므로 이에 대한 단서를 찾아야 한다. 빈칸 앞에 위치한 주어 Our portable water purifier(휴대용 정수 장치)는 사람에 의해 만들어지는 것이므로 이렇게 수동의 의미를 나타내는 수동태 동사가 필요하므로 선택지에서 유일하게 수동태인 (D) is designed가 정답이다.

132.

정답 (B)

해석 (A) 대부분의 문제들은 저희 문제 해결 가이드를 이용해 해결될 수 있습니다.
(B) 그 후에는, 행주를 사용하시는 대신 자연 건조되도록 해 주시기 바랍니다.
(C) 클린웨이브는 뜨겁거나 차가운 음료를 담아 두는 데 적합합니다.
(D) 제품에 만족하시지 못하는 경우, 저희는 전액 환불을 제공해 드립니다.

해설 빈칸 앞 문장에 처음 사용할 때 먼지를 제거하기 위해 흐르는 찬 물에 필터를 헹궈야 한다는 말이 쓰여 있다. 따라서, 빈칸에 그 후에 해야 하는 일을 설명하는 문장이 쓰여야 알맞으므로 Afterwards와 함께 물에 헹군 필터 it으로 지칭해 어떻게 건조해야 하는지 알리는 (B)가 정답이다.

어휘 solve ~을 해결하다 troubleshooting 문제 해결, 고장 수리 afterwards 그 후에, 나중에 let A do: A에게 ~하게 하다 air-dry 자연 건조되다 instead of ~ 대신 dishcloth 행주 be suitable for ~에 적합하다, ~에 알맞다 beverage 음료 be satisfied with ~에 만족하다 offer ~을 제공하다 refund 환불(액)

133.

정답 (C)

해설 선택지가 모두 명사이므로 문장의 의미에 어울리는 것을 골라야 한다. 빈칸에 쓰일 명사는 뚜껑을 분리해 보관하는 목적과 관련되어 있는데, 바로 뒤에 공기 흐름으로 인해 필터가 뛰어난 상태로 유지된다는 말이 쓰여 있어 '공기 흐름'과 관련된 명사가 필요하므로 '통풍, 환기'를 뜻하는 (C) ventilation이 정답이다.

어휘 collaboration 협업, 공동 작업 attraction 매력(적인 것), 명소, 놀이기구 position 직책, 일자리, 위치, 자리, 처지

134.

정답 (B)

해설 선택지가 모두 접속사이므로 문장의 의미에 어울리는 것을 골라야 한다. 빈칸 이후 부분을 읽어 보면, 클린웨이브를 사용할 때 알아 두어야 하는 주의 사항들을 명령문 구조로 알리는 내용을 담고 있으므로 '~할 때'를 뜻하는 (B) When이 정답이다.

어휘 since conj. ~한 이후로, ~하기 때문에 prep. ~ 이후로 ad. 그 이후로 unless ~하지 않는다면, ~가 아니라면 although 비록 ~하기는 하지만

135-138 다음 광고를 참조하시오.

퓨어플로우 플러밍 솔루션즈
윌로우 애비뉴 15번지
브라이튼, VIC 3186
오스트레일리아

저희 퓨어플로우 플러밍 솔루션즈는 여러분께서 신뢰하실 수 있는 전문 배관 서비스를 제공해 드리기 위해 존재합니다. 간단한 수리에서부터 대규모 설치에 이르기까지, 저희는 12명의 공인 배관공으로 구성된 팀을 보유하고 있으며, **135** 각각은 업계에서 10년이 넘는 경력을 지니고 있습니다. 저희는 파이프 수리에서부터 온수기 설치 및 욕실 개조 공사에 이르기까지 모든 것으로 전문으로 합니다. **136** 추가로, 저희는 여러분의 배관 시설을 최고의 상태로 유지해 드리는 예방 유지 관리 계획도 제공해 드립니다.

137 저희는 또한 환경에 대한 저희의 헌신을 자랑스럽게 여기고 있습니다. 환경 보호를 의식하시는 고객들을 위해, 절수 시스템도 설치하여, 수도 사용량을 줄이시는 데 도움을 드리고 있습니다. 저희 공급업체 네트워크가 고품질 부품 및 설비를 제공해, 여러분의 요구 및 예산에 **138** 적합하도록 다양한 선택을 드리고 있습니다. 저희에 관해 더 많은 것을 알아 보시려면, www.pureflowplumbing.au를 방문하시기 바랍니다.

어휘 plumbing 배관 (시설) provide A with B: A에게 B를 제공하다 expert a. 전문적인, 전문가의 n. 전문가 rely on ~을 신뢰하다, ~에 의존하다 fix n. 수리, 고침 installation 설치 licensed 공인된, 면허증이 있는 plumber 배관공 decade 10년 industry 업계, 산업 specialize in ~을 전문으로 하다 repair 수리 renovation 개조, 보수 preventative 예방의, 방지를 위한 maintenance 유지 관리, 시설 관리 eco-conscious 환경 보호를 의식하는 install ~을 설치하다 water-saving 절수의 help A do: ~하도록 A를 돕다 reduce ~을 줄이다, ~을 감소시키다 usage 사용(량) supplier 공급업체 high-quality 고품질의 part 부품 fixture (고정) 설비, 세간 a range of 다양한 choice 선택(권) budget 예산

135.
정답 (D)

해설 빈칸 바로 뒤에 위치한 with 전치사구의 수식을 받을 수 있어야 하므로 대명사가 필요하다. 또한, 빈칸 앞에 언급된 12명의 공인 배관공(twelve licensed plumbers) 각자가 지니고 있는 경력을 언급하는 의미를 나타내야 자연스러우므로 '각각, 각자'를 뜻하는 대명사 (D) each가 정답이다. 참고로, (A) every와 (C) other는 형용사이다.

136.
정답 (B)

해설 문장 시작 부분에 콤마와 함께 빈칸이 위치하는 경우에는 앞뒤 문장들의 의미 흐름을 나타낼 접속부사 자리이므로 문장들의 의미 관계를 먼저 파악해야 한다. 빈칸 뒤에 최고의 상태로 유지해 주는 예방 유지 관리 계획도 제공한다는 말이 쓰여 있는데, 이는 빈칸 앞 문장에서 전문으로 하고 있다고 설명하는 서비스 외에 또 다른 서비스를 추가로 알리는 것이므로 '추가로, 게다가'를 뜻하는 (B) Additionally가 정답이다. 참고로, (C) Because는 접속사이므로 콤마와 함께 사용할 수 없다.

어휘 nevertheless 그럼에도 불구하고 instead 대신

137.
정답 (D)

해석 (A) 저희는 고객들께 아주 다양한 결제 선택을 제공해 드리고 있습니다.
(B) 저희는 새로운 사업 지점의 개장을 알려 드리게 되어 기쁩니다.
(C) 저희는 현재 저희 팀에 합류할 자격 있는 배관공을 찾고 있습니다.
(D) 저희는 또한 환경에 대한 저희의 헌신을 자랑스럽게 여기고 있습니다.

해설 빈칸 바로 다음 문장에 환경 보호를 의식하는 고객들을 위해 제공하는 서비스가 언급되어 있어 환경 보호와 관련된 내용을 담은 문장이 쓰여야 흐름이 자연스러우므로 (D)가 정답이다.

어휘 a wide range of 아주 다양한 payment 결제(액), 지불(액) be pleased to do ~해서 기쁘다 location 지점, 위치, 장소 currently 현재 seek ~을 찾다, ~을 구하다 qualified 자격 있는, 적격인 join ~에 합류하다, ~와 함께 하다 be proud of ~을 자랑스럽게 여기다 commitment 헌신, 전념

138.
정답 (B)

해설 선택지가 모두 동사이므로 문장의 의미에 어울리는 것을 골라야 한다. 빈칸에 쓰일 동사는 to부정사구를 구성해 부품 및 설비 등과 관련해 다양한 선택을 주는 목적을 나타내야 한다. 따라서, 빈칸이 속한 to부정사구가 '여러분의 요구 및 예산에 적합하도록'이라는 의미를 구성해야 자연스러우므로 '~에 적합하다, ~에 알맞다'를 뜻하는 (B) suit이 정답이다.

어휘 review ~을 검토하다, ~을 평가하다 alter ~을 변경하다, ~을 수선하다 determine ~을 결정하다

139-142 다음 이메일을 참조하시오.

수신: 마크 설리번 <mark_sullivan@metroconnect.com>
발신: 도시 주차 서비스국 <parking@cityservices.org>
날짜: 11월 3일
제목: 허가증 갱신 알림 메시지

설리번 씨께,

이 이메일은 자동차 번호판이 8XZP934인 차량에 배정된, 7번 주차장에 대한 월간 주차 허가증이 11월 30일에 만료될 예정임을 알려 드리는 메시지입니다. **139** 귀하께서 처음에 등록하셨을 때 자동 갱신이 선택되지 않았기 때문에, 주차장 이용에 있어 어떤 지장이든 피하실 수 있도록 반드시 11월 29일까지 갱신하시기 바랍니다. **140** 비용 결제는 저희 웹사이트에서 신용카드로 하실 수 있습니다.

허가증이 갱신되지 않는 경우, 해당 차량은 12월 1일부터 더 이상 7번 주차장에 주차하도록 권한이 부여되지 않을 것입니다. 유효 허가증이 없는 모든 차량에 대해 일일 주차 요금이 **141** 적용될 것입니다.

이 **142** 문제에 대한 귀하의 관심에 감사 드리며, 어떤 질문이든 있으시면 저희에게 알려 주시기 바랍니다.

안녕히 계십시오.

도시 주차 서비스국

어휘 permit n. 허가증 v. ~을 허용하다 renewal 갱신 reminder (상기시키는) 알림 메시지 monthly 매달의, 달마다의 parking 주차(장) assign A to B: A를 B에 배정하다[할당하다] vehicle 차량 license plate 자동차 번호판 be set to do ~할 예정이다, ~할 준비가 되다 expire 만료되다 select ~을 선택하다 initially 처음에, 초기에 register 등록하다 be sure to do 반드시 ~하다, 꼭 ~하다 renew 갱신하다 by (기한) ~까지 avoid ~을 피하다 interruption 지장, 방해 access n. 이용 (권한), 접근 (권한) v. ~을 이용하다, ~에 접근하다 no longer 더 이상 ~ 않다 be authorized to do ~하도록 권한이 부여되다 fee 요금, 수수료 valid 유효한 attention 관심, 주의, 주목 let A know: A에게 알리다

139.
정답 (D)
해설 접속사 when 뒤로 빈칸과 부사, 그리고 동사 registered만 쓰여 있어 빈칸이 when절의 주어 자리임을 알 수 있다. 또한, 등록하는 행위의 주체는 이 이메일을 받는 사람이므로 상대방을 가리키는 2인칭 주격대명사 (D) you가 정답이다.

140.
정답 (C)
해석 (A) 한 달 더 저희 서비스에 등록해 주신 것에 대해 감사 드립니다.
(B) 주차장이 오늘부터 일주일 후에 고객들께 재개장될 것입니다.
(C) 비용 결제는 저희 웹사이트에서 신용카드로 하실 수 있습니다.
(D) 귀하의 허가증으로 다음 장소들을 이용하실 수 있습니다.

해설 빈칸 앞 문장에 주차장 이용에 있어 어떤 지장이든 피할 수 있도록 반드시 11월 29일까지 갱신하라고 당부하는 말이 쓰여 있다. 따라서, 해당 서비스의 갱신과 관련된 문장이 쓰여야 흐름이 자연스러우므로 갱신 시의 비용 결제 방법을 알리는 (C)가 정답이다.

어휘 register for ~에 등록하다 payment 결제(액), 지불(액) allow A to do: A가 ~하도록 허용하다 access v. ~을 이용하다 following 다음의, 아래의 location 장소, 지점, 위치

141.
정답 (B)
해설 명사구 주어 Daily parking fees와 빈칸 뒤로 for와 without이 이끄는 전치사구만 쓰여 있으므로 빈칸이 문장의 동사 자리임을 알 수 있다. 또한, 앞 문장에서 허가증이 갱신되지 않는 경우에 12월 1일부터 주차 권한이 부여되지 않는다고 알린 것에 따라 미래 시점인 12월 1일부터 발생 가능한 일일 요금을 설명하는 내용이어야 알맞으므로 미래시제 동사인 (B) will apply가 정답이다.

어휘 apply 적용되다, (for) (~에) 지원하다, (~을) 신청하다

142.
정답 (A)
해설 빈칸 앞에 위치한 this와 어울려 무엇에 대한 관심에 감사하다고 말하는 것인지 나타내야 하는데, 앞선 단락들에서 설명하는 주차 허가증 갱신 문제를 의미해야 알맞으므로 '문제, 사안'을 뜻하는 (A) matter가 정답이다.

어휘 promotion 홍보, 판촉, 촉진, 승진

143-146 다음 웹페이지를 참조하시오.

https://www.ReadingRoom.com

저희 리딩 룸은 모든 장르에 걸쳐 도서를 발견하고 공유하며, 평가하도록 사람들을 돕는것을 전문으로 하는 웹사이트입니다. 소규모 도서 동호회 포럼으로 시작했던 것이 50만 명이 넘게 등록된 독자들과 수천 가지 도서 추천 사항들이 있는 온라인 커뮤니티로 성장해 왔습니다. 저희 **143** 플랫폼은 소설과 비소설, 시를 비

롯해 많은 것들에 대한 상세 목록을 제공해 드립니다. 저희는 여러 가지 주제에 대해 144 다양한 관심을 지니고 계신 독자들께 폭넓은 선택을 보장해 드리기 위해 매일 저희 소장품을 업데이트하고 있습니다.

사용자 친화적인 저희 검색 시스템은 장르와 저자, 또는 인기도 기준으로 도서를 선별할 수 있게 해 드리며, 저희 커뮤니티 후기들이 여러분께서 아주 좋아하실 만한 도서를 찾는 일을 더욱 수월하게 만들어 드립니다. 여러분께서 새로운 장르에 몰두하기를 바라시는 145 독자라면 저희 리딩 룸은 여러분을 위한 것을 보유하고 있습니다. 저희 리딩 룸 가입은 완전히 무료입니다. 146 커뮤니티 내에서 같은 독자들과 교류하실 수 있도록 오늘 등록해 보십시오.

어휘 dedicated to -ing ~하는 데 전념하는[헌신하는] help A do: ~하도록 A를 돕다 discover ~을 발견하다 share ~을 공유하다 review v. ~을 평가하다, ~에 대한 후기를 쓰다 n. 후기, 평가 across (범위) ~에 걸쳐 genre 장르 grow into ~로 성장하다 registered 등록된 thousands of 수천 개의, 수천 명의 recommendation 추천 (사항) offer ~을 제공하다 detailed 상세한 listing 목록 collection 소장(품), 수집(품) ensure ~을 보장하다, 반드시 ~하도록 하다 selection 선택(할 수 있는 종류) diverse 다양한, 여러 가지의(= various) user-friendly 사용자 친화적인 let A do: A에게 ~하게 해 주다 filter v. ~을 선별하다, ~을 거르다 popularity 인기(도) make it 형용사 to do: ~하는 것을 …하게 만들다 look to do ~하기를 바라다 dive into ~에 몰두하다, ~을 파고들다 join ~에 가입하다, ~에 합류하다 completely 완전히, 전적으로 free 무료의

143.
정답 (D)

해설 빈칸 뒤에 여러 장르의 도서에 대한 상세 목록을 제공한다는 말이 쓰여 있는데, 이는 앞 문장에서 대형 온라인 커뮤니티로 성장했다고 언급한 리딩 룸에서 제공하는 서비스에 해당한다. 따라서, 그러한 온라인 커뮤니티를 대신 지칭할 명사가 필요하므로 (D) platform이 정답이다.

어휘 branch 지점, 지사 partnership 제휴 관계

144.
정답 (A)

해설 전치사 with 및 형용사 diverse와 전치사 in 사이에 위치한 빈칸은 diverse의 수식을 받으면서 with의 목적어 역할을 할 명사가 필요한 자리이므로 (A) interests가 정답이다.

어휘 interest n. 관심(사), 흥미 v. ~의 관심을 끌다 interested (사람이) 관심 있는, 흥미를 가진 interesting (사람을) 흥미롭게 만드는

145.
정답 (D)

해설 빈칸 뒤에 주어와 동사를 포함한 절이 쓰여 있어 이 절을 이끌 접속사가 필요하므로 (C) Although 또는 (D) If 중에서 하나를 골라야 한다. 새로운 장르를 찾는 독자라면 리딩 룸이 필요한 것을 갖추고 있으니 가입해 이용할 것을 권하는 내용이므로, '만일 ~라면'이라는 의미의 부사절 접속사 (D) If가 정답이다.

어휘 even 심지어 (~도) besides prep. ~ 외에, ~뿐만 아니라 ad. 게다가, 그뿐만 아니라 although 비록 ~하기는 하지만

146.
정답 (B)

해석 (A) 만기일 후에 반납되는 도서는 연체료 대상이 됩니다.
(B) 커뮤니티 내에서 같은 독자들과 교류하실 수 있도록 오늘 등록해 보십시오.
(C) 저희 온라인 포럼을 통해 여러분의 저작물 샘플을 기고하실 수 있습니다.
(D) 저희는 상태가 좋은 모든 도서의 기증을 환영합니다.

해설 빈칸 바로 앞에 리딩 룸이 지닌 장점과 함께 가입비가 완전히 무료임을 알리는 말이 쓰여 있으므로, 다른 독자들과의 교류를 위해 가입하도록 권하는 의미를 지닌 (B)가 정답이다.

어휘 return ~을 반납하다, ~을 반품하다 due date 만기일 be subject to ~의 대상이 되다, ~을 당하기 쉽다 late fee 연체료 sign up 등록하다, 신청하다 connect with ~와 교류하다, ~와 연결되다 fellow a. 같은 입장에 있는 contribute ~을 기고하다, ~을 기부하다 donation 기증(품), 기부(금) in good condition 상태가 좋은

시원스쿨 LAB